本书出版得到

国家重点文物保护专项补助经费资助

广西合浦文昌塔汉墓

广西文物保护与考古研究所　编著

文物出版社

图书在版编目（CIP）数据

广西合浦文昌塔汉墓／广西文物保护与考古研究
所编著 . —北京：文物出版社，2017.3
ISBN 978 - 7 - 5010 - 4912 - 7

Ⅰ. ①广… Ⅱ. ①广… Ⅲ. ①汉墓 - 发掘报告 - 合浦县
Ⅳ. ①K878.85

中国版本图书馆 CIP 数据核字（2017）第 032581 号

广西合浦文昌塔汉墓

编　　著：广西文物保护与考古研究所

责任编辑：杨新改
封面设计：李　红
责任印制：陈　杰
责任校对：李　薇

出版发行：文物出版社
社　　址：北京市东直门内北小街 2 号楼
邮　　编：100007
网　　址：http://www.wenwu.com
邮　　箱：web@wenwu.com
经　　销：新华书店
印　　刷：北京荣宝燕泰印务有限公司
开　　本：889mm×1194mm　1/16
印　　张：34
插　　页：1
版　　次：2017 年 3 月第 1 版
印　　次：2017 年 3 月第 1 次印刷
书　　号：ISBN 978 - 7 - 5010 - 4912 - 7
定　　价：420.00 元

An Excavation Report of the Han Dynasty Tombs at Wenchangta in Hepu, Guangxi

Compiled by

Guangxi Institute of Cultural Relics Protection and Archaeology

Cultural Relics Press

目　　录

第一章　绪言 ··· 1

　第一节　地理位置与历史沿革 ·· 1

　第二节　发掘概况与墓葬分布 ·· 1

　第三节　资料整理与报告编写 ·· 3

第二章　第一期墓葬 ··· 4

　第一节　墓葬形制 ·· 5

　　一　A 型墓 ··· 5

　　二　B 型墓 ··· 16

　第二节　随葬器物 ·· 24

　　一　陶器 ·· 25

　　二　铜器 ·· 60

　　三　铁器 ·· 66

　　四　滑石器及其他 ·· 67

第三章　第二期墓葬 ··· 69

　第一节　墓葬形制 ·· 69

　　一　A 型墓 ··· 69

　　二　B 型墓 ··· 71

　第二节　随葬器物 ·· 79

　　一　陶器 ·· 79

　　二　铜器 ·· 134

　　三　铁器 ·· 145

　　四　滑石器及其他 ·· 146

第四章　第三期墓葬 ··· 153

　第一节　墓葬形制 ·· 153

一　A 型墓 ·· 153

二　B 型墓 ·· 154

第二节　随葬器物 ·· 161

一　陶器 ·· 161

二　铜器 ·· 205

三　铁器 ·· 216

四　滑石器及其他 ·· 217

第五章　第四期墓葬 ·· 222

第一节　墓葬形制 ·· 222

一　A 型墓 ·· 222

二　B 型墓 ·· 224

三　C 型墓 ·· 226

四　D 型墓 ·· 228

五　E 型墓 ·· 234

第二节　随葬器物 ·· 241

一　陶器 ·· 241

二　铜器 ·· 290

三　铁器与银器 ·· 309

四　滑石器及其他 ·· 310

第六章　第五期墓葬 ·· 315

第一节　墓葬形制 ·· 316

一　A 型墓 ·· 316

二　B 型墓 ·· 316

三　C 型墓 ·· 316

四　D 型墓 ·· 319

五　E 型墓 ·· 323

六　F 型墓 ·· 327

第二节　随葬器物 ·· 327

一　陶器 ·· 327

二　铜器 ·· 375

三　铁器 ·· 381

四　滑石器及其他 ·· 382

第七章　分期与年代 ·· 385

　　第一节　第一期墓葬的分期特征与年代 ······················ 385

　　第二节　第二期墓葬的分期特征与年代 ······················ 400

　　第三节　第三期墓葬的分期特征与年代 ······················ 401

　　第四节　第四期墓葬的分期特征与年代 ······················ 402

　　第五节　第五期墓葬的分期特征与年代 ······················ 404

第八章　结语 ·· 406

　　第一节　文昌塔汉墓与合浦汉墓及广西汉墓的关系 ·········· 406

　　第二节　关于汉代合浦郡治、海上丝绸之路等问题的探讨 ··· 407

附表　文昌塔汉代墓葬登记表 ································· 409

后　记 ·· 439

英文提要 ·· 440

插图目录

图一　文昌塔墓区地理位置示意图 ……………………………………………… 1

图二　文昌塔发掘汉墓分布示意图 ……………………………………………… 插页

图三　M23 平、剖面图 …………………………………………………………… 5

图四　M34 平、剖面图 …………………………………………………………… 6

图五　M35 平、剖面图 …………………………………………………………… 7

图六　M40 平、剖面图 …………………………………………………………… 7

图七　M44 平、剖面图 …………………………………………………………… 8

图八　M79 平、剖面图 …………………………………………………………… 8

图九　M114 平、剖面图 ………………………………………………………… 9

图一〇　M134 平、剖面图 ……………………………………………………… 9

图一一　M195 平、剖面图 ……………………………………………………… 10

图一二　M197 平、剖面图 ……………………………………………………… 10

图一三　M38 平、剖面图 ………………………………………………………… 11

图一四　M62 平、剖面图 ………………………………………………………… 12

图一五　M89 平、剖面图 ………………………………………………………… 13

图一六　M93 平、剖面图 ………………………………………………………… 13

图一七　M162 平、剖面图 ……………………………………………………… 14

图一八　M190 平、剖面图 ……………………………………………………… 15

图一九　M92 平、剖面图 ………………………………………………………… 15

图二〇　M16 平、剖面图 ………………………………………………………… 16

图二一　M29 平、剖面图 ………………………………………………………… 17

图二二　M33 平、剖面图 ………………………………………………………… 18

图二三　M43 平、剖面图 ………………………………………………………… 18

图二四　M47 平、剖面图 ………………………………………………………… 19

图二五　M50 平、剖面图 ………………………………………………………… 19

图二六　M57 平、剖面图 ………………………………………………………… 20

图二七　M58 平、剖面图 ………………………………………………………… 21

图二八　M61 平、剖面图 ……………………………………………………………………… 21

图二九　M63 平、剖面图 ……………………………………………………………………… 22

图三〇　M49 平、剖面图 ……………………………………………………………………… 23

图三一　M78 平、剖面图 ……………………………………………………………………… 24

图三二　M011 平、剖面图 …………………………………………………………………… 25

图三三　M113 平、剖面图 …………………………………………………………………… 26

图三四　第一期墓葬出土陶器纹饰拓片 …………………………………………………… 28

图三五　第一期墓葬出土陶器戳印纹拓片 ………………………………………………… 29

图三六　第一期墓葬出土陶器戳印纹拓片 ………………………………………………… 30

图三七　第一期墓葬出土陶器纹饰拓片 …………………………………………………… 31

图三八　第一期墓葬出土陶器纹饰拓片 …………………………………………………… 32

图三九　第一期墓葬出土陶器纹饰拓片 …………………………………………………… 33

图四〇　第一期墓葬出土陶瓮、罐 ………………………………………………………… 34

图四一　第一期墓葬出土 A 型陶罐 ………………………………………………………… 36

图四二　第一期墓葬出土陶罐 ……………………………………………………………… 38

图四三　第一期墓葬出土 C 型陶罐 ………………………………………………………… 39

图四四　第一期墓葬出土陶罐、异形罐 …………………………………………………… 40

图四五　第一期墓葬出土陶双耳罐、折肩罐 ……………………………………………… 42

图四六　第一期墓葬出土陶三足罐 ………………………………………………………… 44

图四七　第一期墓葬出土陶四联罐 ………………………………………………………… 45

图四八　第一期墓葬出土陶四联罐、五联罐 ……………………………………………… 47

图四九　第一期墓葬出土陶盒、三足盒 …………………………………………………… 48

图五〇　第一期墓葬出土陶瓿 ……………………………………………………………… 50

图五一　第一期墓葬出土陶瓿、三足瓿、小瓿 …………………………………………… 51

图五二　第一期墓葬出土陶壶 ……………………………………………………………… 52

图五三　第一期墓葬出土陶匏壶 …………………………………………………………… 53

图五四　第一期墓葬出土陶器 ……………………………………………………………… 54

图五五　第一期墓葬出土陶杯 ……………………………………………………………… 55

图五六　第一期墓葬出土陶鼎 ……………………………………………………………… 57

图五七　第一期墓葬出土陶釜、小釜 ……………………………………………………… 58

图五八　第一期墓葬出土陶纺轮、球 ……………………………………………………… 59

图五九　第一期墓葬出土铜器 ……………………………………………………………… 61

图六〇　第一期墓葬出土铜器 ……………………………………………………………… 62

图六一　第一期墓葬出土铜器 ……………………………………………………………… 64

图六二　第一期墓葬出土器物 ……………………………………………………………… 65

图六三　第一期墓葬出土器物 ……………………………………………………………………… 67

图六四　M7 平、剖面图 …………………………………………………………………………… 70

图六五　M191 平、剖面图 ………………………………………………………………………… 70

图六六　M14 平、剖面图 ………………………………………………………………………… 72

图六七　M144 平、剖面图 ………………………………………………………………………… 73

图六八　M010A 平、剖面图 ……………………………………………………………………… 74

图六九　M5 平面图 ………………………………………………………………………………… 75

图七〇　M12 平、剖面图 ………………………………………………………………………… 75

图七一　M17 平面图 ……………………………………………………………………………… 76

图七二　M27 平、剖面图 ………………………………………………………………………… 76

图七三　M02 平、剖面图 ………………………………………………………………………… 77

图七四　M05B 平、剖面图 ……………………………………………………………………… 78

图七五　M10 平、剖面图 ………………………………………………………………………… 79

图七六　M18 平、剖面图 ………………………………………………………………………… 80

图七七　M36 平、剖面图 ………………………………………………………………………… 81

图七八　M66 平、剖面图 ………………………………………………………………………… 82

图七九　第二期墓葬出土陶器纹饰拓片 …………………………………………………………… 83

图八〇　第二期墓葬出土陶器戳印纹拓片 ………………………………………………………… 84

图八一　第二期墓葬出土陶器戳印纹拓片 ………………………………………………………… 85

图八二　第二期墓葬出土陶器纹饰拓片 …………………………………………………………… 86

图八三　第二期墓葬出土陶器纹饰拓片 …………………………………………………………… 87

图八四　第二期墓葬出土陶瓮 ……………………………………………………………………… 89

图八五　第二期墓葬出土陶瓮、四耳瓮 …………………………………………………………… 90

图八六　第二期墓葬出土 B 型陶四耳瓮 ………………………………………………………… 91

图八七　第二期墓葬出土陶罐 ……………………………………………………………………… 92

图八八　第二期墓葬出土 C 型陶罐 ……………………………………………………………… 95

图八九　第二期墓葬出土 C 型陶罐 ……………………………………………………………… 96

图九〇　第二期墓葬出土 C 型陶罐 ……………………………………………………………… 97

图九一　第二期墓葬出土陶罐 ……………………………………………………………………… 99

图九二　第二期墓葬出土陶罐 ……………………………………………………………………… 100

图九三　第二期墓葬出土陶罐、异形罐 …………………………………………………………… 102

图九四　第二期墓葬出土陶四耳罐 ………………………………………………………………… 104

图九五　第二期墓葬出土陶双耳罐 ………………………………………………………………… 105

图九六　第二期墓葬出土陶双耳罐 ………………………………………………………………… 106

图九七　第二期墓葬出土陶三耳罐、仿双耳罐 …………………………………………………… 108

图九八　第二期墓葬出土陶仿双耳罐、仿三耳罐、折肩罐 ……………………………… 109

图九九　第二期墓葬出土陶折肩罐 ………………………………………………………… 111

图一〇〇　第二期墓葬出土陶五联罐 ……………………………………………………… 113

图一〇一　第二期墓葬出土陶五联罐 ……………………………………………………… 114

图一〇二　第二期墓葬出土陶六联罐、四联罐 …………………………………………… 115

图一〇三　第二期墓葬出土陶盒、三足盒、小盆 ………………………………………… 116

图一〇四　第二期墓葬出土陶瓿 …………………………………………………………… 118

图一〇五　第二期墓葬出土陶壶 …………………………………………………………… 119

图一〇六　第二期墓葬出土陶壶 …………………………………………………………… 120

图一〇七　第二期墓葬出土 I 型陶壶 ……………………………………………………… 122

图一〇八　第二期墓葬出土 I 型陶壶 ……………………………………………………… 123

图一〇九　第二期墓葬出土 J 型陶壶 ……………………………………………………… 124

图一一〇　第二期墓葬出土 J 型陶壶 ……………………………………………………… 125

图一一一　第二期墓葬出土陶匏壶、温壶、提筒 ………………………………………… 126

图一一二　第二期墓葬出土陶小杯 ………………………………………………………… 128

图一一三　第二期墓葬出土陶钫 …………………………………………………………… 129

图一一四　第二期墓葬出土陶盂 …………………………………………………………… 130

图一一五　第二期墓葬出土陶鼎 …………………………………………………………… 131

图一一六　第二期墓葬出土 B 型陶釜 ……………………………………………………… 132

图一一七　第二期墓葬出土陶甑、筒 ……………………………………………………… 132

图一一八　第二期墓葬出土陶灶 …………………………………………………………… 134

图一一九　第二期墓葬出土陶灶、仓 ……………………………………………………… 135

图一二〇　第二期墓葬出土陶井 …………………………………………………………… 136

图一二一　第二期墓葬出土铜壶、鐎壶 …………………………………………………… 137

图一二二　第二期墓葬出土铜器 …………………………………………………………… 138

图一二三　第二期墓葬出土铜灯、剑 ……………………………………………………… 139

图一二四　第二期墓葬出土铜矛、弩机 …………………………………………………… 140

图一二五　第二期墓葬出土铜环首刀 ……………………………………………………… 141

图一二六　第二期墓葬出土铜、铁器 ……………………………………………………… 142

图一二七　第二期墓葬出土铜镜 …………………………………………………………… 144

图一二八　第二期墓葬出土滑石鼎、炉 …………………………………………………… 147

图一二九　第二期墓葬出土滑石璧 ………………………………………………………… 148

图一三〇　第二期墓葬出土滑石璧 ………………………………………………………… 149

图一三一　第二期墓葬出土滑石器、玉石器 ……………………………………………… 150

图一三二　M121 平、剖面图 ………………………………………………………………… 154

图一三三　　M01 平、剖面图 ………………………………………………………………………… 155

图一三四　　M4 平、剖面图 …………………………………………………………………………… 156

图一三五　　M76 平面图 ……………………………………………………………………………… 156

图一三六　　M05A 平、剖面图 ……………………………………………………………………… 157

图一三七　　M06B 平、剖面图 ……………………………………………………………………… 158

图一三八　　M07 平、剖面图 ………………………………………………………………………… 159

图一三九　　M15 平、剖面图 ………………………………………………………………………… 160

图一四○　　M20 平、剖面图 ………………………………………………………………………… 162

图一四一　　M31 平、剖面图 ………………………………………………………………………… 163

图一四二　　M53 平、剖面图 ………………………………………………………………………… 164

图一四三　　第三期墓葬出土陶器纹饰拓片 ………………………………………………………… 165

图一四四　　第三期墓葬出土陶器戳印纹拓片 ……………………………………………………… 166

图一四五　　第三期墓葬出土陶器戳印纹拓片 ……………………………………………………… 167

图一四六　　第三期墓葬出土陶器纹饰拓片 ………………………………………………………… 168

图一四七　　第三期墓葬出土陶瓮 …………………………………………………………………… 169

图一四八　　第三期墓葬出土陶瓮 …………………………………………………………………… 170

图一四九　　第三期墓葬出土陶罐 …………………………………………………………………… 171

图一五○　　第三期墓葬出土陶罐 …………………………………………………………………… 173

图一五一　　第三期墓葬出土陶罐 …………………………………………………………………… 174

图一五二　　第三期墓葬出土 F 型陶罐 ……………………………………………………………… 176

图一五三　　第三期墓葬出土陶罐、异形罐 ………………………………………………………… 177

图一五四　　第三期墓葬出土陶四耳罐 ……………………………………………………………… 179

图一五五　　第三期墓葬出土陶仿双耳罐 …………………………………………………………… 180

图一五六　　第三期墓葬出土陶五联罐 ……………………………………………………………… 181

图一五七　　第三期墓葬出土陶器 …………………………………………………………………… 182

图一五八　　第三期墓葬出土陶壶 …………………………………………………………………… 184

图一五九　　第三期墓葬出土陶壶 …………………………………………………………………… 185

图一六○　　第三期墓葬出土陶壶、匏壶 …………………………………………………………… 187

图一六一　　第三期墓葬出土陶提筒 ………………………………………………………………… 188

图一六二　　第三期墓葬出土陶器 …………………………………………………………………… 189

图一六三　　第三期墓葬出土陶碗、小杯 …………………………………………………………… 191

图一六四　　第三期墓葬出土陶器 …………………………………………………………………… 192

图一六五　　第三期墓葬出土陶盂 …………………………………………………………………… 194

图一六六　　第三期墓葬出土陶鼎 …………………………………………………………………… 196

图一六七　　第三期墓葬出土陶器 …………………………………………………………………… 197

图一六八　第三期墓葬出土陶熏炉 ··· 198

图一六九　第三期墓葬出土 A 型 I 式陶屋（M05A∶39） ················· 199

图一七○　第三期墓葬出土陶仓 ··· 200

图一七一　第三期墓葬出土陶灶 ··· 201

图一七二　第三期墓葬出土陶灶 ··· 202

图一七三　第三期墓葬出土 C 型陶井 ·· 203

图一七四　第三期墓葬出土陶井 ··· 204

图一七五　第三期墓葬出土铜鼎、壶 ··· 206

图一七六　第三期墓葬出土铜镳壶 ·· 207

图一七七　第三期墓葬出土铜盆、鍪 ··· 208

图一七八　第三期墓葬出土铜锅、高足杯 ·· 209

图一七九　第三期墓葬出土铜杯 ··· 210

图一八○　第三期墓葬出土铜奁 ··· 211

图一八一　第三期墓葬出土铜盒（M70∶56） ································· 212

图一八二　第三期墓葬出土铜器 ··· 213

图一八三　第三期墓葬出土铜镜 ··· 215

图一八四　第三期墓葬出土铁器、滑石器 ·· 217

图一八五　第三期墓葬出土滑石器 ·· 219

图一八六　第三期墓葬出土滑石器、骨器 ·· 220

图一八七　M150 平面图 ··· 222

图一八八　M101 平、剖面图 ·· 223

图一八九　M06A 平、剖面图 ·· 224

图一九○　M015 平、剖面图 ·· 225

图一九一　M13 平面图 ·· 227

图一九二　M122 平、剖面图 ·· 227

图一九三　M124 平、剖面图 ·· 228

图一九四　M131 平、剖面图 ·· 229

图一九五　M146 平、剖面图 ·· 230

图一九六　M123 平、剖面图 ·· 230

图一九七　M139 平、剖面图 ·· 231

图一九八　M156 平、剖面图 ·· 232

图一九九　M21 平、剖面图 ·· 233

图二○○　M59 平、剖面图 ·· 233

图二○一　M75 平、剖面图 ·· 234

图二○二　M88 平、剖面图 ·· 235

图二〇三　M141 平、剖面图 ································· 236

图二〇四　M192 平、剖面图 ································· 237

图二〇五　M016A 平、剖面图 ······························ 238

图二〇六　M019 平、剖面图 ································· 239

图二〇七　M159 平、剖面图 ································· 240

图二〇八　第四期墓葬出土陶器纹饰拓片 ··················· 242

图二〇九　第四期墓葬出土陶器纹饰拓片 ··················· 243

图二一〇　第四期墓葬出土陶瓮 ··························· 244

图二一一　第四期墓葬出土陶罐 ··························· 245

图二一二　第四期墓葬出土陶罐 ··························· 246

图二一三　第四期墓葬出土陶罐 ··························· 248

图二一四　第四期墓葬出土 Ha 型陶罐 ····················· 250

图二一五　第四期墓葬出土陶罐 ··························· 251

图二一六　第四期墓葬出土陶罐、异形罐 ··················· 253

图二一七　第四期墓葬出土陶小罐 ························· 254

图二一八　第四期墓葬出土陶器 ··························· 255

图二一九　第四期墓葬出土陶器 ··························· 257

图二二〇　第四期墓葬出土 A 型陶盘口罐 ·················· 259

图二二一　第四期墓葬出土陶盘口罐、小盘口罐 ············· 260

图二二二　第四期墓葬出土 I 型陶壶 ······················ 261

图二二三　第四期墓葬出土陶壶 ··························· 263

图二二四　第四期墓葬出土陶壶 ··························· 264

图二二五　第四期墓葬出土陶壶 ··························· 265

图二二六　第四期墓葬出土陶盆 ··························· 266

图二二七　第四期墓葬出土 B 型陶奁 ····················· 267

图二二八　第四期墓葬出土陶器 ··························· 268

图二二九　第四期墓葬出土陶器 ··························· 269

图二三〇　第四期墓葬出土陶鼎 ··························· 271

图二三一　第四期墓葬出土陶器 ··························· 272

图二三二　第四期墓葬出土陶筒 ··························· 274

图二三三　第四期墓葬出土陶筒、器盖 ····················· 275

图二三四　第四期墓葬出土陶纺轮 ························· 276

图二三五　第四期墓葬出土 A 型 I 式陶屋（M124：18）······· 277

图二三六　第四期墓葬出土 A 型 I 式陶屋（M88：2）········· 278

图二三七　第四期墓葬出土 A 型 II 式陶屋 ·················· 279

图二三八　第四期墓葬出土 A 型 Ⅱ 式陶屋（M184：1）　································　280

图二三九　第四期墓葬出土 B 型陶屋（M69：1）　··　281

图二四〇　第四期墓葬出土 A 型 Ⅰ 式陶仓（M88：6）　··································　282

图二四一　第四期墓葬出土 B 型 Ⅱ 式陶仓　··　283

图二四二　第四期墓葬出土 B 型 Ⅱ 式陶仓（M159：2）　·····························　284

图二四三　第四期墓葬出土 B 型 Ⅱ 式陶仓（M184：4）　·····························　284

图二四四　第四期墓葬出土 B 型陶灶　··　285

图二四五　第四期墓葬出土 C 型 Ⅲ 式陶灶　··　286

图二四六　第四期墓葬出土 C 型 Ⅲ 式陶灶　··　287

图二四七　第四期墓葬出土 C 型 Ⅲ 式陶灶（M150：10）　·····························　288

图二四八　第四期墓葬出土陶井　··　289

图二四九　第四期墓葬出土 F 型陶井　··　290

图二五〇　第四期墓葬出土陶猪、狗　··　291

图二五一　第四期墓葬出土 C 型 Ⅰ 式铜鼎　··　291

图二五二　第四期墓葬出土 B 型 Ⅱ 式铜壶　··　292

图二五三　第四期墓葬出土铜扁壶（M015：30）　··　293

图二五四　第四期墓葬出土铜鐎壶、盆　··　294

图二五五　第四期墓葬出土铜锅、鍪　··　295

图二五六　第四期墓葬出土铜杯　··　296

图二五七　第四期墓葬出土铜高足杯、奁　··　297

图二五八　第四期墓葬出土铜灯　··　298

图二五九　第四期墓葬出土铜碗、簋　··　299

图二六〇　第四期墓葬出土 A 型铜案（M69：45）　··　300

图二六一　第四期墓葬出土铜案、熏炉　··　301

图二六二　第四期墓葬出土铜仓（M69：13）　···　302

图二六三　第四期墓葬出土铜灶　··　303

图二六四　第四期墓葬出土铜器　··　304

图二六五　第四期墓葬出土铜器　··　305

图二六六　第四期墓葬出土铜镜　··　306

图二六七　第四期墓葬出土铜镜　··　307

图二六八　第四期墓葬出土乳钉纹铜镜（M184：7）　······································　308

图二六九　第四期墓葬出土规矩纹铜镜　··　309

图二七〇　第四期墓葬出土铁器与银器　··　311

图二七一　第四期墓葬出土滑石器、石器　··　312

图二七二　第四期墓葬出土石器、串饰　··　313

图二七三　M71 平、剖面图 ················· 315

图二七四　M137 平、剖面图 ················ 317

图二七五　M187A 平、剖面图 ·············· 318

图二七六　M82 平、剖面图 ················· 319

图二七七　M138 平、剖面图 ················ 320

图二七八　M39 平、剖面图 ················· 321

图二七九　M80 平、剖面图 ················· 321

图二八〇　M112 平、剖面图 ················ 322

图二八一　M102 平、剖面图 ················ 324

图二八二　M106 平、剖面图 ················ 324

图二八三　M1 平、剖面图 ·················· 325

图二八四　M30 平、剖面图 ················· 326

图二八五　M110 平、剖面图 ················ 326

图二八六　M017 平、剖面图 ················ 328

图二八七　第五期墓葬出土陶器纹饰拓片 ······· 329

图二八八　第五期墓葬出土陶器纹饰拓片 ······· 330

图二八九　第五期墓葬出土陶瓮 ············· 331

图二九〇　第五期墓葬出土陶罐 ············· 332

图二九一　第五期墓葬出土 IIa 型陶罐 ········· 334

图二九二　第五期墓葬出土陶罐 ············· 335

图二九三　第五期墓葬出土陶罐 ············· 336

图二九四　第五期墓葬出土陶四耳罐 ·········· 338

图二九五　第五期墓葬出土陶双耳罐、折肩罐 ···· 339

图二九六　第五期墓葬出土陶五联罐、盘口罐 ···· 340

图二九七　第五期墓葬出土陶盘口罐 ·········· 342

图二九八　第五期墓葬出土陶盘口罐、小盘口罐 ·· 344

图二九九　第五期墓葬出土陶直身罐 ·········· 345

图三〇〇　第五期墓葬出土 K 型陶壶 ········· 346

图三〇一　第五期墓葬出土 K 型陶壶 ········· 348

图三〇二　第五期墓葬出土陶镬壶 ··········· 349

图三〇三　第五期墓葬出土陶盆 ············· 350

图三〇四　第五期墓葬出土陶奁、细颈瓶、碗 ···· 351

图三〇五　第五期墓葬出土陶杯、案、钵 ······· 352

图三〇六　第五期墓葬出土陶盂、小釜 ········· 353

图三〇七　第五期墓葬出土陶鼎 ············· 354

图三〇八　第五期墓葬出土 A 型Ⅲ式陶筒 ………………………………………… 355

图三〇九　第五期墓葬出土 F 型陶提筒 …………………………………………… 356

图三一〇　第五期墓葬出土陶簋、魁、灯 ………………………………………… 357

图三一一　第五期墓葬出土陶熏炉 ………………………………………………… 358

图三一二　第五期墓葬出土陶器盖 ………………………………………………… 359

图三一三　第五期墓葬出土陶纺轮 ………………………………………………… 360

图三一四　第五期墓葬出土 A 型Ⅰ式陶屋 ……………………………………… 361

图三一五　第五期墓葬出土 A 型Ⅱ式陶屋 ……………………………………… 362

图三一六　第五期墓葬出土 B 型陶屋（M010B：17） …………………………… 363

图三一七　第五期墓葬出土 C 型陶屋 …………………………………………… 364

图三一八　第五期墓葬出土陶仓 …………………………………………………… 367

图三一九　第五期墓葬出土 B 型陶仓 …………………………………………… 368

图三二〇　第五期墓葬出土 B 型陶灶 …………………………………………… 369

图三二一　第五期墓葬出土 B 型Ⅴ式陶灶 ……………………………………… 371

图三二二　第五期墓葬出土陶灶 …………………………………………………… 371

图三二三　第五期墓葬出土 C 型陶灶 …………………………………………… 372

图三二四　第五期墓葬出土陶井 …………………………………………………… 373

图三二五　第五期墓葬出土 F 型陶井 …………………………………………… 374

图三二六　第五期墓葬出土铜鼎、镳壶、盆 …………………………………… 376

图三二七　第五期墓葬出土铜奁 …………………………………………………… 377

图三二八　第五期墓葬出土铜器 …………………………………………………… 378

图三二九　第五期墓葬出土铜三足罐、杯 ……………………………………… 379

图三三〇　第五期墓葬出土铜、铁器 ……………………………………………… 380

图三三一　第五期墓葬出土铜镜 …………………………………………………… 381

图三三二　第五期墓葬出土滑石炉、石砚 ……………………………………… 383

彩版目录

彩版一　　第一期墓葬出土陶器

彩版二　　第一期墓葬出土陶罐

彩版三　　第一期墓葬出土陶罐

彩版四　　第一期墓葬出土陶器

彩版五　　第一期墓葬出土陶器

彩版六　　第一期墓葬出土陶器

彩版七　　第一期墓葬出土陶器

彩版八　　第一期墓葬出土陶器

彩版九　　第一期墓葬出土陶器

彩版一〇　　第一期墓葬出土陶鼎、釜

彩版一一　　第一期墓葬出土器物

彩版一二　　第一期墓葬出土铜器

彩版一三　　第一期墓葬出土器物

彩版一四　　第二期墓葬出土陶瓮

彩版一五　　第二期墓葬出土陶四耳瓮、罐

彩版一六　　第二期墓葬出土陶罐

彩版一七　　第二期墓葬出土陶罐、四耳罐

彩版一八　　第二期墓葬出土陶器

彩版一九　　第二期墓葬出土陶五联罐、四联罐

彩版二〇　　第二期墓葬出土陶器

彩版二一　　第二期墓葬出土陶壶

彩版二二　　第二期墓葬出土陶壶

彩版二三　　第二期墓葬出土陶器

彩版二四　　第二期墓葬出土陶器

彩版二五　　第二期墓葬出土陶器

彩版二六　　第二期墓葬出土器物

彩版二七　　第二期墓葬出土铜器

彩版二八　　第二期墓葬出土滑石器

彩版二九　　第二期墓葬出土器物

彩版三〇　　第二期墓葬出土器物

彩版三一　　第三期墓葬出土陶瓮

彩版三二　　第三期墓葬出土陶罐

彩版三三　　第三期墓葬出土陶罐、四耳罐

彩版三四　　第三期墓葬出土陶器

彩版三五　　第三期墓葬出土陶器

彩版三六　　第三期墓葬出土陶器

彩版三七　　第三期墓葬出土陶器

彩版三八　　第三期墓葬出土陶器

彩版三九　　第三期墓葬出土陶器

彩版四〇　　第三期墓葬出土陶器

彩版四一　　第三期墓葬出土陶器

彩版四二　　第三期墓葬出土陶灶、井

彩版四三　　第三期墓葬出土铜器

彩版四四　　第三期墓葬出土器物

彩版四五　　第三期墓葬出土滑石器

彩版四六　　第三期墓葬出土器物

彩版四七　　第四期墓葬出土陶瓮、罐

彩版四八　　第四期墓葬出土陶罐

彩版四九　　第四期墓葬出土陶罐

彩版五〇　　第四期墓葬出土陶罐、四耳罐

彩版五一　　第四期墓葬出土陶器

彩版五二　　第四期墓葬出土陶盘口罐、壶

彩版五三　　第四期墓葬出土陶壶

彩版五四　　第四期墓葬出土陶器

彩版五五　　第四期墓葬出土陶细颈瓶、盂

彩版五六　　第四期墓葬出土陶鼎、灯

彩版五七　　第四期墓葬出土陶筒、屋

彩版五八　　第四期墓葬出土陶屋、仓

彩版五九　　第四期墓葬出土陶灶、井

彩版六〇　　第四期墓葬出土陶器

彩版六一　　第四期墓葬出土铜器

彩版六二　　第四期墓葬出土铜器

彩版六三　第四期墓葬出土铜器

彩版六四　第四期墓葬出土器物

彩版六五　第四期墓葬出土器物

彩版六六　第五期墓葬出土陶器

彩版六七　第五期墓葬出土陶罐

彩版六八　第五期墓葬出土陶器

彩版六九　第五期墓葬出土陶盘口罐、小盘口罐

彩版七〇　第五期墓葬出土陶直身罐、壶

彩版七一　第五期墓葬出土陶镳壶、盆

彩版七二　第五期墓葬出土陶器

彩版七三　第五期墓葬出土陶器

彩版七四　第五期墓葬出土陶熏炉、屋

彩版七五　第五期墓葬出土陶屋、仓

彩版七六　第五期墓葬出土陶灶、井

彩版七七　第五期墓葬出土器物

彩版七八　第五期墓葬出土器物

彩版七九　第五期墓葬出土串饰

第一章　绪言

第一节　地理位置与历史沿革

合浦位于广西壮族自治区南端，北部湾东北岸，地处北纬 21°27′~21°55′，东经 108°51′~109°46′，现隶属于北海市所辖的县。全县陆地面积 2380 平方千米。

合浦县属北回归线以南过渡热带的沿海平原地区，为亚热带海洋性季风气候。境内丘陵起伏，水网发达，物产富饶，极适宜人类生息繁衍。根据文物考古调查，早在新石器时代起，合浦地区就有了人类活动的踪迹。在沙岗乡双文小高领遗址中曾出土过刮削器和磨制石斧。

先秦时期，岭南统称百越之地，合浦也应为古越人的居地。秦统一岭南，并设桂林、南海、象郡，合浦应属象郡之地域。汉初，合浦则为南越国所辖。

汉元鼎六年（公元前 111 年），汉武帝发兵岭南灭南越国后，在原秦三郡之地域增设了包括合浦郡在内的七郡。此为合浦设置郡县之始。据《汉书·地理志》记载，"合浦郡，武帝元鼎六年开……县五：徐闻、高凉、合浦、临允、朱卢"。当时合浦郡辖境已包括今广西南部的容县、玉林、北流、博白、陆川、钦州、灵山、浦北及广东廉江等县市，区域辽阔。两汉时期，合浦是郡治的所在地。这里人口众多，经济繁荣，不仅有闻名于世的珍珠采集业、珍珠贸易，而且还是南中国与东南亚沿海诸国进行海外商贸的重要港口之一。

至今仍保存较好的合浦汉墓群是广西地区规模宏大、数量最多的汉代墓地之一，已列为全国重点保护单位。墓葬主要分布于合浦县廉州镇附近北、东、南部的丘陵坡地，南北长约 18、东西宽约 5 千米，呈弧状环绕今县城。地面可见封土的墓葬尚有 1000 多座，加上封土早已湮没而地下墓室仍存的墓葬，总数应有 5000 多座。

文昌塔墓区是合浦汉墓群中较密集的区域之一。文昌塔是一座始建于明朝万历年间的八角形、叠涩密檐砖塔，位于合浦县城南约 3 千米处，其所在地行政隶属廉州镇乾江村（图一）。在文昌塔四周的起伏丘陵坡地都分布有较密集的汉代墓葬，其南面则毗邻合浦汉墓群四方岭重点保护墓区的边缘。

第二节　发掘概况与墓葬分布

文昌塔汉墓发掘是 1987~1988 年间为配合广西南宁至北海二级高速公路建设工程而进行的。

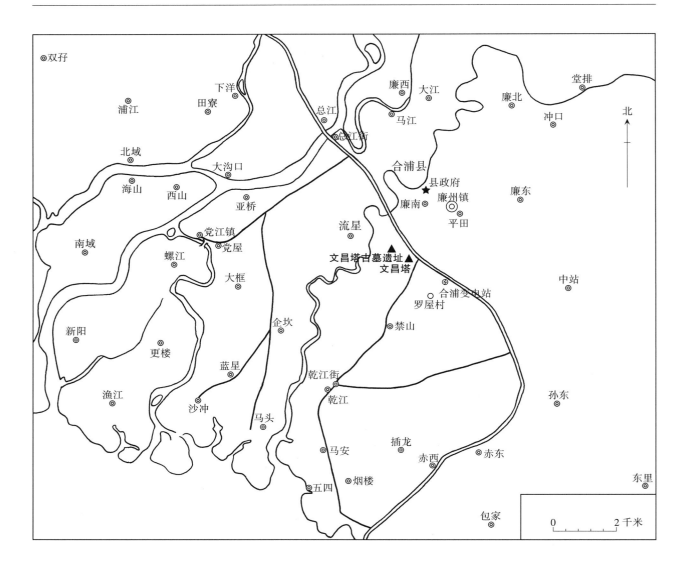

图一　文昌塔墓区地理位置示意图

为完成这次规模较大的汉墓发掘任务，广西文物工作队成立了专门领导小组。韦仁义先生任考古发掘主要负责人，梁旭达任考古发掘总领队，周继勇任考古发掘协助领队，王亦平任财务后勤管理，覃义生任财务监督。郑超雄、蓝日勇、谢光茂、彭书琳、罗坤馨等是野外发掘队成员。此外，合浦县博物馆馆长黎顺鉴、陈锐业等同志积极协同配合这次发掘的后勤工作，刘卓远、张居英等人也都参加了考古发掘。当时这条公路建设是广西的重点工程，要求抢时间，因此路基的平整及施工与考古抢救性发掘几乎同步进行，而且公路线路还会有较大的变更及动土区域的扩大。考古发掘采用分组轮班制，以数人一组，视实际情况，半月或一月轮换到施工工地进行监控及考古发掘。

这次所发掘的汉墓大致分布在文昌塔的西北、西南、北、东、东南面的坡地中，约在东西长930、南北宽400米的范围之内。墓葬原有封土，但多数已低平湮灭。田野考古发掘工作始于1987

第二章　第一期墓葬

依墓葬结构或建筑材料之差异，将发掘的文昌塔汉墓分为 A～F 等六型，依次为：窄坑土坑墓、宽坑土坑墓、砖木合构墓、单室砖墓、双室砖墓、多室砖墓。

第一期墓葬共 64 座，约占这批汉墓总数 37%。均属于 A 型墓和 B 型墓。墓葬均为规模较小、形制简单的竖穴土坑墓。除少数墓葬尚保存有封土堆（如 M030 墓葬的封土堆残高约 1.5 米）外，绝大多数墓葬在地面上都没有发现封土堆的痕迹。墓内均无人骨，葬式不明。有些墓葬底部会残留有少许朽木灰，但绝大多数墓葬棺、椁均已湮灭无痕。填土一般比较紧密，但无夯打痕迹。填土为沙质黏土，多含细沙或小石块，颜色以黄褐色占绝大多数，也有灰黄、灰褐、黑灰或杂乱五花土等。填土有原坑土回填和非原坑土回填两种方式，以前者占绝大多数。一般而言，凡填土为黄褐色沙黏土的，多是原坑土，有些回填的原坑土往往也会杂有地表黑土等。非原坑土多为黑色、黑灰色黏土，与墓壁之生土颜色不同。

A 型墓为窄坑土坑墓，B 型墓为宽坑土坑墓。所谓窄坑、宽坑是以墓室长宽比值区分的。本报告的窄坑墓是指墓室的长度和宽度比大于 2∶1 的墓葬，其数值约在 2.1∶1～4.2∶1 之间。长宽比值最大的窄坑墓为 M197，墓坑长度为 2.85 米，宽度为 0.68 米。宽坑土坑墓是指墓室的长度和宽度比等于 2∶1 或小于 2∶1 的墓葬，其数值约在 1.2∶1～2∶1 之间。

多数墓葬的墓坑四壁基本垂直，但也有少数墓葬墓壁凹凸或略倾斜。有的墓葬有生土或熟土构筑的二层台；有的墓葬墓室底部发现有两道横列或纵列枕沟，发现枕沟的墓多是宽坑墓；另外发现有 1 座墓的墓底有腰坑，有 2 座墓的墓壁有洞龛。

每座墓的随葬品一般较少，最多的一座 16 件，少的仅 1 件，一般的 2～5 件。其中有一些墓未见有任何器物（墓葬编号为：M163、M166、M167、M169、M171、M172、M174、M176、M178 共 9 座，均为 Aa 型墓）。出土器物绝大多数为陶器，有少量铜器。从发掘的情况看，随葬品摆放位置大致有以下几种形式：（1）放置于墓室的一端中部，或一端的近侧壁处。（2）墓室一端放置的器物数量较多，而另一端也有少量器物。（3）放置于墓室中部略偏一侧①。

---

① 由于公路建设施工推土过程中，也往往把墓坑近地表部分推掉。因此，墓室深度已非原来尺寸，只有参考意义。以下各期墓葬的情况均大致相同。

第一节　墓葬形制

一　A型墓

34座，为窄坑土坑墓。墓室宽度较窄，宽度仅是墓室长度的50%以下。窄坑墓约占本期墓葬总数的53%。按墓室结构之差异可分为三亚型。

1. Aa型墓

24座（M23、M34、M35、M40、M42、M44、M79、M86、M114、M134、M155、M163、M166、M167、M169、M171～M174、M176～M178、M195、M197），长方窄土坑，无其他结构。约占本期窄坑墓总数的71%。

M23　位于文昌塔东北面约75米。墓向313°。封土情况不详。无墓道。墓室长2.7、宽1、

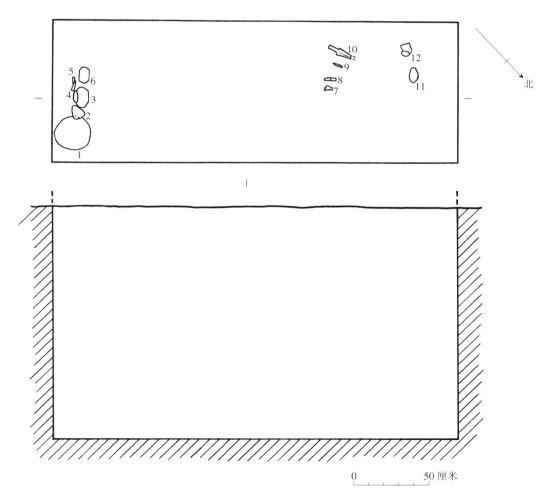

图三　M23平、剖面图

1. 陶折肩罐　2、3、12. 陶罐　4. 铜钺　5. 铁器　6. 陶双耳罐　7. 铜剑首　8. 铁带钩
9. 铁剑　10. 铜矛　11. 小陶杯

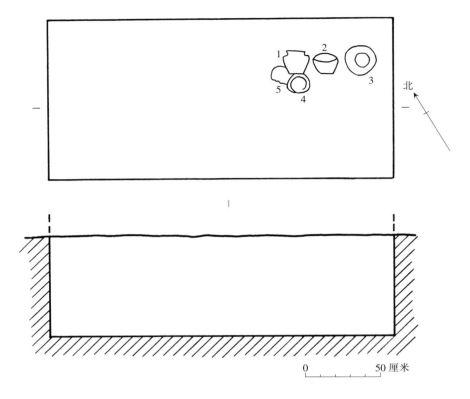

图四　M34 平、剖面图

1、5. 陶罐　2. 陶小杯　3、4. 陶折肩罐

残深1.6米。墓内填土为黄褐色沙黏土，夹有卵石。葬具与人骨已朽，墓底发现有木头腐烂之痕迹。出土器物12件，其中陶器6件、铜器3件、铁器3件。器物主要位于墓室之两端（图三）。

　　M34　位于文昌塔西北面约335米。墓向301°。封土不详，无墓道。墓室长2.3、宽1.1、残深0.7米。墓室填土为黄褐色，墓坑南、北、东三面坑壁有2厘米白膏泥延伸至墓底。未发现葬具与人骨。出土器物5件，均为陶器。器物位于墓室之一端（图四）。

　　M35　位于文昌塔西北面约340米。墓向307°。封土不详，无墓道。墓室长3、宽1.1、残深0.6米。墓室填土为黑褐色。未发现葬具与人骨。出土器物2件，均为陶器。器物位于墓室之一端（图五）。

　　M40　位于文昌塔西北面约375米。墓向86°。封土不详，无墓道。墓室长3.6、宽1.6、残深2.2米。墓室填土为灰黑色。墓圹四周筑有高约0.84米的熟土二层台，两侧的二层台宽约0.4米，而两端的二层台宽约0.1米。未发现葬具与人骨。出土2件陶器。器物位于墓室之西端（图六）。

　　M44　位于文昌塔西北面约365米。墓向280°。封土不详，无墓道。墓室长2.88、宽0.75、残深0.5米。墓室填土为黄褐色沙黏土，杂有细石。未发现葬具与人骨。出土2件陶器。器物位于墓室之东端（图七）。

　　M79　位于文昌塔西北面约410米。墓向270°。封土不详，无墓道。墓室长2.5、宽1、残深

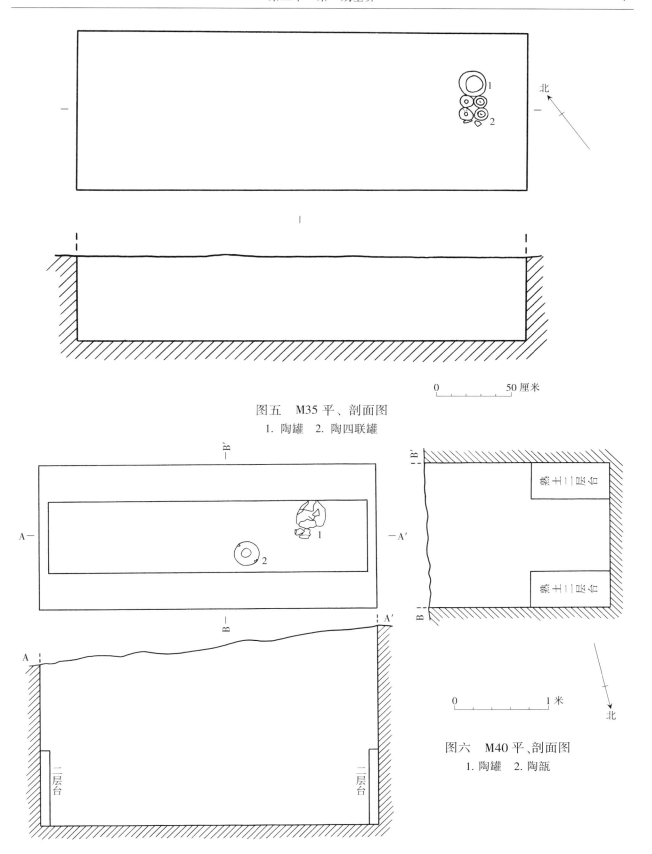

图五　M35 平、剖面图
1. 陶罐　2. 陶四联罐

图六　M40 平、剖面图
1. 陶罐　2. 陶瓿

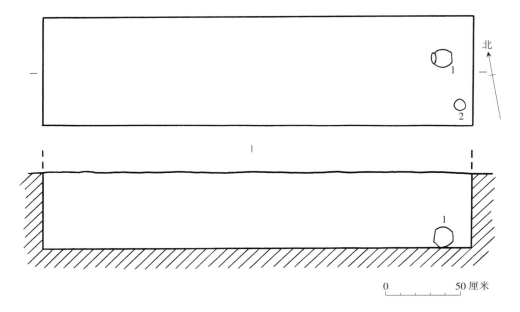

图七　M44 平、剖面图
1. 陶罐　2. 陶小杯

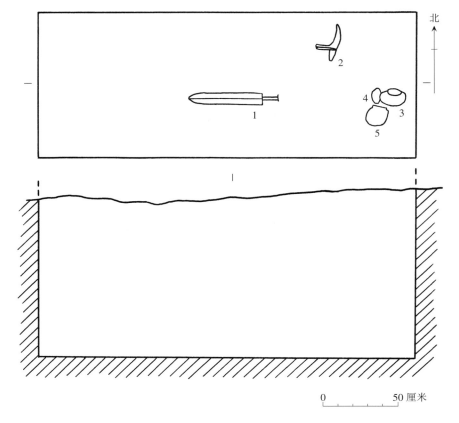

图八　M79 平、剖面图
1. 铜剑　2. 铜戈　3. 陶三足瓿　4. 陶罐　5. 铜鍪

1.2 米。墓室填土为灰黄色沙黏土，含小石子。未发现葬具与人骨。出土器物 5 件，其中 2 件为陶器，3 件为铜器。器物多位于墓室东端，有一铜剑位于墓圹中部（图八）。

　　M114　位于文昌塔西北面约 310 米。墓向 106°。封土不详，无墓道。墓室长 2.85、宽 0.85、残深 0.26 米。墓室南、北两壁分别有三个方坑槽。墓室填土为灰黄色沙黏土。未发现葬具与人骨。出土 2 件陶器。器物位于墓室之西端（图九）。

　　M134　位于文昌塔西北面约 265 米。墓向 20°。封土不详。墓室长 2.7、宽 0.9、残深 0.4 米。

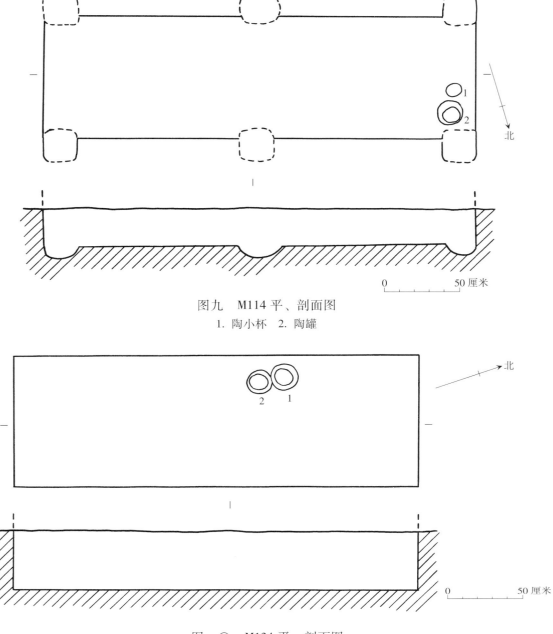

图九　M114 平、剖面图
1. 陶小杯　2. 陶罐

图一〇　M134 平、剖面图
1、2. 陶罐

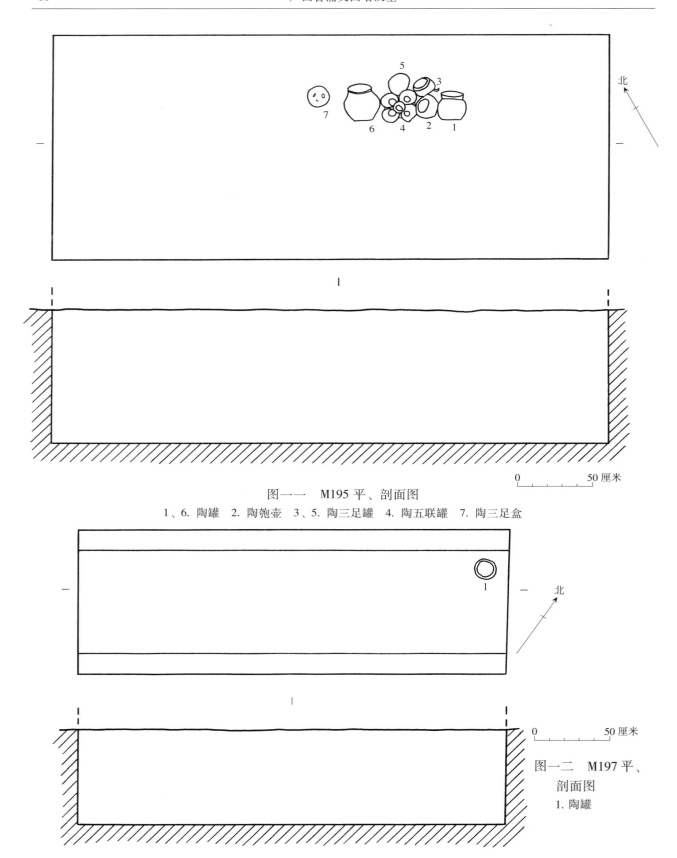

图一一　M195 平、剖面图
1、6. 陶罐　2. 陶匏壶　3、5. 陶三足罐　4. 陶五联罐　7. 陶三足盒

图一二　M197 平、
剖面图
1. 陶罐

墓室填土为灰黑色沙黏土。未发现葬具与人骨。出土器物 2 件，均为陶器。器物位于墓室之近西壁处（图一〇）。

M195 位于文昌塔西北面约 260 米。墓向 300°。封土不详。墓室长 3.7、宽 1.55、残深 0.92 米。墓室填土为灰褐色沙黏土。未发现葬具与人骨。出土器物 6 件，均为陶器。器物位于墓室中略靠北侧（图一一）。

M197 位于文昌塔西北面约 315 米。墓向 235°。封土不详。墓室长 2.85、墓口宽 0.98、墓底宽 0.7、残深 0.63 米。墓室填土为黄褐色沙黏土。墓室两侧有熟土二层台，宽约 0.14 米。未发现葬具与人骨。出土 1 件陶器。器物位于墓室东端（图一二）。

2. Ab 型墓

9 座（M38、M62、M89、M93、M94、M96、M162、M190、M196），长方窄土坑，在墓室四周或两侧设有生土二层台。约占该期窄坑墓总数的 26%。

M38 位于文昌塔西北面约 275 米。墓向 290°。封土不详，无墓道。墓口长 3.5、宽 1.4 米，

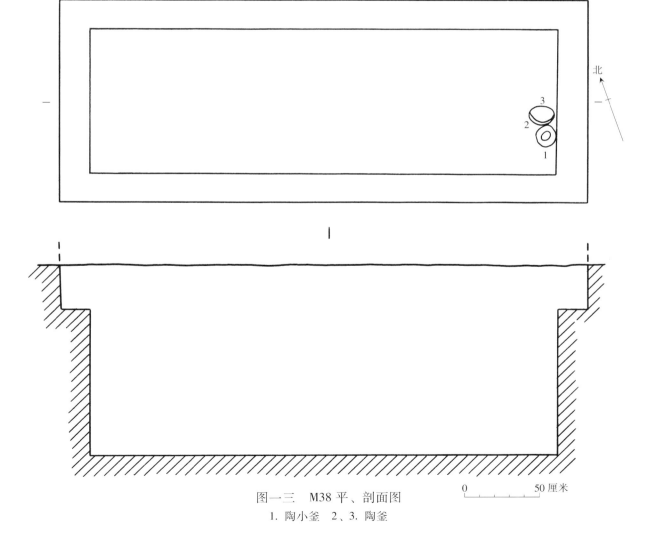

图一三 M38 平、剖面图

1. 陶小釜 2、3. 陶釜

墓底长 3.1、宽 1 米，残深 1.3 米。墓室填土为黄褐色沙黏土，杂有细石。墓坑四周设有生土二层台，宽 0.2、高 1 米。未发现葬具与人骨。出土 2 件陶器。器物位于墓室之东端（图一三）。

　　M62　位于文昌塔西北面约 350 米。墓向 288°。封土不详，无墓道。墓室上口长 3.4、宽 1.8 米，墓底长 2.6、宽 0.98 米，深 1.7 米。墓室填土为黄黑色五花土。墓坑有生土二层台，宽 0.09 ~ 0.3、高 1.05 米。未发现葬具与人骨。出土器物 3 件，均为陶器（图一四）。

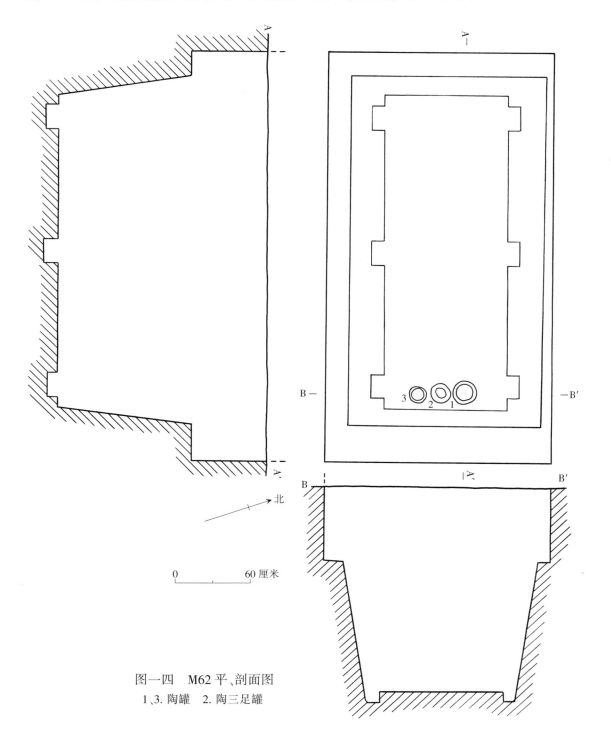

图一四　M62 平、剖面图

1、3. 陶罐　2. 陶三足罐

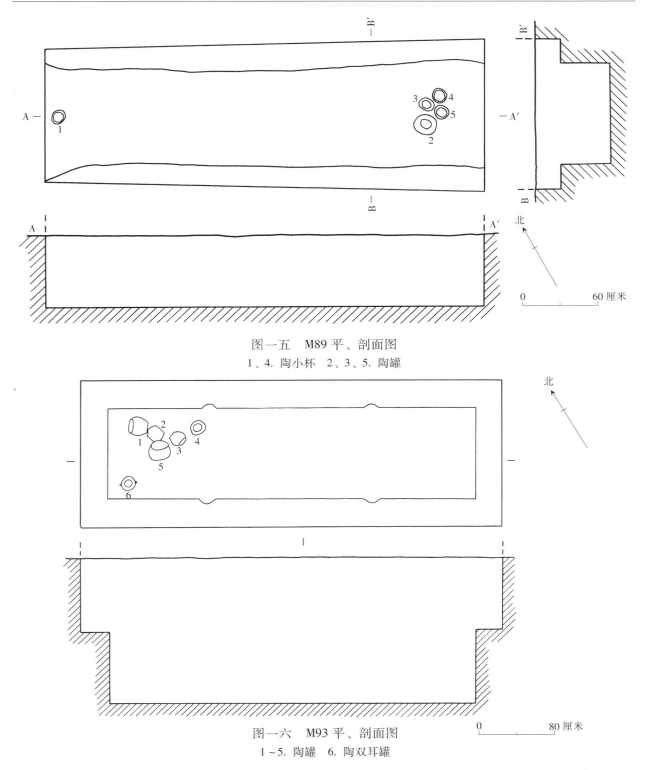

图一五　M89 平、剖面图
1、4. 陶小杯　2、3、5. 陶罐

图一六　M93 平、剖面图
1～5. 陶罐　6. 陶双耳罐

M89　位于文昌塔西北面约 130 米。墓向 300°。封土不详，无墓道。墓室上口长 3.5、宽 1.08～1.24 米，墓底长 3.5、宽 0.92～0.98 米，残深 0.6 米。墓室填土上层为黑色沙黏土，下层为黄褐色沙黏土。墓圹两侧有高于墓底约 0.4 米的生土二层台。二层台宽窄不一，最宽约 0.22、高约 0.4

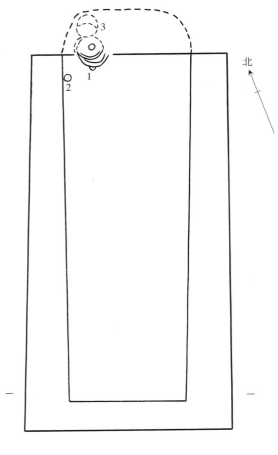

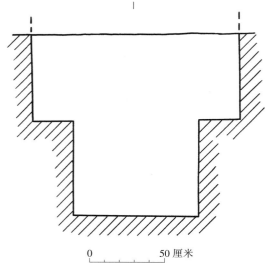

图一七　M162 平、剖面图

1. 陶提筒　2. 铜器残片　3. 陶釜

米。未发现葬具与人骨。出土器物5件，均为陶器。器物位于墓室之东端（图一五）。

M93　位于文昌塔西北面约160米。墓向120°。封土不详，无墓道。墓室上口长4.5、宽1.6米，墓底长3.9、宽1米，残深1.6米。墓室填土为灰黄褐色沙黏土。墓圹四周有生土二层台，宽约0.32、高约0.8米。二层台之侧壁各有两道浅槽。未发现葬具与人骨。出土器物6件，均为陶器。器物主要位于墓室西北端处（图一六）。

M162　位于文昌塔西北面约465米。墓向200°。封土不详。墓室上口长2.6、宽1.3～1.36米，墓底长2.4、宽0.76～0.86米，残深1.24米。墓室填土为灰黄色黏土。墓圹两侧及南端有生土二层台，宽约0.16～0.3、高0.64米。墓北端有一壁龛，宽0.86、深0.3、高0.34～0.44米。未发现葬具与人骨。出土器物3件，其中1件为陶器，2件为铜器。器物位于墓室之壁龛（图一七）。

M190　位于文昌塔西北面约285米。墓向36°。封土不详。墓室上口长3.88、底长3.26、宽1.64、残深1.05米。墓室填土为黑褐色沙黏土。墓室两端各有宽约0.3米的生土二层台，高约0.6米。墓室四壁不够平整。未发现葬具与人骨。出土器物12件，均为陶器。器物位于墓室南端（图一八）。

3. Ac 型墓

1座（M92），长方窄土坑，有墓道。约占本期窄坑墓总数的3%。

M92　位于文昌塔西北面约165米。墓向110°。封土不详。墓室长4、宽1.6、残深1.4米。斜坡墓道位于前端正中，上端口残长1.8、下端口残长2米。墓室填土为黄褐色沙黏土。未发现葬具与人骨。出土器物6件，均为陶器。除一件器物外，其他主要位于墓室之西端（图一九）。

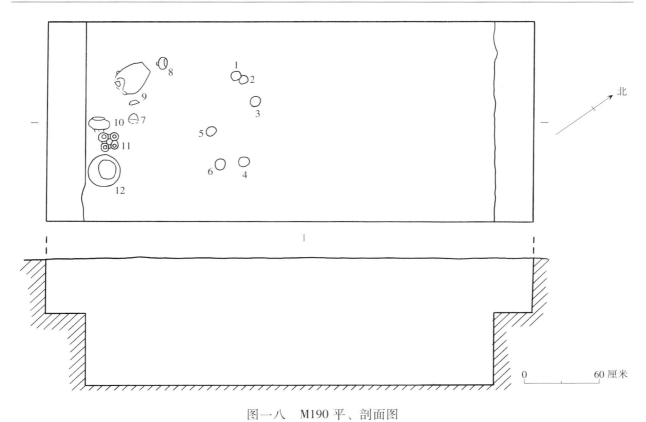

图一八　M190 平、剖面图

1、2. 陶三足盒　3～7. 陶小杯　8、10. 陶三足罐　9. 陶瓮　11. 陶四联罐　12. 陶瓴

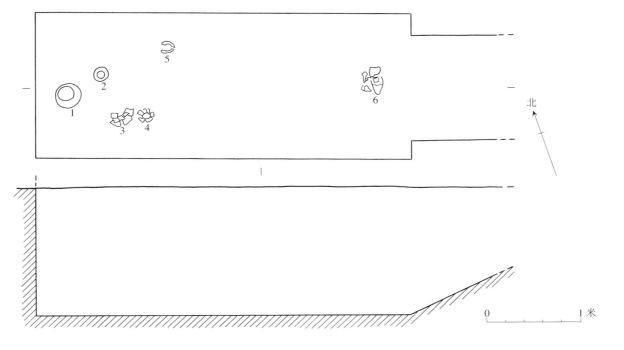

图一九　M92 平、剖面图

1. 陶瓮　2、3. 陶罐　4. 陶小瓴　5. 陶匏壶　6. 陶釜

二 B 型墓

30 座，为宽坑土坑墓。墓室宽度较宽，宽度是墓室长度的 50% 以上（凡墓葬长宽比小于或等于 2:1 的墓为宽坑墓）者。宽坑墓约占本期墓葬总数的 48%。按墓室结构之差异分为三亚型。

1. Ba 型墓

26 座（M030、M16、M29、M33、M43、M47、M50、M57、M58、M61、M63、M83、M84、M90、M91、M98、M99、M103、M136、M147、M154、M164、M165、M168、M170、M186），长方宽土坑，无其他结构。约占本期宽坑墓总数的 87%。

M16 位于文昌塔西北面约 375 米。墓向 126°。封土情况不详。无墓道。墓室长 3.6、宽 2.3、残深 1.25 米。墓底开挖两道横向垫木沟。墓坑底有约 2 厘米细沙铺垫。葬具与人骨已朽。出土器

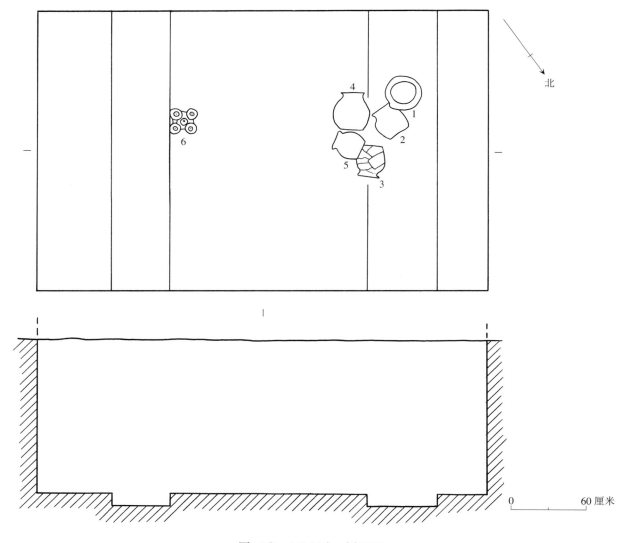

北

0 ——— 60 厘米

图二〇 M16 平、剖面图

1~5. 陶罐 6. 陶五联罐

物 6 件，均为陶器。器物主要位于墓室中部略靠一端（图二〇）。

M29 位于文昌塔西北面约 90 米。墓向 115°。封土不详。无墓道。墓室长 3.4、宽 2.18、残深 0.51 米。墓室填土为棕褐色。墓壁四周筑有熟土二层台，宽约 0.35～0.52、高 0.36 米。未发现葬具与人骨。出土器物 4 件，其中陶器 3 件、铁器 1 件。器物位于墓室之一端（图二一）。

M33 位于文昌塔西北面约 325 米。墓向 56°。封土不详，无墓道。墓室长 3.3、宽 1.6、残深 2.1 米。墓室填土为灰黑色。墓圹四周筑有熟土二层台，宽 0.4、高 0.7 米。墓底有两条横列垫木沟，宽约 0.35、深约 0.1 米。未发现葬具与人骨。出土器物 5 件，其中陶器 3 件、铜器 2 件。器物位于墓室之一端（图二二）。

M43 位于文昌塔西北面约 305 米。墓向 90°。无封土，无墓道。墓室长 2.9、宽 1.9、残深 2.1 米。墓室填土为黄褐色沙黏土，杂有细石。未发现葬具与人骨。出土器物 8 件，其中陶器 4 件、铜器 4 件。器物位于墓室西端之一侧（图二三）。

M47 位于文昌塔西北面约 345 米。墓向 120°。封土不详，无墓道。墓室长 4、宽 2、残深 0.95 米。墓室填土为灰黑色。墓圹四周筑有熟土二层台，二层台宽 0.19～0.5、高约 0.49 米。墓底有两条横列垫木沟，宽约 0.35、深约 0.1 米。未发现葬具与人骨。出土陶器 1 件，位于墓室之一端（图二四）。

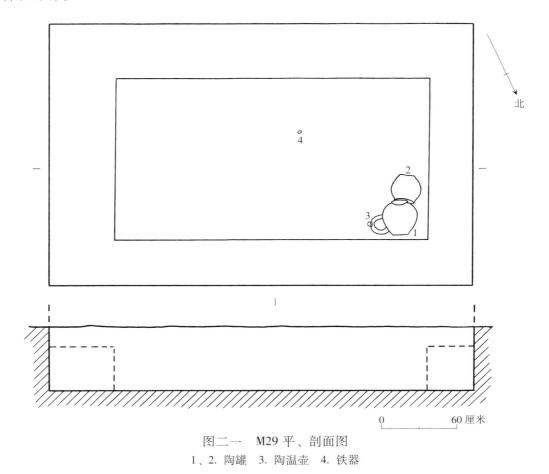

图二一 M29 平、剖面图
1、2. 陶罐 3. 陶温壶 4. 铁器

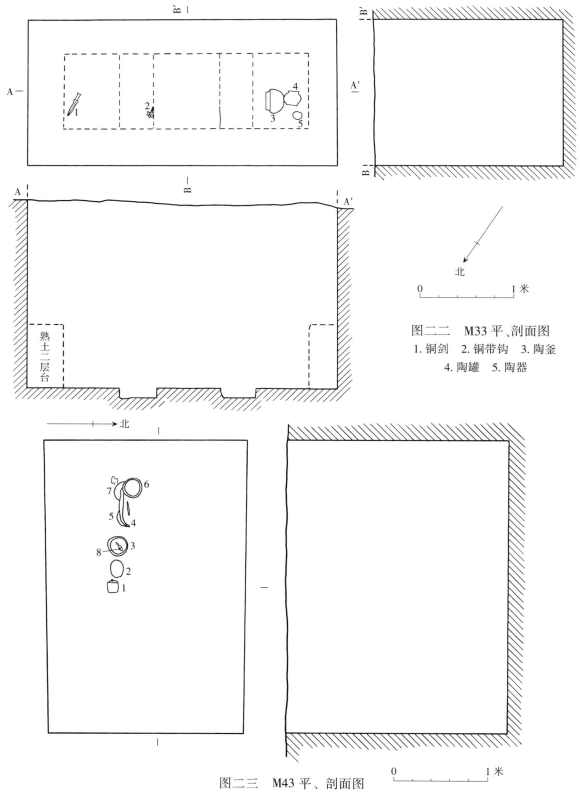

图二二　M33 平、剖面图

1. 铜剑　2. 铜带钩　3. 陶釜
4. 陶罐　5. 陶器

图二三　M43 平、剖面图

1、3、6. 陶折肩罐　2. 铜镜　4. 铜盆　5. 铜鼎　7. 陶罐　8. 铜勺

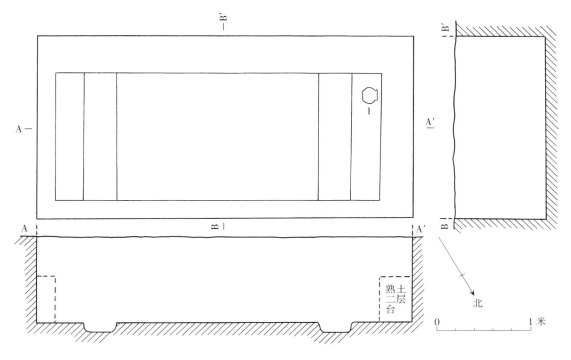

图二四　M47 平、剖面图
1. 陶釜

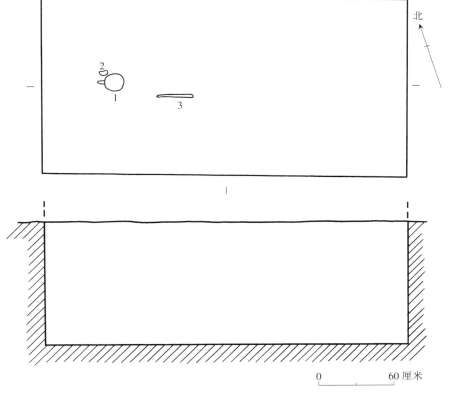

图二五　M50 平、剖面图
1. 陶鼎　2. 铜镜　3. 铜环首刀

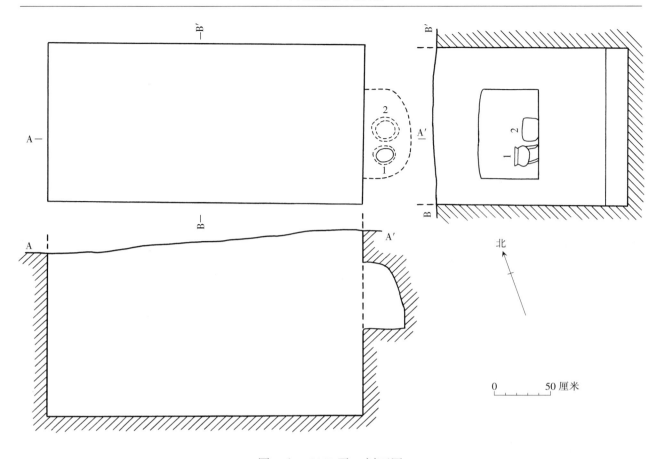

图二六　M57 平、剖面图
1. 陶折肩罐　2. 陶鼎

　　M50　位于文昌塔西北面约 350 米。墓向 110°。封土不详，无墓道。墓室长 2.9、宽 1.44、残深 1 米。墓室填土为黄褐色沙黏土。未发现葬具与人骨。出土器物 3 件，其中陶器 1 件、铜器 2 件（图二五）。

　　M57　位于文昌塔西北面约 315 米。墓向 280°。封土不详，无墓道。墓室长 2.8、宽 1.45、残深 1.7 米。墓室填土上面为灰黑色表土，下面则为黄褐色原坑沙黏土回填。未发现葬具与人骨。在东端距墓底 0.82 米高处有一宽 0.8、高 0.65、深 0.4 米壁龛。龛内随葬陶器 2 件（图二六）。

　　M58　位于文昌塔西北面约 370 米。墓向 40°。封土不详，无墓道。墓室长 3.6、宽 1.8、残深 0.1~0.7 米。墓室填土为灰黑色表土。未发现葬具与人骨。出土器物 2 件，其中铜器、陶器各 1 件（图二七）。

　　M61　位于文昌塔西北面约 330 米。墓向 124°。封土不详，无墓道。墓室长 3、宽 1.9、残深 0.46 米。墓室填土为黄褐色。墓底有两条横列垫木沟，宽约 0.27、深约 0.1~0.12 米。垫木沟之两端均有近方形柱洞。未发现葬具与人骨。出土器物 4 件，其中陶器 1 件、铜器 3 件。器物位于墓室之中部和西端（图二八）。

　　M63　位于文昌塔西北面约 355 米。墓向 288°。封土不详，无墓道。墓室长 3.4、宽 1.9、残深

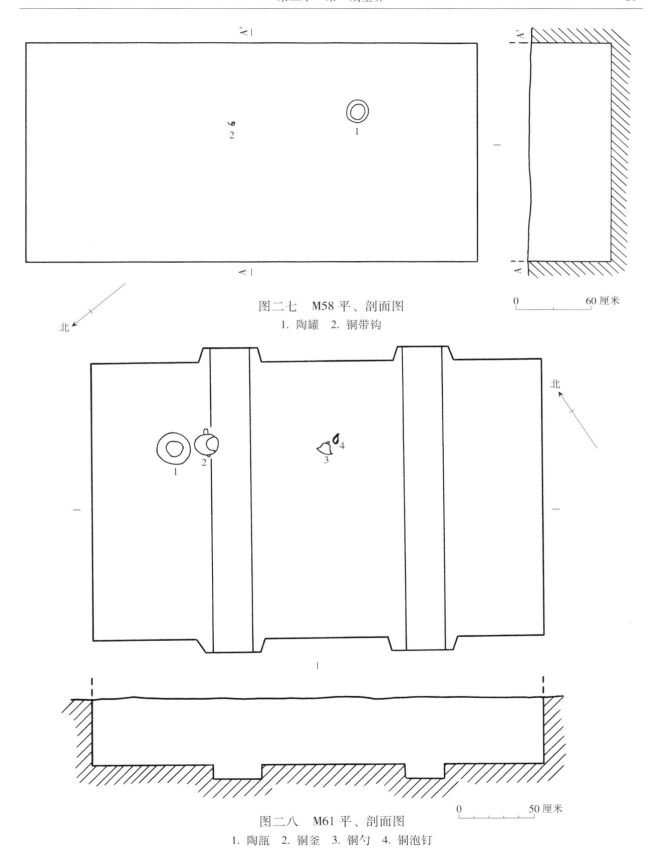

图二七　M58 平、剖面图
1. 陶罐　2. 铜带钩

图二八　M61 平、剖面图
1. 陶瓿　2. 铜釜　3. 铜勺　4. 铜泡钉

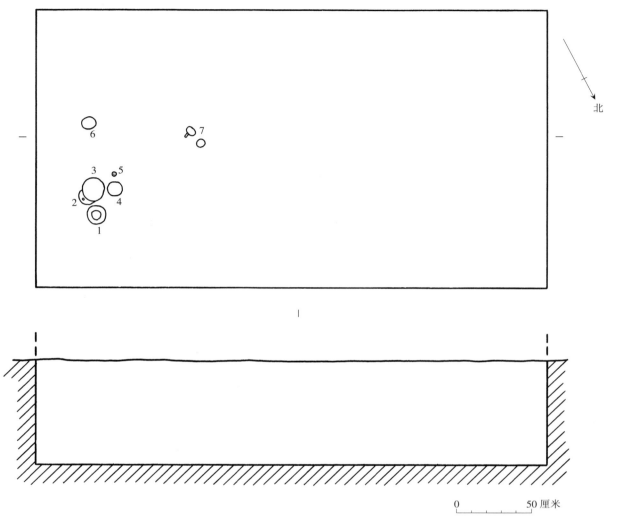

图二九　M63 平、剖面图

1、7. 陶三足罐　2、4. 三足盒　3. 陶器　5. 陶纺轮　6. 陶小杯

0.72 米。墓室填土为黄黑色五花土。未发现葬具与人骨。出土 7 件陶器。器物位于墓室之东端（图二九）。

2. Bb 型墓

2 座（M49、M78），长方宽土坑，有生土二层台。约占本期宽坑墓总数的 6%。

M49　位于文昌塔西北面约 345 米。墓向 128°。封土不详，无墓道。墓室上口长 3.6、宽 1.7 米，墓底长 3.46、宽 1.7 米，残深 1.4 米。墓室填土为黄褐色沙黏土。墓圹东端局部有平面为曲尺形生土二层台，宽约 0.14～0.36、高约 0.8 米。墓底中部偏南壁处有一长方形坑，长 0.6、宽 0.4、深 0.7 米，坑内无随葬品。未发现葬具与人骨。出土器物 4 件，均为陶器。器物位于墓室之西端（图三〇）。

M78　位于文昌塔西北面约 320 米。墓向 29°。封土不详，无墓道。墓室上口长 3、宽 1.8 米，

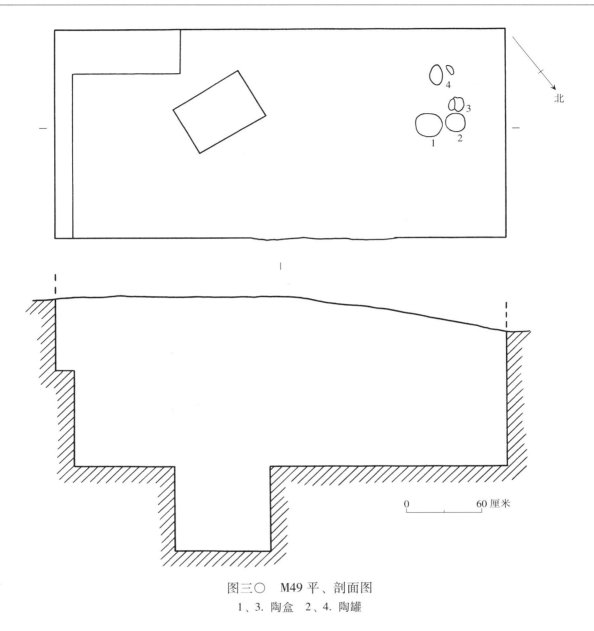

图三〇　M49 平、剖面图
1、3. 陶盒　2、4. 陶罐

墓底长 2.6、宽 1.4 米，残深 1.8 米。墓室填土为灰黄色沙黏土。墓圹四周有生土二层台，宽 0.2、高 1.2 米。未发现葬具与人骨。出土器物 6 件，其中陶器 4 件、铜器 1 件、铁器 1 件。器物位于墓室之西端（图三一）。

3. Bc 型墓

2 座（M011、M113），长方宽土坑，有墓道。约占本期宽坑墓总数的 6%。

M011　位于文昌塔东北面约 75 米。墓向 278°。封土为黄褐色沙土、黑褐色沙土筑成，残高约 1.5、直径 6 米。墓室长 4.4、宽 2.57、残深 1.9 米。斜坡式墓道，位于墓室一端之中部，上口残长 5.3、宽 1.76 米。墓内填土为黄褐色沙黏土，杂有碎石。墓四壁较直，墓底有两条纵列垫木沟，沟宽 0.18、深 0.1 米。未发现葬具与人骨。出土器物 14 件，其中陶器 12 件、滑石器 2 件。

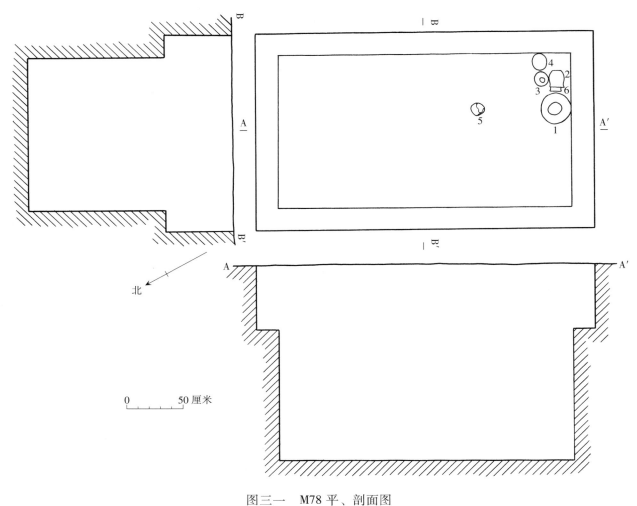

图三一　M78 平、剖面图

1. 陶瓿　2、4. 陶罐　3. 陶异形罐　5. 铜镜　6. 铁盅

器物主要分布于墓室后端右侧，有 3 件位于墓室前端中部（图三二）。

M113　位于文昌塔西北面约 320 米。墓向 120°。封土不详。墓室长 4、宽 2.1、残深 1.3 米。斜坡墓道，墓道位于墓室东端之中部，上端口长 2.4、宽 1.3 米，下端口长 2.6、宽 1.3 米。墓室填土为黑色沙黏土及五花土。墓底有两条纵列垫木沟，宽约 0.14～0.18 米。未发现葬具与人骨。出土器物 12 件，其中陶器 9 件、铜器 1 件，铁器 1 件、石器 1 件。器物位于墓室之南侧（图三三）。

第二节　随葬器物

在本期的 64 座墓葬中，有随葬器物的墓葬 54 座，约占本期墓葬总数的 84%；无随葬器物的墓葬 10 座，约占本期墓葬总数的 16%。共出土各类随葬品 276 件（号）①。出土器物按其质地可

---

① 本报告一般是一件器物以一个编号登记，但也有一个编号包含数件器物的情况，数量总数统计以出土器物登记编号为准。以下各章节均相同，不再另外说明。

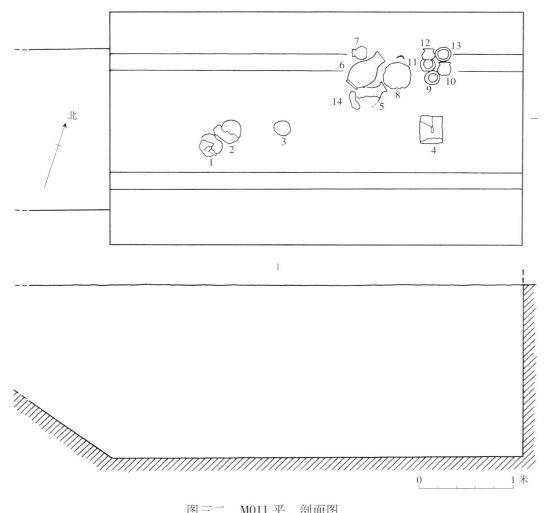

图三二　M011 平、剖面图
1. 滑石璧　2. 滑石盘　3. 陶折肩罐　4. 陶器　5、6. 陶壶　7、9～14. 陶罐　8. 陶瓮（底）

分为陶器、铜器、铁器、滑石器、石器、玉器等，其中数量最多的是陶器，其次为铜器，其他质地的器类数量较少。

一　陶器

220 件（号）（其中有 4 件因残缺而不能辨别器类），约占本期出土器物总数的 80%。

陶器可分泥质陶和夹砂陶两类，以泥质陶较多，夹砂陶较少。泥质陶又可分软陶和硬陶两类，泥质硬陶一般火候高，硬度较大，胎质有灰、灰白、青灰或灰褐；泥质软陶一般火候较低，胎质松软，呈灰、红褐、灰黄、灰白色等。夹砂陶胎质一般较疏松，肉眼可见明显砂粒，多呈黑褐或灰褐色。常见器形有瓮、罐、釜、鼎等。

陶器器表多数都施有陶衣或釉，一般是以刷釉方式施釉。多数器物的陶衣或釉层有较大面积剥落，呈局部斑块状或斑点，釉层多数均较薄，光泽暗，有些甚至无光泽，以至肉眼难以区分是釉

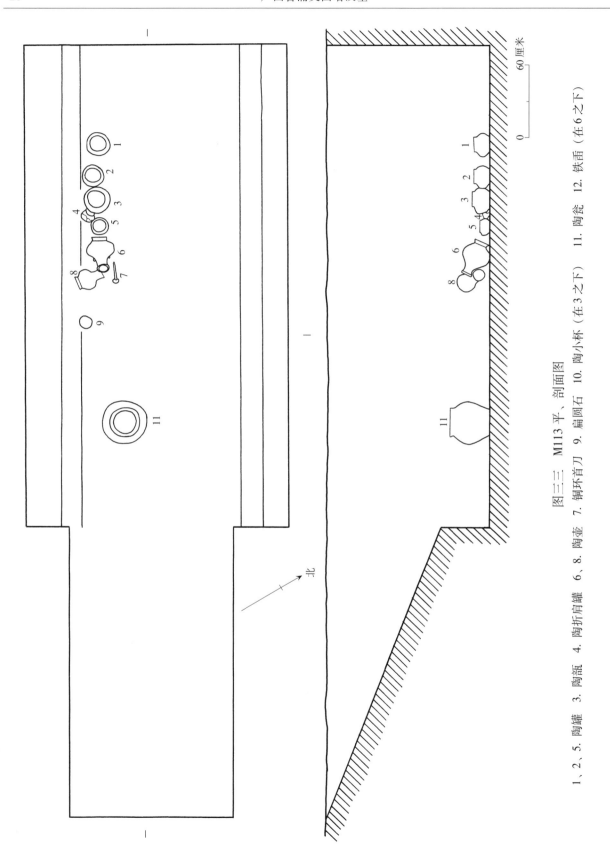

图三三　M113 平、剖面图

1、2、5. 陶罐　3. 陶瓿　4. 陶折肩罐　6、8. 陶壶　7. 铜环首刀　9. 扁圆石　10. 陶小杯（在 3 之下）　11. 陶瓮　12. 铁釜（在 6 之下）

或是非釉的陶衣。但也有少数陶器的釉层较厚，光泽较好，呈青黄色，釉面只有少许剥落。

陶器制法有轮制、手制，以轮制为主。一般圆形的器物，都是采用轮制，因此，器形显得较规整，胎壁厚薄也较均匀，如瓮、罐、小杯、瓿、壶等。而器盖的纽、三足器的足、器侧的耳等，应是先用手捏成型，然后和器物黏接而成。

纹饰主要有方格纹、戳印纹、弦纹、水波纹、绚纹、锥刺纹、绳纹、刻划符号等。纹饰的施制主要采用印制（包括压印、拍印、戳印等）、刻划、锥刺等方法。

方格纹是压印或拍印而成，多施于瓿、罐的器身。每个器物的方格纹粗细或有不同，大者每格边长约 0.4 厘米，小者每格边长仅 0.1 厘米（图三四，1~4）。

戳印纹一般是在瓿、罐器腹压印方格纹后加以戳印而成。戳印的位置多较随意，疏密不一。戳印纹以外轮廓区分，有圆形、方形、菱形、曲线形及其他特殊形态纹样。圆形戳印为绝大多数，其形状的大小不同，纹样的变化多种多样；方形、菱形、曲线戳印或其他纹样较少。另外，一些陶瓿也出现有戳印的圆圈、戳印的弯月形纹带。有部分戳印纹较模糊，虽肉眼可辨认，但无法清晰拓印出来（图三四，5、6；图三五、三六）。

弦纹是刻划而成，施制于瓿、罐肩、腹处。弦纹亦有粗细不同，多与其他纹饰一起组成装饰图案（图三七，1~3）。

水波纹是刻划而成，施制于陶瓿或陶罐器身。纹饰大多是以成组较密的线条以横列形式构图，也有以单线条的竖列形式构图（图三七，4~8；图三八，1）。

绚纹是刻划而成，施制于陶瓿器身。纹饰是以两组曲线交股而构成纹带，常与其他纹带组成装饰图案（图三八，2~4）。

锥刺纹是用尖状工具在器坯锥刺而成，常施制于瓿或器物的盒盖上。有以较细密的锥刺点直线斜行排列，也有以曲折线的排列形式。有少数锥刺纹的锥刺点较粗（图三八，5；图三九，1~3）。

绳纹是拍印而成，施制于陶釜器身（图三九，4）。

刻划符号偶见器身，数量较少，应为工匠随手所刻（图三九，5~8）。

陶器的器类计有瓿、罐、异形罐、双耳罐、折肩罐、三足罐、四联罐、五联罐、盒、三足盒、瓿、小瓿、三足瓿、壶、匏壶、温壶、提筒、尊、小杯、鼎、釜、小釜、纺轮、球等，其中以罐类最多，约占该期陶器总数的 39%。

瓮　4 件，分别出土于 4 座墓中，每墓 1 件。只有 2 件较完整（其中有 2 件因残缺不分型）。以腹部特征分型，以口沿变化分式（文昌塔汉墓五期所出土的陶瓮分为 A、B、C、D 型，本期只有 A 型）。

A 型　2 件。鼓肩，腹最大径位置居上。以口沿特征分式。

A 型 I 式　1 件。弧沿下折。

标本 M92∶1，泥质硬陶，青灰色，灰褐胎。器表施陶衣。敞口，折沿，尖唇，下收腹，平底。通体饰方格纹，上腹有数道弦纹及圆圈与三角形组合戳印纹。口径 18.5、底径 18.5、高 32 厘米（图四〇，1；彩版一，1）。

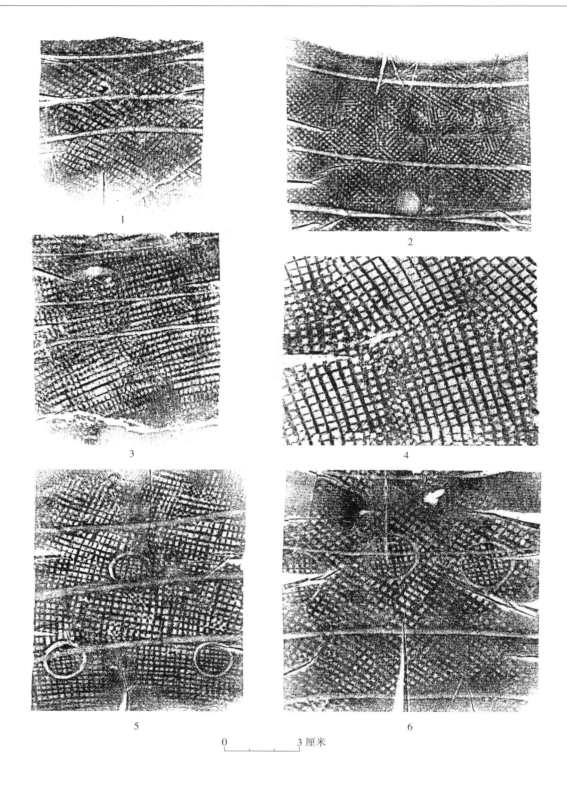

图三四　第一期墓葬出土陶器纹饰拓片

1~4. 方格纹（M90：10、M98：1、M92：3、M99：2）　　5、6. 戳印纹（M195：1、M86：2）

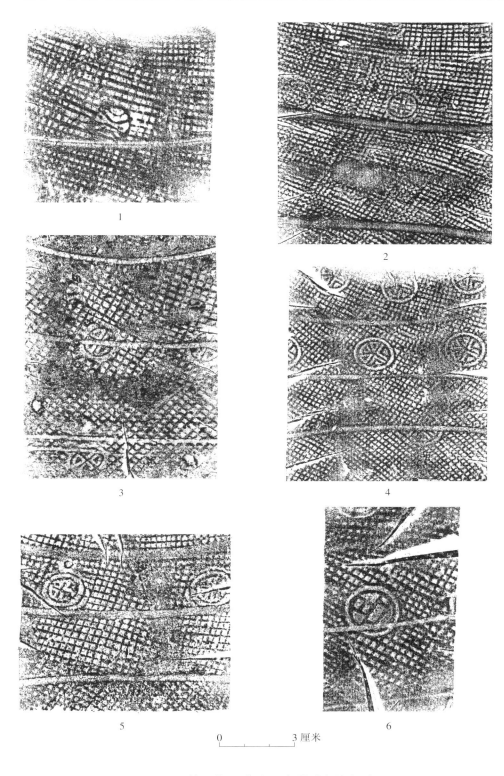

图三五 第一期墓葬出土陶器戳印纹拓片
1. M16：1 2. M195：6 3. M103：4 4. M173：1 5. M94：1 6. M93：3

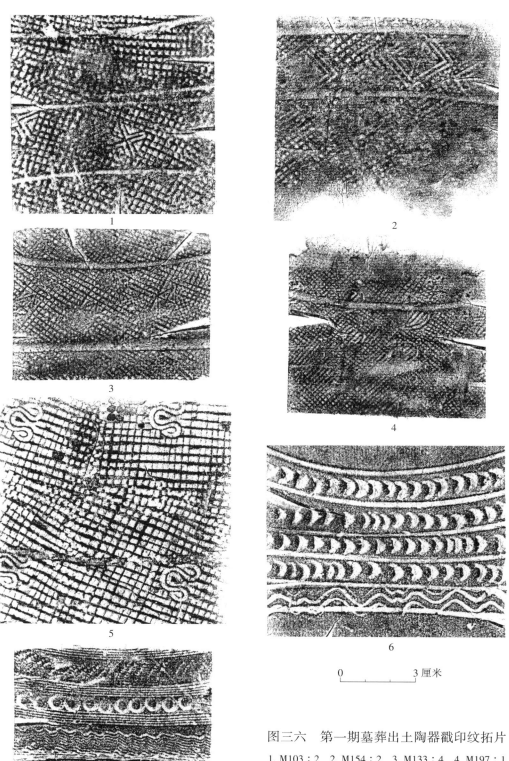

图三六　第一期墓葬出土陶器戳印纹拓片

1. M103：2　2. M154：2　3. M133：4　4. M197：1
5. M113：11　6. M40：2　7. M190：12

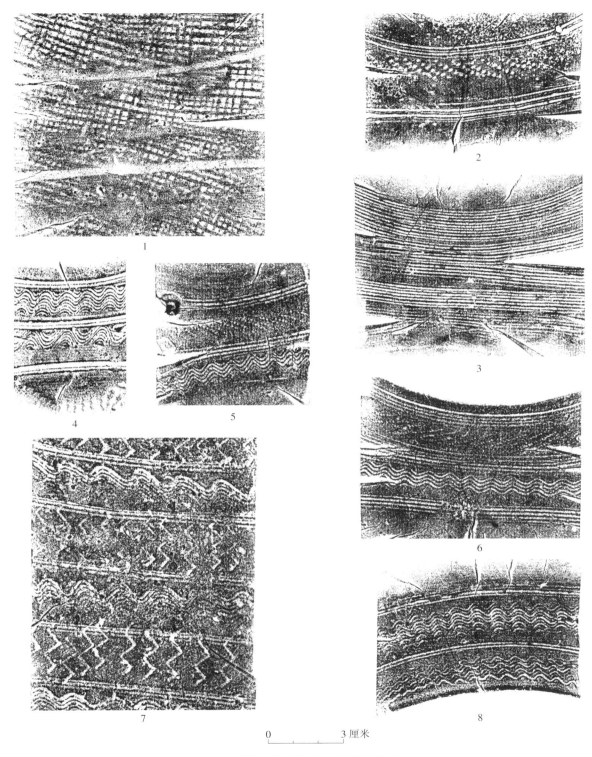

图三七 第一期墓葬出土陶器纹饰拓片

1～3. 弦纹（M147：2、M186：9、M62：2） 4～8. 水波纹（M195：3、M90：8、M195：2、M168：4、M195：3）

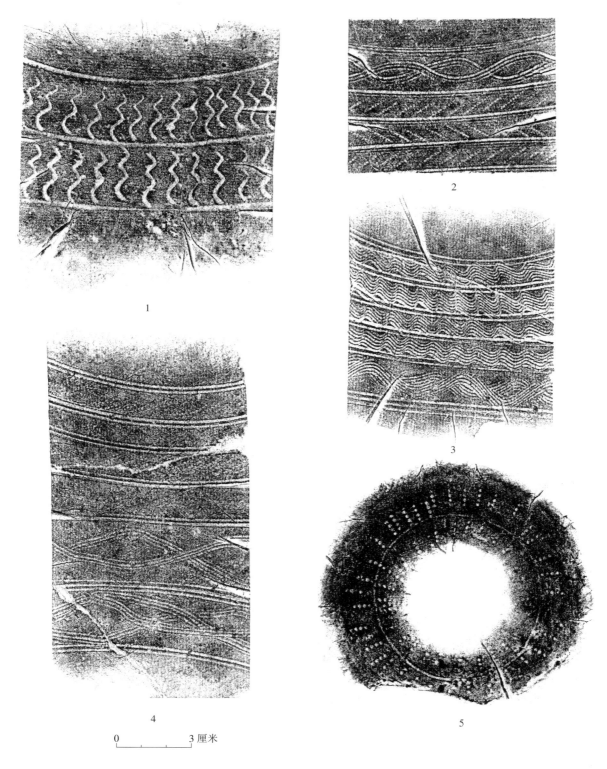

图三八　第一期墓葬出土陶器纹饰拓片
1. 水波纹（M83：2）　　2~4. 绚纹（M91：1、M155：4、M90：12）　　5. 锥刺纹（M49：3）

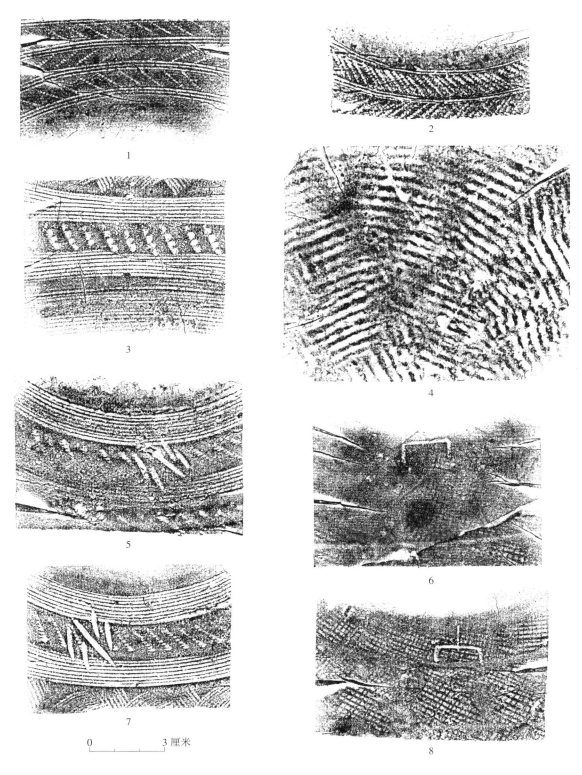

图三九　第一期墓葬出土陶器纹饰拓片

1～3. 锥刺纹（M91∶1、M86∶1、M170∶1）　　4. 绳纹（M92∶6）　　5～8. 刻划符号（M168∶5、M89∶31、

M170∶1、M44∶1）

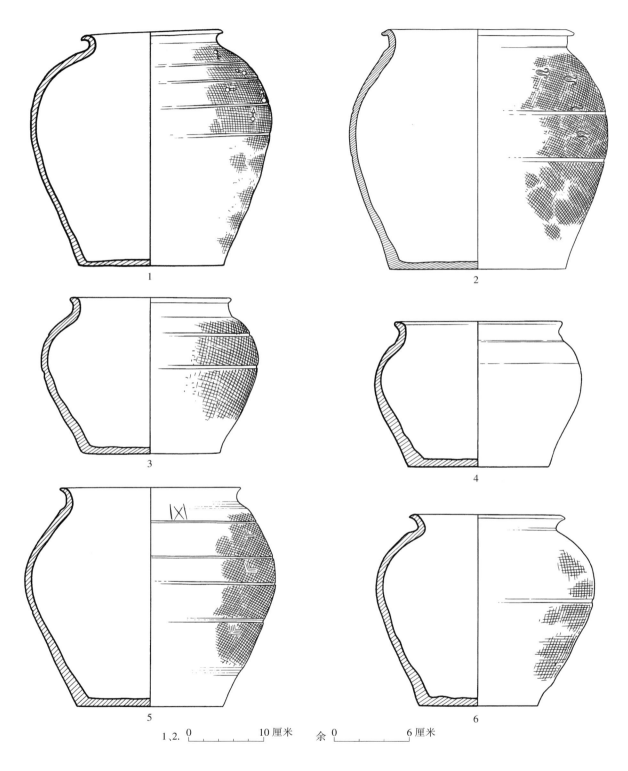

图四○　第一期墓葬出土陶瓮、罐

1. A 型 I 式瓮（M92：1）　　2. A 型 II 式瓮（M113：11）　　3～5. A 型 I 式罐（M030：5、M030：7、M98：1）

6. A 型 II a 式罐（M154：10）

A 型 II 式　1 件。平沿下折。

标本 M113：11，泥质硬陶，灰白色。器表施褐釉，但多已剥落。敞口，圆唇，收腹，平底。通体饰方格纹，间有曲线形戳印纹，腹部饰有两道弦纹。口径 22、底径 23、高 32.6 厘米（图四〇，2；彩版一，2）。

罐　85 件。以腹部特征分型（其中有 24 件因残缺不分型）。

A 型　40 件。鼓肩，腹最大径位置居上。以口沿分式。

A 型 I 式　21 件。沿面微内斜或平伸。

标本 M030：5，泥质硬陶，青灰色。器表施泥衣。敞口，窄沿，圆唇，短颈，收腹，平底。器身饰方格纹，肩、腹处各有一周浅凹弦纹。口径 12.5、底径 10.8、高 13 厘米（图四〇，3；彩版一，3）。

标本 M030：7，泥质软陶，灰白色。火候低，胎疏松。敞口，窄沿，圆唇，短颈，收腹，平底。器身饰方格纹，但很模糊。口径 13、底径 11、高 11.6 厘米（图四〇，4）。

标本 M98：1，泥质软陶，淡红色。火候较低。敞口，窄沿，圆唇，短颈，收腹，平底。器身饰以弦纹相间的细方格纹，偶见方形戳印纹。肩部有刻划符号。口径 13.6、底径 11.8、高 18.2 厘米（图四〇，5）。

A 型 II 式　13 件。沿面微外斜。以颈部特征分亚式。

A 型 IIa 式　3 件。束颈。

标本 M154：10，泥质硬陶，灰色。器表施褐釉。敞口，窄沿，唇略尖，收腹，平底。器身饰方格纹，腹中部有一周凹弦纹。口径 11.6、底径 9.6、高 16.1 厘米（图四〇，6；彩版一，4）。

标本 M78：4，泥质硬陶，灰色。器表施褐釉。敞口，窄沿，唇略尖，收腹，平底。器身饰方格纹、弦纹，间有戳印纹。颈部有一刻划符号。口径 10.7、底径 8.5、高 12.4 厘米（图四一，1）。

标本 M154：8，泥质硬陶，灰白色。器表施青黄釉，但多已剥落。敞口，窄沿，圆唇，收腹，平底。腹饰水波纹、弦纹、篦纹。口径 10.8、底径 7.5、高 9 厘米（图四一，2）。

A 型 IIb 式　10 件。有短颈。

标本 M94：1，泥质硬陶，灰色。器表施青黄釉，局部剥落。敞口，唇略尖，收腹，平底。器身饰方格纹、弦纹，间有圆形戳印纹。口径 13.2、底径 12.4、高 15.3 厘米（图四一，4）。

标本 M195：6，泥质硬陶，灰黄色（硬度比灰白色硬陶略低）。敞口，圆唇，收腹，平底。器身饰方格纹、三道弦纹，间有圆形戳印纹。口径 15.8、底径 14.4、高 21.7 厘米（图四一，3；彩版二，1）。

标本 M154：7，泥质硬陶，灰色。器表施褐釉，多已剥落。敞口，圆唇，收腹，平底内凹。器身饰方格纹、弦纹。口径 10、底径 10.5、高 12.6 厘米（图四一，5）。

A 型 III 式　5 件。斜领。

标本 M86：2，泥质软陶，灰黄色。敞口，方唇，收腹，平底。器身饰方格纹、弦纹，间有圆形戳印纹。口径 14、底径 11.6、高 15.8 厘米（图四一，6；彩版二，2）。

图四一　第一期墓葬出土 A 型陶罐

1、2. Ⅱa 式（M78：4、M154：8）　　3～5. Ⅱb 式（M195：6、M94：1、M154：7）

6～8. Ⅲ式（M86：2、M011：10、M011：7）

标本 M011：10，泥质软陶，灰黄色。火候低，质地疏松。敞口，圆唇，收腹，平底。素面。口径10.5、底径9、高11.5厘米（图四一，7）。

标本 M011：7，泥质软陶，灰黄色。火候低，质地疏松。敞口，圆唇，收腹，平底内凹。素面。口径10.6、底径9.2、高11.3厘米（图四一，8）。

A 型Ⅳ式　1件。卷沿。

标本 M99：2，泥质硬陶，灰胎。敞口，圆唇，收腹，平底。器身饰方格纹。口径18.5、底径14、高20.2厘米（图四二，1；彩版二，3）。

B 型　2件。鼓肩，肩部近似圆球形，腹最大径位置居上。以颈部变化分式。

B 型Ⅰ式　1件。束颈。

标本 M103：4，泥质硬陶，青灰色，器表可见砂粒。口小，体胖大腹。敞口，尖唇，收腹，平底。器身饰方格纹，腹有四道弦纹，间有圆形戳印纹。口径11.6、底径15.6、高21.6厘米（图四二，2；彩版二，4）。

B 型Ⅱ式　1件。短颈。

标本 M89：2，泥质硬陶，青灰色。器表施褐釉，多剥落。器形显胖。敞口，尖唇，收腹，平底内凹。器身饰方格纹、弦纹，间有方形戳印纹。口径9.6、底径12.4、高15.3厘米（图四二，3；彩版二，5）。

C 型　17件。鼓腹，腹最大径位置居中。以口沿特征分式。

C 型Ⅰ式　7件。沿面略平伸，微折领。

标本 M93：2，泥质软陶，灰黄色。敞口，窄沿，尖唇，收腹，平底。器身饰方格纹、弦纹。口径11.2、底径12.4、高14.2厘米（图四二，4；彩版三，1）。

标本 M134：2，泥质硬陶，灰胎。器表施褐釉，多剥落。器形显胖。敞口，窄沿，圆唇，收腹，平底。器身饰方格纹。口径11.8、底径11.2、高13.4厘米（图四二，5）。

标本 M16：5，泥质软陶，灰黄色。器表施褐陶衣，但多脱落。器形显胖。敞口，窄沿，圆唇，收腹，平底。器身饰方格纹及三周凹弦纹。口径16.2、底径16.8、高19厘米（图四二，7）。

C 型Ⅱ式　4件。沿面略外斜，微折领。

标本 M93：3，泥质软陶，灰黄色。敞口，窄沿，尖唇，收腹，平底内凹。器身饰方格纹、弦纹，间有圆形戳印纹。口径13.2、底径11.2、高14.2厘米（图四二，6；彩版三，2）。

标本 M186：5，泥质软陶，灰白色。敞口，窄沿，长腹，下收腹，平底。器身饰弦纹、方格纹。口径13.2、底径13.2、高16厘米（图四三，1）。

标本 M34：1，泥质软陶，灰黄色。敞口，窄沿，长腹，下收腹，平底。器身饰弦纹、方格纹、圆形戳印纹。口径13.6、底径11.6、高18.5厘米（图四三，2）。

C 型Ⅲ式　4件。斜领。

标本 M154：12，泥质硬陶，灰白色。敞口，圆唇，收腹，平底内凹。素面。口径12、底径10、高10.4厘米（图四三，3）。

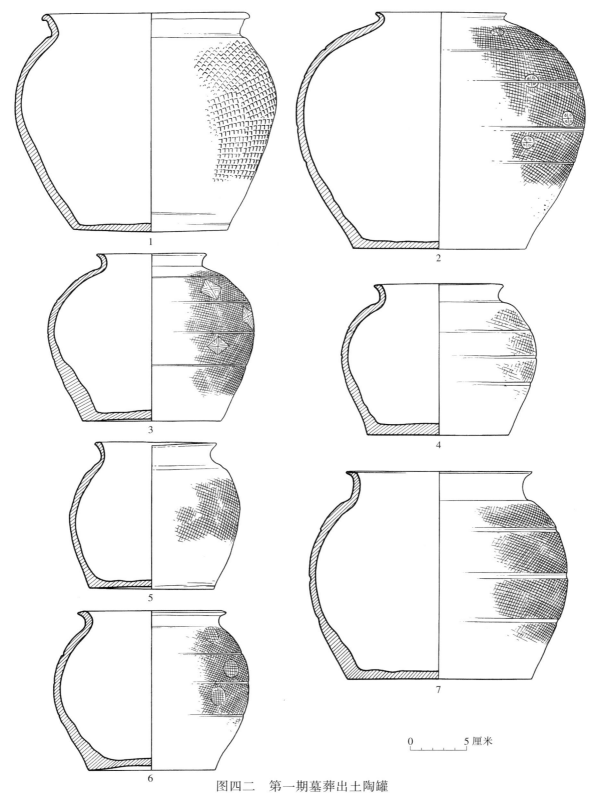

图四二　第一期墓葬出土陶罐

1. A 型Ⅳ式（M99∶2）　2. B 型Ⅰ式（M103∶4）　3. B 型Ⅱ式（M89∶2）　4、5、7. C 型Ⅰ式（M93∶2、
M134∶2、M16∶5）　6. C 型Ⅱ式（M93∶3）

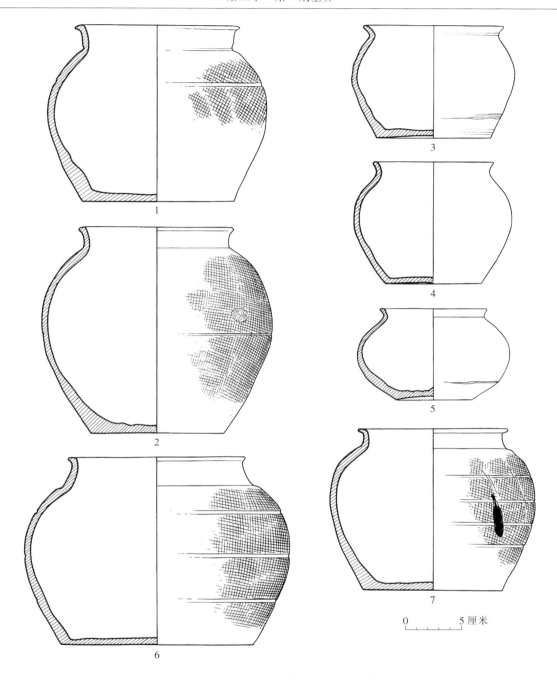

图四三　第一期墓葬出土 C 型陶罐

1、2. Ⅱ式（M186：5、M34：1）　3~5. Ⅲ式（M154：12、M011：13、M49：4）　6、7. Ⅳ式（M147：2、M35：1）

标本 M011：13，泥质软陶，灰黄色。火候低，质地疏松。敞口，圆唇，收腹，平底内凹。素面。口径10.5、底径8.6、高11.3厘米（图四三，4；彩版三，3）。

标本 M49：4，泥质硬陶，灰黄色。敞口，圆唇，收腹，平底微凹。素面。口径9.2、底径6.8、高8.2厘米（图四三，5）。

C 型Ⅳ式　2件。沿面内斜。

标本 M35：1，泥质硬陶，灰色。施青黄釉。敞口，下收腹，平底。器身饰弦纹、方格纹。口径 13、底径 12.2、高 14.7 厘米（图四三，7；彩版三，4）。

标本 M147：2，泥质软陶，灰白色。敞口，下收腹，平底。器身饰弦纹、方格纹。口径 15.6、底径 17.4、高 17.2 厘米（图四三，6）。

D 型　2 件。长鼓腹，腹最大径位置居中。以口沿变化分式。

D 型 I 式　1 件。沿面略外斜。

标本 M196：1，泥质硬陶，灰胎。器表施褐釉，多剥落。敞口，窄沿，尖圆唇，收腹，平底微凹。器身饰方格纹、弦纹。口径 12、底径 12.2、高 20 厘米（图四四，1；彩版三，5）。

D 型 II 式　1 件。沿内斜。

标本 M29：2，泥质软陶，红褐色。火候低，质地疏松。敞口，窄沿，圆唇，收腹，平底。器身饰方格纹、弦纹，间有圆形戳印纹。口径 16、底径 17、高 23.2 厘米（图四四，2）。

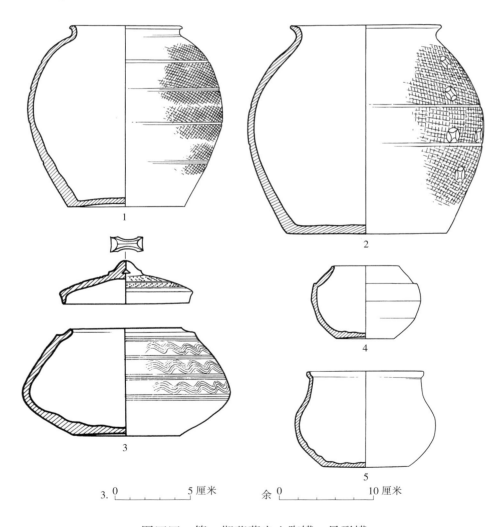

图四四　第一期墓葬出土陶罐、异形罐
1. D 型 I 式罐（M196：1）　2. D 型 II 式罐（M29：2）　3 ~ 5. 异形罐（M78：3、M103：3、M99：1）

异形罐　3 件。

标本 M78：3，泥质硬陶，灰色。器表施青黄釉。敛口，圆唇，折腹，平底微凹。器身饰四组弦纹相隔三组水波纹带。有圆形盖，盖有桥形纽。盖面饰弦纹、篦纹。口径 7.4、底径 7.5、通高 10 厘米（图四四，3；彩版四，1）。

标本 M103：3，泥质软陶，青灰色。火候低，质软。敛口，平底微凹。肩部有平台一周。素面。口径 7、底径 6.2、高 8 厘米（图四四，4；彩版四，2）。

标本 M99：1，泥质软陶，青灰色。敞口，口沿呈浅盘状，扁鼓腹，平底。素面。口径 12.4、底径 9.4、高 10.4 厘米（图四四，5）。

双耳罐　2 件。以器物形体分型。以口沿变化分式。本期只有 A 型（其中有 1 件因残缺不分型）。

A 型　1 件。鼓腹，腹最大径位置居上。以器体形特征分亚型。本期仅见 Aa 型。

Aa 型　1 件。扁凸腹。

标本 M93：6，泥质硬陶，灰白色。器表施青黄釉，多剥落。敛口，方唇，广肩，鼓腹，下腹斜收，平底微凹。腹两侧有双耳。器身饰两组弦纹及斜线篦纹。器有盖，盖顶纽已残。盖面饰弦纹、篦纹。盖口径 7.5、残高 2.2 厘米，器口径 7、底径 7、高 8.2 厘米（图四五，1；彩版四，3）。

折肩罐　10 件。以器物肩、腹特征分型，以口沿形态变化分式（其中有 2 件因残缺不分型）。

A 型　1 件。腹部较直。

标本 M57：1，泥质软陶，灰色。器表施褐色陶衣。器表磨光，内壁有凹凸。直口，圆唇，下腹近底处折收，平底微凹。素面。口径 17.4、底径 17.6、高 14.5 厘米（图四五，7；彩版四，4）。

B 型　2 件。腹部微斜，再下折。以口沿形态变化分式。

B 型 I 式　1 件。微卷唇。

标本 M43：1，泥质软陶，灰色。敞口，小平底。带盖，盖上有内凹圆形纽。素面。口径 9.8、底径 6.5、通高 11.5 厘米（图四五，2；彩版四，5）。

B 型 II 式　1 件。领微外斜。

标本 M34：4，泥质软陶，灰白色。直口，平唇，平底微凹。素面。口径 10.2、底径 7.3、高 8 厘米（图四五，3；彩版五，1）。

C 型　3 件。腹部微斜，无下折。以口沿形态变化分式。

C 型 I 式　1 件。矮领内斜。

标本 M011：3，夹砂软陶，红褐色。火候低，质软，夹细小石英砂粒。敞口，平底微凹。素面。口径 11、底径 11、高 8.2 厘米（图四五，4）。

C 型 II 式　2 件。微折领。

标本 M113：4，泥质软陶，红褐色。火候低，质软。敞口，平底。素面。口径 10.2、底径 8.2、高 7.6 厘米（图四五，5）。

标本 M34：3，泥质软陶，灰白色。敞口，圆唇，平底。素面。口径 14.9、底径 11.2、高 10.1 厘米（图四五，6）。

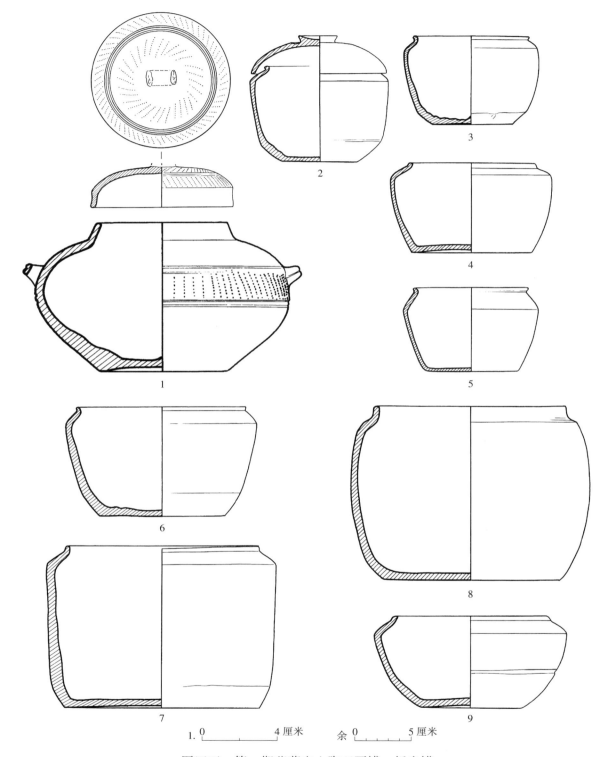

1.　0 ——————— 4 厘米　　　　余 0 ——————— 5 厘米

图四五　第一期墓葬出土陶双耳罐、折肩罐

1. Aa 型双耳罐（M93:6）　2. B 型 I 式折肩罐（M43:1）　3. B 型 II 式折肩罐（M34:4）　4. C 型 I 式折肩罐
（M011:3）　5、6. C 型 II 式折肩罐（M113:4、M34:3）　7. A 型折肩罐（M57:1）　8. D 型折肩罐（M136:1）
9. E 型折肩罐（M43:3）

D 型　1 件。腹部略有弧度，微下收腹。

标本 M136：1，泥质软陶，灰色。火候低，质软。直口，圆唇，平底。素面。口径 16、底径 16、高 16 厘米（图四五，8）。

E 型　1 件。斜收腹。

标本 M43：3，泥质软陶，灰白色。火候低，质软。敛口，方唇，平底微凹。素面。口径 13.6、底径 9、高 8.4 厘米（图四五，9；彩版五，2）。

三足罐　7 件。以肩、腹特征分型。

A 型　4 件。圆鼓腹。以有耳或无耳分式。

A 型 I 式　3 件。有双耳。

标本 M63：7，泥质硬陶，灰色。体施褐釉，多剥落。微敞口，圆唇，平底，底附有三矮扁足。肩两侧有桥形耳。腹饰较密的弦纹。有圆形盖，盖有桥形纽。盖面饰弦纹、篦纹。口径 4.8、通高 8.6 厘米（图四六，1）。

标本 M190：10，泥质硬陶，灰黄色。体施青黄釉。直口，方唇，平底，底附有三扁足。腹两侧有桥形耳。腹饰较密的弦纹。口径 7.8、高 10 厘米（图四六，2）。

标本 M195：5，泥质硬陶，灰白色。体施褐釉，多剥落。微敞口，圆唇，平底，底附有三矮扁足。肩两侧有桥形耳。腹饰较密的弦纹。有圆形盖，盖有桥形纽。口径 6.7、高 10 厘米（图四六，3；彩版五，3）。

A 型 II 式　1 件。无双耳。

标本 M62：2，泥质软陶，红褐色。体施褐陶衣，多脱落。口部略残。直口，方唇，鼓腹，下腹斜收，平底，底附三矮扁足。腹饰较多细弦纹。口径 8.4、高 11.2 厘米（图四六，5）。

B 型　2 件。肩部有一平台。以有耳或无耳分式。

B 型 I 式　1 件。有双耳。

标本 M63：1，泥质软陶，灰黄色。体施褐陶衣，不均匀。口部略残。直口，圆唇，鼓腹，下腹斜收，平底，底附三矮扁足。肩部有双桥形耳。素面。口径 7、高 8.8 厘米（图四六，4）。

B 型 II 式　1 件。无双耳。

标本 M195：3，泥质软陶，灰黄色。体施褐陶衣，不均匀。口部略残。敛口，方唇，鼓腹，下腹斜收，平底，底附三矮扁足。上腹饰两组水波纹和细弦纹。口径 7.4、高 10.2 厘米（图四六，7）。

C 型　1 件。宽折肩，斜腹，下收腹。

标本 M190：8，泥质硬陶，灰色。体施褐釉。直口，圆唇，下收腹，平底，底附三扁足。肩部两侧有桥形耳。器身饰以弦纹相隔的两组水波纹。带圆盖，盖顶有鸟形纽。盖面饰弦纹、篦纹。口径 8、通高 13 厘米（图四六，6；彩版五，4）。

四联罐　5 件。由四只相同的罐方形相连或三只相同的罐"品"字形相连加一只上叠小罐构成。以罐腹部特征或整体形态分型。

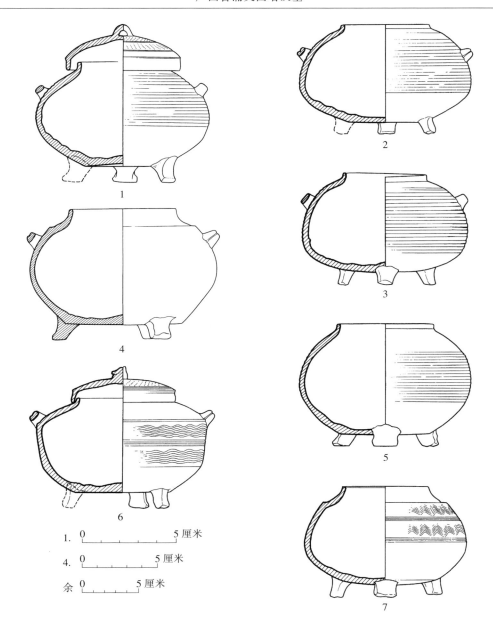

图四六　第一期墓葬出土陶三足罐

1~3. A 型 Ⅰ 式（M63:7、M190:10、M195:5）　4. B 型 Ⅰ 式（M63:1）　5. A 型 Ⅱ 式（M62:2）

6. C 型（M190:8）　7. B 型 Ⅱ 式（M195:3）

A 型　1 件。鼓腹。

标本 M90:11，泥质硬陶，灰色。罐为敛口，圆唇，平底。每罐肩处均有一桥形横耳。底部有卷曲形短足六个，每罐底一个，其余在横梁下。器身饰较密的弦纹。罐有盖，盖上有桥形纽。盖饰弦纹、箆纹。整体宽 18.4、通高 8.2 厘米（图四七，1；彩版五，5）。

B 型　3 件。圆鼓腹。以有足和无足分式。

B 型 Ⅰ 式　2 件。无足。

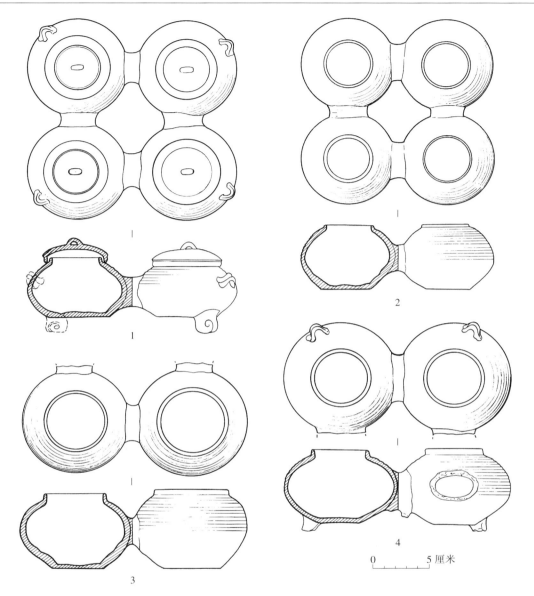

图四七 第一期墓葬出土陶四联罐
1. A型（M90：11） 2、3. B型Ⅰ式（M190：11、M147：5） 4. B型Ⅱ式（M186：8）

标本M190：11，泥质硬陶，灰色。罐为敛口，圆唇，平底。每罐肩处均有一桥形横耳。器身饰较密的弦纹。整体宽17.2、高6厘米（图四七，2；彩版六，1）。

标本M147：5，泥质软陶，灰色。施有褐釉，多已剥落。原四个小罐仅余两罐。罐为微敛口，圆唇，平底。每罐肩处均有一耳，但已残缺。器身饰较密的细弦纹。整体宽20、高7.2厘米（图四七，3）。

B型Ⅱ式 1件。有足。

标本M186：8，泥质硬陶，灰色。器已残。罐为直口，圆唇，平底。每罐肩部有一桥形耳。器腹饰满弦纹。整体宽20、高7.6厘米（图四七，4）。

C 型 1 件。扁腹。

标本 M35：2，泥质硬陶，灰色。施青黄釉。罐为敛口，圆唇，平底。每罐底有一卷曲状扁足。腹饰满弦纹。有圆盖，盖上有桥形纽。盖面饰弦纹、斜线篦纹。整体宽 17.6、通高 8.2 厘米（图四八，1）。

五联罐 3 件，由四只相同的罐相连，中间上附一小罐构成。以下层四罐中的单罐腹部特征分型。本期有 A、B 型。

A 型 2 件。鼓腹，形态略扁于 B 型。以有足、无足分亚型。本期只有 Aa 型。

Aa 型 2 件。平底，有四足。

标本 M030：8，泥质软陶，红褐色。质疏松，火候低。罐为敛口，圆唇，平底。每罐底均有一方形短足。无盖。素面。整体宽 18.8、高 6.8 厘米（图四八，2）。

标本 M16：6，泥质硬陶，灰白色。施青黄釉。大罐为敛口，圆唇，平底。每大罐底均有一扁形短足。罐体饰弦纹。有圆盖，盖上有桥形纽。盖面饰以弦纹和斜线篦纹。整体宽 18.2、通高 9.8 厘米（图四八，3；彩版六，2）。

B 型 1 件。圆鼓腹。平底，有四足。

标本 M195：4，泥质硬陶，灰黄色。器表施青黄釉。罐为直口，圆唇，平底。底部有四扁足，每罐底一个。肩腹饰较密的弦纹。整体宽 21.2、通高 10.2 厘米（图四八，4；彩版六，3）。

盒 4 件。以足特征分型。

A 型 1 件。低圈足。弧腹下收。

标本 M96：4，泥质硬陶，青灰色。器表施褐釉。敛口，圆唇，斜收腹，平底，圈足。腹饰弦纹。覆盘式盖，捉手呈圈足状。口径 12.6、底径 12.2、通高 11 厘米（图四九，1；彩版五，6）。

B 型 2 件。无足，平底。弧腹斜收。

标本 M49：1，泥质软陶，灰白色。质松软，火候低。敛口，圆唇，折肩。器身饰三组弦纹，间饰斜线篦纹。圆盖，圆形纽盖。盖饰以多组弦纹相间斜线篦纹。口径 16.2、底径 13.2、通高 9.3 厘米（图四九，2）。

标本 M49：3，泥质软陶，灰白色。质松软，火候低。敛口，圆唇，折肩。圆盖，圆形纽盖。盖饰弦纹、斜线篦纹。口径 10.8、通高 7 厘米（图四九，3）。

C 型 1 件。无足，底微凹。折肩，下腹斜收。

标本 M164：2，泥质软陶，红褐色。器形已残。敛口，折肩，直腹下折，平底微凹。素面。口径 9.9、底径 6.6、高 5.5 厘米（图四九，4）。

三足盒 5 件。以足特征分型。

A 型 2 件。圆锥形足。

标本 M190：1，泥质软陶，灰白色。质松软，火候低。口部残缺，敛口。圆唇，折肩，平底，底有三圆锥形足。腹饰弦纹、水波纹。口径 8、高 4.5 厘米（图四九，5）。

标本 M190：2，泥质软陶，灰白色。质松软，火候低。口部残缺，敛口。圆唇，折肩，平底，

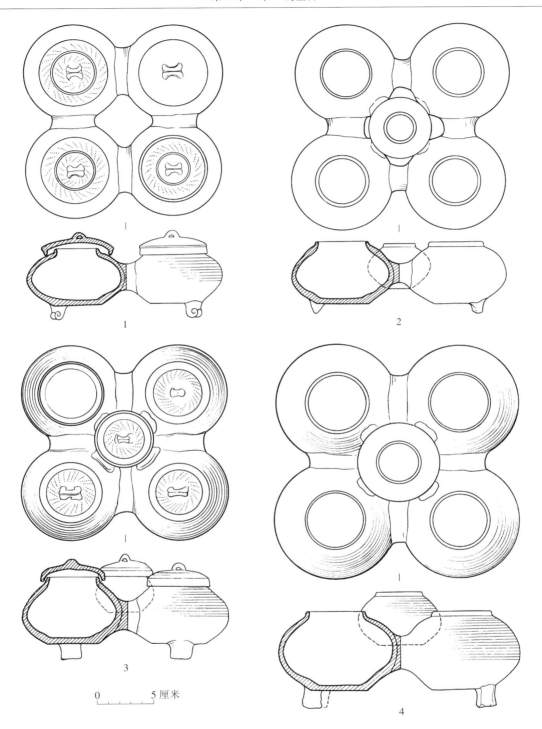

图四八　第一期墓葬出土陶四联罐、五联罐

1. C 型四联罐（M35：2）　2、3. Aa 型五联罐（M030：8、M16：6）　4. B 型五联罐（M195：4）

底有三圆锥形足。腹饰弦纹、水波纹。口径 7.5、高 4.2 厘米（图四九，6）。

B 型　3 件。扁形足。

标本 M195：7，泥质硬陶，灰色。敛口，圆唇，折肩，下腹斜收，平底，底有三扁形足。腹饰

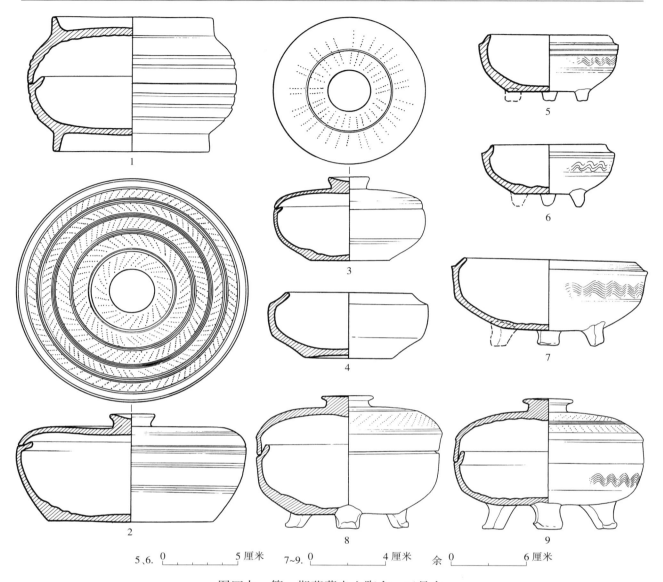

图四九　第一期墓葬出土陶盒、三足盒

1. A 型盒（M96：4）　　2、3. B 型盒（M49：1、M49：3）　　4. C 型盒（M164：2）　　5、6. A 型三足盒（M190：1、M190：2）
7～9. B 型三足盒（M195：7、M63：4、M63：2）

弦纹、水波纹。口径 9、高 4.5 厘米（图四九，7；彩版六，4）。

　　标本 M63：4，泥质硬陶，胎青灰色。器表施陶衣。敛口，圆唇，折肩，平底，底有三扁形足。腹饰水波纹。有圆盖，盖面有圆形纽。盖面饰弦纹、篦纹。口径 8.8、通高 7.1 厘米（图四九，8）。

　　标本 M63：2，泥质硬陶，胎青灰色。器表施陶衣。敛口，圆唇，折肩，平底，底有三扁形足。腹饰弦纹、水波纹。有圆盖，盖面有圆形纽。盖面饰弦纹、篦纹。口径 9.2、通高 7.1 厘米（图四九，9）。

　　瓿　14 件。以器物形体特征分型（其中有 3 件因残缺不分型）。

A 型　1 件。圆肩，器形较长。

标本 M83：2，泥质硬陶，青灰色。直口，腹斜收，平底。肩部有桥形小耳。上腹饰以弦纹相隔的两组竖列水波纹。口径 12.4、底径 13、高 16.2 厘米（图五〇，1；彩版七，1）。

B 型　7 件。宽肩。

标本 M78：1，泥质硬陶，青灰色。器表施黑褐陶衣，直口，方唇，下腹斜收，平底。肩部两侧有卷云四棱桥形耳。肩腹饰以弦纹相隔的多组斜线篦纹、水波纹、竖列水波纹。口径 12.4、底径 15.6、高 18.6 厘米（图五〇，4；彩版七，2）。

标本 M90：12，泥质硬陶，青灰色。直口，方唇，下腹斜收，平底。肩部两侧有卷云纽座耳，已残缺。肩腹饰多组用弦纹相隔的斜线篦纹、水波纹带。口径 8.7、底径 18、高 15.2 厘米（图五〇，3）。

标本 M030：9，泥质硬陶，灰色。器表施青黄釉。敛口，方唇，下腹斜收，平底。肩部两侧有双棱桥形耳。器身有数道弦纹。口径 9.6、底径 12.7、高 13.8 厘米（图五〇，2）。

C 型　3 件。溜肩。

标本 M190：12，泥质硬陶，青灰色。直口，方唇，下腹斜收，平底。肩部两侧的耳已残缺。肩饰以弦纹相隔的斜线篦纹，腹饰以弦纹相间的圆圈纹、水波纹。口径 10.6、底径 14.4、高 15 厘米（图五一，1）。

标本 M61：1，泥质软陶，灰色。器表施灰褐陶衣。敛口，方唇，下腹斜收，平底微凹。肩部两侧有双棱桥耳。肩腹饰以弦纹相隔的水波纹、竖列水波状戳印纹多组纹带。口径 11.6、底径 16、高 13 厘米（图五一，2）。

标本 M170：1，泥质硬陶，灰色。施青黄釉。直口，方唇，下腹斜收，平底。肩部两侧有桥形耳。肩腹饰以弦纹相隔的水波纹、篦纹，肩部有刻划符号。口径 10.6、底径 14.1、高 14.6 厘米（图五一，3；彩版七，3）。

小瓿　7 件。以腹部特征分型。

A 型　2 件。圆凸腹，下腹长度长于上腹。

标本 M86：1，泥质硬陶，胎质灰白色。器表施青黄釉。口沿稍残。直口，方唇，下腹斜收，平底。肩部两侧有双棱桥耳。腹饰以弦纹相隔的两组斜线篦纹。口径 7.2、底径 8、高 9.8 厘米（图五一，5；彩版七，4）。

标本 M86：4，泥质硬陶，胎质灰白色。器表施青黄釉。口沿稍残。直口，方唇。下腹斜收，平底微凹。肩部两侧有双棱桥耳。腹饰以弦纹相隔的两组斜线篦纹。口径 8.8、底径 7.6、高 9.6 厘米（图五一，6）。

B 型　5 件。扁凸腹，上、下腹长度大致相等。

标本 M86：3，泥质硬陶，胎质灰色。器表施青黄釉。口沿稍残。直口，圆唇，下腹斜收，平底微凹。肩部两侧有双棱桥耳。腹饰以弦纹、斜线篦纹、水波纹。口径 7.6、底径 6、高 8 厘米（图五一，7）。

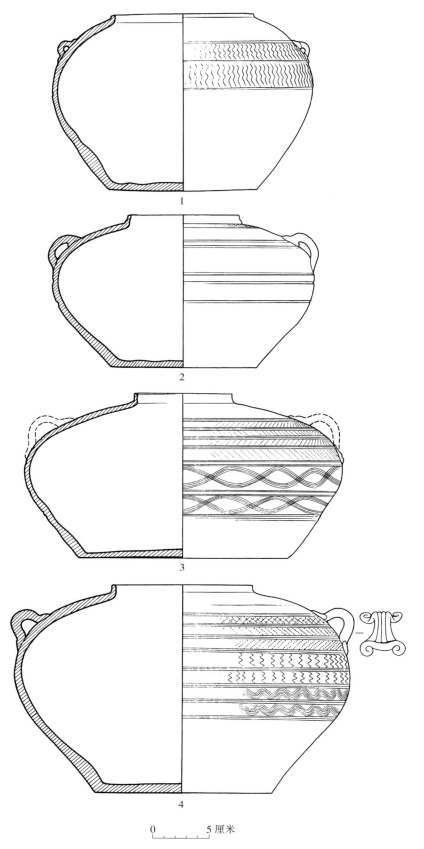

0　　　　5厘米

　　标本 M90 : 7，泥质硬陶，胎质灰白色。器表施青黄釉。口沿稍残。敞口，圆唇，下腹斜收，平底微凹。肩部两侧有卷云座双棱桥耳。腹饰以弦纹、斜线篦纹、水波纹。口径 7.6、底径 7.2、高 7.8 厘米（图五一，8；彩版七，5）。

　　标本 M90 : 8，泥质硬陶，胎质灰色。器表施青黄釉。口沿及器腹稍残。直口，圆唇，下腹斜收，平底微凹。肩部两侧有双棱桥耳。腹饰以弦纹、斜线篦纹、水波纹。口径 7.2、底径 6、高 9 厘米（图五一，9）。

三足瓿　1件。

　　标本 M79 : 3，泥质软陶，褐红色。质软，触之即碎。口部已残缺。鼓腹，平底，底有三扁实足，亦残。上腹原有双耳，已残缺。残高 14.2 厘米（图五一，4）。

壶　7件。以腹部特征或器物形态差异分型（其中有 1件因残缺不分型）。

　　A 型　1件。

　　标本 M011 : 6，夹砂软陶，灰黄色。夹较多石英砂粒，质软易碎。器形略显修长。矮盘

图五〇　第一期墓葬出土陶瓿
1. A 型（M83 : 2）　2 ~ 4. B 型
（M030 : 9、M90 : 12、M78 : 1）

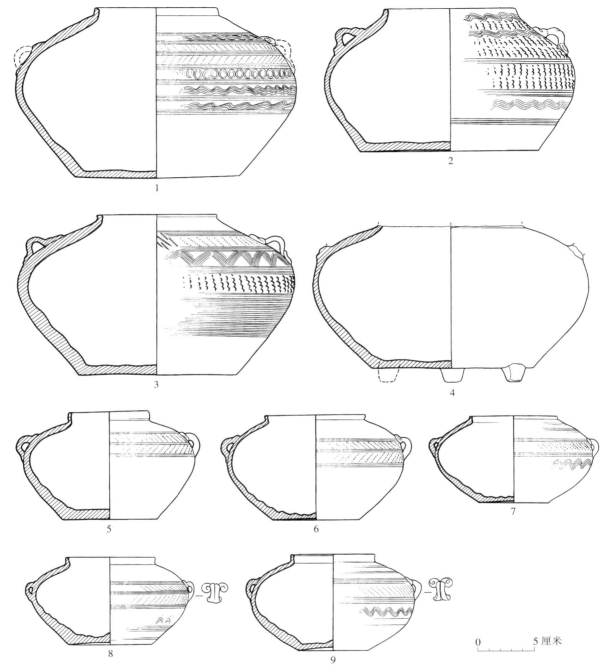

图五一　第一期墓葬出土陶瓿、三足瓿、小瓿

1~3. C 型瓿（M190:12、M61:1、M170:1）　4. 三足瓿（M79:3）　5、6. A 型小瓿（M86:1、M86:4）

7~9. B 型小瓿（M86:3、M90:7、M90:8）

口，粗颈，溜肩，微鼓腹，素面。圈足已残。口径 11.5、残高 28.5 厘米（图五二，1）。

B 型　1 件。

标本 M99:3，泥质软陶，灰色。质软，火候低。盘口略高，粗颈，溜肩，扁圆鼓腹，喇叭形高足，足稍残。肩有双耳。素面。有扁圆盖，盖面边缘等距饰三乳突。口径 10.5、残高 22 厘米

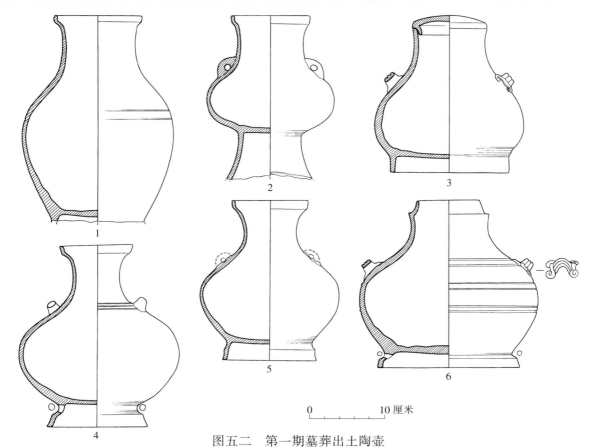

图五二　第一期墓葬出土陶壶

1. A 型（M011：6）　2. B 型（M99：3）　3. C 型（M96：3）　4、5. D 型（M113：6、M113：8）　6. E 型（M147：3）

（图五二，2；彩版八，1）。

C 型　1 件。

标本 M96：3，泥质硬陶，青灰色。侈口，直领，粗颈，腹部下鼓，垂腹，圈足。肩饰对称三棱桥耳。素面。上有扁圆盖，有纽，已残。盖唇突出倒扣入器口。口径 10、足径 15.4、通高 21.6 厘米（图五二，3；彩版八，2）。

D 型　2 件。腹部圆鼓，略扁。盘口，粗颈，肩有双耳。

标本 M113：6，泥质软陶，灰红色。质软，火候低。粗颈，溜肩，大扁圆鼓腹，矮圈足外撇，底足连接处两侧各有一穿孔。肩部饰对称桥形耳和三周凹弦纹。口径 9.6、足径 13、高 25.2 厘米（图五二，4）。

标本 M113：8，泥质软陶，灰红色。质软，火候低。粗颈，溜肩，圆鼓腹，矮圈足。肩部饰对称桥形耳已残。素面。口径 10、足径 12.5、高 22 厘米（图五二，5）。

E 型　1 件。大腹。粗矮颈，矮圈足。

标本 M147：3，泥质软陶，灰黄色。子母口，鼓腹，矮圈足，圈足两侧有两个小孔。肩部有双桥耳。肩、腹处饰弦纹。口径 8、底径 18.9、高 23.2 厘米（图五二，6）。

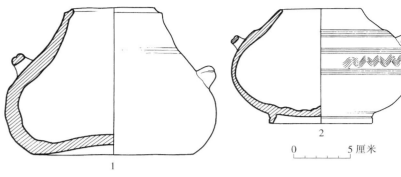

图五三　第一期墓葬
出土陶匏壶
1. A 型（M92∶5）
2. B 型（M195∶2）

0　　　　　5 厘米

匏壶　2 件。以器物形态特征分型。

A 型　1 件。

标本 M92∶5，泥质硬陶，青灰色。敛口，斜肩，扁鼓腹，底内凹。腹两侧饰对称双棱桥耳。素面。口径 7.2、底径 14、高 13.2 厘米（图五三，1）。

B 型　1 件。

标本 M195∶2，泥质硬陶，青灰色。敛口，圆唇，肩部外折形成一圈平台，圆鼓腹，矮圈足。上腹有两桥形耳。腹饰以三组弦纹间隔的水波纹带。口径 6.8、足径 9、高 10.5 厘米（图五三，2）。

温壶　1 件。以肩、腹特征分型。

A 型　1 件。丰肩，鼓腹。

标本 M29∶3，夹砂软陶，褐红色。质软，易碎。直口，鼓肩，收腹，平底。兽首状流，有一扁形壶把。素面。口径 9.6、底径 11.2、高 11.5 厘米（图五四，1）。

提筒　2 件。以器物形态特征分型。

A 型　1 件。

标本 M162∶1，泥质硬陶，灰黄色。敞口，斜折肩，直腹，下腹微折，平底。上腹有双耳。肩部有三道棱。有圆盖，圆形盖纽。口径 16、底径 14.8、通高 24 厘米（图五四，2；彩版八，3）。

B 型　1 件。

标本 M168∶4，泥质硬陶，灰色。器表施青黄釉，多剥落。敞口，折肩，长腹微弧，底微凹。器身遍饰多组以细弦纹相间的水波纹或竖立排列的曲线纹。口径 13.2、底径 14.4、高 17.2 厘米（图五四，3；彩版八，4）。

尊　1 件。

标本 M170∶2，泥质软陶，灰白色。敞口，沿面微外折，高颈，圆肩，鼓腹，平底。口径 15.2、底径 12.3、高 19.2 厘米（图五四，4）。

小杯　27 件。以腹部特征分型，本期有 A、B 型（其中有 1 件因残缺不分型）。

A 型　11 件。下收腹，收腹位置较高，下腹长于上腹。以口部特征分式。

A 型 I 式　4 件。直口或口微敞。

标本 M114∶1，夹砂硬陶，灰色。直口，平唇，直腹，下收腹，平底微凹。上腹有一道凸棱。口径 9.8、底径 4.8、高 4.6 厘米（图五五，1；彩版八，5）。

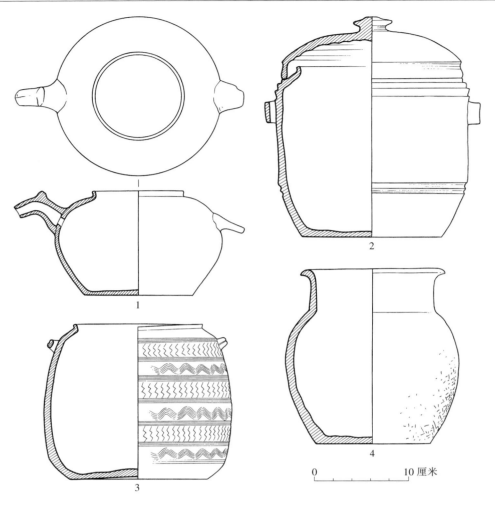

图五四　第一期墓葬出土陶器

1. A 型温壶（M29：3）　2. A 型提筒（M162：1）　3. B 型提筒（M168：4）　4. 尊（M170：2）

标本 M030：3，泥质硬陶，橙红色。直口，平唇，直腹，下收腹，平底微凹。腹有一道细线纹。口径 8.6、底径 4.8、高 4.2 厘米（图五五，2）。

标本 M23：11，泥质软陶，灰白色。器大多残缺。直口，直腹，下收腹，平底微凹。素面。口径 9.4、底径 4.2、高 3.1 厘米（图五五，3）。

A 型 II 式　7 件。口微敛。口沿有平唇或圆唇内斜，唇有浅凹槽的不同。腹部也有直腹、弧腹、微曲腹的变化。

标本 M030：1，泥质硬陶，深灰色。素面。口部残缺。口微敛，平唇，唇中部有浅凹槽，上腹微曲，下收腹，平底微凹。口径 9、底径 4、高 4 厘米（图五五，4）。

标本 M89：4，泥质硬陶，青灰色。器表施褐釉。口微敛，平唇，唇中部有浅凹槽，直腹，下收腹，平底微凹。素面。口径 12.2、底径 6、高 4 厘米（图五五，11；彩版九，1）。

标本 M96：2，泥质硬陶，灰色。器表施褐釉。口微敛，沿面内斜，弧腹，下收腹，平底。素面。口径 8.6、底径 4.4、高 4 厘米（图五五，5）。

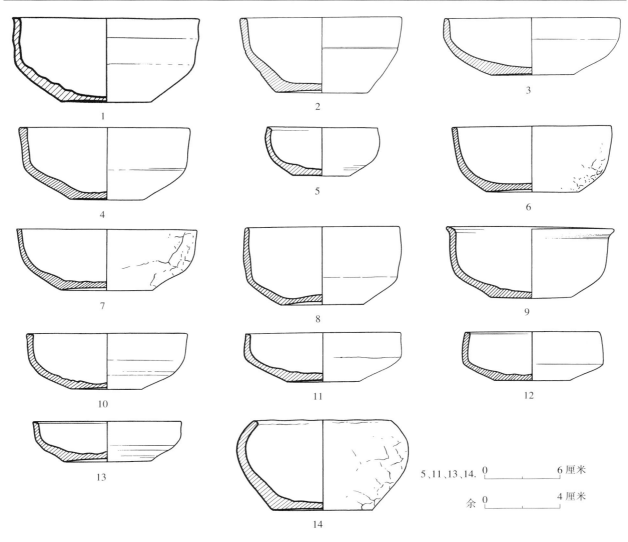

图五五　第一期墓葬出土陶杯

1~3. A 型 I 式（M114∶1、M030∶3、M23∶11）　　4、5、11. A 型 II 式（M030∶1、M96∶2、M89∶4）

6、7、13. B 型 I 式（M90∶4、M90∶5、M89∶1）　　8、10、12. B 型 II 式（M44∶2、M63∶6、M84∶2）

9. B 型 III 式（M113∶10）　　14. C 型（M34∶2）

B 型　14 件。下收腹，收腹位置较低，下腹等于或短于上腹。以口部特征分式。

B 型 I 式　10 件。直口或微敞口。

标本 M90∶4，泥质软陶，灰黄色。直口，圆唇，斜直腹，下收腹，平底微凹。素面。口径 8.4、底径 4.6、高 3.6 厘米（图五五，6）。

标本 M90∶5，泥质软陶，灰黄色。直口，圆唇，斜直腹，下收腹，平底微凹。素面。口径 9.6、底径 5、高 3.4 厘米（图五五，7）。

标本 M89∶1，泥质硬陶，灰色。器表有斑驳的褐釉痕迹，釉无光泽。直口，平沿内斜，斜直腹，下收腹，平底微凹。素面。口径 11.8、底径 7、高 3.4 厘米（图五五，13；彩版九，2）。

B 型 Ⅱ 式　3 件。敛口。

标本 M63：6，泥质硬陶，深灰色。唇中间有浅凹槽，上直腹，下收腹，平底微凹。素面。口径 8.5、底径 3.6、高 3.1 厘米（图五五，10）。

标本 M44：2，泥质硬陶，青灰色。圆唇，上直腹，腹较深，下收腹，平底微凹。素面。口径 8.2、底径 4.3、高 4.3 厘米（图五五，8）。

标本 M84：2，泥质硬陶，青灰色。施褐陶衣。微敛口，直腹，下收腹，平底。素面。口径 7、底径 4.2、高 2.6 厘米（图五五，12；彩版九，3）。

B 型 Ⅲ 式　1 件。微折沿。

标本 M113：10，泥质硬陶，灰黄色。施褐釉，釉多脱落。直腹，下收腹，平底。素面。口径 8.9、底径 4.5、高 3.9 厘米（图五五，9；彩版九，4）。

C 型　1 件。上凸腹。

标本 M34：2，泥质软陶，灰黄色。质松软。微敛口，上腹圆凸，收腹，平底微凹。口径 10.8、底径 8.2、高 7.4 厘米（图五五，14）。

鼎　7 件。以腹形态分型（其中有 1 件因残缺不分型）。

A 型　1 件。深鼓腹。

标本 M57：2，夹砂软陶，器身为黑褐色，胎为红褐色。敞口，折领，圆唇，圜底，底有三圆柱形高足。素面。口径 17.2、高 22 厘米（图五六，1；彩版九，5）。

B 型　1 件。盆形腹。

标本 M50：1，夹砂软陶，黑褐色。敞口，折领，圆唇，圜底，底有三圆柱形足，三足较集中。素面。口径 16.4、高 14 厘米（图五六，2；彩版九，6）。

C 型　3 件。扁腹，底或平或弧（或可分两式）。

标本 M96：5，泥质硬陶，青灰色。敛口，折肩，肩部有一平台以承盖，平底，底有三柱状足，稍外撇。肩两侧有方形耳。有圆盖，盖上等饰三扁形纽。口径 12.6、通高 15.2 厘米（图五六，3；彩版一○，1）。

标本 M96：1，泥质硬陶，青灰色。敛口，折肩，肩部有一平台以承盖，圜底近平，底有三柱状足，稍外撇。肩两侧有方形耳。有圆盖，盖上等饰三扁形纽。口径 12.8、通高 15 厘米（图五六，4）。

标本 M136：2，泥质软陶，灰白色。直口，方唇，直领，折肩，肩部有一平台以承盖，圜底，底附三扁形高足。肩两侧附有耳，已残。口径 14.8、高 12.4 厘米（图五六，5）。

D 型　1 件。深弧腹。

标本 M154：1，泥质硬陶，青灰色。敛口，折肩，肩部有一平台，大腹，圜底，底附三粗矮扁足，足截面约为三角形。两侧有方形附耳。近底部饰有粗绳纹。口径 14.8、通高 17.2 厘米（图五六，6；彩版一○，2）。

釜　15 件。以颈、腹形态分型（其中有 3 件因残缺不分型）。

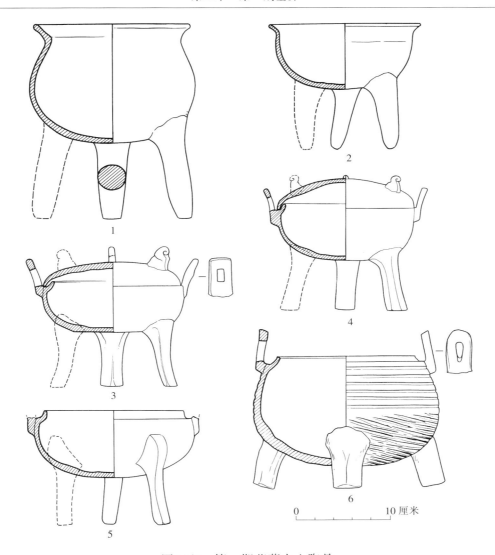

图五六 第一期墓葬出土陶鼎

1. A 型（M57：2） 2. B 型（M50：1） 3~5. C 型（M96：5、M96：1、M136：2） 6. D 型（M154：1）

A 型 3 件。高颈，圆腹。以口沿特征分式。

A 型 I 式 1 件。圆唇，斜折领。

标本 M92：6，夹砂软陶，灰黄色。敞口，圆唇，折肩，鼓腹，圜底。器身饰绳纹。口径 14、高 19.6 厘米（图五七，1）。

A 型 II 式 1 件。圆唇，斜领。

标本 M47：1，夹砂软陶，灰黄色。敞口，圆唇，鼓腹，圜底。器身下腹饰绳纹。口径 13、高 15.8 厘米（图五七，4）。

A 型 III 式 1 件。方唇，平折领。

标本 M33：3，夹砂软陶，灰黄色。敞口，沿面较宽，圆唇，鼓腹，圜底。腹饰绳纹。口径 17.2、高 16 厘米（图五七，2；彩版一〇，3）。

B型　4件。深腹，腹部微鼓，颈腹无明显分界。以口沿变化分式。

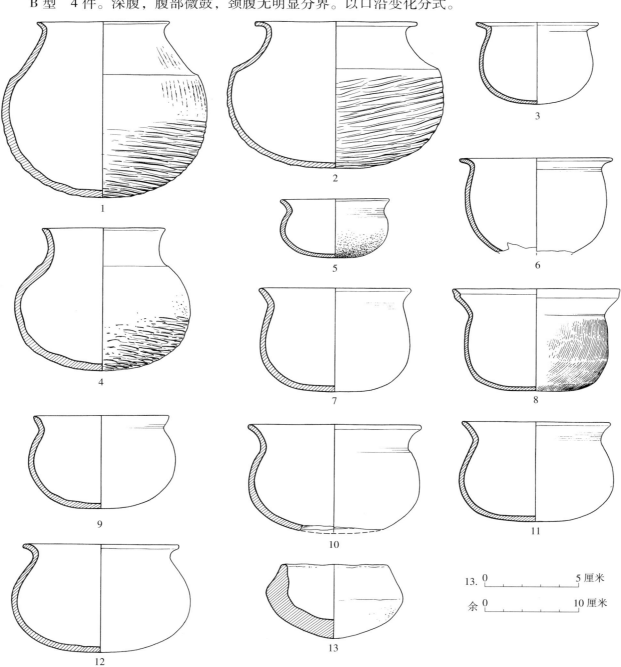

图五七　第一期墓葬出土陶釜、小釜

1. A型Ⅰ式釜（M92∶6）　2. A型Ⅲ式釜（M33∶3）　3、6. B型Ⅰ式釜（M38∶2、M38∶3）　4. A型Ⅱ式釜（M47∶1）
5、9. C型Ⅰ式釜（M99∶5、M162∶3）　7. B型Ⅱ式釜（M164∶1）　8. B型Ⅲ式釜（M99∶4）　10、11. C型Ⅱ式釜
（M165∶1、M168∶1）　12. C型Ⅲ式釜（M83∶4）　13. 小釜（M38∶1）

B型Ⅰ式　2件。宽沿外折。

标本 M38∶3，夹砂软陶，黑褐色。胎疏松，火候低。敞口，圆唇，底残。素面。口径 16.4、

残高 10.4 厘米（图五七，6）。

标本 M38：2，夹砂软陶，黑褐色。胎疏松，火候低。敞口，沿面略凹，圆唇，圜底。素面。口径 13、高 9 厘米（图五七，3；彩版一〇，4）。

B 型 Ⅱ 式　1 件。斜领。

标本 M164：1，夹砂软陶，黑褐色。胎疏松，火候低。敞口，圆唇，圜底。素面。口径 16.4、高 11.7 厘米（图五七，7；彩版一〇，5）。

B 型 Ⅲ 式　1 件。宽斜领。

标本 M99：4，夹砂软陶，黑褐色。胎疏松，火候低。敞口，圆唇，直腹，下腹部微收，底略平。腹饰绳纹。口径 17.8、高 11.3 厘米（图五七，8）。

C 型　5 件。扁鼓腹。以口沿变化分式。

C 型 Ⅰ 式　2 件。矮斜领。

标本 M99：5，夹砂软陶，黑褐色。胎疏松，火候低。敞口，圆唇，鼓腹，圜底。口径 11、高 6 厘米（图五七，5；彩版一〇，6）。

标本 M162：3，夹砂软陶，灰黑色。胎疏松，火候低。敞口，圆唇，鼓腹，圜底。口径 14、高 10.7 厘米（图五七，9）。

C 型 Ⅱ 式　2 件。高领外斜。

标本 M165：1，夹砂软陶，灰褐色。胎疏松，火候低。敞口，圆唇，鼓腹，圜底残。口径 18.6、残高 11.6 厘米（图五七，10）。

标本 M168：1，夹砂软陶，灰黑色。敞口，圆唇，鼓腹，圜底。素面。口径 15.8、高 11 厘米（图五七，11；彩版一一，1）。

C 型 Ⅲ 式　1 件。折领。

标本 M83：4，夹砂软陶，灰黑色。胎疏松，火候低。敞口，圆唇，鼓腹，圜底。口径 16.5、高 11.9 厘米（图五七，12）。

小釜　1 件。

标本 M38：1，夹砂软陶，灰黄色。胎疏松，火候低。器壁很厚。直口，圆唇，凸腹，圜底。口径 5.4、高 4 厘米（图五七，13）。

纺轮　2 件。

标本 M63：5，泥质硬陶，深灰色。棱锥形，中间穿孔。直径 2.4、孔径 0.4、高 1.9 厘米（图五八，1）。

标本 M90：3，泥质软陶，灰白色。棱锥形，中间穿孔。直径 3、孔径 0.5、高 2.4 厘米（图五八，2）。

陶球　1 件。

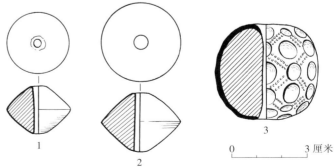

图五八　第一期墓葬出土陶纺轮、球
1、2. 纺轮（M63：5、M90：3）　3. 陶球（M168：16）

标本 M168：16，泥质软陶，外表黑色。球形，中穿一孔，内空。饰以圆点构成的菱形网纹、菱形的交点及中部有圆圈纹。直径 4、孔径 0.25 厘米（图五八，3；彩版一一，2）。

二　铜器

43 件，约占本期出土器物总数的 16%。由于受到酸性红壤的侵蚀，绝大多数铜器均锈蚀残缺，有些甚至一触即碎。器类有鼎、盆、鍪、双耳钵、勺、剑、戈、钺、矛、环首刀、镞、镜、带钩、扁钟、釜、饰件、铜钱等（其中有 3 件因残缺而不能辨别器类）。

鼎　3 件。以腹部特征分型。

A 型　1 件。扁垂腹。

标本 M168：2，敛口，圜底略平，三扁形高足。肩部有长方形附耳，耳有长方孔。耳际处器身有一道凸棱，耳孔两侧面饰有云雷纹。口径 13.2、通高 16.8 厘米（图五九，3）。

B 型　1 件。深圆腹。

标本 M99：6，微敛口，圜底，三高蹄足。肩部有长方形附耳，耳有方孔。口径 16.4、通高 22 厘米（图五九，1；彩版一一，3）。

C 型　1 件。浅圆腹。以足部特征分式。

C 型 I 式　高蹄足。

标本 M43：5，稍残。子母口内敛，圜底，三高蹄足。肩部有长方形附耳，耳有方孔。有隆起圆盖，盖顶有三鸟形环纽，其中两个已脱落。口径 17.2、残高 20.8 厘米（图五九，2；彩版一一，4）。

盆　1 件。以腹部特征分型。

A 型　1 件。低下折腹。

标本 M43：4，已残缺，变形。敞口，宽沿，斜直腹，下折腹，平底。腹两侧有铺首衔环。口径 34.4、底径 14.2、高 6.4 厘米（尺寸为近似复原值）（图五九，4）。

鍪　2 件。以腹部及器体特征分型。

A 型　2 件。长颈，圆腹。

标本 M83：3，口部已残缺。圜底。肩部两侧有环耳，环耳一大一小。耳饰线纹。腹径 18、残高 13.2 厘米（图五九，6）。

标本 M79：5，口部已残缺。圜底。肩部两侧有环耳，环耳一大一小。耳饰绞索纹。腹径 18、残高 14.2 厘米（图五九，7）。

双耳钵　1 件。

标本 M168：7，口部稍残。锈蚀，器表覆盖铜绿。敛口，弧腹下收，平底微凹。近口部两侧有环形耳。上腹近口缘处饰有一周以"S"形纹为主纹的纹带，纹带上、下均有双线凹弦纹一周，凹弦纹间饰有竖直短线。口径 15.2、高 5 厘米（图五九，5；彩版一一，5）。

勺　6 件。以柄及勺面特征分型（其中有 2 件因极残不分型）。

A 型　4 件。长圆柄，柄中空，宽勺面。

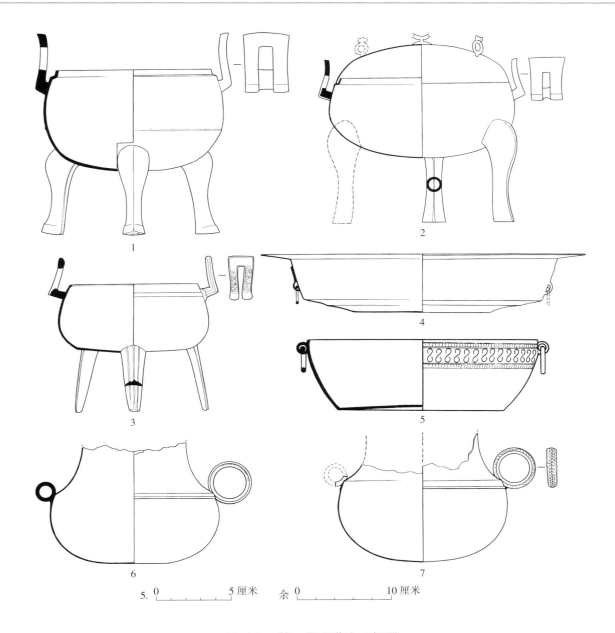

图五九　第一期墓葬出土铜器

1. B 型鼎（M99：6）　2. C 型 I 式鼎（M43：5）　3. A 型鼎（M168：2）　4. A 型盆（M43：4）

5. 双耳钵（M168：7）　6、7. A 型鍪（M83：3、M79：5）

　　标本 M154：13，勺身前沿残缺。质略朽，表面覆盖有铜绿。圆柱形柄，中空。柄残长 4、勺最宽约 10.6 厘米（图六〇，1）。

　　标本 M43：8，稍残。质略朽，表面覆盖有铜绿。圆柱形柄，中空。勺内饰柿蒂纹。柄长 7、勺最宽处约 9.4 厘米（图六〇，2；彩版一一，6）。

　　标本 M83：5，已残。质略朽，表面覆盖有铜绿。圆柱形柄，中空。勺内饰柿蒂纹，勺前沿较宽且呈弧状。柄长 7、勺最宽约 9.9 厘米（图六〇，3）。

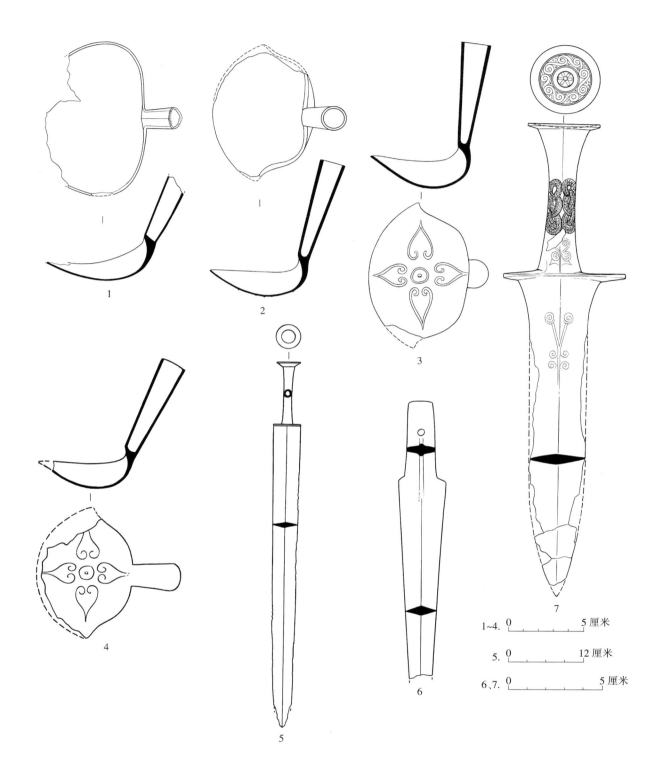

图六〇　第一期墓葬出土铜器

1~4. A 型勺（M154∶13、M43∶8、M83∶5、M61∶3）　5. A 型剑（M79∶1）

6. C 型剑（M168∶6）　7. B 型剑（M33∶1）

标本 M61：3，已残。质略朽，表面覆盖有铜绿。圆柱形柄，中空。勺内饰柿蒂纹，勺前沿较宽且呈弧状。柄长 6.7、勺最宽约 8.8 厘米（图六〇，4）。

剑　5 件。以剑的形态或柄部特征分型（其中有 2 件因极残不分型）。

A 型　1 件。空心圆柱形剑柄，剑身长。

标本 M79：1，剑首为圆形中空，细长条形剑格，剑身扁平，中脊略凸，尖锋，中部横截面呈扁菱形。长约 60 厘米（图六〇，5）。

B 型　1 件。一字形剑格，剑体较短。

标本 M33：1，剑刃及锋稍残。圆首中空，一字形剑格，扁茎，前端斜收成尖锋。剑身两面饰有勾连卷云纹，剑柄饰有勾连卷云纹和缠绕叶枝纹，剑首柄端饰勾连卷云纹和圆形花瓣纹。残长 25 厘米（图六〇，7；彩版一二，1）。

C 型　1 件。扁条形柄。

标本 M168：6，前锋已残缺。柄部较短，后端有圆形穿孔一个，剑身中脊凸起，剖面为扁菱形。残长 15.3 厘米（图六〇，6；彩版一二，2）。

戈　1 件。

标本 M79：2，极残，仅余残块。

钺　2 件。

标本 M23：4，略残。有长方中空柄，柄下端对穿一近三角形孔。双肩，扁刃。残长 9.8、刃宽 8.7 厘米（图六一，1）。

标本 M168：15，略残。长方中空柄，溜肩，弧形扁刃。长 7.6、刃宽 5.1 厘米（图六一，2；彩版一二，3）。

矛　3 件。以器形特征分型。

A 型　1 件。圆形长骹，长矛叶。

标本 M23：10，锋已残。矛叶略宽，中脊略凸，横截面为扁菱形，骹如圆筒，中空。残长 18 厘米（图六一，3；彩版一二，4）。

B 型　1 件。短骹，矛叶横截面为三角形。

标本 M91：4，骹略残。叶中脊有棱，横截面为三角形，短圆筒形骹，中空。残长 5.6 厘米（图六一，4；彩版一二，5）。

C 型　1 件。椭圆形短骹。

标本 M168：14，骹略残。叶脊略凸，横截面为扁菱形，骹中空。残长 12.5 厘米（图六一，5；彩版一二，6）。

环首刀　3 件。以刀柄特征分型（其中有 1 件因极残不分型）。

A 型　2 件。环首横剖面为圆形。

M113：7，刃及锋略残。近圆形环首，刀身扁平，后端略窄于前端且与环首相接。残长 14.3 厘米（图六一，6）。

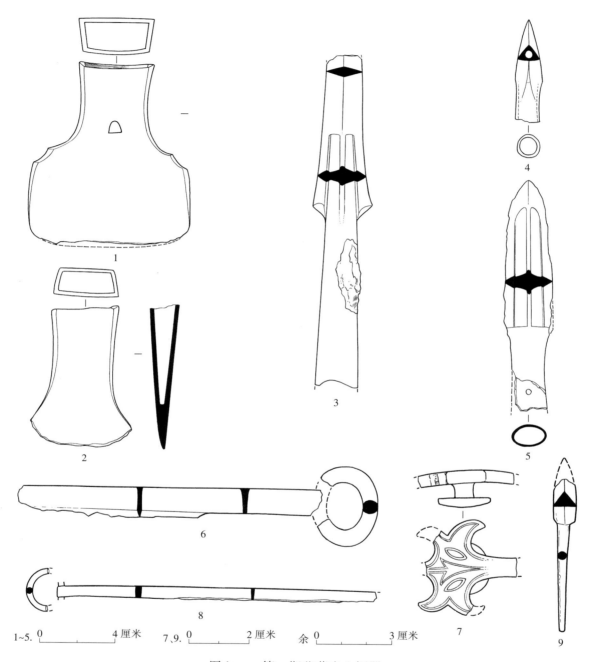

图六一　第一期墓葬出土铜器

1、2. 钺（M23：4、M168：15）　3. A 型矛（M23：10）　4. B 型矛（M91：4）　5. C 型矛（M168：14）

6、8. A 型环首刀（M113：7、M168：8）　7. 带钩（M33：2）　9. 镞（M91：5）

M168：8，刃及锋略残。近圆形环首，刀身扁平，较窄长。残长约 14.2 厘米（图六一，8）。

镞　1 件。

标本 M91：5，锋尖已残。三棱形头，圆锥形细长铤，中空。残长 5.2 厘米（图六一，9）。

镜　6 件。分别出土于 6 座墓中，每墓一面。出土铜镜均质薄，氧化较严重。除一件镜保存稍完整外（但镜面花纹也被剥蚀不清），其余均已残碎。

标本 M43：2，盘曲龙纹镜。较残破。圆形，三弦纽，圆纽座。纽外为一圈圆涡纹带，其外为一周凸圈和一周短斜线纹。主纹为以叶相间的盘曲龙纹。素窄卷缘。直径 10.2 厘米

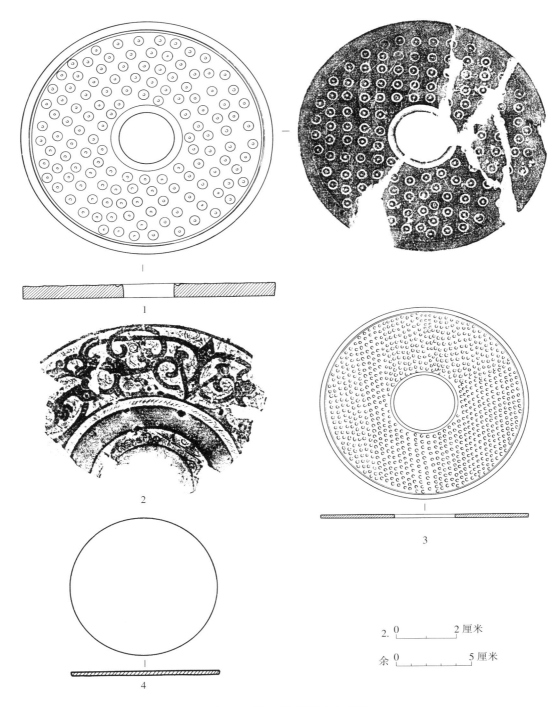

图六二　第一期墓葬出土器物

1. 滑石璧（M011：1）　2. 铜镜（M43：2）　3. 玉璧（M170：3）　4. 扁圆石（M113：9）

（图六二，2）。

标本 M168：13，桃叶绞股纹镜。较残破。圆形，弦纽，方纽座，座外一周双线方框。方框每一面均有一片桃叶纹。主纹是相绞连的多股曲线纹。素窄卷缘。直径 7 厘米。

带钩　2 件。

标本 M33：2，钩手及尾端已残缺（图六一，7）。

标本 M58：2，仅余残块。

扁钟　1 件。

标本 M154：9，长方形短柄，中空。平肩，微弧钟壁，口呈凹弧与两侧相交。钟体横截面约为椭圆形。通高 10.8 厘米（图六三，1；彩版一三，1）。

釜　1 件。

标本 M61：2，仅余残块。

饰件　1 件。此类器物应属漆器的装饰物。

标本 M61：4，泡钉。仅余残块。

铜钱　1 件。

标本 M168：11，半两钱，约 10 枚。锈蚀较严重，钱径大小不一，多数残破。据观察，有的钱币中"两"字中间的"人"字竖笔较长；而有的"两"字中间"人"字较平，已近似一横线，从钱形与文字看，此类半两应属汉代（彩版一三，3）。

三　铁器

8 件（号），约占本期出土器物总数的 3%。多数极残，尚可分辨器形（其中有 2 件因残缺而不能辨识器类）。其器类计有剑、刮刀、锸、带钩等。

剑　2 件。

标本 M91：3，极残。残长 17.6 厘米（图六三，3）。

标本 M23：9，极残。残长 9.4 厘米（图六三，4）。

刮刀　1 件

标本 M90：2，极残，器形不详。中脊凸起，两面刀身扁薄。残长 7 厘米（图六三，8）。

锸　2 件。以刃部特征分型。

A 型　1 件。刃部垂直距离较长。

标本 M78：6，形如凹字形。刃两边略外撇，有空槽。长 14.2、宽 15.2 厘米（图六三，5）。

B 型　1 件。刃部垂直距离较短。

标本 M113：12，形如凹字形。刃两边外撇，有空槽。长约 9.8、宽 14 厘米（图六三，6；彩版一三，2）。

带钩　1 件。

标本 M23：8，极残。残长 7.2 厘米（图六三，7）。

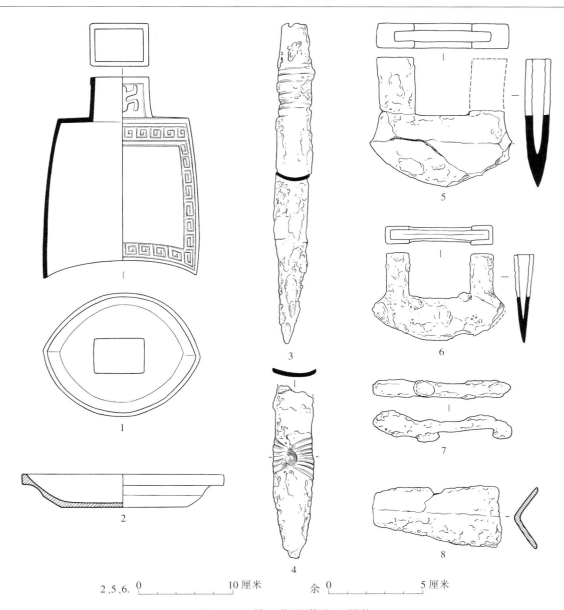

图六三 第一期墓葬出土器物

1. 铜扁钟（M154：9） 2. 滑石盘（M011：2） 3、4. 铁剑（M91：3、M23：9） 5. A 型铁臿（M78：6）
6. B 型铁臿（M113：12） 7. 铁带钩（M23：8） 8. 铁刮刀（M90：2）

四 滑石器及其他

5 件（号），约占西汉早期出土器物总数的 2%。其中滑石器 2 件，石器 1 件，玉器 1 件，串饰 1 件。

滑石盘 1 件。

标本 M011：2，淡棕色。敞口，浅盘，口沿较厚，下腹斜收，平底。口径 21.6、高 3.9 厘米（图六三，2；彩版一三，4）。

滑石璧　1件。

标本 M011：1，乳白色。圆形，中有圆孔。外沿饰有弦纹一周，内孔沿有一周凹槽。一面饰以横、竖对齐排列的圆点圆圈纹，另一面为素面。直径 16.5、孔径 3.6、厚 1 厘米（图六二，1；彩版一三，5）。

扁圆石　1件。

标本 M113：9，扁薄，圆形。直径 10、厚 0.2 厘米（图六二，4）。

玉璧　1件。

标本 M170：3，浅白色。圆形，中有圆孔。外沿及内孔沿均有一周弦纹。两面饰以细密的圆凸点。直径 13.7、孔径 3.9、厚 0.3 厘米（图六二，3）。

串饰　1件

标本 M83：1，玻璃。淡青色。为一残片，残长约 1.1 厘米。

第三章　第二期墓葬

36 座，约占这批汉墓总数的 20%。分别属于 A 型墓（窄坑墓）和 B 型墓（宽坑墓），以 B 型墓占绝大多数。

墓葬原有封土，仅有少数墓葬保留有封土痕迹。多数墓封土无存的原因是水土流失或人为损坏。墓葬填土多数是用黄褐色沙黏土（原坑土），也有的填土呈灰黑、灰褐、棕褐、五花等颜色。

窄坑墓仅 5 座，其中有 2 座有墓道。宽坑墓共 32 座，其中有 19 座墓有墓道。墓道有斜坡或斜坡与阶梯组合的形式，墓道一般设置于墓室一端之中部。墓室底部多有纵列和横列的垫木沟，墓底的垫木应是为承垫分散棺、椁重量所设。墓内的棺、椁、人骨均腐朽无存。

每座墓的随葬品比第一期墓显著增多，其中最少的一座墓出土 2 件，最多的一座墓出土有 42 件，多数墓葬出土在 10 件以上。随葬品多数位于墓室的一侧或远离墓道的一端。

第一节　墓葬形制

一　A 型墓

5 座，为窄坑土坑墓。墓室宽度较窄，宽度仅是墓室长度的 50% 以下。窄坑墓约占本期墓葬总数的 14%。按墓室结构之差异可分为两亚型。

1. Aa 型墓

3 座（M7、M24、M191），长方窄土坑，无其他结构。

M7　位于文昌塔西北面约 310 米。墓向 36°。封土情况不详，墓葬大部分被破坏。墓坑长 2.98、宽 1.2、深 1.1 米。墓内填土为灰黄色，含灰黑色小土块。未发现葬具与人骨。出土器物 4 件，其中陶器 2 件、铁器 1 件、石器 1 件，石器为双肩小石铲（图六四）。

M191　位于文昌塔西北面约 310 米。墓向 120°。原封土已平，是推土机施工才发现墓坑。墓坑长 3.6、宽 1.4、深 0.8 米。墓内填土为黄褐色沙黏土。未发现葬具与人骨。出土器物 5 件，均为陶罐（图六五）。

2. Ac 型墓

2 座（M14、M144），长方窄土坑，在墓室的一端有斜坡墓道。

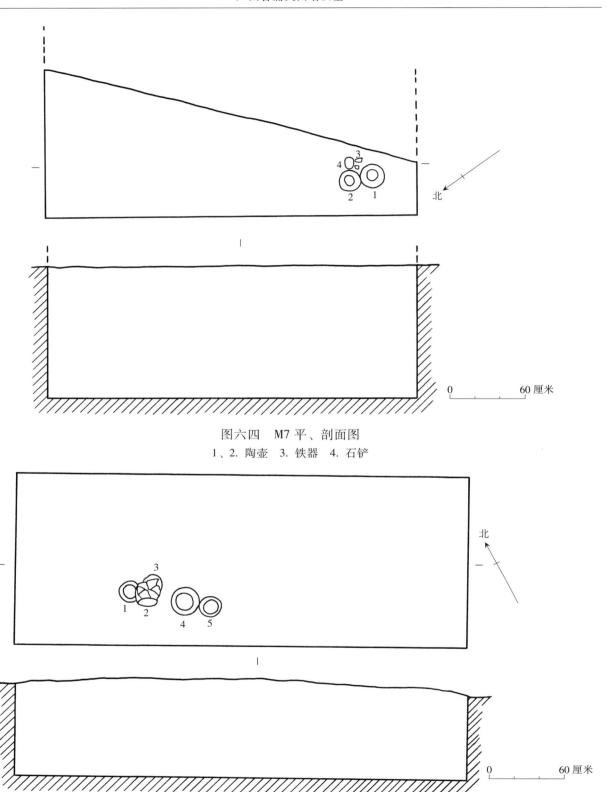

图六四　M7 平、剖面图

1、2. 陶壶　3. 铁器　4. 石铲

图六五　M191 平、剖面图

1～5. 陶罐

M14　位于文昌塔西北面约 275 米。墓向 45°。封土情况不详。墓坑长 5.05、宽 2.3、深 2.1 米。墓室一端有斜坡墓道，残长 1.6、宽 1.2 米。墓内填土为灰黑色。墓底有枕木沟。未发现葬具与人骨。出土器物 12 件，其中陶器 9 件、铜器 3 件（图六六）。

M144　位于文昌塔西北面约 230 米。墓向 295°。残存封土高约 1.5 米。墓坑长 4.96、宽 3.2、深 2.3 米。斜坡式墓道，残长 5、宽 1.8 米。墓内填土为灰色沙黏土。未发现葬具与人骨。出土器物 36 件，其中陶器 31 件、铜器 1 件、滑石器 2 件、石器 1 件、串饰 1 件（图六七）。

二　B 型墓

31 座，为长方宽坑墓。墓室宽度较宽，宽度是墓室长度的 50% 以上。宽坑墓约占本期墓葬总数的 86%。按墓室结构之差异可分为两亚型。

1. Ba 型墓

13 座（M010A、M5、M12、M17、M27、M45、M48、M111、M125、M126、M128、M130、M143），长方宽土坑，无其他结构。

M010A　位于文昌塔东北面约 55 米。墓向 285°。原有封土，底径 30、残高 2.8 米。封土下有两个墓穴，另一个编号为 M010B。墓室四壁较平直，墓坑长 4.12、宽 3、深 0.76 米。墓内填土为黄褐色沙黏土，中间略黑。未发现葬具与人骨。出土器物 8 件，全为陶器。器物主要分布于墓室西端，有 1 件于前端（图六八）。

M5　位于文昌塔西北面约 330 米。墓向 300°。墓坑长 4.06、宽 2.36、深 1.4 米。墓底有两条横列沟槽。墓内填土为灰褐色沙黏土。未发现葬具与人骨。出土器物 14 件，其中陶器 11 件、铜器 2 件、串饰 1 件。器物主要分布于墓室略靠北壁处（图六九）。

M12　位于文昌塔北面约 60 米。墓向 288°。封土情况不详。墓坑残长 3、宽 2.05、深 0.2 米。墓内填土为黄褐色沙黏土，墓底有厚达 4 厘米的木炭层。未发现葬具与人骨。出土器物 8 件，全为陶器（图七〇）。

M17　位于文昌塔西北面约 390 米。墓向 120°。封土情况不详，部分墓室已遭破坏。墓坑长 3.9、宽 2.7、深 1.2 米。墓内填土为杂乱五花土。未发现葬具与人骨。出土器物 4 件，均为陶器（图七一）。

M27　位于文昌塔西北面约 105 米。墓向 290°。封土情况不详。墓坑长 4.8、宽 2.8、深 1.2 米。墓内填土为灰色沙黏土。墓坑四周有熟土二层台，宽 0.36～0.56、高 0.72 米。二层台土质为红褐色，较硬，似夯筑。出土器物 8 件，其中陶器 6 件、铜器 1 件、串饰 1 件（图七二）。

2. Bc 型墓

18 座（M02、M03、M04、M05B、M09、M10、M18、M36、M55、M66、M74、M105、M115、M129、M149、M151、M152、M158），长方宽土坑，有墓道。约占该期宽坑墓总数的 58%。

M02　位于文昌塔西北面约 365 米。墓向 304°。原有封土，发掘前已被施工推土机推平，故不详。墓室长 4.84、宽 2.92、深 2.45 米。墓室西端之中部有斜坡式墓道，残长 4.86、宽 1.68 米，

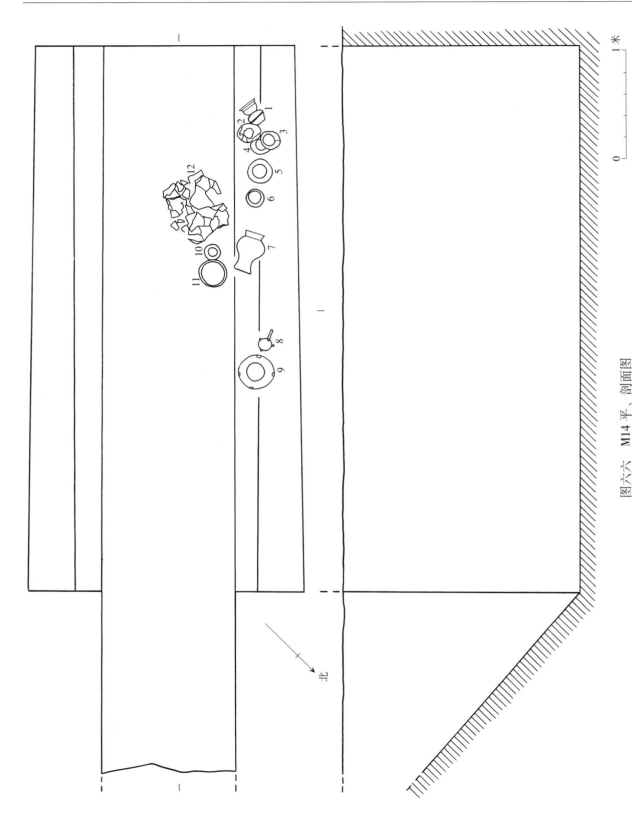

图六六 M14 平、剖面图

1. 铜瓿 2. 陶双耳罐 3～6. 陶罐 7、9、10. 陶壶 8. 铜灯 11. 铜釜 12. 陶瓮

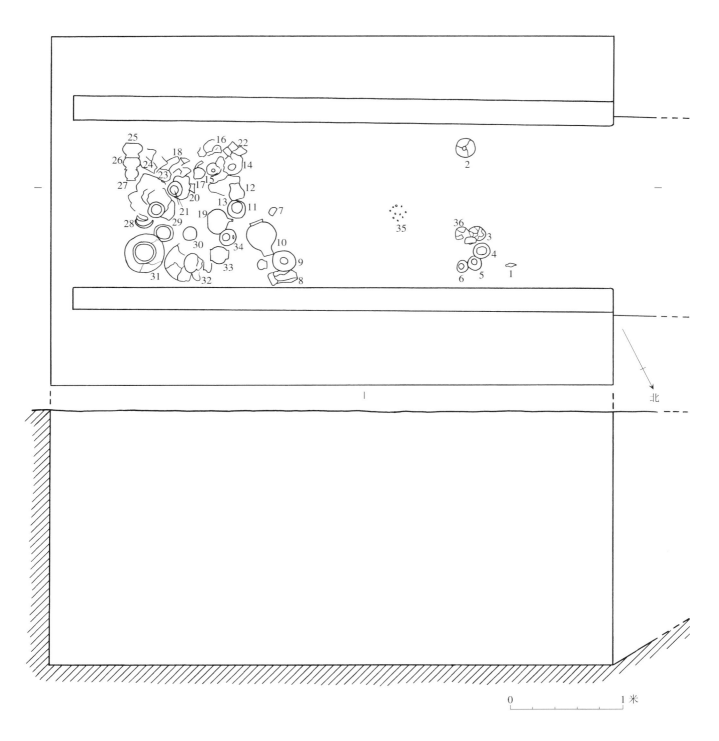

图六七 M144 平、剖面图

1. 铜矛 2. 滑石璧 3. 陶四联罐 4～6、11、13～16、18、22～27、29、30、33. 陶罐 7. 石器

8. 陶灶 9、10、12、28. 陶壶 17. 陶折肩罐 19. 陶温壶 20. 滑石炉 21、34. 陶双耳罐

31. 陶瓮 32. 陶瓿 35. 串珠 36. 陶小杯

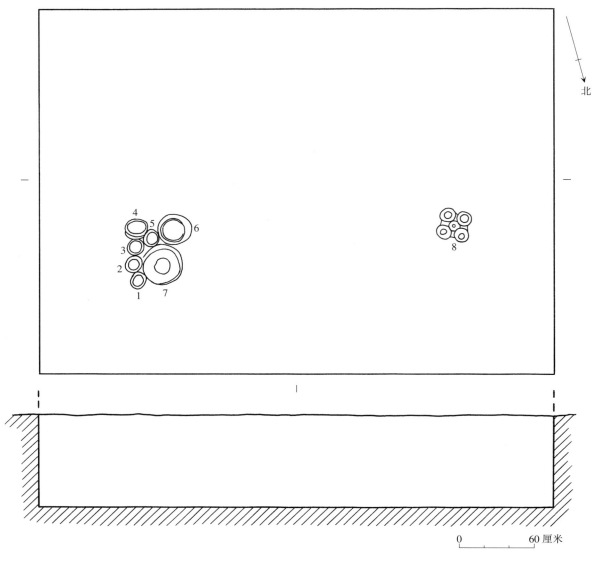

图六八　M010A 平、剖面图

1~3、5. 陶折肩罐　4、6. 陶罐　7. 陶瓿　8. 陶五联罐

坡度 25°。墓内填土为黄褐色沙黏土，填土有少量炭屑。墓底有两条纵列垫木沟，沟宽 0.28、深 0.1 米。两沟相距 1.68 米。墓底有一层约 5 厘米的灰白色沙黏土。未发现葬具与人骨。出土器物 29 件，其中陶器 23 件、铜器 1 件、滑石器 4 件、串饰 1 件。器物主要分布于墓室中部略靠北壁处（图七三）。

　　M05B　位于文昌塔西北面约 285 米。墓向 135°。原有封土，土质为黄褐色，上层较软，下层较硬，似往夯打，底径 21、残高 2.4 米。封土下有两个墓穴，另一个编号为 M05A。墓坑长 5.25、宽 3.4、深 1.8 米。有斜坡墓道，残长 9.7、宽 2.3 米。墓内填土为灰黑色，较松软。墓底有两条纵列垫木沟。未发现葬具与人骨。出土器物 24 件，其中陶器 14 件、铜器 8 件、铁器 2 件。器物主要分布于墓室中部以后略靠南壁处（图七四）。

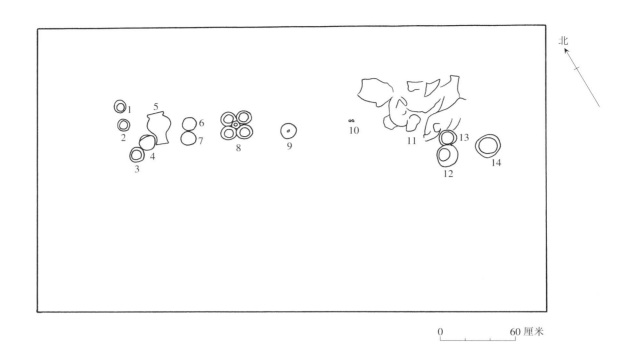

图六九 M5 平面图

1～3. 陶盂 4. 铜鼎 5、11. 陶壶 6、7. 陶小杯 8. 陶五联罐 9. 铜镜 10. 串珠 12. 陶双耳罐 13、14. 陶罐

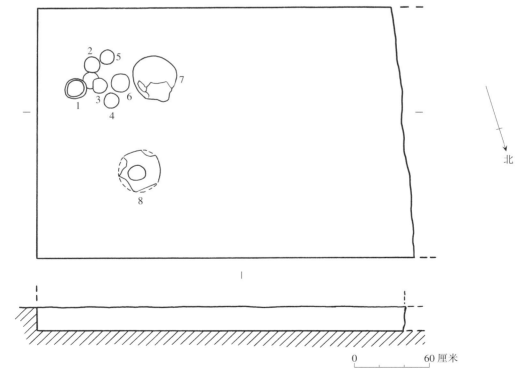

图七〇 M12 平、剖面图

1、3、4. 陶折肩罐 2、5～7. 陶罐 8. 陶瓮

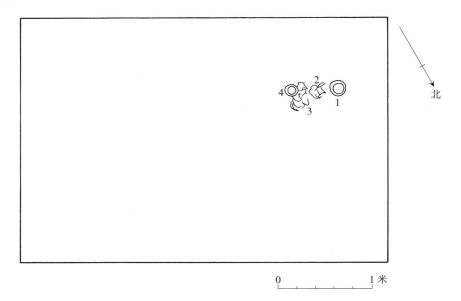

0　　　　　　1 米

图七一　M17 平面图

1～3. 陶罐　4. 陶异形罐

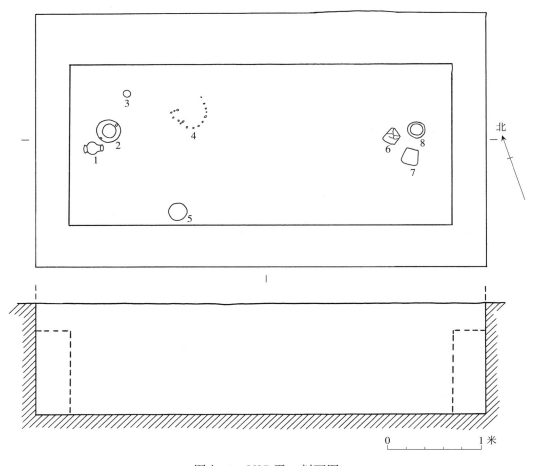

北

0　　　　　　1 米

图七二　M27 平、剖面图

1. 陶壶　2. 陶瓿　3. 铜镜　4. 串饰　5. 陶盒　6、7. 陶折肩罐　8. 陶罐

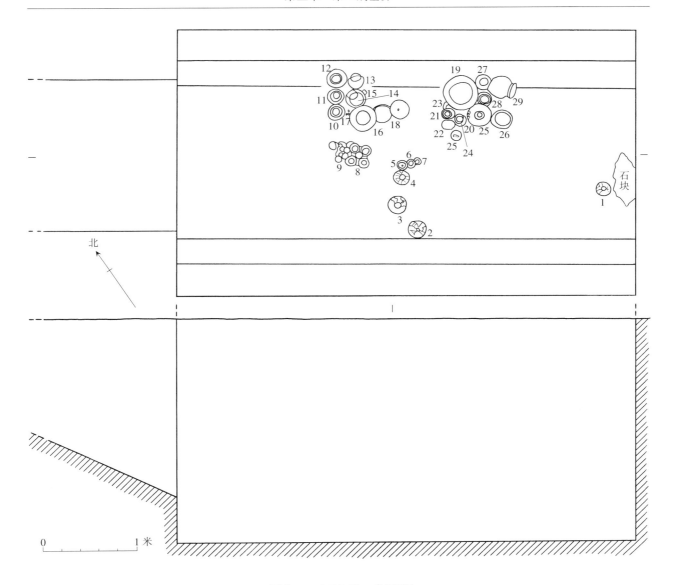

图七三　M02 平、剖面图

1~4. 滑石璧　5~7. 陶盉　8、9. 陶五联罐　10~14、20~24、26~29. 陶罐　15. 陶温壶　16、25. 陶壶　17. 串珠

18. 铜盒　19. 陶瓮

　　M10　位于文昌塔东南面约 300 米。墓向 120°。封土情况不详，发掘前墓坑上部已被破坏。墓坑长 5、宽 2.98、深 0.3 米。有斜坡墓道，墓道在墓室一端居中位置，残长 0.2、宽 2 米。墓道口高于墓底 0.28 米。墓内填土为原坑土夹地表土回填，为黄褐色沙黏土。未发现葬具与人骨。出土器物 11 件，其中有陶器 9 件，铜器 2 件（图七五）。

　　M18　位于文昌塔西北面约 415 米。墓向 114°。封土情况不详。墓坑长 5、宽 2.8、深 1.54 米。斜坡墓道，残长 3.8、宽 1.42 米。墓内填土上层为灰褐色，下层为灰黑色。墓底两侧各有一道垫木沟，未发现葬具与人骨。出土器物 23 件，其中陶器 16 件、铜器 6 件、滑石器 1 件（图七六）。

　　M36　位于文昌塔西北面约 315 米。墓向 310°。封土情况不详。墓坑长 3.9、宽 2.3、深 2.3

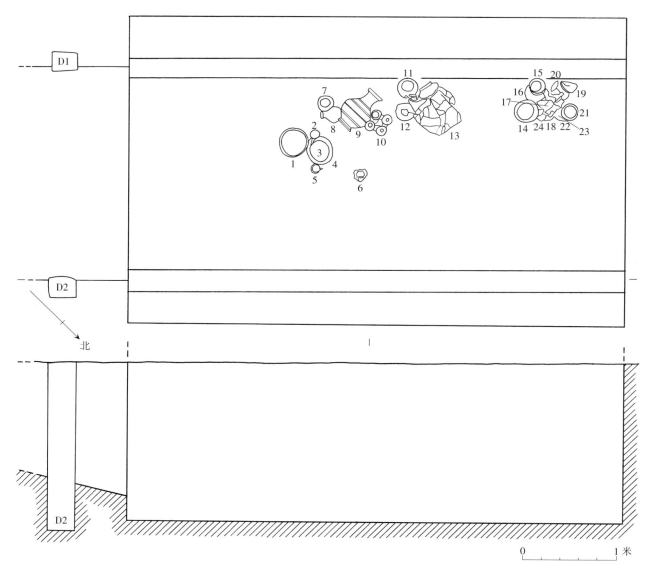

图七四　M05B 平、剖面图

1. 铜盆　2. 铜灯　3. 铜奁　4. 铜釜　5. 铜杯　6. 铜镜　7. 铜熏炉　8. 铜钫　9、11、12. 陶壶　10. 陶五联罐
13. 陶瓮　14～20、22. 陶罐　21. 仿三耳陶罐　23. 铁器　24. 铁臿

米。斜坡式含阶梯墓道，残长 3.7、宽 1.1 米。墓内填土为原坑土和表土回填，原坑土为黄褐色沙黏土。墓底有纵、横各两道垫木沟。未发现葬具与人骨。出土器物 13 件，其中陶器 11 件、铜器 2件。器物出土于墓室中部（图七七）。

　　M66　位于文昌塔东南面约 275 米。墓向 300°。原有封土，但情况已不详。墓坑长 4.4、宽2.4、深 3 米。斜坡式带阶梯墓道，残长 1.2、宽 1.2 米。墓内填土为黑灰色。墓室两侧有熟土二层台，一侧宽约 0.1 米，另一侧宽约 0.2 米，高约 0.8 米。墓底有纵列两道垫木沟。未发现葬具与人骨。出土器物 17 件，其中陶器 8 件、铜器 6 件、铁器 1 件、玉器 1 件、串饰 1 件。器物主要出土于墓室中部（图七八）。

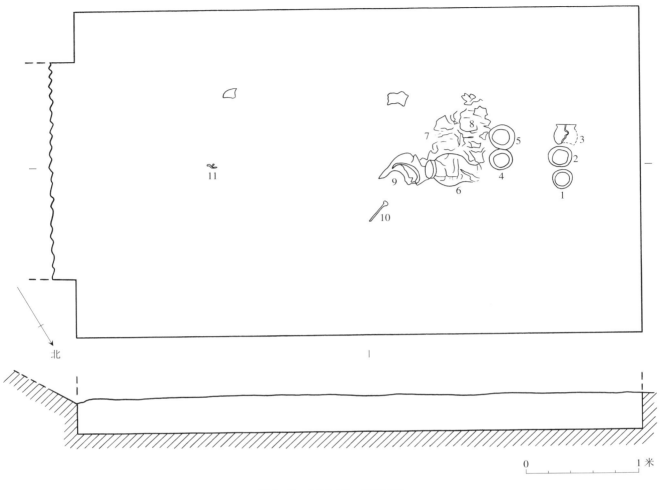

图七五　M10 平、剖面图

1~5. 陶罐　6~8. 陶壶　9. 陶瓮　10. 铜环首刀　11. 铜带钩

第二节　随葬器物

在本期 37 墓葬中，共出土随葬品 557 件（号），计有陶器、铜器、铁器、滑石器、玉器、石器及玛瑙、玻璃、水晶等质地的串饰。其中数量最多的是陶器，其次为铜器，其他质地的器类均数量较少。

一　陶器

414 件（其中有 4 件陶器极残而不能辨识器类），约占本期出土器物总数的 74%。

二期陶器胎质、火候、施釉等都比一期有明显进步，器形普遍较规整、匀称。陶器制作有轮制、手制和模制，以轮制为主。纯模制的很少，如陶钫的器身应是由坯中压出四块同样的泥板黏合而成。

陶器中泥质硬陶占绝大多数，夹砂陶较少。陶胎以灰色占绝大多数，青灰、褐、褐红等比例

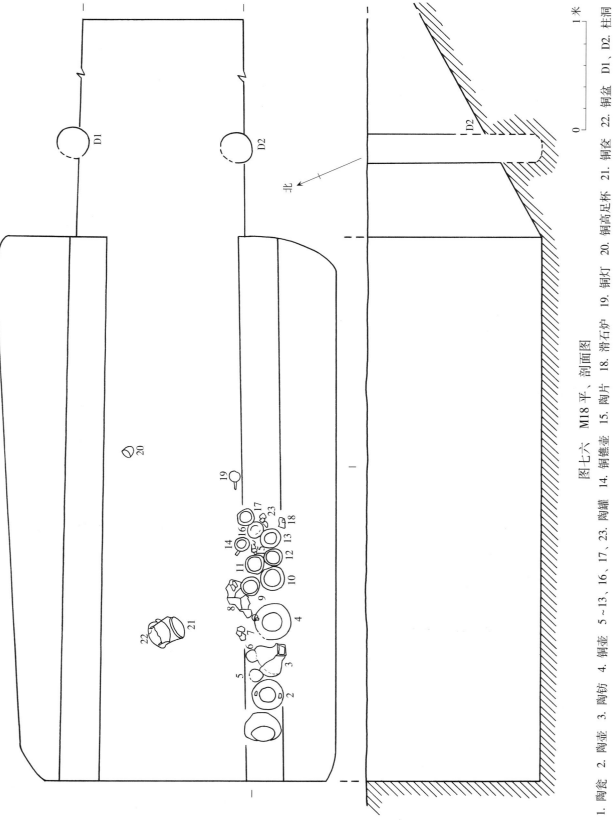

图七六　M18 平、剖面图

1. 陶瓮　2. 陶壶　3. 陶钫　4. 铜壶　5～13、16、17、23. 陶罐　14. 铜罐壶　15. 陶片　18. 滑石炉　19. 铜灯　20. 铜高足杯　21. 铜盉　22. 铜盆　D1、D2. 柱洞

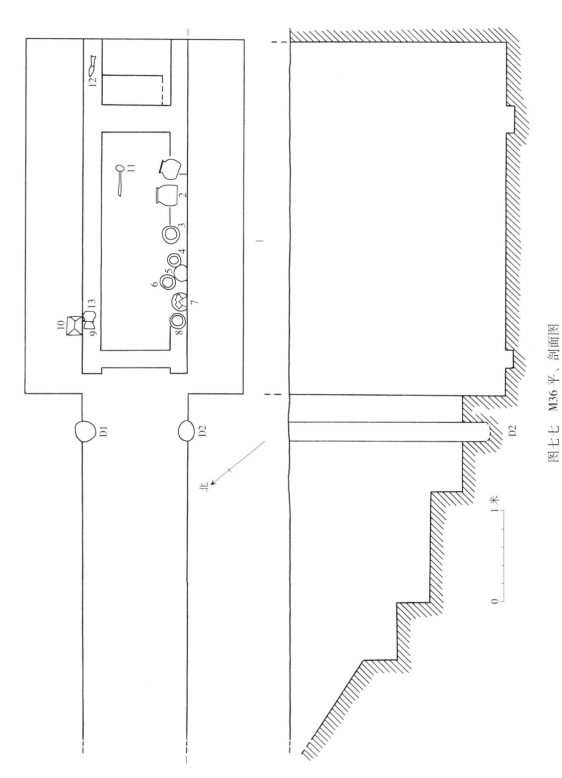

图七七　M36 平、剖面图

1、2、4、6、7. 陶罐　3、8. 陶仿双耳罐　5. 陶双耳罐　9. 陶瓶　10. 陶仓　11. 铜环首刀　12. 铜矛　13. 陶小釜

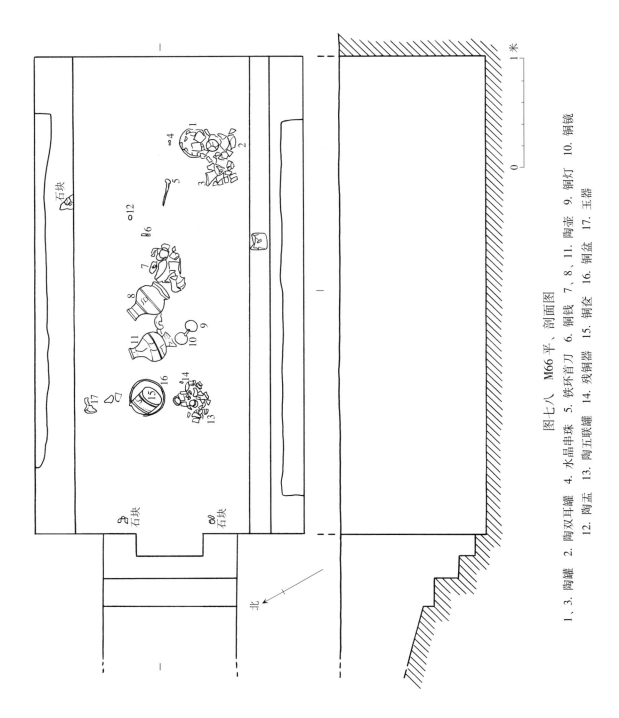

图七八　M66 平、剖面图

1、3. 陶罐　2. 陶双耳罐　4. 水晶串珠　5. 铁环首刀　6. 铜钱　7、8、11. 陶壶　9. 铜灯　10. 铜镜
12. 陶盂　13. 陶五联罐　14. 残铜器　15. 铜钵　16. 铜盆　17. 玉器

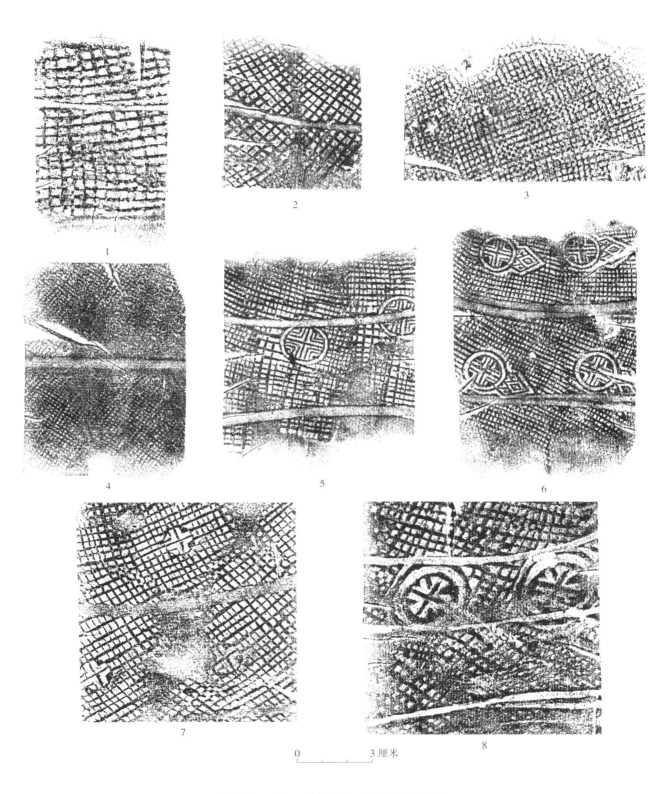

图七九　第二期墓葬出土陶器纹饰拓片

1～4. 方格纹（M158：1、M27：8、M36：8、M14：5）　　5～8. 戳印纹（M5：14、M24：7、M03：12、M36：7）

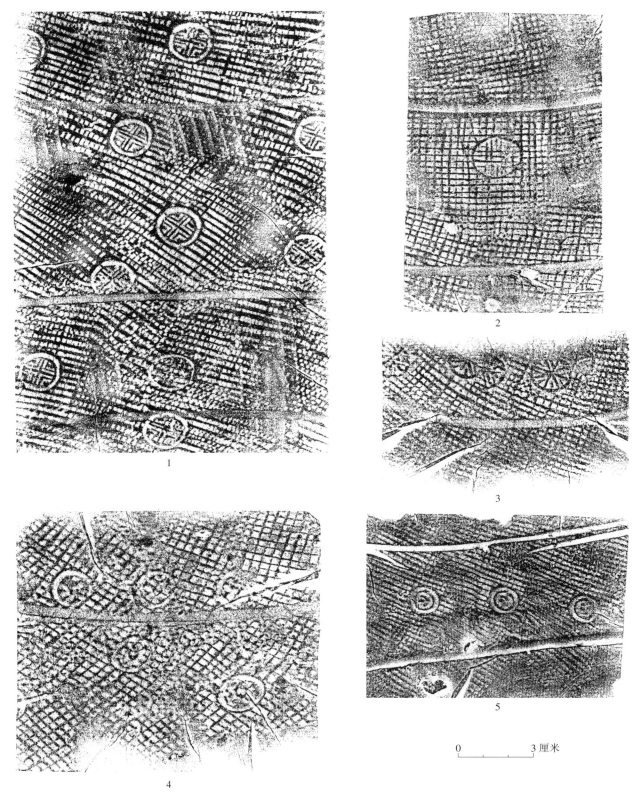

图八〇　第二期墓葬出土陶器戳印纹拓片

1. M02：19　2. M09：36　3. M158：5　4. M09：29　5. M191：1

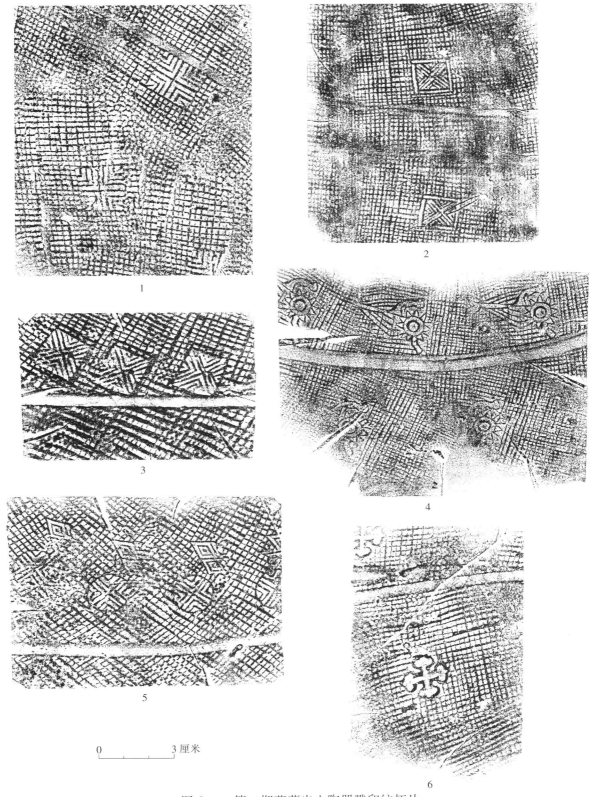

图八一　第二期墓葬出土陶器戳印纹拓片

1. M09：33　2. M55：1　3. M111：6　4. M36：1　5. M10：1　6. M10：9

较少。

陶器施釉以青黄釉为主，少量褐釉。绝大多数陶器的胎釉结合较差，釉面大面积脱落，有不少器物器表仅存小块釉斑，但也有个别器物胎釉结合较好，釉层均匀，脱落较少，莹润有光泽，说明施釉水平提高。

陶器表面的纹饰依然有方格纹、戳印纹、弦纹、篦纹等，但一些纹饰的风格、特征较一期有所变化。如陶器中拍印较粗大方格纹的数量增多，纹饰也较清晰；饰方形戳印纹的陶器比前期增多，一些方形戳印纹略变大。还出现了长方体双菱形戳印、双菱形戳印、长条相连菱形戳印与圆形戳印组合、圆形光芒戳印、戳印四叶纹等新纹饰；陶五联罐的多重弦纹装饰减少，向素面转变（图七九～图八三）。

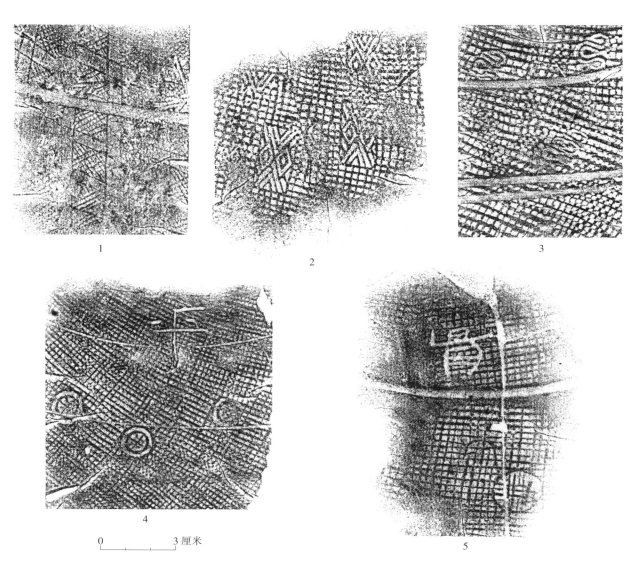

1　　　　　　　　2　　　　　　　　3

4　　　　　　　　5

0　　　　3厘米

图八二　第二期墓葬出土陶器纹饰拓片
1～4. 戳印纹（M09：30、M04：11、M03：17、M03：18）　5. 刻划符号（M09：36）

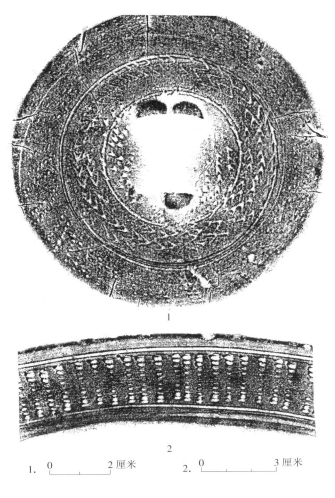

1. 0 _____ 2 厘米　　2. 0 _____ 3 厘米

图八三　第二期墓葬出土陶器纹饰拓片
1. 水波纹（M02：25）　2. 锥齿纹（M27：5）

　　陶器的器类计有瓮、四耳瓮、罐、异形罐、四耳罐、双耳罐、三耳罐、仿双耳罐、折肩罐、
五联罐、六联罐、四联罐、盒、三足盒、小盆、瓶、壶、匏壶、温壶、提筒、小杯、钫、盂、鼎、
釜、小釜、甑、筒、灶、仓、井等。其中以罐类最多，约占该期陶器总数的46%。

　　瓮　21件。以腹部特征分型，以口沿变化分式，以颈部特征分亚式。本期可分为A、B、C
型。其中B、C型为第二期墓始见的新型（其中有4件陶瓮较残而不分型）。

　　A型　4件。鼓腹，腹最大径位置居上。以口沿特征分式。

　　A型Ⅰ式　1件。弧沿下折。

　　标本M03：9，泥质硬陶，灰色。施青黄釉，多脱落。形态不规整。敞口，束颈，长腹，下收
腹，平底。器身饰以弦纹、细方格纹、圆形戳印纹。口径18.8、底径16.8、通高29.8厘米（图
八四，1；彩版一四，1）。

　　A型Ⅲ式　3件。平沿平折。

　　标本M126：5，泥质软陶，灰白色。敞口，短颈，长腹，下收腹，平底。器内外壁均凹凸不

平。器身间饰四组弦纹、细方格纹、圆形戳印纹。口径 19、底径 21、高 30.7 厘米（图八四，2；彩版一四，2）。

标本 M126∶28，泥质软陶，灰白色。敞口，平沿，短颈，长腹，下收腹，平底。器内外壁均凹凸不平。器身间饰四组弦纹、细方格纹、圆形戳印纹。口径 19、底径 20、高 30.3 厘米（图八四，3）。

标本 M126∶4，泥质软陶，灰白色。敞口，平沿，短颈，长腹，下收腹，平底。器内外壁均凹凸不平。器身间饰四组弦纹、细方格纹、圆形戳印纹。口径 22、底径 20、高 32.7 厘米（图八四，4）。

B 型　9 件。椭圆腹，腹最大径位置居中或微偏上，沿下折。

标本 M129∶6，泥质硬陶，灰色。器表施青黄釉，多脱落。敞口，短颈，长腹，下收腹，平底微凹。器内外壁均凹凸不平。器身间饰两组弦纹、细方格纹、菱形戳印纹。口径 21.2、底径 22、高 32 厘米（图八四，5）。

标本 M09∶1，泥质硬陶，灰白色。器表施青黄釉，多脱落。敞口，短颈，长腹，下收腹，平底微凹。器内外壁略有凹凸不平。器身间饰三组弦纹、细方格纹、菱形戳印纹。口径 20.5、底径 20.8、高 29.5 厘米（图八四，6；彩版一四，3）。

标本 M09∶2，泥质硬陶，灰白色。器表施青黄釉，多脱落。敞口，短颈，长腹，下收腹，平底。器内外壁略有凹凸不平。器身饰凹弦纹、细方格纹、圆形戳印纹。口径 19.8、底径 19.8、高 29.1 厘米（图八五，1）。

C 型　4 件。瘦椭圆腹，腹最大径位置居中或微偏上。沿下折。

标本 M09∶33，泥质硬陶，灰色。器内外壁略有凹凸不平。敞口，短颈，长腹，下收腹，平底。器身饰两组凹弦纹、细方格纹、方形戳印纹。口径 25、底径 26、高 42.4 厘米（图八五，2）。

标本 M14∶12，泥质硬陶，灰白色。器表施青黄釉，多脱落。器内外壁略有凹凸不平。敞口，短颈，长腹，下收腹，平底。器身饰凹弦纹、细方格纹、方形戳印纹。口径 24、底径 20、高 39 厘米（图八五，4）。

标本 M05B∶13，泥质硬陶，灰色。器表施灰黄泥衣。器内外壁略有凹凸不平。敞口，短颈，长腹，下收腹，平底。器身饰两组凹弦纹、细方格纹、圆形戳印纹。口径 25、底径 25、高 40 厘米（图八五，3）。

标本 M55∶1，泥质硬陶，灰白色。器表施青黄釉，多脱落。器内外壁略有凹凸不平。敞口，短颈，长腹，下收腹，平底。器身饰四组凹弦纹、细方格纹、方形戳印纹。口径 21、底径 21、高 33.8 厘米（图八五，5；彩版一四，4）。

四耳瓮　3 件。以腹部特征分型。

A 型　1 件。椭圆腹，腹最大径位置居中。

标本 M09∶36，泥质硬陶，灰色。施褐色陶衣。直口，圆唇，鼓腹，下收腹平底。肩附四桥耳。器身饰弦纹、方格纹、圆形戳印纹。肩上刻有一似"骨"字符号。口径 17、底径 26、高 36.6

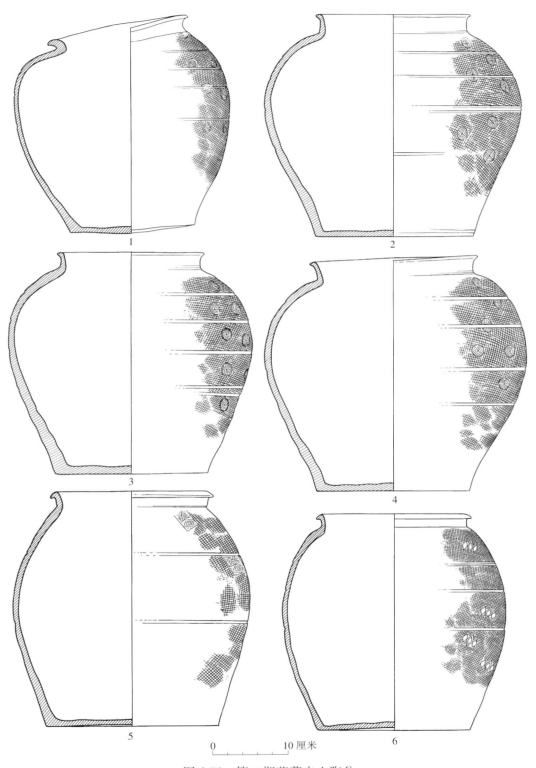

图八四 第二期墓葬出土陶瓮

1. A 型 I 式（M03:9）　2～4. A 型 III 式（M126:5、M126:28、M126:4）　5、6. B 型（M129:6、M09:1）

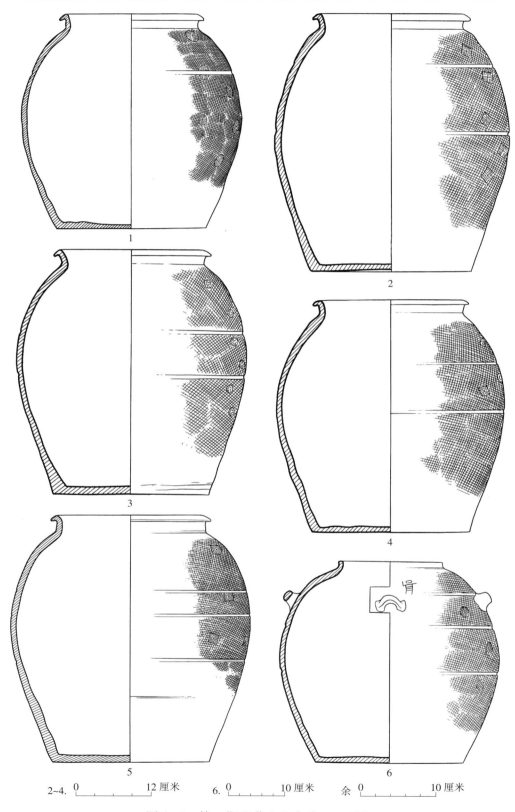

图八五　第二期墓葬出土陶瓮、四耳瓮

1. B 型瓮（M09：2）　　2～5. C 型瓮（M09：33、M05B：13、M14：12、M55：1）　　6. A 型四耳瓮（M09：36）

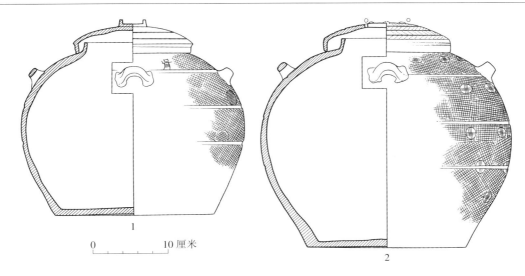

图八六　第二期墓葬出土 B 型陶四耳瓮
1. M09：9　2. M149：1

厘米（图八五，6；彩版一五，1）。

B 型　2 件。圆腹。腹最大径位置居中。

标本 M09：9，泥质硬陶，灰色。施青黄釉。直口，圆唇，鼓腹，下收腹，平底微凹。肩附四桥耳。器身饰弦纹、方格纹、圆形戳印纹。肩上刻有一似"骨"字符号。有圆盖，顶部有凹形纽。盖面饰两周凹弦纹。口径 12、底径 20、通高 27 厘米（图八六，1）。

标本 M149：1，泥质硬陶，灰色。施青黄釉，大多脱落。直口，方唇，鼓腹，下收腹，平底。肩附四桥耳。器身饰弦纹、方格纹、圆形戳印纹。有圆盖，盖上品字形排列三圆扣形纽。盖面饰弦纹、篦纹。口径 10.8、底径 21、通高 31 厘米（图八六，2；彩版一五，2）。

罐　191 件。以腹特征分型（其中有 59 件陶罐较残而不分型）。

A 型　19 件。鼓腹，腹最大径位置居上。以口沿分式。

A 型 I 式　5 件。沿面微内斜或平伸。

标本 M126：14，泥质软陶，灰白色。敞口，窄沿，短颈，长腹，下收腹，平底。器身饰凹弦纹、方格纹。口径 14.8、底径 13.8、高 13.6 厘米（图八七，1）。

标本 M126：10，泥质软陶，灰白色。敞口，窄沿，短颈，长腹，下收腹，平底。器身饰凹弦纹、方格纹。口径 13.6、底径 12.8、高 15 厘米（图八七，2）。

标本 M126：33，泥质软陶，灰白色。敞口，窄沿，短颈，长腹，下收腹，平底。器身饰凹弦纹、方格纹。口径 14.5、底径 14、高 16 厘米（图八七，3）。

A 型 II 式　6 件。沿面微外斜。以颈部特征分亚式。本期只有 IIb 式。

A 型 IIb 式　6 件。有短颈。

标本 M126：7，泥质软陶，灰白色。敞口，窄沿，长腹，下收腹，平底。器身饰凹弦纹、方格纹。口径 12.4、底径 13、高 15 厘米（图八七，4）。

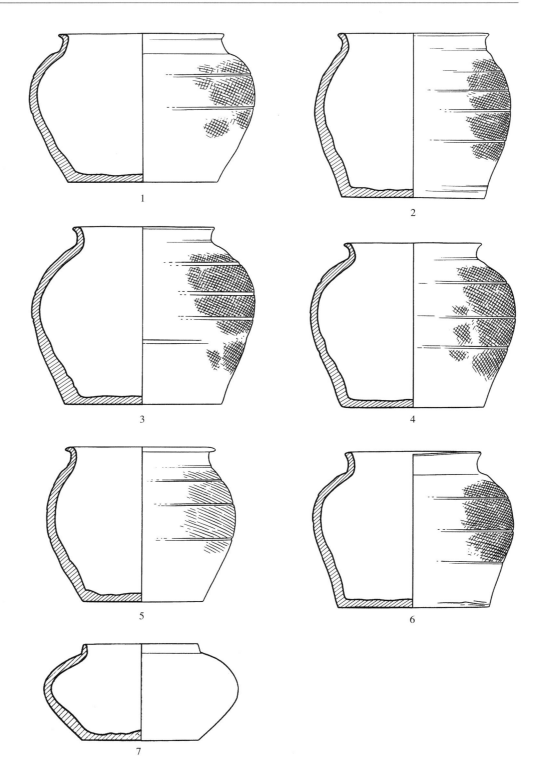

1～3. A 型I式（M126：14、M126：10、M126：33）　　4、5、8. A 型Ⅱb 式（M126：7、M126：11、M010A：6）　　6、9、10.

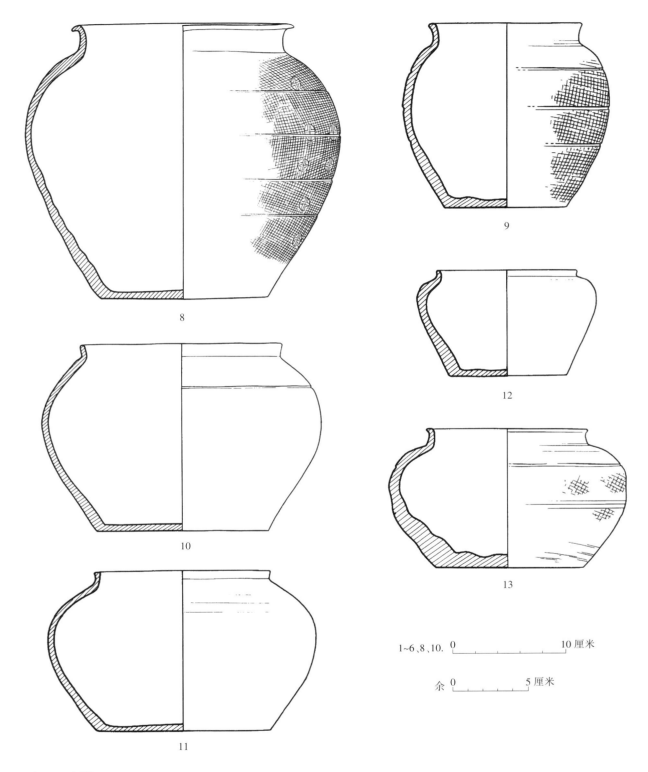

1~6、8、10. 0 _____ 10 厘米

余 0 ____ 5 厘米

墓葬出土陶罐

A 型Ⅲ式（M126：16、M126：19、M151：4）　　7、11、12. A 型Ⅴ式（M149：11、M144：11、M143：4）　　13. C 型Ⅰ式（M126：26）

标本 M126：11，泥质软陶，灰白色。敞口，窄沿，长腹，下收腹，平底。器身饰凹弦纹、方格纹。口径 13.2、底径 10.8、高 14 厘米（图八七，5）。

标本 M010A：6，泥质硬陶，灰色。器表施青黄釉，多脱落。敞口，窄沿，长腹，下收腹，平底。器身饰四道凹弦纹、方格纹、圆形戳印纹。口径 20、底径 15、高 25 厘米（图八七，8；彩版一五，3）。

A 型 Ⅲ 式　5 件。斜领。

标本 M126：16，泥质软陶，灰白色。敞口，长腹，下收腹，平底。器身饰凹弦纹、方格纹。口径 12、底径 13.2、高 14.2 厘米（图八七，6）。

标本 M126：19，泥质软陶，灰白色。敞口，长腹，下收腹，平底。器身饰凹弦纹、方格纹。口径 9.6、底径 8、高 12.6 厘米（图八七，9）。

标本 M151：4，泥质软陶，灰黄色。敞口，长腹，下收腹，平底。素面。口径 18、底径 15.6、高 17.4 厘米（图八七，10）。

A 型 Ⅴ 式　3 件。直口。

标本 M144：11，夹砂软陶，灰色。扁腹，下收腹，平底。素面。口径 11.6、底径 11.8、高 10.8 厘米（图八七，11）。

标本 M149：11，泥质软陶，红褐色。下收腹，平底。素面。口径 7.5、底径 7.8、高 6.5 厘米（图八七，7）。

标本 M143：4，夹砂软陶，红褐色。斜收腹，平底。素面。口径 9.2、底径 7.6、高 7.1 厘米（图八七，12）。

C 型　40 件。鼓腹，腹最大径位置居中。以口沿特征分式。

C 型 Ⅰ 式　4 件。沿面略平伸，微折领。

标本 M126：26，泥质硬陶，灰色。器表施褐釉，多剥落。器表较粗糙。敞口，窄沿，圆唇，短颈，下收腹，平底。肩、腹各饰一道凹弦纹，器身饰方格纹。口径 10.8、底径 10、高 9.4 厘米（图八七，13）。

标本 M03：18，泥质硬陶，棕灰色。敞口，窄沿，圆唇，短颈，下收腹，平底。器身饰细方格纹、内填米字纹的圆形戳印纹，并间饰三道凹弦纹。肩一侧有一似"平"字的刻划符号。口径 13.9、底径 13.4、高 16.8 厘米（图八八，1）。

标本 M191：4，泥质硬陶，灰青色。器表施褐釉，多剥落。敞口，窄沿，短颈，下收腹，平底微凹。器身饰绳纹，纹饰较模糊，腹饰两道凹弦纹。口径 14.7、底径 15、高 18 厘米（图八八，2；彩版一五，4）。

C 型 Ⅱ 式　6 件。沿面略外斜，微折领。

标本 M02：29，泥质硬陶，灰色。敞口，窄沿，长腹，下收腹，平底微凹。器身饰弦纹、方格纹、圆形戳印纹。口径 17.3、底径 16、高 20.5 厘米（图八八，3；彩版一六，1）。

标本 M36：2，泥质硬陶，灰色。施青黄釉，多脱落。敞口，窄沿，长腹，下收腹，平底微凹。

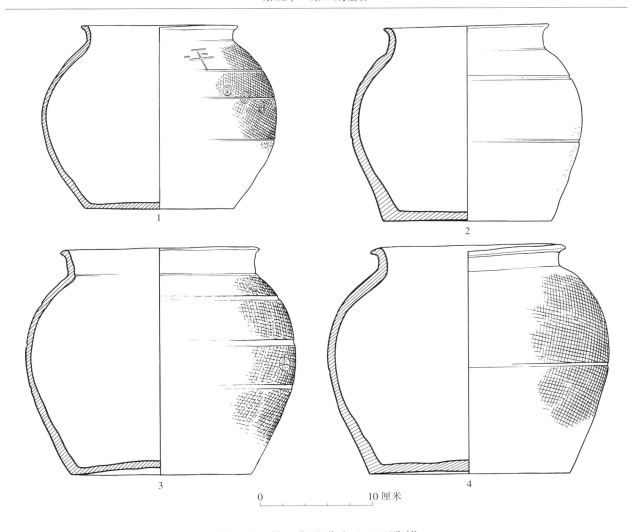

图八八　第二期墓葬出土 C 型陶罐
1、2. Ⅰ式（M03∶18、M191∶4）　　3、4. Ⅱ式（M02∶29、M36∶2）

器身饰弦纹、方格纹。口径 17、底径 17.6、高 21.2 厘米（图八八，4）。

标本 M27∶8，泥质硬陶，灰色。施青黄釉，多脱落。敞口，窄沿，长腹，下收腹，平底微凹。器身饰弦纹、方格纹。口径 13、底径 11.6、高 14 厘米（图八九，1）。

C 型Ⅲ式　10 件。斜领。

标本 M18∶16，泥质软陶，红褐色。火候较低。器已残。敞口，圆唇，鼓腹，下收腹，平底。器身饰方格纹。底径 11.6、高 11.2 厘米（图八九，2）。

标本 M74∶5，泥质软陶，灰色。敞口，圆唇，下收腹，平底微凹。器身饰方格纹。口径 11.8、底径 11.4、高 13 厘米（图八九，3）。

标本 M149∶6，泥质软陶，灰黄色。敞口，圆唇，下收腹，平底。器身饰方格纹。口径 12.4、底径 11.8、高 12 厘米（图八九，4）。

C 型Ⅳ式　3 件。沿面内斜。

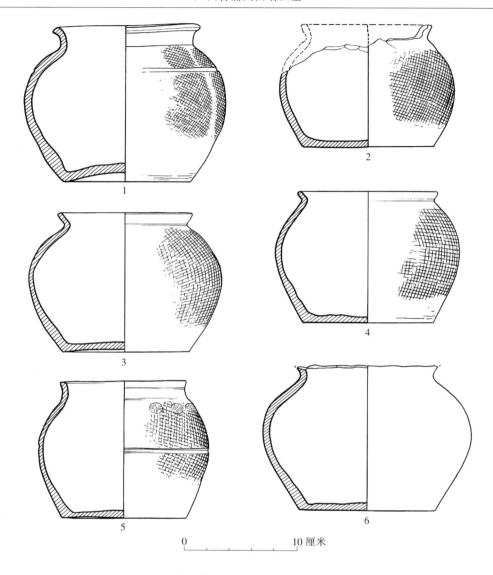

图八九　第二期墓葬出土 C 型陶罐

1. Ⅱ式（M27∶8）　2～4. Ⅲ式（M18∶16、M74∶5、M149∶6）　5、6. Ⅳ式（M02∶12、M151∶13）

标本 M02∶12，泥质硬陶，灰白色。施褐釉，无光泽。敞口，圆唇，下收腹，平底微凹。器身饰弦纹、方格纹、圆形戳印纹。口径 11.2、底径 11、高 12.6 厘米（图八九，5；彩版一六，2）。

标本 M151∶13，泥质软陶，棕褐色。器口沿略残。敞口，下收腹，平底。素面。底径 11.6、残高 13.2 厘米（图八九，6）。

标本 M36∶7，泥质软陶，灰色。施灰褐陶衣。敞口，下收腹，平底。器身饰弦纹、方格纹、圆形戳印纹。口径 13.4、底径 15、高 17.8 厘米（图九○，1）。

C 型Ⅴ式　13 件。沿面较宽，下折沿。

标本 M10∶5，泥质硬陶，灰色。施青黄釉，局部脱落。敞口，下收腹，平底微凹。器身饰弦纹、方格纹。口径 16.6、底径 17.4、高 17 厘米（图九○，2；彩版一六，3）。

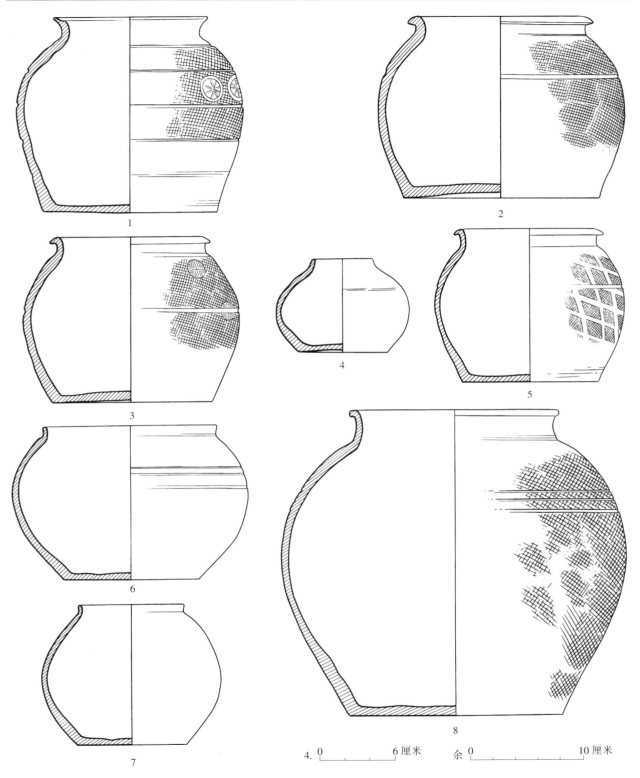

图九〇 第二期墓葬出土 C 型陶罐

1. Ⅳ式（M36：7） 2、3、5. Ⅴ式（M10：5、M10：4、M09：30） 4. Ⅷ式（M144：4）

6、7. Ⅵ式（M115：2、M152：3） 8. Ⅶ式（M151：3）

标本 M10：4，泥质硬陶，灰色。施青黄釉，局部脱落。敞口，下收腹，平底微凹。器身饰弦纹、方格纹、圆形戳印纹。口径 14.6、底径 14.6、高 15.4 厘米（图九〇，3）。

标本 M09：30，泥质硬陶，灰色。施青黄釉，局部脱落。敞口，下收腹，平底。器身饰弦纹、方格纹、长条相连菱形戳印组合纹。口径 13.1、底径 12.3、高 14 厘米（图九〇，5）。

C 型Ⅵ式　2件。直领。

标本 M115：2，泥质软陶，红褐色。敞口，圆唇，下收腹，平底。器身饰两道弦纹。口径 15.2、底径 12、高 14 厘米（图九〇，6）。

标本 M152：3，泥质软陶，红褐色。敞口，圆唇，下收腹，平底。素面。口径 9.2、底径 9.8、高 12.8 厘米（图九〇，7）。

C 型Ⅶ式　1件。微卷沿。

标本 M151：3，泥质软陶，红褐色。敞口，下收腹，平底。器身饰弦纹、方格纹。口径 18.4、底径 18.8、高 27.8 厘米（图九〇，8）。

C 型Ⅷ式　1件。敛口，领内斜。

标本 M144：4，泥质软陶，红褐色。下收腹，平底微凹。素面。口径 4.9、底径 7、高 7.5 厘米（图九〇，4）。

D 型　1件。长鼓腹。腹最大径位置居中。以口沿变化分式。

D 型Ⅰ式　1件。沿面略外斜。

标本 M126：3，泥质软陶，灰黄色。敞口，下收腹，平底。器身饰弦纹、方格纹、圆形戳印纹。口径 18、底径 15、高 25.2 厘米（图九一，1）。

E 型　49件。圆鼓腹。腹最大径位置居中。以口沿变化分式。

E 型Ⅰ式　24件。沿面微外斜。

标本 M02：10，泥质硬陶，浅灰色。施青黄釉，大多脱落。敞口，下收腹，平底微凹。器身饰弦纹、方格纹。口径 10.7、底径 8.7、高 11.1 厘米（图九一，2；彩版一六，4）。

标本 M144：33，泥质软陶，灰色。敞口，下收腹，平底微凹。器身饰弦纹。口径 11.8、底径 8、高 12.2 厘米（图九一，3）。

标本 M18：9，泥质硬陶，灰色。施青黄釉。敞口，下收腹，平底。器身饰弦纹、方格纹。口径 12.3、底径 11.3、高 12.8 厘米（图九一，4）。

标本 M02：27，泥质硬陶，浅灰色。施青黄釉。敞口，下收腹，平底微凹。器身饰弦纹、方格纹、圆形戳印纹。口径 10.3、底径 8.7、高 11.5 厘米（图九一，5）。

E 型Ⅱ式　19件。沿面下折。

标本 M36：1，泥质硬陶，灰色。施青黄釉。敞口，下收腹，平底微凹。器身饰方格纹、弦纹、太阳组合戳印纹。口径 15.6、底径 16、高 16 厘米（图九一，6；彩版一六，5）。

标本 M66：3，泥质硬陶，灰色。施青黄釉，无光泽。敞口，下收腹，平底微凹。器身饰方格纹、圆形戳印纹。口径 13、底径 12.4、高 13.3 厘米（图九一，7）。

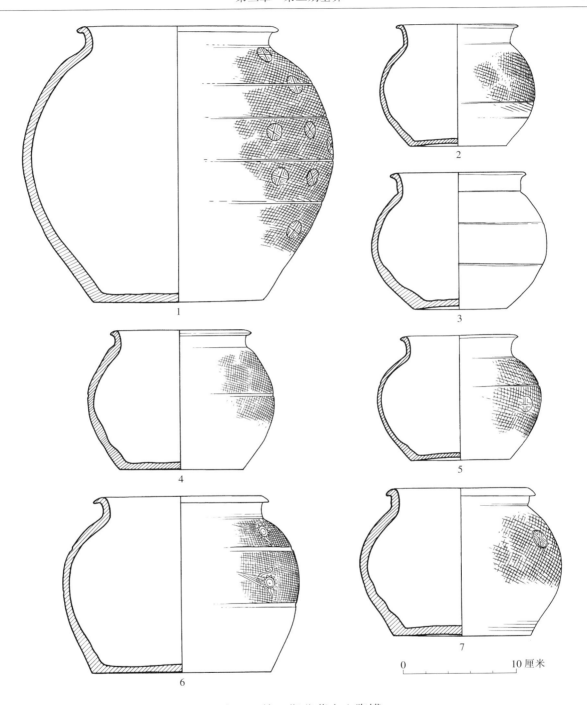

图九一　第二期墓葬出土陶罐

1. D 型 I 式（M126：3）　　2～5. E 型 I 式（M02：10、M144：33、M18：9、M02：27）　　6、7. E 型 II 式（M36：1、M66：3）

标本 M128：9，泥质硬陶，灰色。施青黄釉。敞口，下收腹，平底。器身饰方格纹、弦纹。口径12.2、底径11.8、高11.4厘米（图九二，1）。

E 型 III 式　1件。沿内斜。

标本 M5：13，泥质硬陶，灰白色。施青黄釉。敞口，下收腹，平底微凹。器身饰方格纹、弦

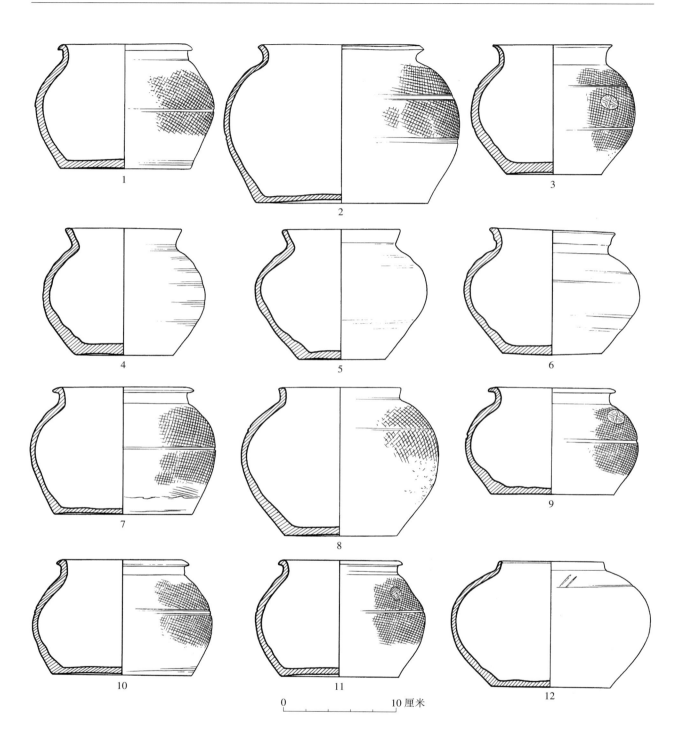

图九二　第二期墓葬出土陶罐

1. E 型 II 式（M128:9）　　2. E 型 IV 式（M02:26）　　3. E 型 III 式（M5:13）　　4、5. E 型 V 式（M144:15、M144:14）

6. E 型 VI 式（M144:25）　　7、9~11. Fa 型 I 式（M36:4、M36:6、M18:11、M14:6）　　8. E 型 VII 式（M151:10）

12. Fa 型 II 式（M149:13）

纹、圆形戳印纹。口径 10.6、底径 8.8、高 11.7 厘米（图九二，3；彩版一六，6）。

E 型 Ⅳ 式　1 件。方唇，斜领。

标本 M02：26，泥质硬陶，灰白色。施青黄釉，无光泽。敞口，下收腹，平底微凹。器身饰方格纹、弦纹。口径 14.8、底径 15.4、高 14.4 厘米（图九二，2）。

E 型 Ⅴ 式　2 件。斜领。

标本 M144：15，泥质软陶，青灰色。敞口，下收腹，平底微凹。素面。口径 10.2、底径 8.8、高 11.6 厘米（图九二，4）。

标本 M144：14，泥质软陶，灰黄色。素面。敞口，下收腹，平底微凹。口径 10.5、底径 7.6、高 11.9 厘米（图九二，5）。

E 型 Ⅵ 式　1 件。领外缘微凹。

标本 M144：25，泥质软陶，灰黄色。敞口，下收腹，平底。素面。口径 11.2、底径 8.4、高 11.6 厘米（图九二，6）。

E 型 Ⅶ 式　1 件。直领，圆唇。

标本 M151：10，泥质软陶，红褐色。敞口，下收腹，平底微凹。器身饰方格纹。口径 11、底径 10、高 13.6 厘米（图九二，8）。

F 型　23 件。扁鼓腹。以腹部最大径位置分亚型。

Fa 型　23 件。腹最大径位置居中。以口沿变化分式。

Fa 型 Ⅰ 式　8 件。沿略宽，沿面微外斜。

标本 M36：4，泥质硬陶，红褐色。敞口，下收腹，平底微凹。器身饰方格纹、弦纹。口径 12.5、底径 12.2、高 11.8 厘米（图九二，7；彩版一七，1）。

标本 M36：6，泥质硬陶，灰色。施灰黄色陶衣。敞口，下收腹，平底。器身饰方格纹、弦纹、圆形戳印纹。口径 11.5、底径 10.8、高 9.8 厘米（图九二，9）。

标本 M18：11，泥质硬陶，灰色。施青黄釉。敞口，下收腹，平底微凹。器身饰方格纹、弦纹。口径 11.7、底径 12.3、高 10.5 厘米（图九二，10）。

标本 M14：6，泥质硬陶，灰色。施青黄釉。敞口，下收腹，平底微凹。器身饰方格纹、弦纹、圆形戳印纹。口径 11、底径 10.8、高 10.5 厘米（图九二，11）。

Fa 型 Ⅱ 式　5 件。敛口，领内斜。

标本 M129：3，泥质软陶，红褐色，器表有褐色陶衣。质软，火候低。敛口，鼓腹，平底微凹。肩有凹弦纹。有圆盖，盖顶中部的纽已脱落。口径 4.8、底径 7.4、通高 8.4 厘米（图九三，1）。

标本 M144：5，泥质软陶，灰黄色。质软，火候低。敛口，鼓腹，平底。口径 5、底径 4.8、高 6.6 厘米（图九三，2）。

标本 M149：13，泥质硬陶，红褐色。敛口，下收腹，平底。器身饰两道弦纹，肩部有两道刻划的斜线。口径 8.9、底径 10.4、高 11.6 厘米（图九二，12；彩版一七，2）。

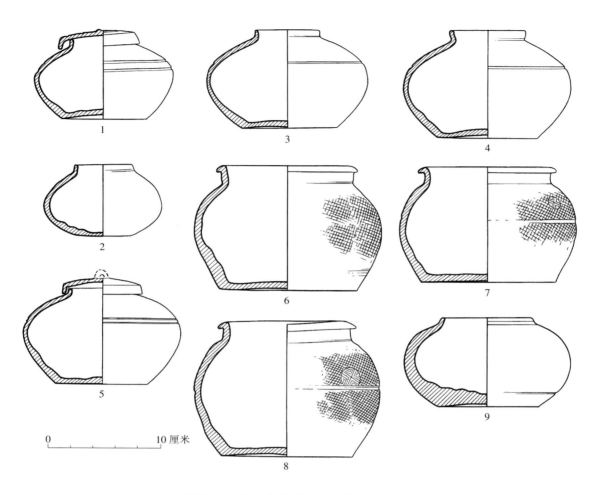

图九三　第二期墓葬出土陶罐、异形罐
1、2. Fa 型 Ⅱ 式罐（M129：3、M144：5）　3～5. Fa 型 Ⅲ 式罐（M128：7、M129：4、M149：3）
6～8. Fa 型 Ⅳ 式罐（M129：9、M158：5、M128：6）　9. 异形罐（M17：4）

Fa 型 Ⅲ 式　4 件。矮斜领或直领。

标本 M128：7，泥质软陶，红褐色。下收腹，平底微凹。肩有一道弦纹。有盖，盖顶有小纽。口径 5.6、底径 8.5、高 9 厘米（图九三，3）。

标本 M129：4，泥质软陶，红褐色。敞口，下收腹，平底微凹。器身饰一道弦纹。口径 6.8、底径 8.8、高 9.8 厘米（图九三，4）。

标本 M149：3，泥质软陶，红褐色。器略残。下收腹，平底。肩有一道弦纹。有圆盖，盖纽残。口径 6、底径 8、残高 10 厘米（图九三，5）。

Fa 型 Ⅳ 式　6 件。下折沿。

标本 M129：9，泥质软陶，红褐色。敛口，下收腹，平底微凹。器身饰方格纹。口径 12.5、底径 12.4、高 11.2 厘米（图九三，6）。

标本 M158：5，泥质硬陶，灰色。施灰褐陶衣。敞口，下收腹，平底微凹。器身饰弦纹、方格纹、圆形戳印纹。口径 12.2、底径 12、高 10.7 厘米（图九三，7；彩版一七，3）。

标本 M128：6，泥质硬陶，灰白色。施青黄釉。敞口，下收腹，平底微凹。器身饰弦纹、方格纹、圆形戳印纹。口径 12.1、底径 11.7、高 12.5 厘米（图九三，8）。

异形罐 1 件。

标本 M17：4，泥质硬陶，灰色。器表原施褐釉，多已剥落。敛口，短颈，圆肩，扁鼓腹，下收腹，平底微凹。素面。口径 8、底径 9.2、高 8.3 厘米（图九三，9）。

四耳罐 6 件。以腹部特征分型。

A 型 4 件。鼓腹。

标本 M09：17，泥质硬陶，灰色。施青黄釉。直口，方唇，鼓腹，下收腹，平底。肩附四桥耳。器身饰弦纹、方格纹、圆形戳印纹。有圆盖，中有凹形纽。盖面饰弦纹、戳印篦纹。口径 8.8、底径 13.2、通高 16.9 厘米（图九四，1；彩版一七，5）。

标本 M09：28，泥质硬陶，灰色。施青黄釉。直口，方唇，鼓腹，下收腹，平底。肩附四桥耳。器身饰弦纹、方格纹。口径 7.3、底径 11、高 12.3 厘米（图九四，3）。

标本 M09：18，泥质硬陶，灰色。施青黄釉。直口，方唇，鼓腹，下收腹，平底。肩附四桥耳。体饰弦纹、方格纹。口径 8.8、底径 13.4、高 15.2 厘米（图九四，2）。

标本 M09：24，泥质硬陶，灰色。施青黄釉。直口，方唇，鼓腹，下收腹，平底微凹。肩附四桥耳。器身饰弦纹、方格纹。有圆盖，中有凹形纽。盖面饰弦纹、戳印篦纹。口径 7.5、底径 10.3、通高 14.6 厘米（图九四，5）。

B 型 2 件。扁鼓腹。

标本 M128：2，泥质硬陶，灰色。施青黄釉。敛口，方唇，鼓腹，下收腹，平底。肩附四桥耳，三耳已脱落。器身饰弦纹、方格纹。口径 9.7、底径 13.6、高 14.4 厘米（图九四，4；彩版一七，4）。

标本 M128：8，泥质硬陶，灰色。施青黄釉，多脱落。敛口，方唇，鼓腹，下收腹，平底微凹。肩附四桥耳。器身饰弦纹、方格纹、方尖锥形戳印纹。泥质软红陶盖，盖顶为桥形纽，略残。口径 9.4、底径 15.6、残高 16.2 厘米（图九四，6）。

双耳罐 18 件。以器物形体分型，以口沿变化分式。本期有 A、C 型（其中有 1 件因残缺不分型）。

A 型 11 件。鼓腹，腹最大径位置居上。以器体形特征分亚型。本期为 Ab 型。

Ab 型 11 件。长腹。以口沿特征分式。

Ab 型 I 式 5 件。内斜领。

标本 M66：2，泥质软陶，红褐色，局部灰色。敛口，鼓腹，下收腹，平底微凹。肩附两桥耳。素面。有盖，盖顶有纽，略残。口径 8.2、底径 10、通高 12.8 厘米（图九五，1）。

标本 M129：12，泥质软陶，红褐色。敛口，圆唇，鼓腹，下收腹，平底。肩附两桥耳。素面。口径 10、底径 9、高 13 厘米（图九五，2）。

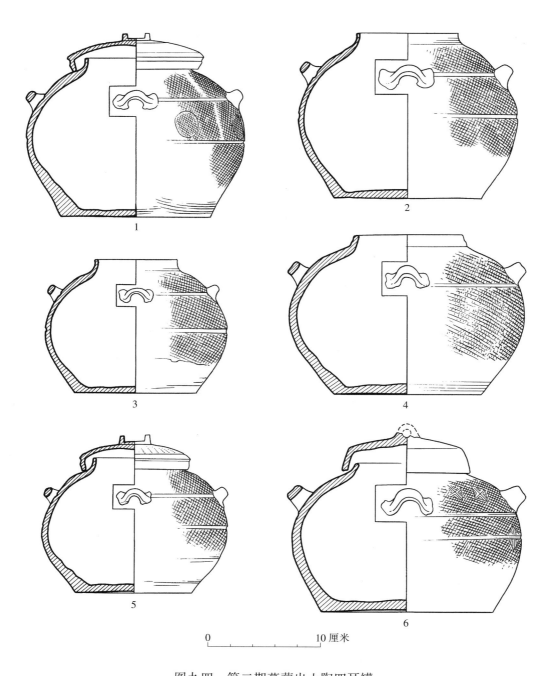

图九四　第二期墓葬出土陶四耳罐

1~3、5. A 型（M09：17、M09：18、M09：28、M09：24）　　4、6. B 型（M128：2、M128：8）

　　标本 M129：14，泥质软陶，红褐色。敛口，圆唇，鼓腹，下收腹，平底。肩附两桥耳。素面。口径 9.5、底径 9.8、高 13 厘米（图九五，3）。

　　Ab 型 II 式　1 件。直领。

　　标本 M129：5，泥质软陶，红褐色。直口，圆唇，鼓腹，下收腹，平底。肩附两桥耳。耳部有

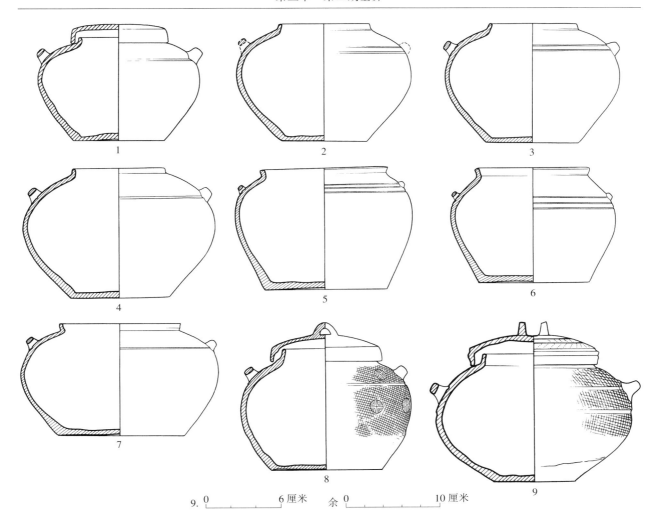

图九五　第二期墓葬出土陶双耳罐

1~3. Ab 型 I 式（M66：2、M129：12、M129：14）　4. Ab 型 II 式（M129：5）　5~7. Ab 型 III 式
（M151：7、M151：8、M45：3）　8、9. B 型 I 式（M5：12、M09：22）

一周弦纹。口径 10、底径 10.6、高 14.1 厘米（图九五，4）。

Ab 型 III 式　5 件。折领。

标本 M151：7，泥质硬陶，灰黄色。敞口，方唇，鼓腹，下收腹，平底微凹。肩附两桥耳。耳际处有三周凹弦纹。口径 13.5、底径 13.1、高 13.5 厘米（图九五，5；彩版一八，1）。

标本 M151：8，泥质硬陶，灰黄色。敞口，方唇，鼓腹，下收腹，平底微凹。肩附两桥耳。耳际处有三周凹弦纹。口径 12.1、底径 11.6、高 12.7 厘米（图九五，6）。

标本 M45：3，泥质硬陶，灰色。施青黄釉，多剥落。敞口，方唇，鼓腹，下收腹，平底微凹。肩附两桥耳。肩部有一周凹弦纹。口径 12.7、底径 13.6、高 12.3 厘米（图九五，7）。

B 型　4 件。鼓腹，腹最大径位置居中。以口沿特征分式。

B 型 I 式　3 件。内斜领。

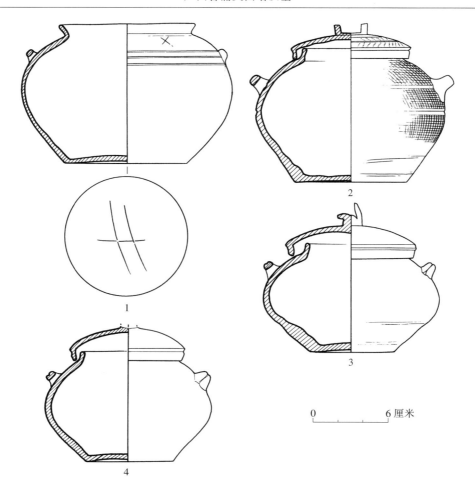

图九六　第二期墓葬出土陶双耳罐

1. B 型 Ⅱ 式（M115:6）　2. B 型 Ⅰ 式（M09:13）　3、4. C 型（M144:34、M144:21）

标本 M5:12，泥质硬陶，灰色。施青黄釉，多剥落。敛口，圆唇，鼓腹，下收腹，平底微凹。肩附两桥耳。器身饰弦纹、方格纹、圆形戳印纹。有圆盖，盖顶有桥形耳。口径 9、底径 11.9、通高 16.4 厘米（图九五，8；彩版一八，2）。

标本 M09:22，泥质硬陶，灰色。施青黄釉，多剥落。敛口，圆唇，鼓腹，下收腹，平底。肩附两桥耳。器身饰弦纹、方格纹。有圆盖，盖顶有凹形立耳。盖面饰以弦纹相间的斜线篦纹。口径 8、底径 6.6、通高 13.5 厘米（图九五，9）。

标本 M09:13，泥质硬陶，灰色。施青黄釉，多剥落。敛口，圆唇，鼓腹，下收腹，平底微凹。肩附两桥耳。器身饰弦纹、方格纹。有圆盖，盖顶有凹形立耳。盖面饰以弦纹相间的斜线篦纹。口径 7.8、底径 9、通高 13.6 厘米（图九六，2）。

B 型 Ⅱ 式　1 件。折领。

标本 M115:6，夹砂软陶，青灰色。敞口，圆唇，鼓腹，下收腹，平底微凹。肩附两桥耳。耳际有三道凹弦纹。肩部有刻划符号。口径 10.8、底径 9.8、高 11.5 厘米（图九六，1）。

C 型　2 件。圆凸腹，腹最大径位置居中。

标本 M144：34，泥质硬陶，灰色。施青黄釉，釉光泽暗淡，多脱落。敛口，圆唇，鼓腹，下收腹，平底微凹。肩附两桥耳。有圆盖，盖顶有鸟形纽。口径 6.8、底径 6.6、通高 12 厘米（图九六，3；彩版一八，3）。

标本 M144：21，泥质硬陶，灰色。施青黄釉，釉光泽暗淡，多脱落。敛口，圆唇，鼓腹，下收腹，平底微凹。肩附两桥耳。耳际有凹弦纹。有圆盖，盖顶有圆环纽。口径 6.5、底径 6.7、残高 10.6 厘米（图九六，4）。

三耳罐　1 件。鼓腹，腹最大径位置居中。

标本 M45：6，泥质软陶，红褐色。敞口，圆唇，折领，下收腹，平底。上腹除有对称双耳外，另一处尚有一残缺耳痕。器身饰弦纹，耳际有三道凹弦纹。口径 12.6、底径 12、高 14.2 厘米（图九七，1）。

仿双耳罐　10 件。以器物肩、腹特征分型。

A 型　6 件。鼓腹，器腹最大径位置偏上或略偏上。以口沿特征分式。

A 型 I 式　4 件。斜领，圆唇。

标本 M24：5，泥质软陶，灰褐色。敞口，长腹，下收腹，平底。两侧有对称圆饼形假耳。器身饰弦纹、方格纹。口径 14、底径 15.6、高 16.9 厘米（图九七，2）。

标本 M36：3，泥质软陶，灰白胎。施灰黄色陶衣。敞口，长腹，下收腹，平底。肩两侧粘贴对称圆饼形假耳，已脱落，仅余痕迹。肩饰三道弦纹。口径 13、底径 12.4、高 13 厘米（图九七，4）。

标本 M74：3，夹砂软陶，青灰胎。敞口，下收腹，平底微凹。肩两侧粘贴对称圆饼形假耳。器身饰方格纹。口径 13.1、底径 11.8、高 13.7 厘米（图九七，5）。

A 型 II 式　1 件。沿面微外斜。

标本 M125：8，夹砂软陶，青灰色。敞口，下收腹，平底。肩两侧粘贴对称圆饼形假耳。器身饰弦纹、方格纹。口径 16.8、底径 12.2、高 15.6 厘米（图九七，6）。

A 型 III 式　1 件。内斜领。

标本 M45：2，泥质软陶，灰白色。敛口，下收腹，平底。肩两侧粘贴对称卷云状假耳。口径 11.4、底径 13.5、高 11.6 厘米（图九七，3）。

B 型　3 件。鼓腹，腹最大径位置居中。

标本 M74：1，泥质硬陶，灰色。敞口，圆唇，束颈，下收腹，平底。肩两侧粘贴圆纽扣状扁形假耳。器身饰方格纹，耳底有一周凹弦纹。口径 13.1、底径 12.5、高 14 厘米（图九八，1）。

标本 M74：2，泥质软陶，灰黄色。敞口，圆唇，束颈，下收腹，平底。肩两侧粘贴圆纽扣状扁形假耳。器身饰方格纹。口径 11.5、底径 12.4、高 13.2 厘米（图九八，2）。

标本 M36：8，泥质软陶，红褐色。敞口，下收腹，平底。肩两侧粘贴假耳。腹饰弦纹、方格纹。器已残。口径 13.5、底径 12、高 14.9 厘米（图九八，3）。

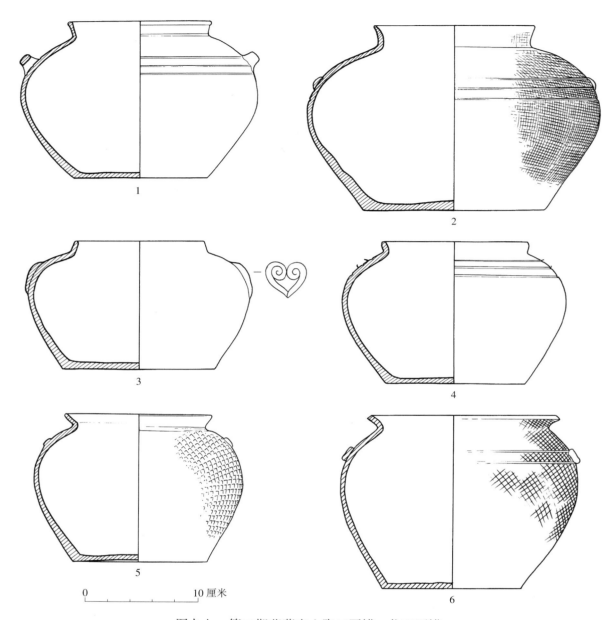

图九七　第二期墓葬出土陶三耳罐、仿双耳罐

1. 三耳罐（M45：6）　　2、4、5. A 型 I 式仿双耳罐（M24：5、M36：3、M74：3）　　3. A 型 III 式仿双
耳罐（M45：2）　　6. A 型 II 式仿双耳罐（M125：8）

C 型　1件。扁鼓腹。

标本 M158：1，夹砂软陶，青灰色。敞口，下收腹，平底微凹。肩两侧粘贴对称假耳。腹饰弦
纹、方格纹。口径12.4、底径11、高10.1厘米（图九八，4；彩版一八，4）。

仿三耳罐　1件。

标本 M05B：21，泥质软陶，红褐色。敞口，折领，鼓腹，收腹，平底。腹最大径居中。腹部
有三只乳突形仿耳。腹饰弦纹、方格纹。口径13、底径11、高13.8厘米（图九八，5）。

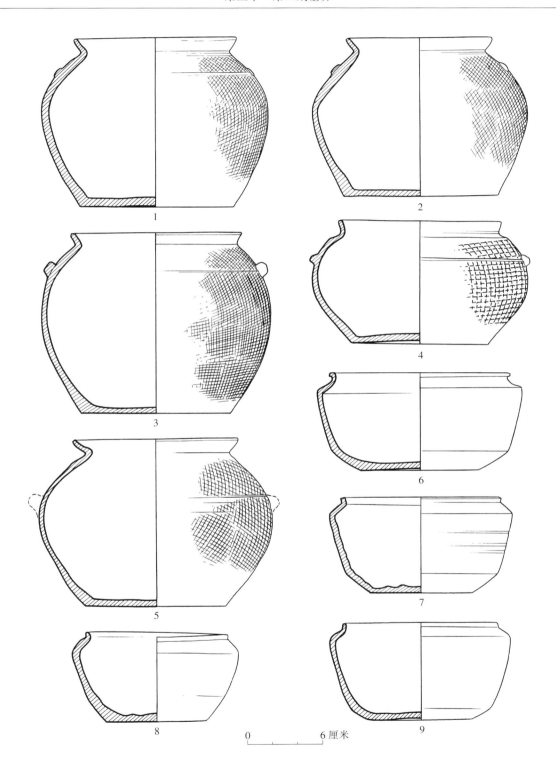

图九八　第二期墓葬出土陶仿双耳罐、仿三耳罐、折肩罐

1～3. B 型仿双耳罐（M74：1、M74：2、M36：8）　　4. C 型仿双耳罐（M158：1）　　5. 仿三耳罐（M05B：21）

6. B 型 I 式折肩罐（M12：4）　　7. B 型 II 式折肩罐（M126：21）　　8、9. B 型 III 式折肩罐（M010A：1、M010A：3）

折肩罐　17 件。以器物肩、腹特征分型。本期有 B、C、F 型（其中有 1 件因残缺不分型）。

B 型　6 件。腹部微斜，再下折。以口沿形态变化分式。

B 型 I 式　1 件。微卷唇。

标本 M12：4，泥质软陶，灰白色。敞口，折领，直腹，平底微凹。素面。口径 14.4、底径 9.4、高 8.3 厘米（图九八，6）。

B 型 II 式　1 件。领微外斜。

标本 M126：21，夹砂硬陶，灰色。施褐色陶衣。敞口，方唇，平底。腹饰数道弦纹。口径 12.6、底径 8.2、高 7.8 厘米（图九八，7）。

B 型 III 式　3 件。直领。

标本 M010A：1，泥质软陶，灰黄色。敞口，圆唇，平底。素面。口径 11.6、底径 8、高 7.4 厘米（图九八，8）。

标本 M010A：3，夹砂软陶，青灰色。直口，方唇，平底微凹。素面。口径 12.1、底径 8.2、高 7.8 厘米（图九八，9；彩版一八，5）。

标本 M144：17，夹砂软陶，灰色。敞口，圆唇，平底。素面。口径 10.5、底径 5.9、高 7.7 厘米（图九九，1）。

B 型 IV 式　1 件。折领。

标本 M48：1，泥质硬陶，灰色。施褐色陶衣。敞口，尖唇，沿面外斜，平底微凹。腹饰数道弦纹。口径 12.5、底径 8.6、高 8.6 厘米（图九九，2）。

C 型　7 件。腹部微斜，未下折。以口沿形态变化分式。

C 型 I 式　4 件。矮领内斜。

标本 M158：3，泥质软陶，红褐色。敛口，圆唇，平底。口径 13、底径 11.1、高 10.1 厘米（图九九，3）。

标本 M12：3，泥质软陶，灰白色。敛口，圆唇，平底微凹。素面。口径 13、底径 11、高 8 厘米（图九九，4）。

标本 M010A：2，夹砂软陶，红褐色。敛口，圆唇，平底。口径 11.1、底径 9.9、高 9.3 厘米（图九九，5）。

标本 M12：1，泥质软陶，灰白色。敛口，圆唇，平底微凹。口径 8.2、底径 10、高 8.1 厘米（图九九，6）。

C 型 II 式　3 件。微折领。

标本 M151：6，泥质软陶，灰褐色。敞口，圆唇，平底。素面。口径 11.6、底径 10.4、高 9.4 厘米（图九九，7）。

标本 M45：5，夹砂软陶，青灰色。敞口，平唇，平底微凹。素面。口径 13、底径 10、高 8.7 厘米（图九九，8）。

标本 M010A：5，泥质软陶，灰白色。敞口，圆唇，平底。素面。底径 9.1、残高 9 厘米（图

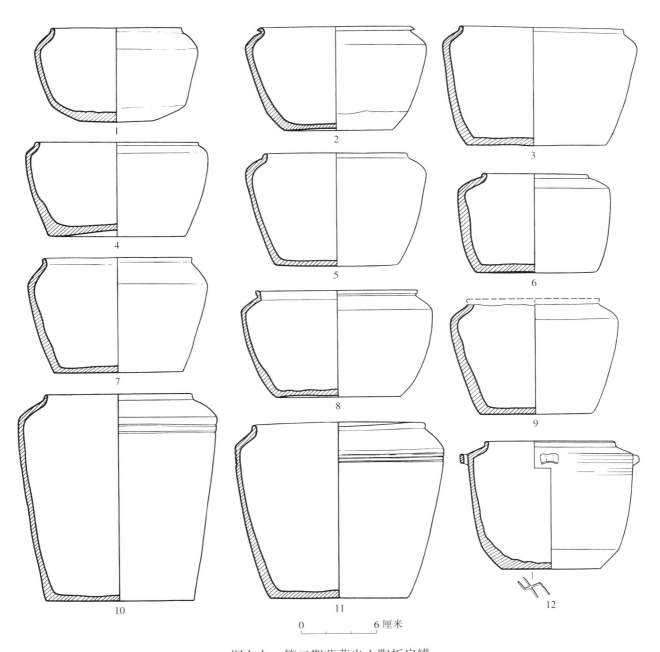

图九九　第二期墓葬出土陶折肩罐

1. B 型Ⅲ式（M144：17）　　2. B 型Ⅳ式（M48：1）　　3～6. C 型Ⅰ式（M158：3、M12：3、M010A：2、M12：1）
7～9. C 型Ⅱ式（M151：6、M45：5、M010A：5）　　10～12. F 型（M27：7、M27：6、M126：35）

九九，9）。

F 型　3 件。长斜腹。

标本 M27：7，夹砂软陶，灰褐色。微敛口，圆唇，平底。肩饰两周凹弦纹。口径 11.5、底径 11.7、高 17 厘米（图九九，10）。

标本 M27：6，夹砂软陶，红褐色。微敞口，圆唇，平底。肩饰数道凹弦纹。口径 14、底径

11.2、高 14.5 厘米（图九九，11）。

标本 M126：35，夹砂软陶，青灰色。微敛口，圆唇，平底。肩部有四桥形耳。素面。底部有"𝌆"刻划符号。口径 10、底径 7.8、高 10.6 厘米（图九九，12）。

五联罐　11 件。由四只相同的罐相连，中间上附一小罐构成。以下层四罐中的单罐腹部特征分型。本期有 Aa、Ab、C、D、E 型。其中 Aa 型与前期同类（其中有 1 件因残缺不分型）。

A 型　2 件。鼓腹，形态略扁于 B 型。以有足、无足分亚型。

Aa 型　1 件。平底，底有四足。

标本 M126：32，泥质硬陶，灰色。施青黄釉。大罐为敛口，圆唇，平底。每大罐底均有一扁形短足。罐体饰弦纹。有圆盖，盖上有桥形纽。盖面饰以弦纹和斜线篦纹。整体宽 19.6、通高 9.4 厘米（图一〇〇，1；彩版一八，6）。

Ab 型　1 件。平底，无足。

标本 M66：13，泥质硬陶，灰色。施青黄釉。大罐为敛口，圆唇，平底。素面。有圆盖，盖上有鸟形纽。整体宽 22.2、通高 10.6 厘米（图一〇〇，2）。

C 型　6 件。扁腹，平底。以口沿特征分式。

C 型 I 式　5 件。内斜领。

标本 M05B：10，泥质硬陶，灰色。施青黄釉。大罐为敛口，圆唇，平底。素面。有圆盖，盖上有鸟形纽。整体宽 21.4、通高 8.5 厘米（图一〇〇，3；彩版一九，1）。

标本 M02：9，泥质软陶，红褐色。大罐为敛口，圆唇，平底。素面。有圆盖，盖上有桥形纽。整体宽 21.2、通高 8.5 厘米（图一〇〇，4）。

标本 M09：31，泥质硬陶，灰色。施青黄釉，多已剥落。大罐为敛口，圆唇，平底。素面。有圆盖，盖上有鸟形纽。整体宽约 22.8、通高 9.8 厘米（图一〇一，1）。

C 型 II 式　1 件。外斜领。

标本 M5：8，夹砂软陶，青灰色。施青黄釉。大罐为敞口，圆唇，平底。素面。有圆盖，盖上有兽形纽。整体宽 22、通高 9 厘米（图一〇一，2）。

D 型　1 件。长鼓腹。

标本 M02：8，泥质硬陶，灰白色。施青黄釉，多已剥落。大罐为敛口，圆唇，平底。素面。有圆盖，盖上有鸟形纽。整体宽 22.8、通高 10.7 厘米（图一〇一，3；彩版一九，2）。

E 型　1 件。垂腹。

标本 M149：9，泥质硬陶，灰色。施青黄釉。大罐为敛口，圆唇，平底。素面。有圆盖，盖上有鸟形纽。整体宽 20.8、通高 9.2 厘米（图一〇一，4；彩版一九，4）。

六联罐　1 件。由五只相同的罐相连，中间上附一小罐构成。

标本 M152：7，泥质软陶，红褐色。器口部多残缺。大罐为扁腹，直口，圆唇，平底。素面。整体宽 24.2、通高 6.4 厘米（图一〇二，1）。

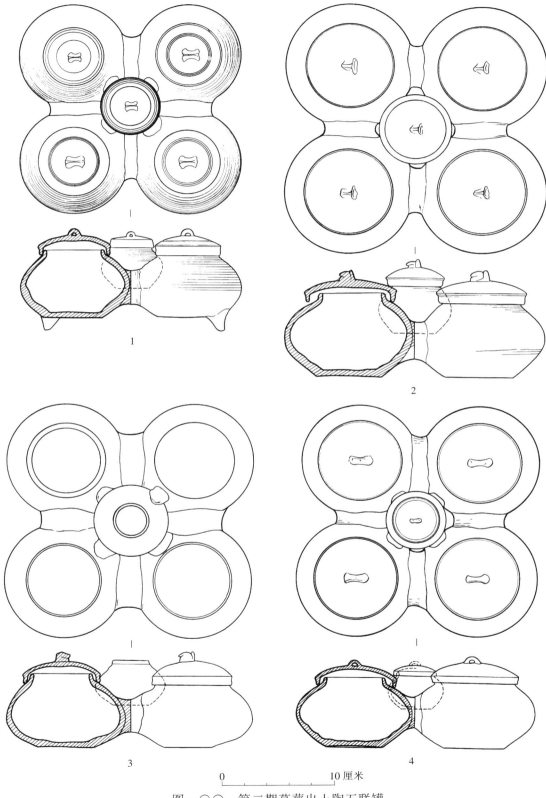

图一〇〇　第二期墓葬出土陶五联罐

1. Aa 型（M126∶32）　　2. Ab 型（M66∶13）　　3、4. C 型 I 式（M05B∶10、M02∶9）

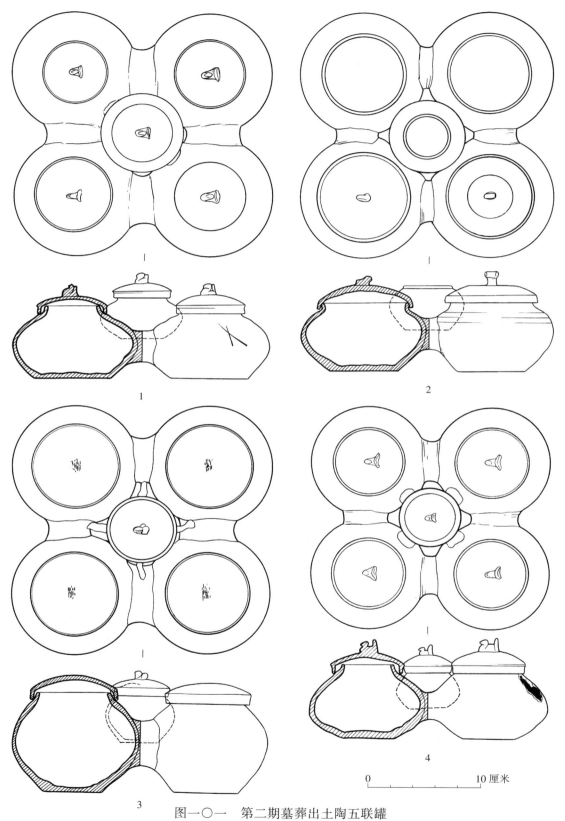

图一〇一　第二期墓葬出土陶五联罐

1. C 型 I 式（M09∶31）　　2. C 型 II 式（M5∶8）　　3. D 型（M02∶8）　　4. E 型（M149∶9）

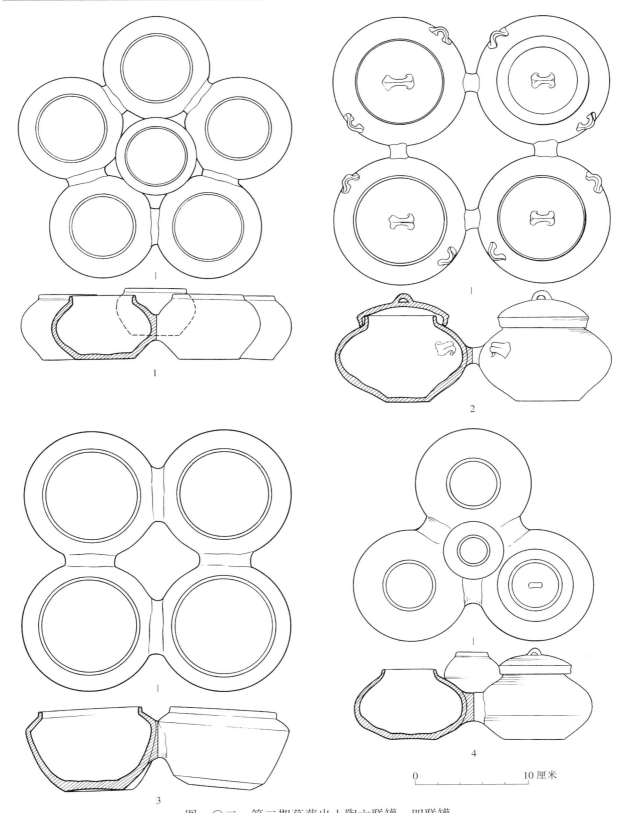

图一〇二　第二期墓葬出土陶六联罐、四联罐

1. 六联罐（M152：7）　　2. D 型四联罐（M144：3）　　3. E 型四联罐（M151：11）　　4. F 型四联罐（M115：5）

　　四联罐　3件。由四只相同的罐方形相连或三只相同的罐"品"字形相连加一只上叠小罐构成。以罐腹部特征或整体形态分型。本期有 D、E、F 型。

　　D 型　1件。扁鼓腹。

　　标本 M144：3，泥质硬陶，灰色。施青黄釉，大多剥落。罐为直口，圆唇，平底。每罐肩部有两只对称桥耳。有圆盖，盖顶有桥形纽。素面。整体宽24.4、通高10.4厘米（图一○二，2；彩版一九，3）。

　　E 型　1件。折肩，斜收腹。

　　标本 M151：11，夹砂硬陶，青灰色。罐为直口，圆唇，平底。素面。整体宽24、高7.8厘米（图一○二，3）。

　　F 型　1件。由三只相同的罐"品"字形相连，上附一小罐构成。

　　标本 M115：5，泥质硬陶，灰色。施青黄釉。罐为敛口，圆唇，平底。有圆盖，盖顶有桥形纽。素面。整体宽21.2、通高8.2厘米（图一○二，4；彩版二○，1）。

　　盒　1件。以足特征分型。

　　D 型　1件。高圈足。

　　标本 M27：5，泥质硬陶，灰色。广口，子口合盖，下折腹，平底附圈足。盒身饰弦纹、戳印竖线状篦纹。有饰数道弦纹的圆盖，盖顶中有两孔。口径16、足径10.8、通高12厘米（图一○三，1；彩版二○，3）。

　　三足盒　2件。以足特征分型。本期为 B 型。

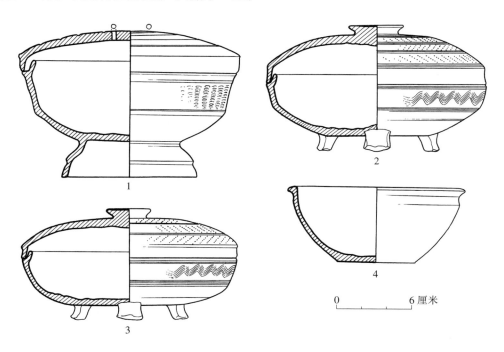

图一○三　第二期墓葬出土陶盒、三足盒、小盆

1. D 型盒（M27：5）　　2、3. B 型三足盒（M126：31、M126：30）　　4. 小盆（M09：20）

B 型　2 件。扁形足。

标本 M126：31，泥质硬陶，灰色。施青黄薄釉。广口，子口合盖，下折腹，平底附三足。盒身饰弦纹、水波纹。有圆盖，盖顶有圆形纽。盖面饰以弦纹相间的斜线篦纹。口径 15.2、通高 10.4 厘米（图一〇三，2）。

标本 M126：30，泥质硬陶，灰色。施青黄薄釉。广口，子口合盖，下折腹，平底附三足。盒身饰弦纹、水波纹。有圆盖，盖顶有圆形纽。盖面饰以弦纹相间的斜线篦纹。口径 15.2、通高 9 厘米（图一〇三，3；彩版二〇，2）。

小盆　1 件。

标本 M09：20，泥质软陶，灰色。施褐色陶衣。广口，宽沿，沿面微外斜，收腹，平底。素面。口径 13.9、底径 6.3、高 6 厘米（图一〇三，4）。

瓿　6 件。以器物形体特征分型。本期分属 B、C、D 型（其中 1 件不分型）。

B 型　1 件。宽肩。

标本 M126：12，泥质硬陶，灰色。直口，方唇，下腹斜收，平底。肩部两侧有三棱桥耳。腹饰以弦纹相隔斜线篦纹三组。口径 14.4、底径 23.6、高 25 厘米（图一〇四，1）。

C 型　2 件。溜肩。

标本 M27：2，泥质软陶，灰白色。敞口，方唇，下腹斜收，平底微凹。肩部两侧有卷云双棱桥耳。肩腹饰以弦纹相隔的篦纹和水波纹。口径 13.6、底径 16、高 15.6 厘米（图一〇四，2）。

标本 M010A：7，泥质硬陶，灰色。施青黄釉。敛口，方唇，下腹斜收，平底。肩部两侧有卷云三棱桥形耳。腹饰两组弦纹。口径 11.2、底径 20、高 20.9 厘米（图一〇四，3；彩版二〇，4）。

D 型　2 件。胖鼓腹。

标本 M115：4，泥质硬陶，灰色。施青黄釉。敛口，方唇，下腹较鼓，平底。肩部两侧有三棱桥形耳。肩、腹各饰一组弦纹。有圆盖，盖面中有桥形纽。盖面饰弦纹。口径 10.3、底径 23.6、通高 27.2 厘米（图一〇四，4；彩版二〇，5）。

标本 M144：32，泥质硬陶，灰色。施青黄釉。直口，方唇，鼓腹，平底。肩部两侧有三棱桥形耳。肩、腹各饰一组弦纹。口径 12、底径 21、高 24.6 厘米（图一〇四，5）。

壶　67 件。以腹部特征或器物形态分型（其中有 9 件因残缺不分型）。本期有 F、G、H、I、J 型。

F 型　1 件。折腹，平底。长直颈，颈有双耳。

标本 M144：12，泥质软陶，灰色。直口。饰弦纹。口径 10、底径 11.5、高 16 厘米（图一〇五，3）。

G 型　3 件。大圆腹，粗短颈。以口沿特征分式。

G 型 I 式　3 件。子母口。

标本 M144：10，泥质软陶，灰色。鼓腹，圈足，圈足两侧有两个小孔。肩部有两只对称桥耳。

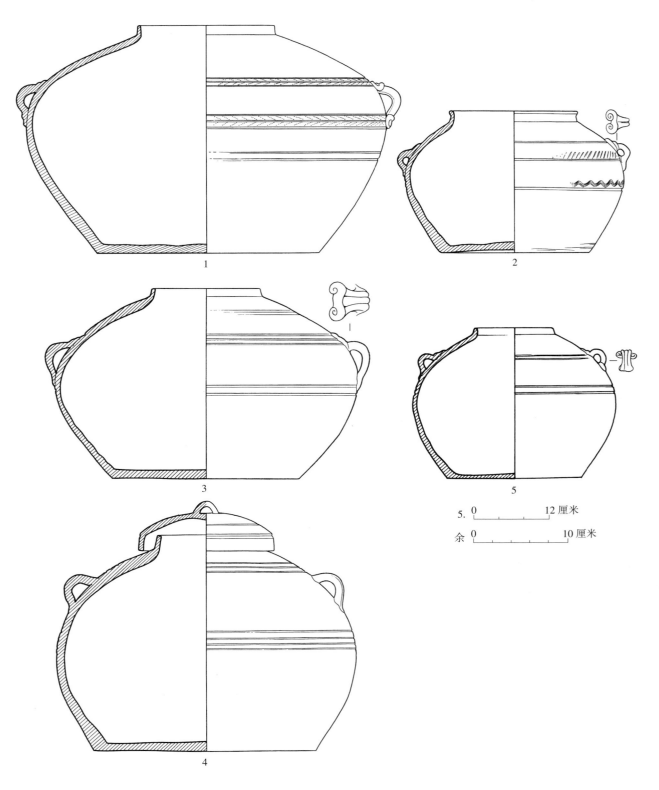

5. [0 ——— 12 厘米]

余 [0 ——— 10 厘米]

图一〇四　第二期墓葬出土陶瓿

1. B 型（M126：12）　　2、3. C 型（M27：2、M010A：7）　　4、5. D 型（M115：4、M144：32）

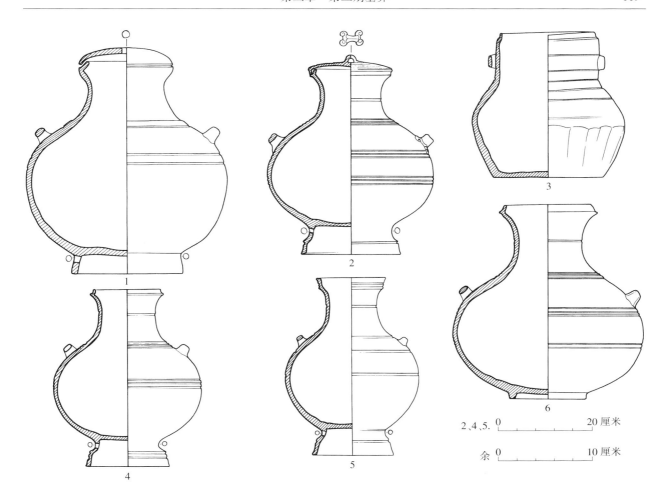

图一〇五　第二期墓葬出土陶壶

1、2、6. G 型 I 式（M144：10、M144：28、M144：9）　　3. F 型（M144：12）　　4. H 型 I 式（M18：2）

5. H 型 II 式（M10：6）

肩、腹处饰弦纹。有圆盖。口径 8、底径 11.6、通高 24.8 厘米（图一〇五，1）。

标本 M144：28，泥质硬陶，灰色。施青黄釉。鼓腹，圈足，圈足两侧有两个小孔。肩部有两只对称桥耳。肩、腹处分别饰弦纹。有圆盖，盖顶有卷云双棱桥形纽。口径 16、底径 20.4、通高 44 厘米（图一〇五，2；彩版二一，1）。

标本 M144：9，泥质硬陶，灰色。施青黄釉。鼓腹，矮圈足。肩部有两只对称桥耳。肩、腹处饰弦纹。口径 9、底径 8.1、高 21.4 厘米（图一〇五，6）。

H 型　7 件。球形腹。器形比 G 型高，圈足普遍增高。以口沿特征分式。

H 型 I 式　2 件。子母口。

标本 M02：16，泥质硬陶，灰色。鼓腹，圈足，圈足两侧有两个小孔。肩部有两只对称桥耳。肩、腹处分别饰以弦纹。有圆盖，盖顶有双棱桥形纽。口径 14、底径 16.8、通高 38.7 厘米（图一〇六，1；彩版二一，2）。

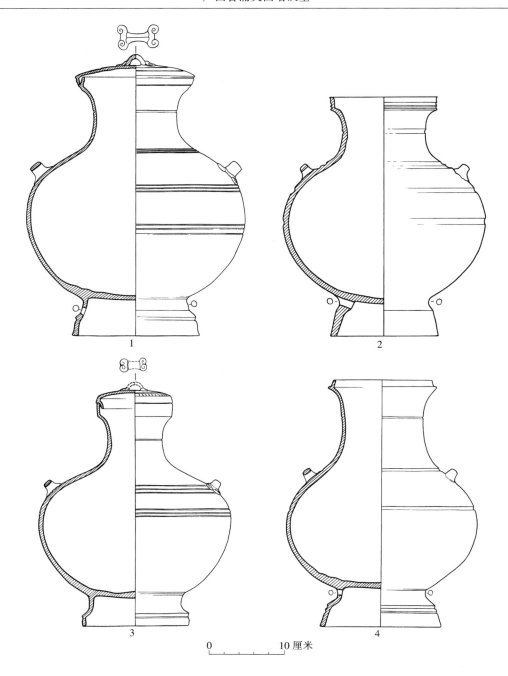

图一〇六　第二期墓葬出土陶壶

1. H 型 I 式（M02：16）　2、3. H 型 II 式（M125：10、M02：25）　4. I 型 I a 式（M09：4）

　　标本 M18：2，泥质硬陶，灰色。鼓腹，圈足，圈足两侧有两个小孔。肩部有两只对称桥耳。肩、腹处分别饰以弦纹。口径 14、底径 17.2、高 39.2 厘米（图一〇五，4）。

　　H 型 II 式　5 件。盘口。

　　标本 M10：6，泥质硬陶，灰色。鼓腹，圈足，圈足两侧有两个小孔。肩部有两只对称桥耳。盘口、肩、腹处分别饰以弦纹。口径 14.5、底径 17、高 39.7 厘米（图一〇五，5）。

标本 M125：10，泥质硬陶，灰色。施青黄釉。鼓腹，圈足，圈足两侧有两个小孔。肩部有两只对称桥耳。盘口、肩、腹处分别饰以弦纹。口径 14、底径 14.4、高 33.5 厘米（图一〇六，2；彩版二一，3）。

标本 M02：25，泥质硬陶，灰色。鼓腹，圈足。肩部有两只对称桥耳。肩、腹处分别饰以弦纹。有圆盖，盖顶有桥形纽。盖面饰以弦纹、戳印篦纹。口径 10、底径 14.1、残高 33 厘米（图一〇六，3）。

Ⅰ型　27 件。圆鼓腹。腹部比 H 型稍扁，肩部也稍溜。以口沿特征分式。

Ⅰ型Ⅰ式　6 件。子母口。以有无铺首分亚式。

Ⅰ型Ⅰa 式　3 件。无铺首。

标本 M09：4，泥质硬陶，灰色。施青黄釉。鼓腹，圈足，圈足两侧有两个小孔。肩部有两只对称桥耳。肩、腹处分别饰以弦纹。肩一侧刻有类"骨"字样符号。口径 12.7、底径 16、高 34 厘米（图一〇六，4；彩版二一，4）。

标本 M09：7，泥质硬陶，灰色。施青黄釉。鼓腹，圈足，圈足两侧有两个小孔。肩部有两只对称桥耳。肩、腹处分别饰以弦纹。肩一侧刻有类"骨"字样符号。口径 12.5、底径 16.1、高 33.4 厘米（图一〇七，1）。

标本 M128：4，泥质硬陶，灰色。施青黄釉。鼓腹，圈足，圈足两侧有两个小孔。肩部有两只对称桥耳。肩、腹处分别饰以弦纹。有圆盖，盖顶有凹形纽。口径 12、底径 15.4、通高 35.1 厘米（图一〇七，2）。

Ⅰ型Ⅰb 式　3 件。有铺首。

标本 M66：8，泥质硬陶，灰色。施青黄釉。鼓腹，圈足，圈足两侧有两个小孔。肩部有两只对称桥耳和兽面衔环铺首。肩、腹处分别饰以弦纹。口径 13、底径 18.6、通高 44.6 厘米（图一〇七，3）。

标本 M129：13，泥质硬陶，灰色。施青黄釉。鼓腹，圈足，圈足两侧有两个小孔。肩部有两只对称桥耳和兽面衔环铺首。肩、腹处分别饰以弦纹。有圆盖，盖顶有凹形纽。盖面饰以弦纹相间的戳印篦纹。口径 12、底径 18.2、通高 45.8 厘米（图一〇七，4）。

标本 M129：10，泥质硬陶，灰色。施青黄釉。鼓腹，圈足，圈足两侧有两个小孔。肩部有两只对称桥耳和兽面衔环铺首。肩、腹处分别饰以弦纹。有圆盖，盖顶有凹形纽。盖面饰以弦纹相间的戳印篦纹。口径 12.5、底径 18、通高 46.5 厘米（图一〇八，1；彩版二二，1）。

Ⅰ型Ⅱ式　21 件。盘口。

标本 M149：5，泥质硬陶，灰色。施青黄釉。鼓腹，圈足，圈足两侧有两个小孔。肩部有两只对称桥耳。盘口、颈、肩、腹处分别饰以弦纹。口径 15.5、底径 17.9、高 38.8 厘米（图一〇八，2；彩版二二，2）。

标本 M105：3，泥质硬陶，灰色。施青黄釉。鼓腹，圈足，圈足两侧有两个小孔。肩部有两只对称桥耳。肩、腹处分别饰以弦纹。口径 16、底径 17.8、高 38.8 厘米（图一〇八，4）。

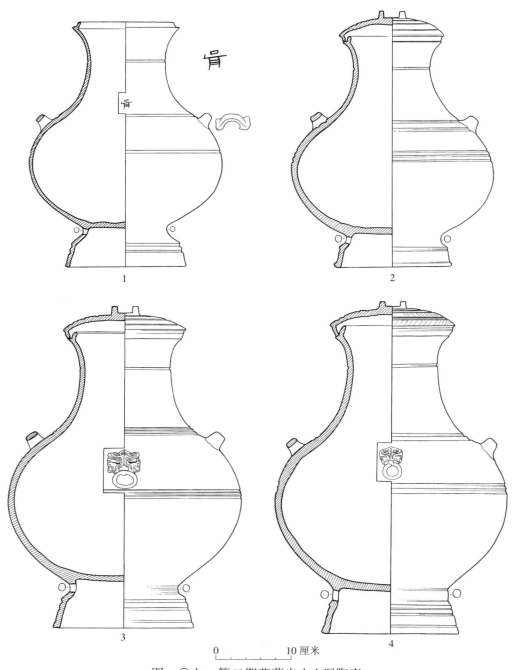

图一〇七　第二期墓葬出土 I 型陶壶
1、2. Ⅰa 式（M09：7、M128：4）　　3、4. Ⅰb 式（M66：8、M129：13）

标本 M09：8，泥质硬陶，灰色。施青黄釉。鼓腹，圈足，圈足两侧有两个小孔。肩部有两只对称桥耳。盘口、颈、肩、腹处分别饰以弦纹。肩一侧刻有类"骨"字样符号。口径12.5、底径12.8、高32.5厘米（图一〇八，3）。

J 型　20件。溜肩，桃形腹（腹部比 I 型略扁，颈部较显细）。以口沿特征分式。

J 型 I 式　6件。子母口。再以铺首有或无分亚式。

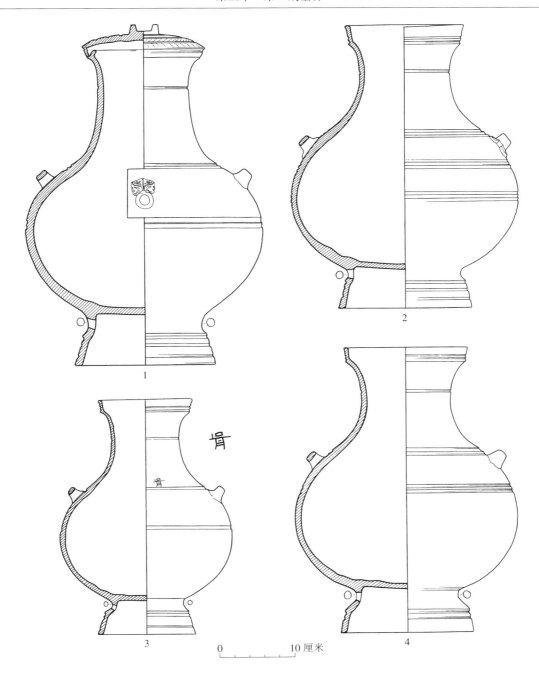

图一〇八　第二期墓葬出土 I 型陶壶

1. I b 式（M129：10）　　2~4. II 式（M149：5、M09：8、M105：3）

J 型 I a 式　3 件。无铺首。

标本 M55：2，泥质硬陶，灰色。施青黄釉。鼓腹，圈足，圈足两侧有两个小孔。肩部有两只对称桥耳。颈、肩、腹处分别饰以弦纹。口径 11.5、底径 17.1、高 41.4 厘米（图一〇九，1；彩版二二，3）。

标本 M115：7，泥质硬陶，灰色。施青黄釉。鼓腹，圈足，圈足两侧有两个小孔。肩部有两只

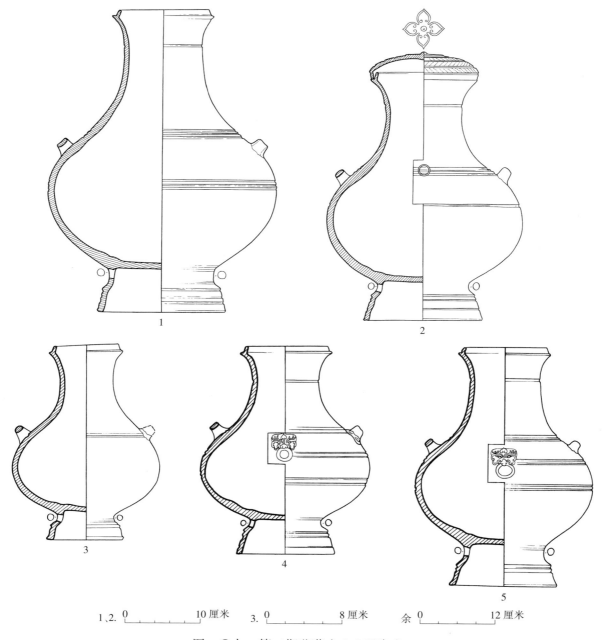

1、2. 0 ⌴⌴⌴⌴⌴⌴⌴⌴⌴⌴⌴ 10 厘米　　3. 0 ⌴⌴⌴⌴⌴ 8 厘米　　余 0 ⌴⌴⌴⌴⌴⌴ 12 厘米

图一〇九　第二期墓葬出土 J 型陶壶

1～3. Ⅰa式（M55∶2、M115∶7、M149∶14）　　4、5. Ⅰb式（M14∶7、M14∶10）

对称桥耳。颈肩、腹处分别饰以弦纹。有圆盖，盖顶有柿蒂纹乳突纽。盖饰以弦纹相间的斜线篦
纹。口径 12.3、底径 15.8、通高 37.4 厘米（图一〇九，2）。

标本 M149∶14，泥质硬陶，灰色。施青黄釉。鼓腹，圈足，圈足两侧有两个小孔。肩部有两
只对称桥耳。耳际处饰以弦纹。口径 6.8、底径 8.2、高 21.5 厘米（图一〇九，3）。

J 型Ⅰb式　3 件。有铺首。

标本 M14∶10，泥质硬陶，灰色。施青黄釉。鼓腹，圈足，圈足两侧有两个小孔。肩部有两只

对称桥耳和兽面衔环铺首。颈、肩、腹处分别饰以弦纹。口径13.2、底径17、高39.5厘米（图一○九，5）。

标本M14：7，泥质硬陶，灰色。施青黄釉。鼓腹，圈足，圈足两侧有两个小孔。肩部有两只对称桥耳和兽面衔环铺首。颈、肩、腹处分别饰以弦纹。口径12.4、底径15.4、高34.2厘米（图一○九，4；彩版二二，4）。

标本M14：9，泥质硬陶，灰色。施青黄釉。鼓腹，圈足，圈足两侧有两个小孔。肩部有两只对称桥耳和兽面衔环铺首。颈、肩、腹处分别饰以弦纹。口径15、底径19.4、高44.4厘米（图一一○，1）。

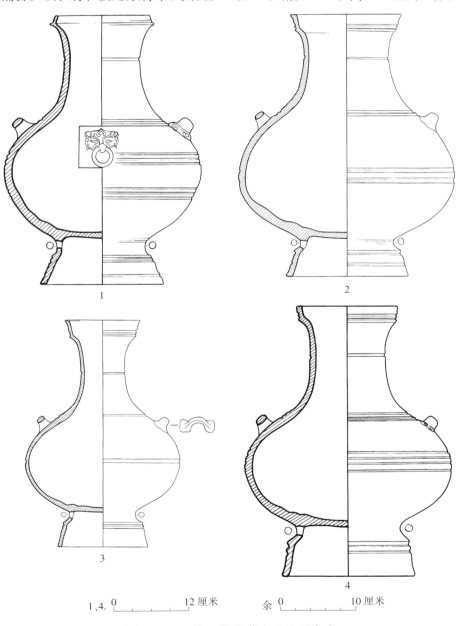

图一一○　第二期墓葬出土 J 型陶壶

1. Ⅰb式（M14：9）　　2～4. Ⅱa式（M74：7、M05B：12、M5：11）

J型Ⅱ式　14件。盘口。再以铺首有或无分亚式。

J型Ⅱa式　14件。无铺首。

标本M74：7，泥质硬陶，灰色。施青黄釉。鼓腹，圈足，圈足两侧有两个小孔。肩部有两只对称桥耳。颈、肩、腹处分别饰以弦纹。口径15、底径16.2、高36厘米（图一一〇，2；彩版二三，1）。

标本M05B：12，泥质硬陶，灰色。施青黄釉。鼓腹，圈足，圈足两侧有两个小孔。肩部有两只对称桥耳。盘口、颈、肩、腹处分别饰以弦纹。口径10、底径11.8、高30.9厘米（图一一〇，3）。

标本M5：11，泥质硬陶，灰色。施青黄釉。鼓腹，圈足，圈足两侧有两个小孔。肩部有两只对称桥耳。颈、肩、腹处分别饰以弦纹。口径16、底径20.5、高44.2厘米（图一一〇，4）。

匏壶　2件。以器物形态特征分型。

C型　2件。

标本M149：22，泥质硬陶，灰色。施青黄釉。小口，溜肩，器呈葫芦状，高圈足，足部两侧各有一孔。肩饰两只对称桥耳。肩部饰有弦纹、戳印篦纹。口径2、底径9.6、高22.4厘米（图一一一，1；彩版二三，2）。

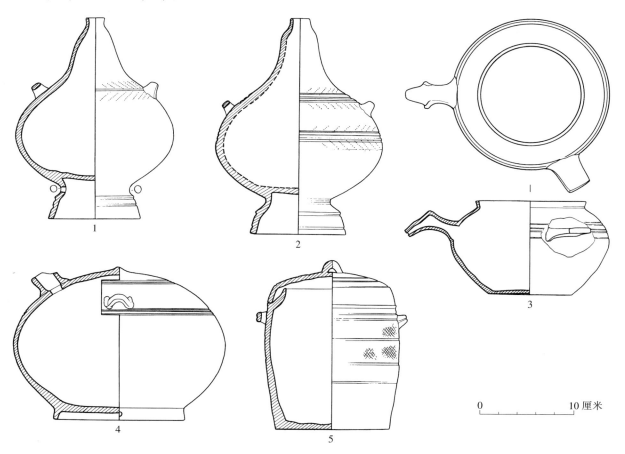

图一一一　第二期墓葬出土陶匏壶、温壶、提筒

1、2. C型匏壶（M149：22、M152：8）　3. B型温壶（M02：15）　4. C型温壶（M144：19）　5. C型提筒（M126：22）

标本 M152∶8，泥质硬陶，灰色。施青黄釉。小口，溜肩，器呈葫芦状，高圈足，足部两侧各有一孔。肩饰两只对称桥耳。肩、腹部饰有弦纹。口径 2、底径 10、高 24.2 厘米（图一一一，2）。

温壶　2 件。以肩腹特征分型。本期有 B、C 型。

B 型　1 件。溜肩，鼓腹。

标本 M02∶15，夹砂软陶，青灰色。敞口，平唇，鼓腹，底微凹。腹一侧有狗头形流，左侧有宽短手柄。肩部饰数道细弦纹。口径 12、底径 8.7、高 10.2 厘米（图一一一，3；彩版二三，3）。

C 型　1 件。圆腹。

标本 M144∶19，泥质软陶，红褐色。器体呈球形，顶部中央有圆突，矮圈足，足部有两只小圆孔。侧有一较短圆形流，肩有两只对称小桥耳。器顶及肩部饰有弦纹。底径 13.8、高 16.7 厘米（图一一一，4；彩版二三，4）。

提筒　1 件。以器物形态特征分型。

C 型　1 件。

标本 M126∶22，夹砂硬陶，灰色。施灰褐陶衣。子母口，瘦长腹，平底。肩有两对称双棱桥耳。腹饰弦纹。有隆起圆盖，盖顶有桥形纽。盖面饰以弦纹。口径 10、底径 12.2、通高 18.3 厘米（图一一一，5；彩版二三，5）。

小杯　10 件。以腹部特征分型（其中有 1 件因残缺不分型）。本期有 A、B 型。

A 型　6 件。下收腹，收腹位置较高，下腹长于上腹。以口部特征分式。

A 型 I 式　3 件。直口或口微敞。

标本 M126∶8，泥质软陶，灰褐色。施灰褐陶衣。直口，平唇，直腹，下收腹，平底微凹。素面。口径 8.2、底径 3.3、高 4.1 厘米（图一一二，1；彩版二四，1）。

标本 M126∶38，泥质软陶，红褐色。施灰陶衣。直口，平唇，直腹，下收腹，平底微凹。素面。口径 9、底径 5.5、高 3.5 厘米（图一一二，2）。

标本 M151∶9，泥质硬陶，灰黄色。施较薄的青黄釉。直口，平唇，直腹，下收腹，平底。素面。口径 8.4、底径 5、高 4.2 厘米（图一一二，3）。

A 型 II 式　3 件。口微敛。口沿有平唇，圆唇内斜。

标本 M126∶39，泥质软陶，灰色。器表有青黄釉痕。微敛口，平唇，直腹，下收腹，平底微凹。收腹处有一周凹弦纹。口径 8、底径 5、高 3.4 厘米（图一一二，4；彩版二四，2）。

标本 M126∶40，泥质硬陶，灰色。器表有青黄釉痕。微敛口，平唇，弧腹，下收腹，平底微凹。素面。口径 6.8、底径 5、高 2.9 厘米（图一一二，5）。

标本 M126∶36，泥质硬陶，灰色。施薄青黄釉。微敛口，平唇，直腹，下收腹，平底。素面。口径 7.2、底径 5、高 3.2 厘米（图一一二，6）。

B 型　3 件。下收腹，收腹位置较低，下腹等于或短于上腹。以口部特征分式。

B 型 I 式　2 件。直口或微敞口。

标本 M5∶6，泥质硬陶，灰色。施褐陶衣。微敞口，沿面内斜，直腹，下收腹，平底。素面。

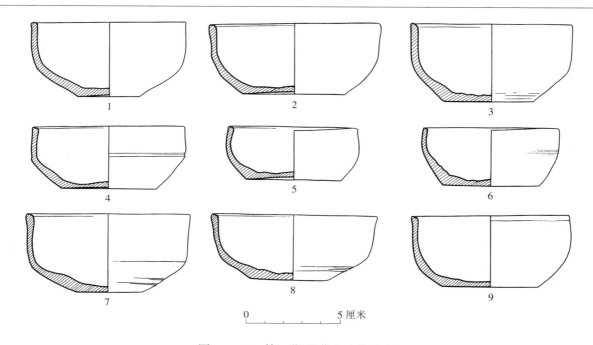

图一一二　第二期墓葬出土陶小杯
1~3. A 型 I 式（M126∶8、M126∶38、M151∶9）　4~6. A 型 II 式（M126∶39、M126∶40、M126∶36）
7、8. B 型 I 式（M5∶6、M5∶7）　9. B 型 II 式（M144∶36）

口径8.8、底径3.4、高4.4厘米（图一一二，7；彩版二四，3）。

标本 M5∶7，泥质硬陶，灰色。施褐陶衣。微敞口，沿内斜，直腹，下收腹。平底。素面。口径8.8、底径4、高3.6厘米（图一一二，8）。

B 型 II 式　1件。敛口。

标本 M144∶36，泥质硬陶，灰色。施黄褐陶衣。微敛口，沿内斜，直腹，下收腹，平底。素面。口径8.4、底径5.2、高3.9厘米（图一一二，9；彩版二四，4）。

钫　3件。以器物特征分型（其中有1件因残缺不分型）。

A 型　1件。正投影时，两侧面出露较多，圈足直线外撇。

标本 M151∶2，泥质软陶，红褐色。质松软。器表施灰色陶衣。方形直口，溜肩，鼓腹，方形圈足。上腹两侧有两只对称双棱桥耳。口径9、底径13.5、高37.5厘米（图一一三，1）。

B 型　1件。正投影时，两侧面出露较少，圈足微弧形外撇。

标本 M18∶3，泥质硬陶，灰色。施青黄釉。敞口，平唇，溜肩，鼓腹，圈足。圈足有两只穿孔。上腹两侧有两只对称桥耳。近口部和足部饰弦纹。口径12.5、底径12、高38厘米（图一一三，2；彩版二四，5）。

盂　12件。以腹部特征分型（其中有1件因残缺不分型）。

A 型　7件。扁凸腹。上、下腹长度大约相同。以领部特征分式。

A 型 I 式　4件。高领。

标本 M02∶7，泥质硬陶，灰色。施青黄釉，多脱落。敞口，小平底。口径6.8、底径2.8、高

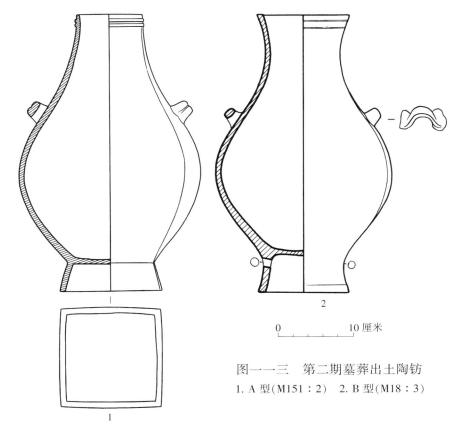

图一一三　第二期墓葬出土陶钫
1. A 型(M151：2)　2. B 型(M18：3)

4.6 厘米（图一一四，1；彩版二四，6）。

标本 M02：5，泥质硬陶，灰色。施青黄釉，多脱落。敞口，小平底。口径 7.6、底径 2.4、高 5.5 厘米（图一一四，2）。

标本 M02：6，泥质硬陶，灰色。施青黄釉，多脱落。敞口，平底。口径 7.3、底径 4.4、高 4.4 厘米（图一一四，3）。

A 型 Ⅱ 式　1 件。矮领。

标本 M66：12，泥质硬陶，灰色。施青黄釉，多脱落。敞口，小平底。口径 5.4、底径 4、高 3.2 厘米（图一一四，4；彩版二五，1）。

A 型 Ⅲ 式　2 件。折沿。

标本 M03：1，泥质硬陶，灰色。施青黄釉，釉无光泽。侈口，鼓腹，小平底微凹。素面。口径 6.5、底径 4、高 4.6 厘米（图一一四，5；彩版二五，2）。

标本 M158：6，泥质硬陶，灰色。器表施灰褐陶衣。侈口，尖唇，鼓腹，平底微凹。素面。口径 6.8、底径 4.9、高 4.8 厘米（图一一四，6）。

B 型　4 件。圆凸腹。以领部特征分式。

B 型 Ⅰ 式　1 件。高领。

标本 M5：2，泥质硬陶，灰色。施青黄釉，多脱落。敞口，平底微凹。素面。口径 5.6、底径 3.2、高 3.8 厘米（图一一四，7；彩版二五，3）。

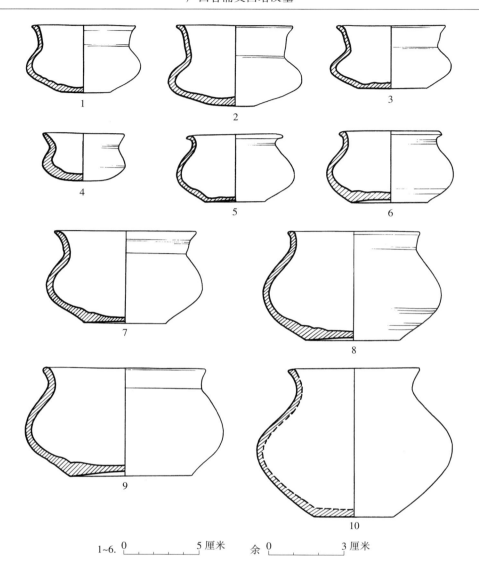

图一一四　第二期墓葬出土陶盂

1～3. A 型 I 式（M02：7、M02：5、M02：6）　4. A 型 II 式（M66：12）　5、6. A 型 III 式

（M03：1、M158：6）　7. B 型 I 式（M5：2）　8～10. B 型 II 式（M5：1、M5：3、M130：2）

B 型 II 式　3 件。矮领。

标本 M5：1，泥质硬陶，灰色。施青黄釉，多脱落。敞口，平底微凹。素面。口径 5.2、底径 3.7、高 4.6 厘米（图一一四，8）。

标本 M5：3，泥质硬陶，灰色。施青黄釉，多脱落。敞口，平底微凹。素面。口径 6.4、底径 4.8、高 4.6 厘米（图一一四，9）。

标本 M130：2，泥质软陶，灰红色。敞口，圆唇，平底。素面。口径 5.3、底径 3.2、高 6.2 厘米（图一一四，10）。

鼎　2 件。以腹部及器物形态特征分型。

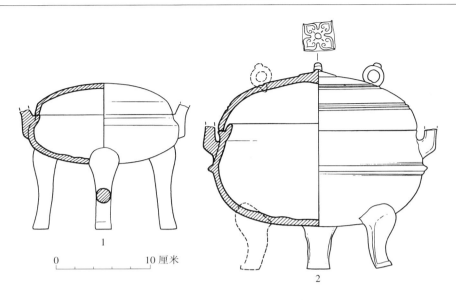

图一一五　第二期墓葬出土陶鼎
1. C 型（M130∶1）　　2. E 型 I 式（M129∶11）

C 型　1 件。扁腹，底或平或弧。

标本 M130∶1，泥质软陶，灰色。敛口，圜底，底附三只高蹄足。有隆起圆盖，盖已残损。口径 14.4、通高 16 厘米（图一一五，1）。

E 型　1 件。深腹，腹中部位置有一尖凸棱。以足的变化分式。

E 型 I 式　1 件。矮蹄足。

标本 M129∶11，泥质硬陶，灰色。施青黄釉，多脱落。子母口，圆腹，圜底，底附三只蹄足。有隆起圆盖，盖面有等距三环形纽，盖顶有四叶纹乳突。盖面饰弦纹。口径 18.8、通高 22.5 厘米（图一一五，2；彩版二五，4）。

釜　6 件。以颈、腹形态分型（其中有 3 件因残缺不分型）。

B 型　3 件。深腹，腹部微鼓。颈腹无明显分界。以口沿变化分式。

B 型 I 式　1 件。宽沿外折。

标本 M126∶1，夹砂软陶，灰褐色。质软。侈口，圆唇，收腹，圜底。口径 22.4、高 17.2 厘米（图一一六，1）。

B 型 II 式　1 件。斜领。

标本 M126∶27，夹砂软陶，红褐色。质软。广口，收腹，圜底。口径 17.5、高 14.8 厘米（图一一六，2）。

B 型 IV 式　1 件。弧沿下折，圆唇。

标本 M126∶24，夹砂软陶，灰黑色。质软。广口，收腹，圜底。口径 18.8、高 14 厘米（图一一六，3）。

小釜　1 件。

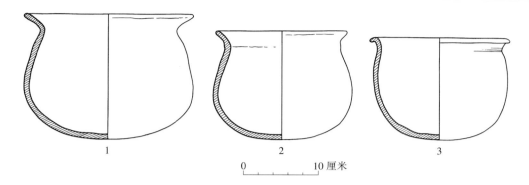

图一一六　第二期墓葬出土 B 型陶釜

1. Ⅰ式（M126∶1）　2. Ⅱ式（M126∶27）　3. Ⅳ式（M126∶24）

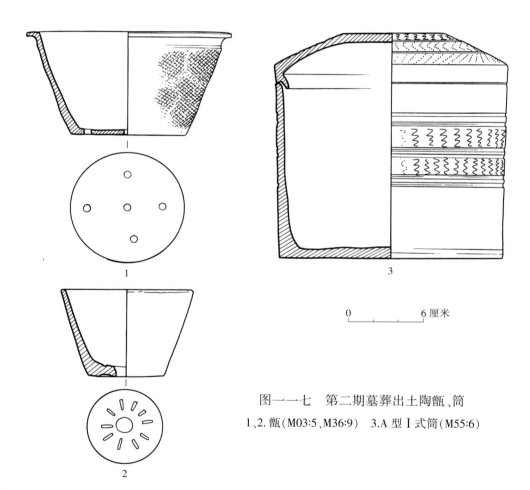

图一一七　第二期墓葬出土陶甑、筒

1、2. 甑（M03∶5、M36∶9）　3.A 型 Ⅰ 式筒(M55:6)

标本 M36∶13，泥质灰陶，灰黄色。略残。敞口，圆唇，斜领，圜底。素面。口径 9.6、高 7 厘米。

甑　2 件。

标本 M03∶5，泥质软陶，红褐色。敞口，宽平沿，斜直腹，平底。底部有五个穿孔。器身饰方格纹。口径 16.2、底径 9.1、高 8.6 厘米（图一一七，1）。

标本 M36∶9，泥质软陶，灰黄色。器稍残，质软。敞口，深腹，口大底小，平底。底中间有一穿孔，周有十个长方形镂孔。口径 10.5、底径 6.2、高 7.2 厘米（图一一七，2）。

筒　1 件。以足部、底部特征分型。

A 型　1 件。平底。以口沿或近口沿处变化分式。

A 型 I 式　1 件。直口，圆唇。

标本 M55:6，泥质硬陶，灰色。施青黄釉。直口，直腹，平底。器腹饰以三弦纹相间两组竖形戳印箆纹。有隆起圆盖。盖面饰以弦纹相间的斜线戳印纹。口径 18.6、底径 17.7、通高 18.4 厘米（图一一七，3；彩版二五，5）。

灶　5 件。以灶台之烟道特征分型（其中有 2 件因残缺不分型）。

A 型　1 件。无烟道。

标本 M09:15，泥质软陶，灰黄色。器稍残，质软。器呈长方体，圆柱形烟突，已脱落。有拱形灶门，开圆形灶眼三个，上置一甑三釜。灶台长 41、宽 26、高 11 厘米（图一一八，1；彩版二六，1）。

B 型　1 件。圆柱形烟道。以灶门挡板特征分式。

B 型 I 式　1 件。无挡板。

标本 M105:9，泥质软陶，灰黄色。器稍残，质软。器呈长方体，圆柱形烟突，已脱落。有拱形灶门，开圆形灶眼三个。灶台长 46、宽 22、高 8.8 厘米（图一一八，2；彩版二六，2）。

C 型　1 件。龙首或兽首烟突。以灶门挡板特征分式。

C 型 I 式　1 件。无挡板。

标本 M04:17，泥质软陶，灰褐色。器呈长方体，兽首烟突，有拱形灶门，开圆形灶眼三个，其上置三釜一甑。灶台 34、宽 19.5、高 10 厘米（图一一九，1；彩版二六，3）。

仓　1 件。由建筑特征分型。

A 型　1 件。仓底无柱或无柱孔。以前廊特征分式。

A 型 I 式　1 件。前廊有矮护栏。

标本 M36:10，泥质软陶，灰黄色。器稍残，质软。平面呈长方形，由一房一前廊构成。悬山顶，一脊两坡。仓房正面中开一长方形门，前廊有矮护栏。面宽 18、进深 14.5、通高 15 厘米（图一一九，2）。

井　2 件。以井栏整体特征分型。

A 型　1 件。井栏外壁较直，井栏宽沿微外斜，长方井台。

标本 M09:14，泥质软陶，灰白色。圆筒形井栏，长方形井台，井台上有一方形柱础。井中有一小陶釜。高 12 厘米（图一二〇，1；彩版二六，4）。

B 型　1 件。井栏外壁为溜肩、直腹。

标本 M04:18，泥质软陶，褐红色。圆筒形井栏，圆形井台。素面。高 10.8 厘米（图一二〇，2；彩版二六，5）。

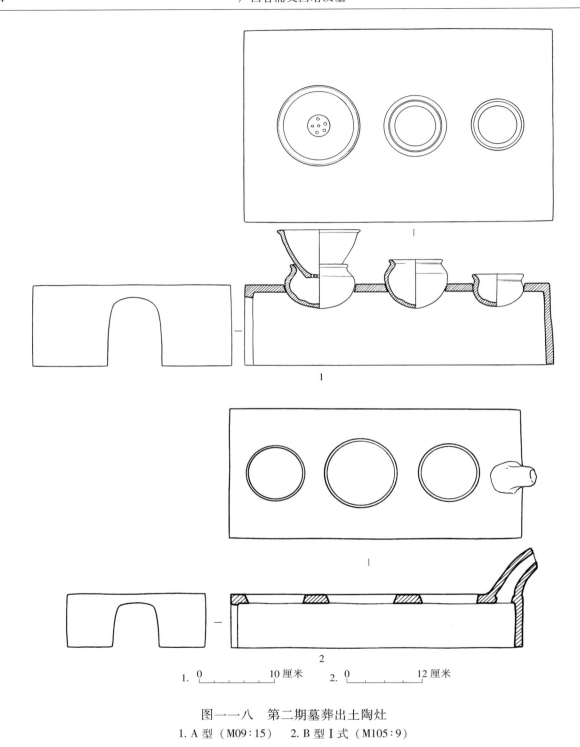

1. 　0　　　　　　　10厘米　　　2. 　0　　　　　　12厘米

图一一八　第二期墓葬出土陶灶

1. A 型（M09：15）　　2. B 型 I 式（M105：9）

二　铜器

　　91 件，约占本期出土器物总数的 16%。绝大多数铜器均锈蚀残缺，有许多器物仅能辨认器类而不便于分型式。器形计有壶、鐎壶、盆、鍪、高足杯、勺、灯、剑、矛、弩机、环首刀、带钩、

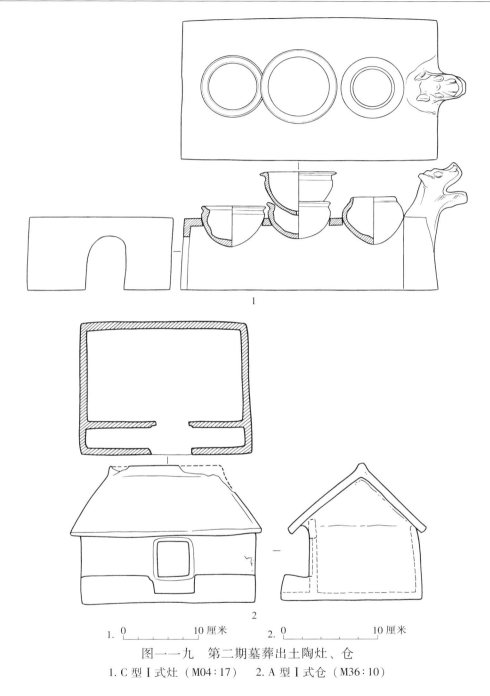

1. C 型 I 式灶（M04：17）　　2. A 型 I 式仓（M36：10）

图一一九　第二期墓葬出土陶灶、仓

奁、釜、熏炉、钫、鼎、甑、碗、管、镦、饰件、镜、铜钱（其中有 3 件因残缺而不能辨别器类）。

壶　6 件。以腹分型（其中有 5 件因残缺而不能分型）。

A 型　1 件。圆鼓腹。

标本 M09：3，口已残。粗颈，圈足。肩两侧有铺首衔环。肩、上腹、下腹均饰宽带纹。有隆起的圆盖，盖顶略残缺。底径 18.4、通高约 38.8 厘米（图一二一，1）。

镳壶　4 件。以腹部或底部特征分型（其中有 2 件因残缺而不分型）。

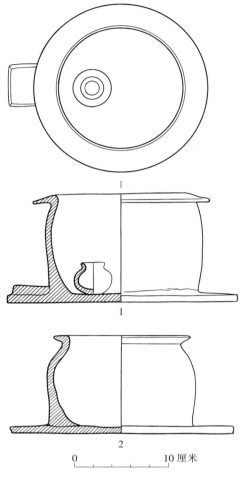

图一二〇　第二期墓葬出土陶井

1. A 型 （M09：14）　　2. B 型 （M04：18）

A 型　1 件。鼓腹，圜底。以足特征分式。

A 型 I 式　1 件。足不外撇。

标本 M18：14，已残。子母口，粗颈，鼓腹，圜底，底有三蹄形足，足横截面略呈三角形。腹侧有一长方形中空柄。有隆起圆盖。口径 7.2、通高 17.2 厘米（图一二一，2）。

B 型　1 件。腹较扁，底平或微显弧形。

标本 M09：16，直口，粗颈，鼓腹，平底，底有三蹄形足。腹侧有一长方形中空柄，柄已残。口径 7.6、高 19 厘米（图一二一，3）。

盆　10 件。以腹部特征分型（其中有 8 件因残缺而不能分型）。

A 型　1 件。低下折腹。

标本 M158：11，已残。敞口，宽沿微折，斜腹，平底。残高 6 厘米（图一二二，1）。

B 型　1 件。深腹，圆弧腹下收。

标本 M09：23，已残。敞口，平底，矮台足。两侧有衔环。口径 26、底径 13.6、高 9.6 厘米（图一二二，2）。

鍪　2 件。以腹部及器体特征分型（其中有 1 件因残缺而不能分型）。

B 型　1 件。短颈，弧形肩，圆鼓腹。

标本 M149：2，折领，盘口，圜底。两侧有圆环形耳。口径 26、高 23 厘米（图一二二，3）。

高足杯　3 件。以足特征分型（其中有 1 件因残缺而不能分型）。

A 型　2 件。圆弧形覆盆有短柱高足。

标本 M18：20，已残。敞口，弧腹下收，圜底，底下为有柄覆盆形圈足。上腹花纹已锈蚀不清，腹中部有三道凸棱及一组连弧纹带，下腹饰有莲瓣纹。口径 12、高 11.6 厘米（图一二二，4）。

标本 M55：7，已残。敞口，弧腹下收，圜底，底下为有柄覆盆形圈足。上腹花纹已锈蚀不清，腹中部有三道凸棱及一组连弧纹带，下腹饰有莲瓣纹。口径 10、底径 6.7、高 12.6 厘米（图一二二，5）。

勺　2 件。以柄及勺面分型（其中有 1 件因残缺而不能分型）。

B 型　1 件。宽扁柄，椭圆勺面。

标本 M09：37，柄已残。残长 12、最宽约 7 厘米（图一二二，6）。

灯　6 件。以灯盏或底座形态分型（其中有 2 件因残缺而不能分型）。

A 型　1 件。高足，碗形灯盏。

标本 M14：8，口、足极残。灯盏外壁存凸棱，高柄覆盆形足。残高 15 厘米（图一二二，7）。

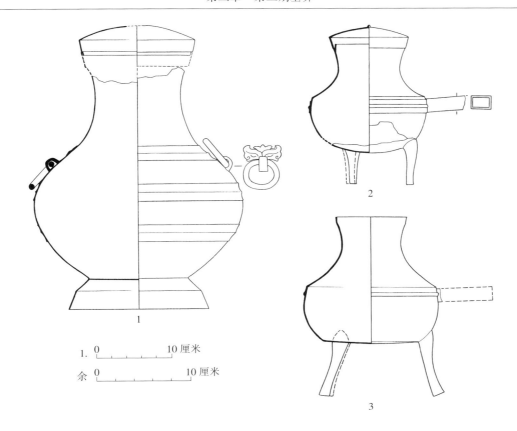

图一二一　第二期墓葬出土铜壶、镰壶
1. A 型壶（M09：3）　　2. A 型 I 式镰壶（M18：14）　　3. B 型镰壶（M09：16）

B 型　3 件。圆形直壁灯盏。

标本 M125：2，略残，铜质锈蚀。直口，浅腹，平底，底附三细蹄足。扁长条形把。口径 11.4、高 4.2 厘米（图一二三，1；彩版二六，6）。

标本 M18：19，已残。直口，平唇，浅腹，平底，底附三细蹄足。有捉手，横截面为菱形。口径 9、残高 4.1 厘米（图一二三，2）。

标本 M129：8，已残。直口，浅腹，平底，底附三细蹄足。有上下可活动把手。口径 8.4、高 5.3 厘米（图一二三，3）。

剑　3 件。以剑的形态或柄部特征分型。

D 型　3 件。扁长条形剑柄，剑身较长。

标本 M74：14，锋已残。弓形剑格，饰圆点纹。剑身扁平，中脊略凸。残长 79 厘米（图一二三，4）。

标本 M09：25，剑身残断为多段。无格，剑身扁平，中脊略凸。圆形剑首。残长约 100 厘米（图一二三，5）。

标本 M149：19，已残断为数段。无格，剑身扁平，中脊略凸。无剑首。残长约 82.5 厘米（图一二三，6）。

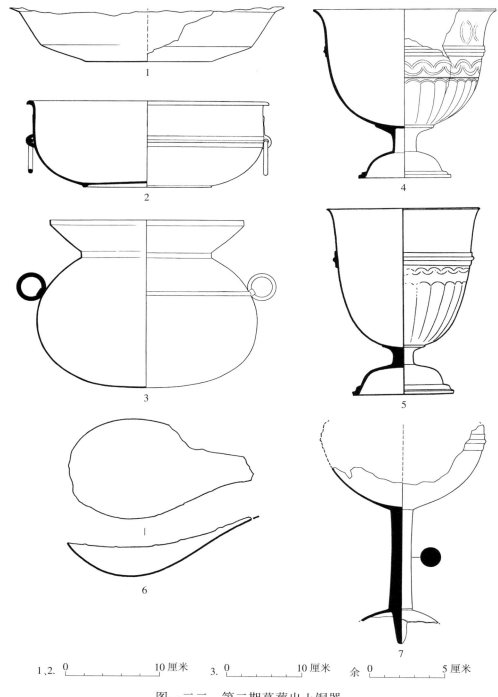

图一二二　第二期墓葬出土铜器

1. A 型盆（M158：11）　2. B 型盆（M09：23）　3. B 型鍪（M149：2）　4、5. A 型高足杯（M18：20、
M55：7）　6. B 型勺（M09：37）　7. A 型灯（M14：8）

矛　2 件。以器形特征分型（其中有 1 件因残缺而不能分型）。

D 型　1 件。长骹，短叶形矛叶。

标本 M36：12，锋已残。多棱柱形骹，中空。叶扁平较宽，前收成锋，叶面两侧有浅血槽。残

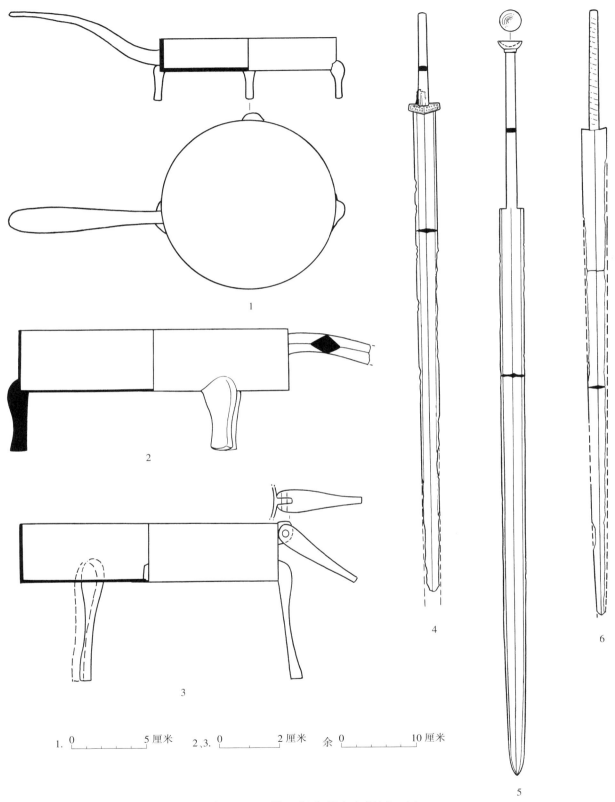

图一二三 第二期墓葬出土铜灯、剑

1~3.B型灯（M125：2、M18：19、M129：8） 4~6.D型剑（M74：14、M09：25、M149：19）

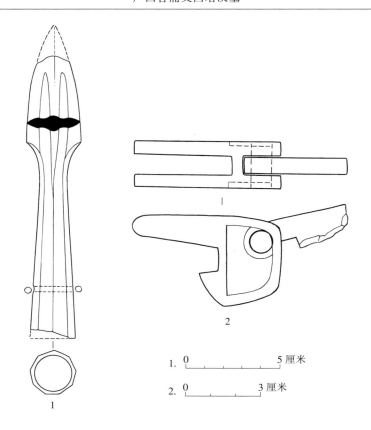

图一二四　第二期墓葬出土铜矛、弩机
1. D 型矛（M36：12）　2. 弩机（M09：10）

长 15 厘米（图一二四，1）。

弩机　1 件。

标本 M09：10，器件极残。只有悬刀、望山等残件（图一二四，2）。

环首刀　7 件。以刀柄特征分型（其中有 1 件因残缺而不能分型）。

A 型　5 件。环首横剖面为圆形。

标本 M09：27，已锈蚀严重。椭圆形环首。刀身扁平，前端斜收成锋，后端宽于前端且与环首相接。近环首之柄部饰有卷云纹等纹饰。长 28 厘米（图一二五，1；彩版二七，5）。

标本 M74：15，已锈蚀。椭圆形环首。刀身扁平，前端斜收成锋，后端窄于前端且与环首相接。长 25.6 厘米（图一二五，2）。

标本 M10：10，已锈蚀。椭圆形环首。刀身扁平，前端斜收成锋，后端与前端宽大致相等且与环首相接。柄部、环首饰有卷云纹、勾连卷云纹等纹饰。残长 21 厘米（图一二五，3）。

B 型　1 件。环首横剖面为菱形。

标本 M36：11，已残断。椭圆形环首。刀身扁平，前端斜收成锋，后端略窄于前端且与环首相接。残长约 24 厘米（图一二五，4）。

带钩　3 件。

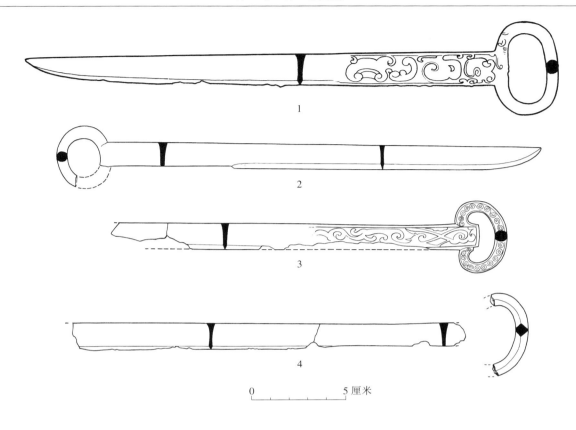

图一二五　第二期墓葬出土铜环首刀
1~3. A 型（M09∶27、M74∶15、M10∶10）　　4. B 型（M36∶11）

标本 M10∶11，形体呈"S"形，圆扣，蛇形钩首。长 8 厘米（图一二六，1）。

标本 M74∶18，已残。残长 9.5 厘米（图一二六，2）。

标本 M55∶10，极残。残长 4 厘米（图一二六，3）。

奁　10 件。以足形态分型（其中有 9 件因残缺而不能分型）。

A 型　1 件。蹄足。

标本 M158∶12，已锈蚀，稍残。子口，直腹平底，底附三蹄足。上腹两侧有对称的铺首衔环。上、下腹各有一匝宽带。有隆起圆盖，盖顶有圆纽。口径 18、底径 18.5、残高 19 厘米（图一二六，8）。

釜　2 件。

标本 M05B∶4，极残。

标本 M09∶21，极残。

熏炉　1 件。

标本 M05B∶7，极残。

钫　1 件。

标本 M05B∶8，极残。

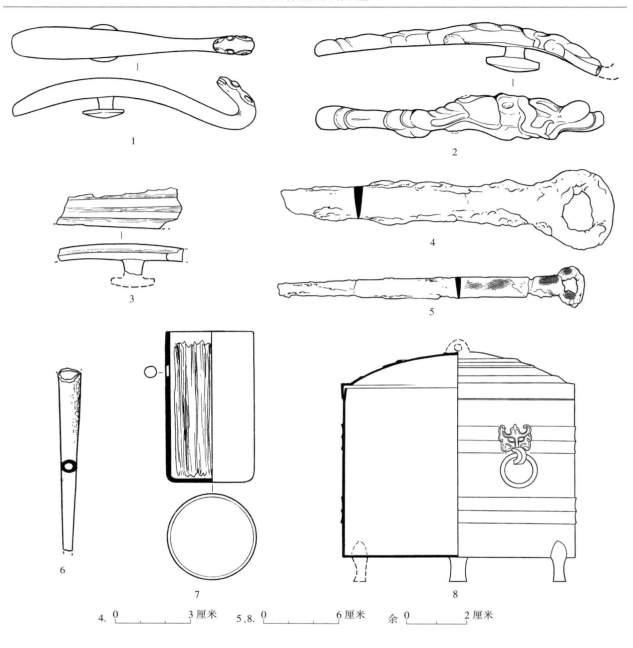

图一二六　第二期墓葬出土铜、铁器

1～3. 铜带钩（M10：11、M74：18、M55：10）　4、5. 铁环首刀（M09：12、M66：5）　6. 铜管（M152：10）

7. 铜镦（M149：25）　8. A 型铜奁（M158：12）

鼎　2 件。

标本 M09：19，极残。

标本 M5：4，极残。

甑　1 件。

标本 M14：1，极残。

碗　1 件。

标本 M125：11，极残。

杯　1 件。

标本 M05B：5，极残。

管　1 件。

标本 M152：10，残断。锥形圆柱形，中空。残长 6 厘米（图一二六，6）。

镦　1 件。

标本 M149：25，圆柱形，中空，内有木屑。一侧有一小圆孔。长 5.2、直径 2.9 厘米（图一二六，7）。

饰件　2 件。此类器物应属漆器的装饰物。

标本 M04：24，泡钉。极残。

标本 M04：28，泡钉。极残。

镜　13 件，分别出土于 11 座墓中，除墓葬 M105、M03 出土 2 件外，每墓均出土 1 件。有部分铜镜较残缺。有乳钉连珠纹镜、日光镜、连弧纹铭文镜、蟠螭纹镜、昭明镜。

乳钉连珠纹镜　3 件

标本 M05B：6，残块。四乳连珠纹铜镜。圆形，连珠纹纽。外有内向连弧纹。主纹为四乳钉夹四组缠绕连珠纹。内向十六连弧纹缘。

标本 M105：2，四乳连珠纹镜。乳钉纹纽。其处有一周内向十六连弧纹。主纹为以四乳钉相间的四组缠绕连珠纹。外缘为十六内向连弧纹。直径 10、缘厚 0.3 厘米（图一二七，1；彩版二七，1）。

标本 M151：17，四乳连珠纹铜镜。较残。圆形，连珠纹纽。外有内向连弧纹。主纹为四乳钉相隔四组缠绕连珠纹。内向十六连弧纹缘。直径 11.2、缘厚 0.46 厘米。

日光镜　2 件

标本 M27：3，稍残。圆形，圆纽，圆纽座。座外与八内向连弧纹间饰以多种短线或弧线纹。外区有一周短斜线纹和一周铭文。铭文为"见日之光，长不相忘"。素宽缘。直径 7.2、缘厚 0.25 厘米（彩版二七，2）。

标本 M143：5，圆形，圆纽，圆纽座。纽座外有以三条为一组的四组短线纹和四道短斜纹。外区有镜铭一周。铭文为"见日之光，长不相忘"。其处有一周短斜线纹。素宽平缘。直径 6.5、缘厚 0.4 厘米（图一二七，4）。

连弧纹铭文镜　1 件

标本 M74：13，较残。圆形，圆纽，圆纽座。纽座外为凸圈、内向连弧纹。外区两圈短线间有一组铭文。铭文字迹已模糊。素宽缘。直径 10.6、缘厚 0.5 厘米。

蟠螭纹镜　1 件

标本 M105：1，稍残。圆形，三弦纽，圆纽座。座外依次为圆涡纹、纽索纹、宽凸纹。主纹为三组勾连的蟠螭纹。窄缘。直径 10、缘厚 0.6 厘米（图一二七，2；彩版二七，3）。

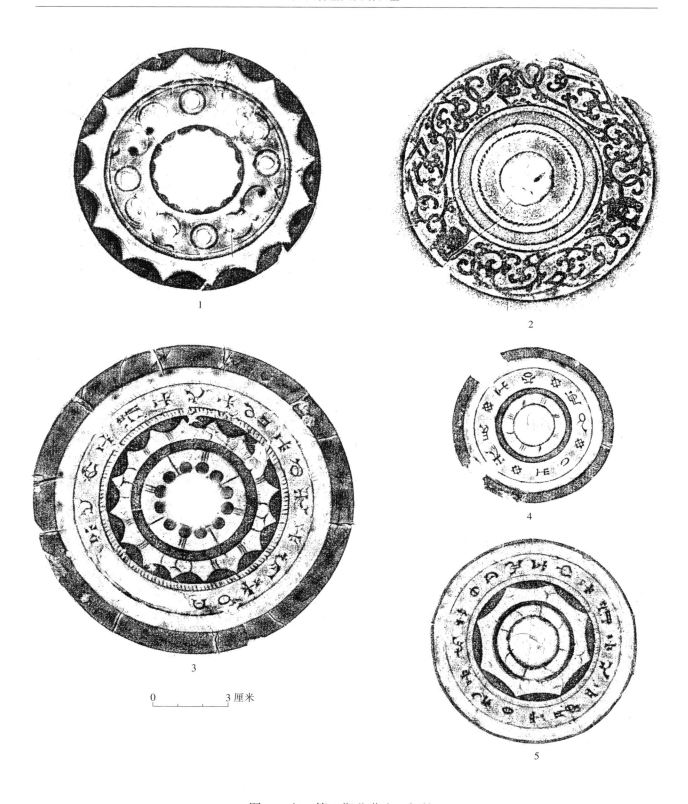

图一二七　第二期墓葬出土铜镜

1. 乳钉连珠纹镜（M105：2）　　2. 蟠螭纹镜（M105：1）　　3、5. 昭明镜（M128：1、M152：9）

4. 日光镜（M143：5）

昭明镜 3 件

标本 M128：1，昭明镜。圆形，圆纽，连珠纹座。纽座外依次为凸圈纹、短弧线纹、内向八连弧纹，外区两周短斜线纹之间有镜铭一周。铭文为"内清质以昭明，光象日月……"。素宽平缘。直径 12.6、缘厚 0.5 厘米（图一二七，3）。

标本 M152：9，昭明镜。圆形，圆纽，圆纽座。纽座外依次有弧线纹、内向八连弧纹，外区两周短斜线纹之间有镜铭一周。铭文为"内清以昭明，光象日月，心不"。窄缘。直径 8.4、缘厚 0.3 厘米（图一二七，5；彩版二七，4）。

标本 M66：10，昭明镜。圆形，圆纽，圆纽座。纽座外依次有弧线纹、内向八连弧纹，外区两周短斜线纹之间有镜铭一周。铭文为"内清以昭明，光象日月"。平缘。直径 7.9、缘厚 0.3 厘米。

铜钱 3 件（号），分别出于 3 座墓中。每墓出土钱币数十枚。铜钱大多锈蚀较严重且黏结，字迹模糊，可辨识为五珠钱。

标本 M66：6，五珠钱，10 多枚。锈蚀严重，多粘连一起，字迹较模糊。据观察，朱字头圆折，金字头为三角形，五字交股弯折。直径 2.6、孔径 0.9 厘米。

标本 M55：9，五珠钱，10 多枚。锈蚀严重，多粘连一起，字迹较模糊。

标本 M125：4，五珠钱，10 多枚。锈蚀严重，多粘连一起，字迹较模糊。

三 铁器

13 件，约占本期出土器物总数的 2%。多数极残，尚可分辨器形（其中有 4 件因残缺而不能辨识器类）。器类计有环首刀、盉、剑、环等。

环首刀 4 件。其中有 2 件极残。

标本 M09：12，已残，锈蚀严重。扁平刀身，刀背厚，薄刃，近圆形环首。残长 13 厘米（图一二六，4）。

标本 M66：5，已残，锈蚀严重。扁平刀身，刀背厚，薄刃，近圆形环首。残长 24.4 厘米（图一二六，5）。

盉 1 件。

标本 M05B：24，极残。

剑 1 件。

标本 M149：24，极残。

环 3 件。

标本 M04：21，极残。

标本 M04：22，极残。

标本 M04：23，极残。

四　滑石器及其他

39 件。其中有滑石鼎、滑石炉、滑石璧、滑石俑、玉璏、串饰、石砚、石铲等。

滑石鼎　4 件。以腹部或器形特征分型。

A 型　2 件。浅鼓腹。

标本 M55:5，灰白色。敛口，平唇，弧腹，微圜底，底有近方形柱足。腹侧有方柱形耳。口径 10.2、高 12.9 厘米（图一二八，1；彩版二八，1）。

标本 M149:8，灰白色。平唇，弧腹，微圜底，底有近方形柱足，其中两足已残。腹侧有方柱形耳。口径 12.6、高 12.6 厘米（图一二八，2；彩版二八，2）。

B 型　2 件。垂腹，盘口。

标本 M126:9，灰白色。平唇，弧腹下垂，圜底，底有近方形柱足。器底有烟炱痕迹。口径 14.6、高 18.4 厘米（图一二八，4；彩版二八，3）。

标本 M03:6，灰白色。弧腹，微圜底，底有柱形足。口径 19.1、高 25.1 厘米（图一二八，3；彩版二八，4）。

滑石炉　3 件。以炉之平面形态分型。

A 型　1 件。平面略近方形。

标本 M18:18，灰白色。平口，斜直腹，平底，底有四个方形矮足。口边长 10.8、高 5.8 厘米（图一二八，5）。

B 型　2 件。平面为长方形。以足特征分式。

B 型 I 式　2 件。矮足。

标本 M74:4，灰白色。平口，斜直腹，平底，底有四个方形足。口长 17.2、宽 10、高 5 厘米（图一二八，6）。

标本 M144:20，灰白色。平口，斜直腹，平底，底有四个方形足。口长 15.2、宽 9.8、高 5.7 厘米（图一二八，7；彩版二八，5）。

滑石璧　10 件。

标本 M02:1，棕红色。圆形，中有圆孔。外沿、内孔沿均有凸弦纹一周，一面饰以圆形排列的圆点圆圈纹，另一面为素面。直径 13.3、孔径 3、厚 0.7 厘米（图一二九，1；彩版二九，1）。

标本 M02:2，棕红色。圆形，中有圆孔。外沿、内孔沿均有弦纹一周，一面饰以横、竖对齐排列的圆点圆圈纹，另一面为素面。直径 18.8、孔径 3、厚 1.1 厘米（图一二九，3）。

标本 M02:3，棕红色。圆形，中有圆孔。外沿、内孔沿均有弦纹一周，一面饰以圆形排列的圆点圆圈纹，另一面为素面。直径 18.4、孔径 5、厚 0.6 厘米（图一二九，5）。

标本 M02:4，棕红色。圆形，中有圆孔。外沿、内孔沿均有弦纹一周，一面饰以圆形排列的圆点圆圈纹，另一面为素面。直径 13.4、孔径 3.1、厚 0.7 厘米（图一三〇，2）。

标本 M158:14，乳白色。圆形，中有圆孔。外沿、内孔沿均有弦纹一周，一面饰以横、竖对

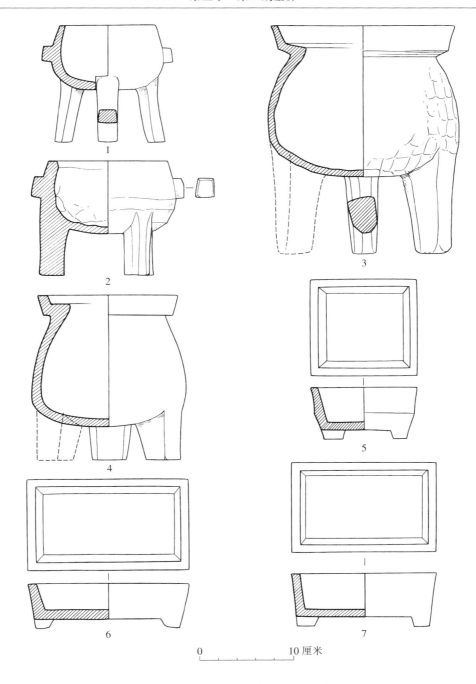

图一二八　第二期墓葬出土滑石鼎、炉

1、2. A 型鼎（M55∶5、M149∶8）　3、4. B 型鼎（M03∶6、M126∶9）　5. A 型炉（M18∶18）

6、7. B 型 I 式炉（M74∶4、M144∶20）

齐排列的圆点圆圈纹，另一面为素面。直径 12.6、孔径 3.5、厚 0.8 厘米（图一二九，2）。

标本 M144∶2，灰白色。圆形，中有圆孔。外沿、内孔沿均有弦纹一周，一面饰以圆形排列的圆点圆圈纹，另一面为素面。直径 15.5、孔径 4.2、厚 0.5 厘米（图一三〇，1）。

标本 M24∶1，乳白色。圆形，中有圆孔。外沿、内孔沿均有弦纹一周，一面饰以排列不太规

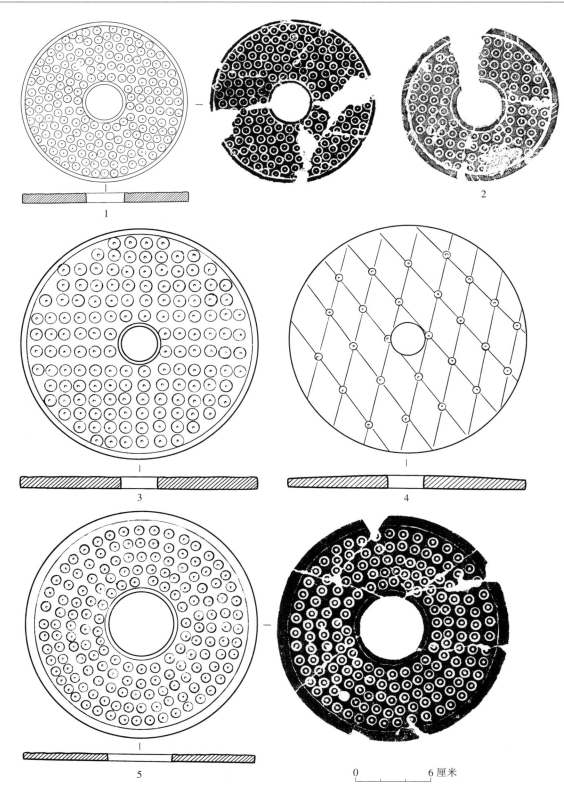

图一二九　第二期墓葬出土滑石璧
1. M02:1　2. M158:14　3. M02:2　4. M143:3　5. M02:3

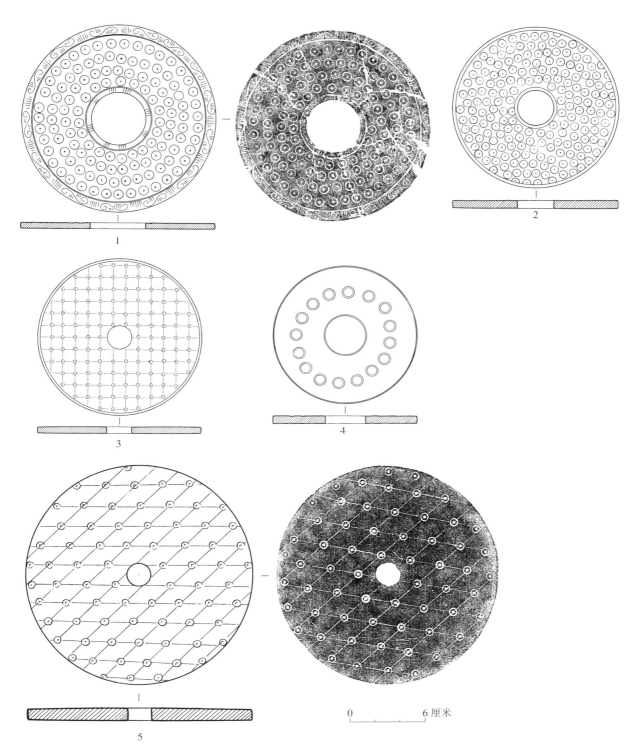

图一三〇 第二期墓葬出土滑石璧

1. M144∶2 2. M02∶4 3. M115∶9 4. M24∶1 5. M111∶10

则的圆圈纹，另一面饰有一周圆圈纹。直径11.5、孔径3.2、厚0.7厘米（图一三○，4）。

标本 M111：10，乳白色。圆形，中有圆孔。两面均饰有以排列规则的菱形网纹，而每个交叉的菱角均饰一个圆点圆圈纹。直径17.8、孔径1.8、厚1.3厘米（图一三○，5；彩版二九，2）。

标本 M143：3，乳白色。圆形，中有圆孔。两面均饰有以排列规则的菱形网纹，而每个交叉的菱角均饰一个圆点圆圈纹。直径18.4、孔径2.8、厚1厘米（图一二九，4）。

标本 M115：9，乳白色。圆形，中有圆孔。外沿、内有弦纹一周；一面饰以横、竖对齐排列的圆点圆圈纹，并用浅刻的横、竖直线相连成网格状，另一面为素面。直径13、孔径2、厚0.5厘米（图一三○，3）。

滑石俑 1件。

标本 M149：26，灰白色。踞坐，上身微前倾，高发髻，圆脸，高鼻，双手交连于胸。高22.2

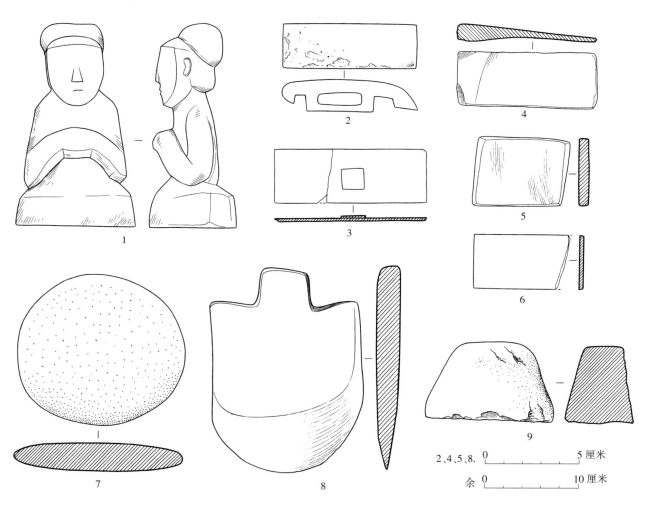

图一三一　第二期墓葬出土滑石器、玉石器

1. 滑石俑（M149：26）　2. 玉璏（M74：17）　3～6. 石砚（M09：11、M09：39、M09：40、M158：13）

7、9. 石器（M04：1、M144：7）　8. 石铲（M7：4）

厘米（图一三一，1；彩版二九，3）。

玉璜　1件。

标本 M74∶17，青灰色。素面。长 7.1、宽 2.6 厘米（图一三一，2）。

玉器　1件。

标本 M66∶17，极残，器形不辨。

串饰　12件（号），分别出于10座墓中。共71粒，按质类计有：玛瑙21粒，玻璃45粒，水晶3粒，琥珀1粒，石质1粒。串珠形态多样，主要有圆珠形、鼓腹棒形、六棱柱形、扁棱柱形等，以圆珠形数量最多。绝大多数中有圆孔。各墓所出串饰、位置已散乱，原串配方式不明。

标本 M111∶11，共2粒。一颗为玛瑙，半透明状，橙红色。扁棱柱形，中有小穿孔，长约 2.7、最大横径2、端厚0.5厘米。另一颗为水晶，透明，六棱体，高约0.5厘米。

标本 M48∶6，共3粒。均为玛瑙。中有小穿孔，大小不一，为鼓腹棒形。其中两粒为褐色夹白色、浅灰色条纹，另一粒为橙红色。最大者长5.6厘米（彩版二九，4）。

标本 M144∶35，共约23粒。可分玻璃与玛瑙两类。玻璃串珠约15粒（有部分碎屑），多为中有小穿孔的小圆珠，颜色计有蓝色、绿色、紫色，直径约0.5~1厘米；玛瑙串珠8粒，皆橙红色，中有小穿孔，其中1粒为鼓腹棒形，长约3.7厘米；3粒为长六棱柱形，长约2.1厘米；4粒为圆珠形，直径约0.7~1.1厘米（彩版二九，5）。

标本 M27∶4，共17粒。除一颗为白色石质圆形小串珠外，其余为玻璃串珠。玻璃串珠多呈短六棱柱形，绿色，中有小穿孔。长约1厘米（彩版三〇，1）。

标本 M02∶17，共7粒。其中玻璃串珠2粒，为绿色圆珠形，中有小穿孔；玛瑙串珠5粒，为橙红色圆珠形，中有小穿孔。大小不一，直径约0.6~1.2厘米（彩版三〇，3）。

标本 M74∶12，共7粒。深蓝色圆形玻璃串珠。中有小穿孔。直径约0.6~0.7厘米（彩版三〇，2）。

石砚　4件。

标本 M09∶11，青灰色。砚板平面略近长方形，扁平。研石为方形。长 16.2、宽6、厚0.3厘米（图一三一，3；彩版三〇，4）。

标本 M09∶39，深灰色。平面近长方形，砚面光滑略弧。长7.4、宽3.1、厚1厘米（图一三一，4）。

标本 M09∶40，灰褐色。平面近方形，扁平。长4.9、宽3.8、厚0.7厘米（图一三一，5）。

标本 M158∶13，灰色。平面为长方形，已残断。扁平，一面光滑，一面保留有疤痕。长 10.1、宽5.9、厚0.55厘米（图一三一，6）。

石铲　1件。

标本 M7∶4，通体磨制。短柄，双肩，微束腰，弧刃。长 11.2、宽8、厚1.2厘米（图一三一，8；彩版三〇，5）。

石器　2件。

标本 M144：7，残断石块，未见加工痕迹。长约 8.4、最宽 13.8、最厚 7.2 厘米（图一三一，9）。

标本 M04：1，扁圆形石块。较光滑，其中一面中间位置有砸击痕迹，周边有打击痕迹。直径约 16.2、厚约 3 厘米（图一三一，7）。

第四章　第三期墓葬

16座，约占这批汉墓总数的9%。墓型有A、B型墓（窄坑墓）。以B型墓占绝大多数。

墓葬原有封土，仅有少数墓葬保留有封土痕迹。多数墓封土无存的原因是水土流失或人为损坏。填土多数是用黄褐色沙黏土（原坑土），也有的填土呈灰黑、灰褐、棕褐、五花等颜色。

A型墓几乎消失，仅有2座。虽为窄坑墓，但其中较大的一座墓室长度已达到5米，宽度达到2.2米；较小的一座墓室长度也达到3米。

B型墓中的Ba型（无墓道）仅有2座，Bc型墓（有墓道）占绝大多数。Bc型墓室长度约在3.1~6.4、宽约2~3.82米，为斜坡或斜坡与阶梯组合的墓道，墓道一般设置于墓室一端之中部。墓室底部多有纵列和横列的垫木沟。墓中棺、椁、人骨均腐朽无存。

第一节　墓葬形制

一　A型墓

2座，窄坑土坑墓。约占本期墓葬总数的12%（M01、M121）。按墓室结构之差异，可分为两亚型。

1. Aa型墓

1座，长方窄土坑，无其他结构。

M121　位于文昌塔西面约285米。墓向190°。原应有封土，已被破坏不详。墓坑长3.06、宽1.26、残深0.6米。墓内填土为灰黄褐色杂沙黏土。未发现葬具与人骨。出土器物5件，均为陶器（图一三二）。

2. Ac型墓

1座，长方窄土坑，有墓道。

M01　位于文昌塔西北面约415米。墓向60°。原有封土，被破坏不详。墓坑长5、宽2.2、深0.99米。有斜坡墓道，长3.4、宽1.4米。墓内填土为灰黑色沙黏土。未发现葬具与人骨。出土器物46件（号），其中陶器30件、铜器10件、铁器1件、滑石器2件、串饰3件（图一三三）。

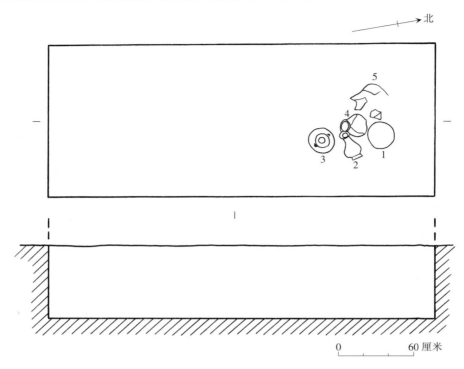

图一三二　M121 平、剖面图
1、4. 陶罐　2、3. 陶壶　5. 陶瓮

二　B 型墓

14 座，宽坑土坑墓。约占本期墓葬总数的 88% 。按墓室结构之差异，可分为两亚型。

1. Ba 型墓

2 座（M4、M76），长方宽土坑，无其他结构。约占本期宽坑墓总数的 14% 。

M4　位于文昌塔西北面约 345 米。墓向 295°。原有封土，被破坏不详。墓坑也受到较严重破坏。墓坑长 4.5、宽 1.9、残深 0.5 米。墓内填土为原坑土回填，应为黄褐色沙黏土。未发现葬具与人骨。出土器物 23 件（号），其中陶器 17 件、铜器 5 件、串饰 1 件（图一三四）。

M76　位于文昌塔东北面约 80 米。墓向 130°。封土不详。墓坑长 4.1、宽 2.3、深 1.1～1.6 米。墓内填土为黄褐色沙黏土。墓底两侧各有一条垫木沟。未发现葬具与人骨。出土器物 18 件，均为陶器（图一三五）。

2. Bc 型墓

12 座（M05A、M06B、M07、M15、M20、M31、M46、M53、M70、M117、M119、M157），长方宽土坑，有墓道。约占本期宽坑墓总数的 86% 。

M05A　位于文昌塔西北面约 285 米。墓向 137°。封土为黄褐色和橙红色沙黏土，较紧密，残高 2.4、直径 21 米。其下有两个墓坑，另一个编号为 M05B。墓坑长 4.6、宽 2.5、深 2.5 米。墓道长 5.8、宽 1.8 米。墓内填土为灰黑色沙黏土。墓底两侧各有一条垫木沟，未发现葬具与人骨。

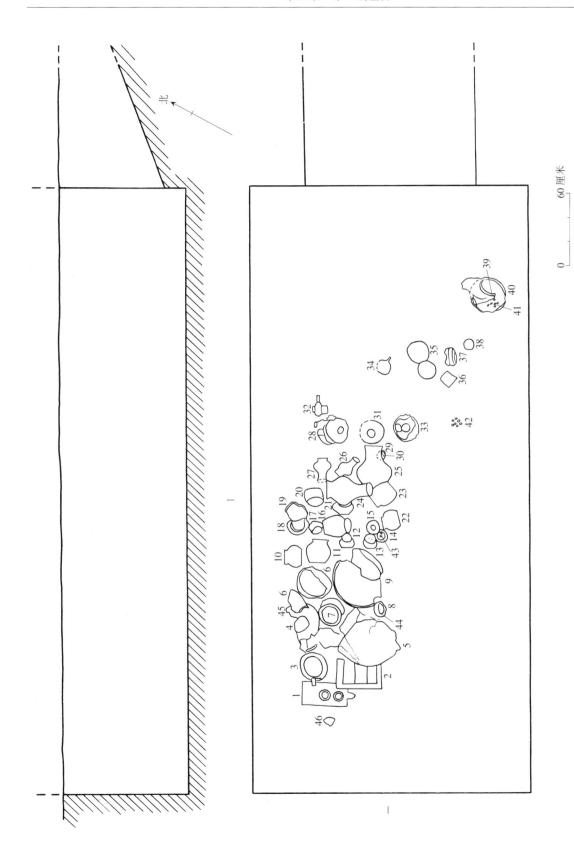

图一三三　M01 平、剖面图

1. 陶灶　2. 陶仓　3. 陶井　4、7、10、11、16、18～20、22、23、45. 陶罐　5、6. 陶瓷　8、12、13、17. 陶盂　9. 陶盆　14. 陶钵　15. 陶异形罐　21. 陶瓿
24～27. 陶壶　28. 滑石鼎　29. 铜镜　30. 铁环首刀　31. 铜壶　32. 铜锥壶　33. 铜熏炉　34. 铜薰炉　35. 铜灯　36. 滑石炉　37. 铜釜　38. 铜杯　39. 铜匜
40. 铜盆　41～43. 串珠　44. 陶纺轮　46. 陶小碗

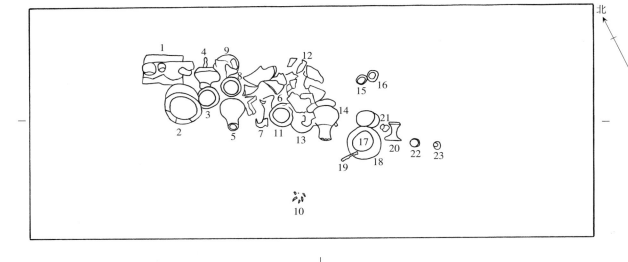

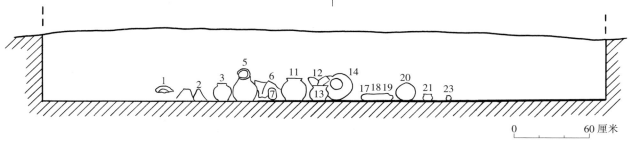

图一三四　M4 平、剖面图

1. 陶灶　2. 陶井　3、6~8、11、13. 陶罐　4. 铜镳壶　5、12、14. 陶壶　9. 陶瓮　10. 串珠
15、16、21、23. 陶盂　17. 铜盒　18. 铜盆　19. 铜勺　20. 陶灯　22. 铜碗

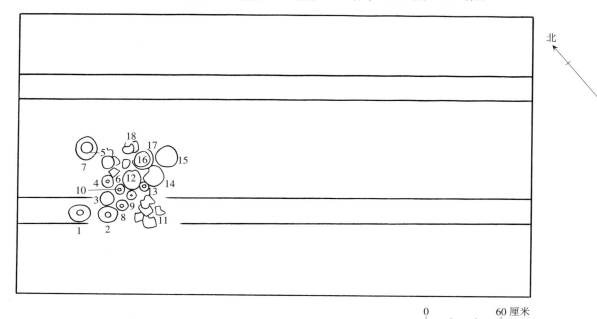

图一三五　M76 平面图

1、2. 陶盒　3~5. 陶钵　6、7、17、18. 陶仿双耳罐　8、9、12、14~16. 陶罐　10、13. 陶盂　11. 陶器

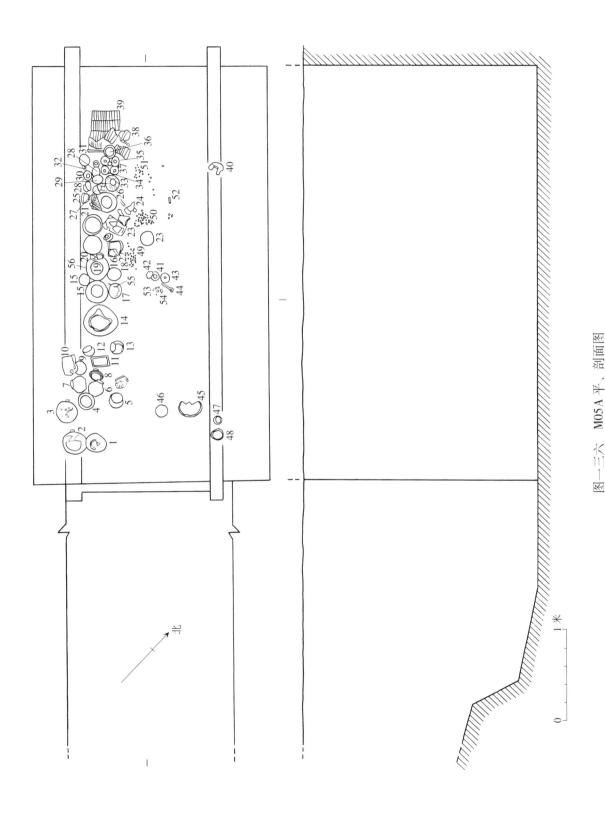

图一三六　M05A 平、剖面图

1. 陶奁　2、3. 陶鼎　4、6、7、9、29、30. 陶罐　5、13. 陶熏炉　8、12、25、31. 陶碗　10. 铜奁　11. 滑石炉　14. 陶盒　15、19. 陶壶　16、44、55. 铁环首刀　17、18. 铜壶　20～24. 陶提筒　26. 陶井　27. 铜鐎壶　28. 陶柱　32. 陶杯　33、35. 陶四耳罐　34. 陶五联罐　36、41、42、56. 陶盂　37. 陶小釜　38. 陶仓　39. 陶屋　40. 铁臿　43. 铜镜　45. 铜釪　47. 铜杯　48. 铜钵　49～52. 铜饰件　53. 串饰　54. 漆器

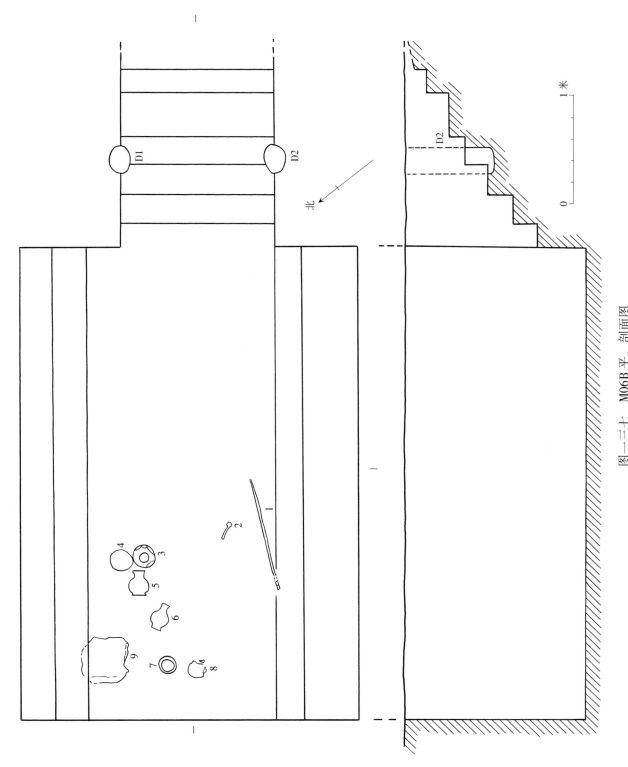

图一三七　M06B 平、剖面图

1. 铁剑　2. 铁环首刀　3、7、8. 陶罐　4. 铜镜　5、6. 陶壶　9. 陶瓮

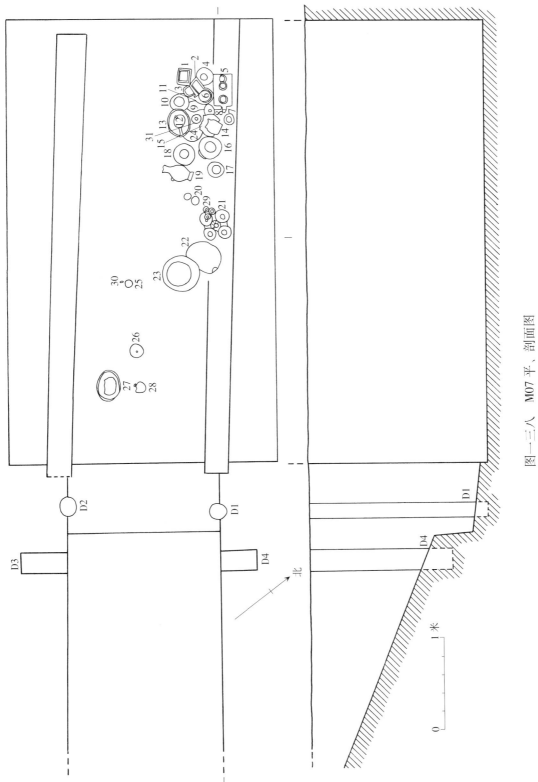

图一三八　M07 平、剖面图

1. 陶井　2. 滑石炉　3、4、6、7、11、14、15、24、31. 陶罐　5. 陶灶　8. 陶仿双耳罐　9. 铜釜　10. 陶瓿　12. 铜樵壶　13. 铜器　16、18. 陶壶
17. 陶器盖　19、22. 铜壶　20. 铜奁　21. 陶五联罐　23. 陶瓮　25. 铜镜　26. 滑石璧　27. 铜盆　28. 铁钩　29. 陶三联罐　30. 串珠　D1～D4. 柱洞

出土器物56件（号），其中陶器36件、铜器10件、铁器4件、滑石器1件、串饰4件、漆器1件（图一三六）。

　　M06B　位于文昌塔西北面约250米。墓向130°。封土表层为灰黑土，下层为灰黄土，残高2.1、直径16米，其下有两个墓坑，另一个编号为M06A。墓坑长4.36、宽3、深1.6米。斜坡有阶梯墓道，近墓室端共五级阶梯。墓道长2.2、宽1.36米。墓内填土为灰黑色沙黏土。墓底两侧各有一条垫木沟，未发现葬具与人骨。出土器物9件，其中陶器6件、铜器1件、铁器2件（图一三七）。

　　M07　位于文昌塔西北面约215米。墓向308°。封土主要为黄褐色沙黏土，也杂有少量粉沙岩碎块，残高1.7、直径22米。墓坑长4.9、宽2.86、深1.9米。斜坡有阶梯墓道，长4.9、宽1.64米。墓内填土为灰色沙黏土，曾于其中发现朽木一段。墓底两侧各有一条垫木沟。未发现葬具与人骨。出土器物31件，其中陶器19件、铜器8件、铁器1件、滑石器2件、串饰1件（图一

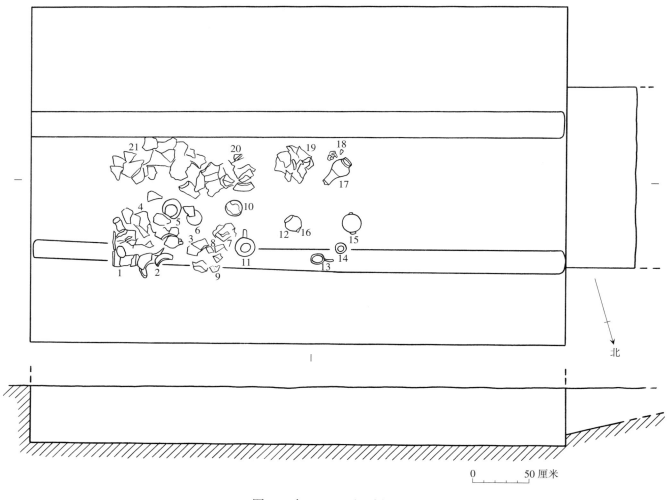

图一三九　M15 平、剖面图

1. 陶灶　2～7、9、10、12、14. 陶罐　8. 陶四耳罐　11. 铜镳壶　13. 铜灯　15. 铜奁　16. 铜器
17. 陶细颈瓶　18. 铜五铢钱　19、21. 陶壶　20. 陶瓮

三八）。

M15　位于文昌塔东北面约 60 米。墓向 285°。封土残高 1.7、直径 22 米。墓坑受到严重破坏。墓坑长 4.75、宽 3.1、残深 0.52 米。斜坡墓道，残长 0.6、宽 1.67 米。墓内填土为黄褐色沙黏土。墓底两侧各有一条垫木沟。未发现葬具与人骨。出土器物 21 件（号），其中陶器 16 件、铜器 5 件（图一三九）。

M20　位于文昌塔西北面约 350 米。墓向 316°。封土主要为黄褐色沙黏土，也有部分灰黑色杂土，残高 2、直径 13 米。墓坑长 5.5、宽 3.7 ~ 3.9、深 1.36 米。斜坡墓道，长 6.9、宽 2 ~ 2.6 米。墓内填土为黄褐色沙黏土。墓底两侧各有一条垫木沟。未发现葬具与人骨。出土器物 41 件（号），其中陶器 24 件、铜器 13 件、铁器 1 件、串饰 3 件（图一四〇）。

M31　位于文昌塔西北面约 290 米。墓向 26°。封土不详。墓坑长 4、宽 2.6、深 1.3 米。斜坡墓道，残长 2.3、宽 1 米。墓内填土为黄褐色沙黏土。墓底两侧各有一条垫木沟，未发现葬具与人骨。出土器物 14 件，其中陶器 12 件、铜器 1 件、铁器 1 件（图一四一）。

M53　位于文昌塔西北面约 290 米。墓向 103°。封土不详。墓坑长 4、宽 2、深 1.37 米。斜坡墓道，已被破坏，宽 1 米。墓内填土为黄褐色沙黏土。墓底两侧各有一条垫木沟，未发现葬具与人骨。出土器物 25 件（号），其中陶器 17 件、铜器 4 件、铁器 1 件、滑石器 2 件、串饰 1 件（图一四二）。

第二节　随葬器物

在本期 16 座墓葬中，共出土各类随葬品 473 件。按其类别分为陶器、铜器、铁器、滑石器、骨器及漆器等。其中数量最多的是陶器，其次为铜器，其他质地的器类数量较少。

一　陶器

303 件，约占本期出土器物总数的 64%（其中有 3 件陶器极残而不能辨识器类）。

陶器制作工艺基本沿袭前期，但陶器胎质、火候、施釉等都比前期有较大进步。陶器种类、器形也有新的变化。

陶器纹饰依然有方格纹、戳印纹、弦纹、水波纹、锥刺纹等，这些纹饰中有些与前期相同，有些则有了许多新的变化或出现新的纹样。如：戳印纹中，圆形戳印纹相对减少，而方形戳印纹则较为普遍。一些方形戳印纹的尺寸（单个面积）普遍较大，其戳印内部的纹样构成也有不同，还出现了方形戳印连多个三角形、方形戳印连两个回字菱形的变形纹样。戳印五铢钱纹则是新见的纹饰。另外，已开始出现少数器身仅饰一道或两道弦纹，而没有饰方格纹或其他纹饰的泥质硬陶罐（图一四三 ~ 一四六）。

陶器的器类计有瓮、罐、异形罐、四耳罐、仿双耳罐、五联罐、三联罐、瓿、壶、匏壶、提筒、盆、奁、细颈瓶、碗、小杯、杯、小碗、盅、卮、钵、盒、盂、鼎、小釜、灯、器盖、纺轮、熏炉、屋、仓、灶、井。其中以罐类最多，约占该期陶器总数的 35%。

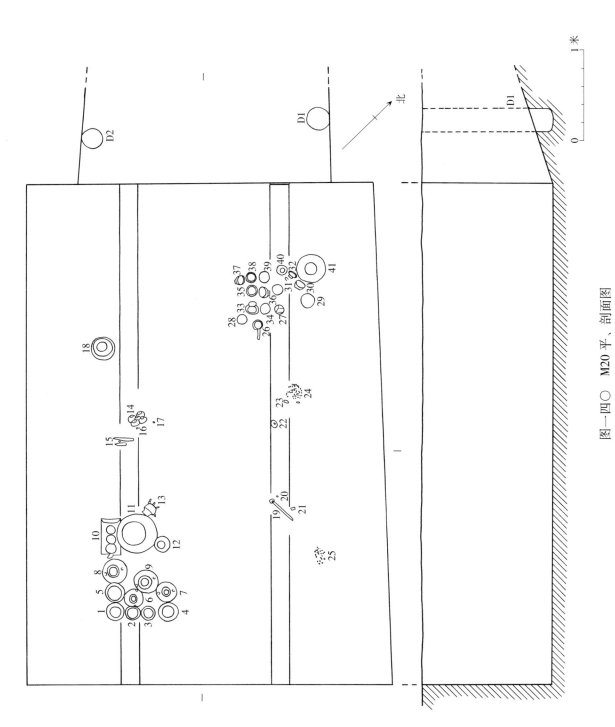

图一四〇　M20 平、剖面图

1. 陶仿双耳罐　2~5. 陶罐　6~9. 陶壶　10. 陶灶　11. 陶瓮　12. 铜鍪　13. 铜鎏壶　14. 陶五联罐　15. 铁器　16、17. 铜泡钉　18. 陶井　19. 铜环首刀　20、24、25. 串珠　21. 铜钱　22. 铜镜　23. 铜器　26. 铜灯　27、28. 铜杯　29. 铜奁　30~40. 铜盏　41. 铜盆

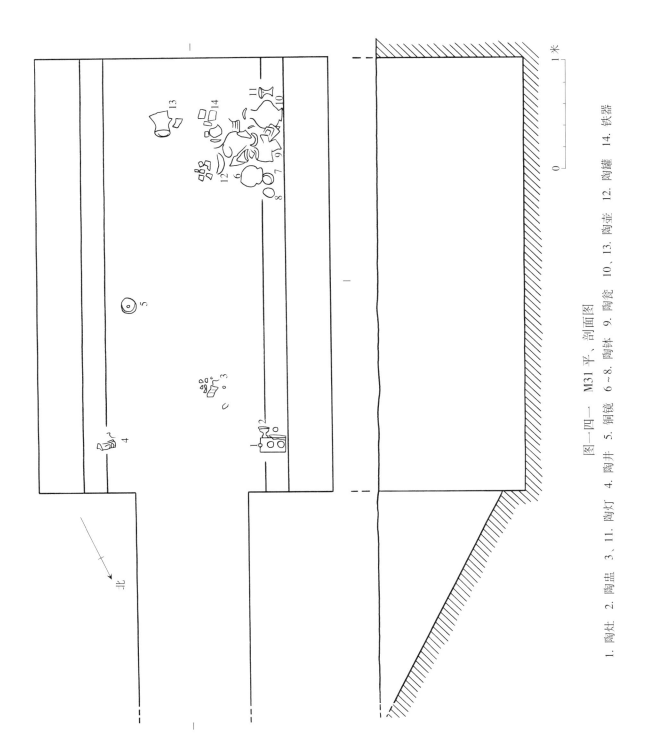

图一四一　M31 平、剖面图

1. 陶灶　2. 陶豆　3、11. 陶灯　4. 陶井　5. 铜镜　6~8. 陶钵　9. 陶瓮　10、13. 陶壶　12. 陶罐　14. 铁器

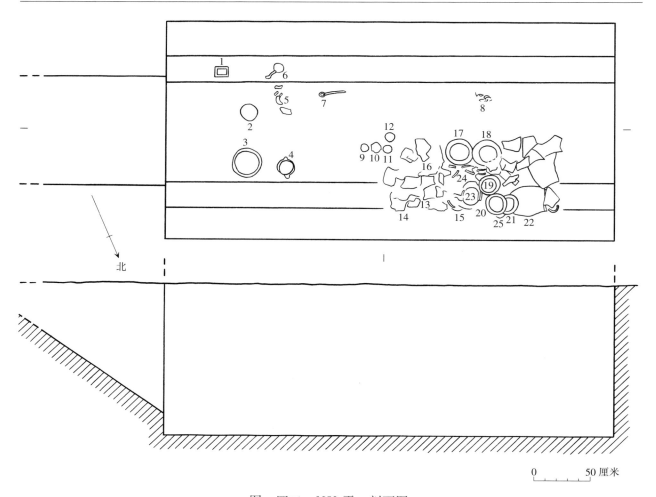

图一四二　M53 平、剖面图

1. 滑石炉　2. 铜杯　3. 铜盆　4. 铜锅　5. 滑石璧　6. 铜灯　7. 铁环首刀　8. 玛瑙串珠
9～12. 陶盂　13、14. 陶壶　15～21、23～25. 陶罐　22. 陶瓮

瓮　17 件。以腹部特征分型，以口沿变化分式。本期有 A、B、C 型（其中有 1 件陶瓮较残而不分型）。

A 型　2 件。鼓腹，腹最大径位置居上。以口沿特征分式。

A 型Ⅱ式　1 件。平沿下折。

标本 M157∶1，泥质硬陶，灰色。施青黄釉，多脱落。敞口，尖唇，短颈，长腹，下收腹，平底。器身饰弦纹、方格纹、方形戳印纹。肩上部有刻划符号。口径 20.4、底径 21.7、高 32.3 厘米（图一四七，1；彩版三一，1）。

A 型Ⅳ式　1 件。斜领曲唇。

标本 M121∶5，泥质软陶，红褐色。敞口，束颈，长腹，下收腹，平底。器身饰凹弦纹、方格纹。口径 19、底径 17.4、高 28 厘米（图一四七，2；彩版三一，2）。

B 型　4 件。椭圆腹，腹最大径位置居中或微偏上，沿下折。

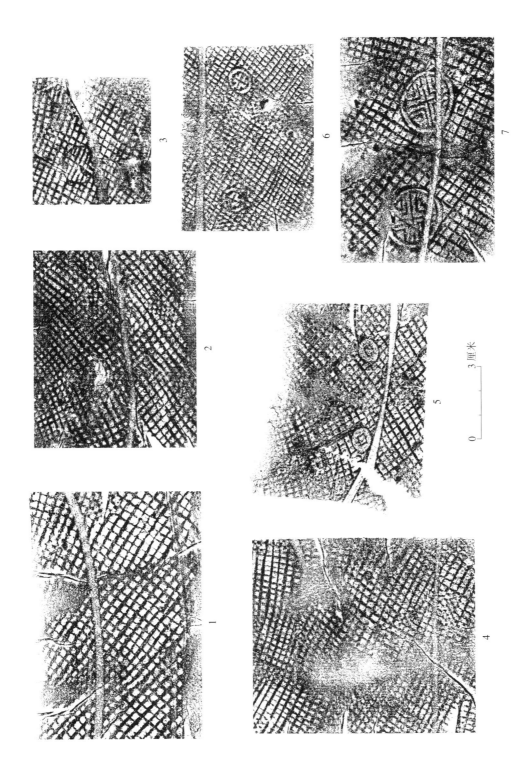

图一四三　第三期墓葬出土陶器纹饰纹拓片

1～4. 方格纹（M07:3、M53:21、M117:6、M07:14）　5～7. 戳印纹（M05A:7、M07:6、M117:7）

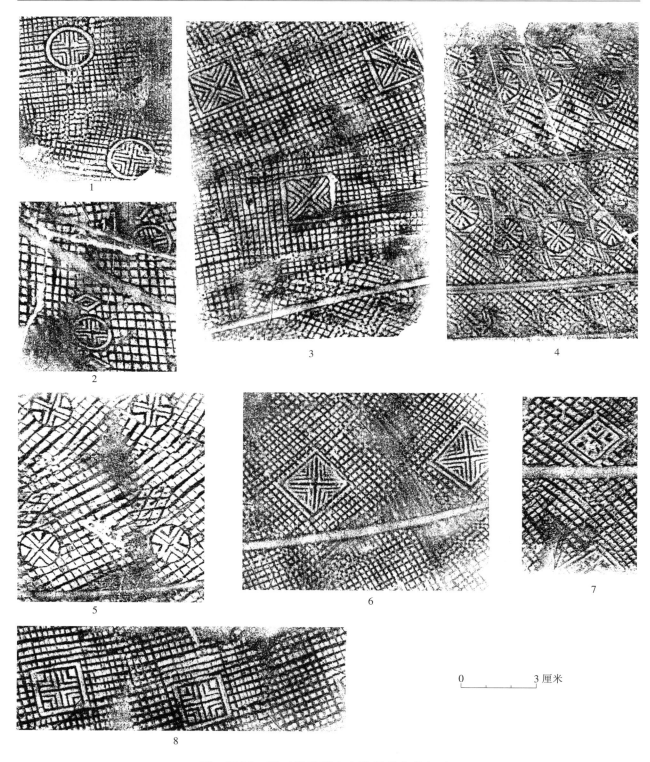

图一四四　第三期墓葬出土陶器戳印纹拓片

1. M46:23　2. M119:9　3. M117:1　4. M05A:29　5. M53:22　6. M157:17　7. M119:6　8. M01:5

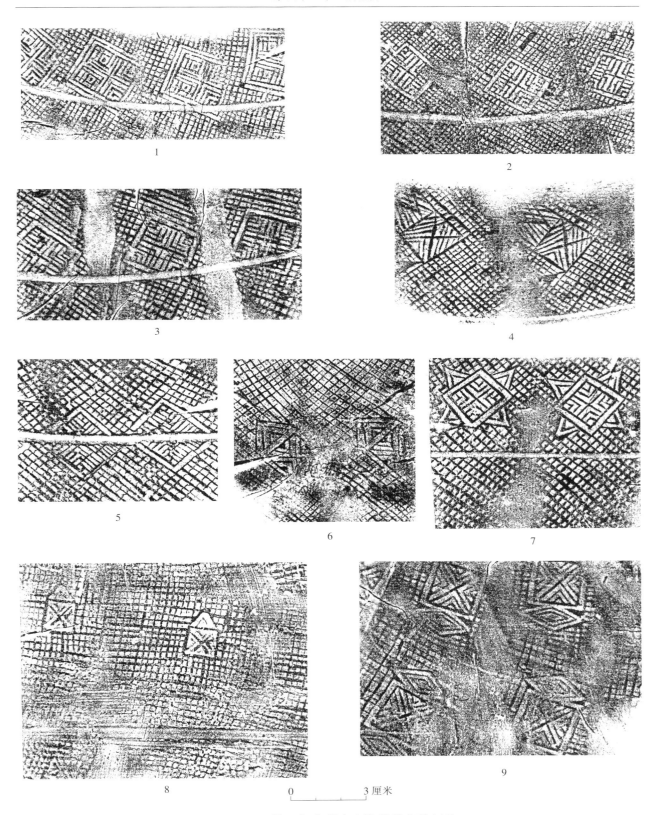

图一四五 第三期墓葬出土陶器戳印纹拓片

1. M01：20 2. M157：2 3. M157：8 4. M05A：26 5. M53：20 6. M20：3 7. M46：18 8. M07：23 9. M31：9

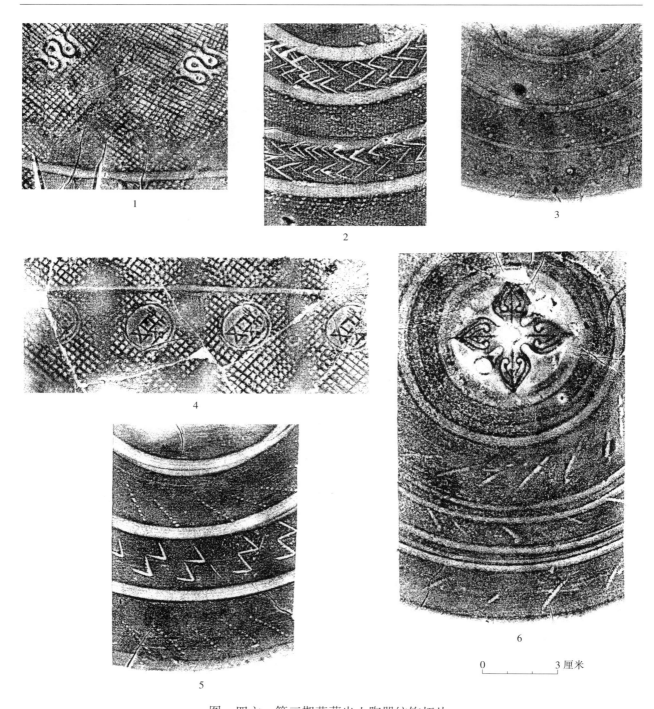

图一四六　第三期墓葬出土陶器纹饰拓片

1. 戳印纹（M20：5）　　2. 篦纹＋刻划纹＋水波纹＋弦纹（M05A：20）　　3. 篦纹＋刻划纹（M05A：22）
4. 五铢纹（M05A：22）　　5. 篦纹＋水波纹（M05A：21）　　6. 四叶纹＋弦纹＋篦纹（M05A：1）

　　标本 M157：4，泥质硬陶，灰色。施青黄釉，多脱落。敞口，圆唇，短颈，长腹，下收腹，平底。器身饰弦纹、方格纹、双曲形戳印纹。口径 24.8、底径 25.6、高 34.2 厘米（图一四七，3）。

　　标本 M46：23，泥质硬陶，灰色。施青黄釉，多脱落。敞口，短颈，长腹，下收腹，平底。器

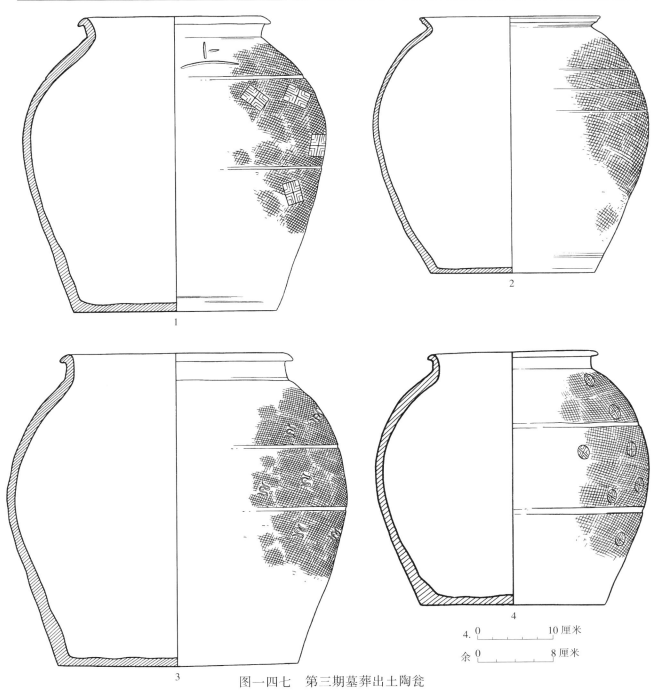

图一四七　第三期墓葬出土陶瓷
1. A 型 II 式（M157：1）　2. A 型 IV 式（M121：5）　3、4. B 型（M157：4、M46：23）

身饰凹弦纹、方格纹、圆形戳印纹。口径 23、底径 24、高 34.8 厘米（图一四七，4；彩版三一，3）。

标本 M01：6，泥质硬陶，灰色。施青黄釉，多脱落。敞口，尖唇，短颈，长腹，下收腹，平底微凹。器身饰凹弦纹、方格纹、方形戳印纹。口径 16、底径 18.5、高 30 厘米（图一四八，3）。

C 型　10 件。瘦椭圆腹，腹最大径位置居中或微偏上。沿下折。

标本 M07：23，泥质硬陶，灰色。敞口，尖唇，短颈，长腹，下收腹，平底。器身饰弦纹、方格纹、方体尖锥形戳印纹。口径24.8、底径24、高39.6厘米（图一四八，4；彩版三一，4）。

标本 M15：20，泥质硬陶，灰色。施青黄釉，多脱落。敞口，尖唇，短颈，长腹，下收腹，平底。器身饰弦纹、方格纹、方形戳印纹。口径23.1、底径25、高42厘米（图一四八，1）。

标本 M4：9，泥质硬陶，灰色。施青黄釉，多脱落。敞口，尖唇，短颈，长腹，下收腹，平底。器身饰弦纹、方格纹、圆形戳印纹。口径17.8、底径17.5、高30.5厘米（图一四八，2）。

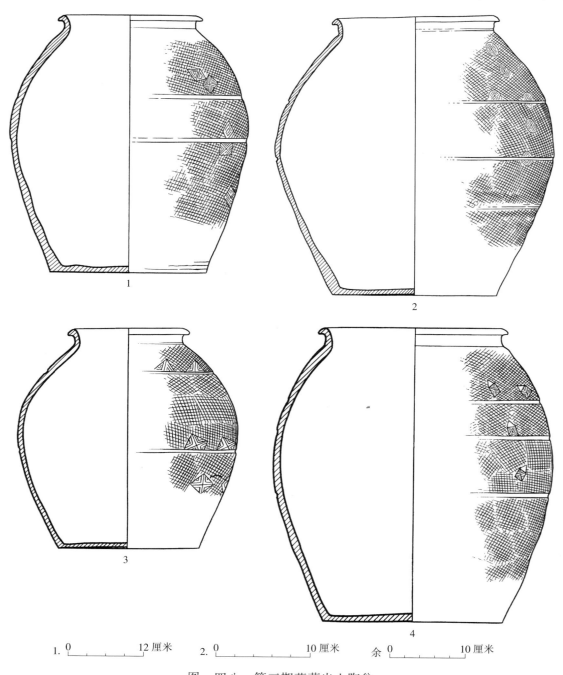

图一四八　第三期墓葬出土陶瓮

1、2、4. C 型（M15：20、M4：9、M07：23）　　3. B 型（M01：6）

罐　107 件。以腹特征分型（其中有 16 件陶罐较残不分型）。

A 型　4 件。鼓腹，腹最大径位置居上。以口沿特征分式。

A 型Ⅲ式　4 件。斜领。

标本 M06B：3，泥质软陶，青灰色。器形已残。敞口，鼓腹，下收腹，平底。器身饰细绳纹、回纹等，但纹饰多较模糊。口径 10.6、底径 8.7、高 10.7 厘米（图一四九，1）。

标本 M76：8，泥质软陶，红褐色。褐色陶衣，多已脱落。敞口，鼓腹，下收腹，平底微凹。素面。口径 7.8、底径 5.8、高 5 厘米（图一四九，2）。

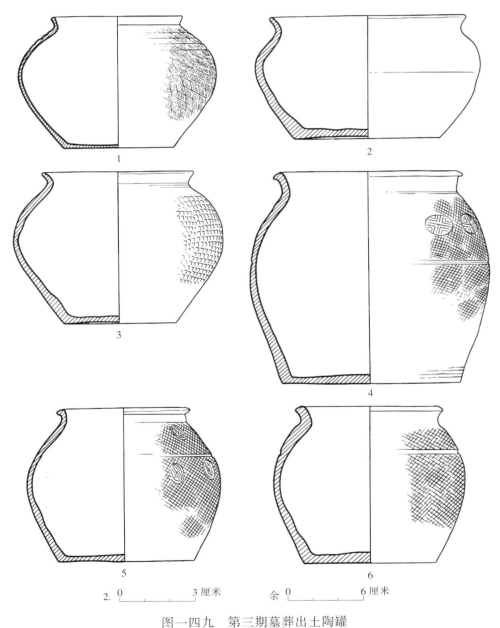

图一四九　第三期墓葬出土陶罐

1 ~ 3. A 型Ⅲ式（M06B：3、M76：8、M76：14）　　4 ~ 6. C 型Ⅱ式（M01：23、M4：13、M15：12）

标本 M76：14，泥质软陶，红褐色。器形已残。敞口，鼓腹，下收腹，平底微凹。器身饰方格纹，纹饰多较模糊。口径 12、底径 9、高 12.6 厘米（图一四九，3）。

C 型　23 件。鼓腹，腹最大径位置居中。以口沿变化分式。

C 型 Ⅱ 式　4 件。沿面略外斜，微折领。

标本 M4：13，泥质硬陶，灰色。施青黄釉，多脱落。敞口，窄沿，鼓腹，下收腹，平底。器身饰凹弦纹、方格纹、圆形戳印纹。口径 10.6、底径 10.8、高 12.5 厘米（图一四九，5；彩版三二，1）。

标本 M15：12，泥质硬陶，灰色。施青黄釉，多脱落。敞口，窄沿，鼓腹，下收腹，平底。器身饰凹弦纹、方格纹。口径 11.8、底径 11、高 12.6 厘米（图一四九，6）。

标本 M01：23，泥质硬陶，灰色。施青黄釉，多脱落。敞口，窄沿，鼓腹，下收腹，平底。器身饰凹弦纹、方格纹、圆形戳印纹。口径 15、底径 14.3、高 17.5 厘米（图一四九，4）。

C 型 Ⅲ 式　1 件。斜领。

标本 M07：31，泥质硬陶，灰色。施青黄釉，多脱落。敞口，鼓腹，下收腹，平底。器身饰凹弦纹、方格纹、菱形戳印纹。口径 13、底径 13、高 14.7 厘米（图一五〇，1）。

C 型 Ⅴ 式　18 件。沿面较宽，下折沿。

标本 M4：7，泥质硬陶，灰色。施青黄釉，多脱落。敞口，鼓腹，下收腹，平底微凹。器身饰凹弦纹、方格纹，方格纹饰较模糊。口径 8.1、底径 8.5、高 8 厘米（图一五〇，2）。

标本 M01：45，泥质软陶，棕褐色。敞口，鼓腹，下收腹，平底。器身饰凹弦纹、方格纹。口径 13.8、底径 13.2、高 17 厘米（图一五〇，4）。

标本 M157：3，泥质硬陶，灰色。施青黄釉，多脱落。敞口，鼓腹，下收腹，平底微凹。器身饰凹弦纹、方格纹、方形戳印纹。口径 13.4、底径 16、高 19.8 厘米（图一五〇，3）。

D 型　11 件。长鼓腹，腹最大径位置居中。以口沿变化分式。

D 型 Ⅲ 式　11 件。下折沿。

标本 M117：3，泥质软陶，灰黄色。敞口，短颈，鼓腹，下收腹，平底微凹。器身饰弦纹、方格纹、圆形戳印纹。口径 15.2、底径 15.6、高 19.3 厘米（图一五〇，5；彩版三二，2）。

标本 M70：14，泥质硬陶，灰色。施青黄薄釉，多脱落。敞口，沿面与口之夹角尖凸成棱，短颈，鼓腹，下收腹，平底微凹。器身饰方格纹、凹弦纹、方形戳印纹。口径 17、底径 17.4、高 20 厘米（图一五〇，6）。

标本 M70：1，泥质硬陶，灰色。施青黄薄釉，多脱落。敞口，宽沿，沿面与口之夹角尖凸成棱，短颈，鼓腹，下收腹，平底微凹。器身饰方格纹、凹弦纹、菱形戳印纹。口径 16.6、底径 17.1、高 19.9 厘米（图一五〇，7）。

E 型　16 件。圆鼓腹，腹最大径位置居中。以口沿变化分式。

E 型 Ⅰ 式　2 件。沿面微外斜。

图一五〇　第三期墓葬出土陶罐

1. C 型Ⅲ式（M07：31）　　2 ~ 4. C 型Ⅴ式（M4：7、M157：3、M01：45）　　5 ~ 7. D 型Ⅲ式（M117：3、M70：14、M70：1）

标本 M15∶7，泥质硬陶，灰色。敞口，下收腹，平底微凹。器身饰弦纹、方格纹。口径 11.3、底径 10.6、高 11.2 厘米（图一五一，1）。

标本 M117∶7，泥质硬陶，浅灰色。施青黄釉，大多脱落。敞口，下收腹，平底微凹。器身饰

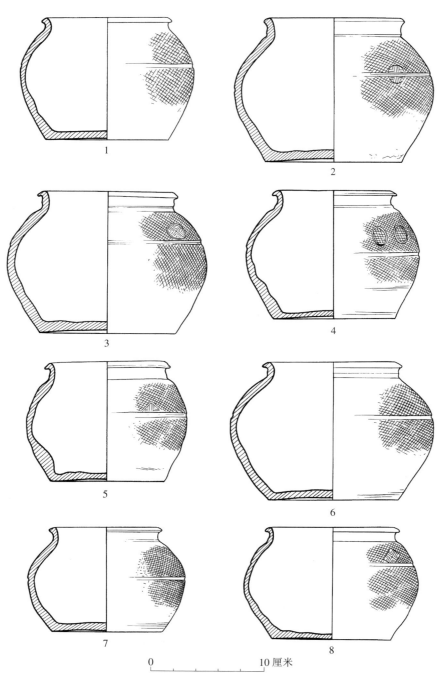

0   10 厘米

图一五一　第三期墓葬出土陶罐

1、2. E 型 I 式（M15∶7、M117∶7）　　3～5. E 型 II 式（M117∶6、M46∶24、M46∶21）

6～8. Fa 型 I 式（M53∶21、M117∶31、M07∶4）

弦纹、方格纹、圆形戳印纹。口径12.3、底径12.2、高13.1厘米（图一五一，2）。

E型Ⅱ式　14件。沿面下折。

标本 M117：6，泥质硬陶，浅灰色。施青黄釉，大多脱落。敞口，下收腹，平底微凹。器身饰弦纹、方格纹、圆形戳印纹。口径12.4、底径12.2、高13.1厘米（图一五一，3；彩版三二，3）。

标本 M46：24，泥质硬陶，灰色。施青黄釉，大多脱落。敞口，下收腹，平底微凹。器身饰弦纹、方格纹、圆形戳印纹。口径11.2、底径10.7、高11.7厘米（图一五一，4）。

标本 M46：21，泥质硬陶，灰色。施青黄釉，大多脱落。敞口，下收腹，平底微凹。器身饰弦纹、方格纹、方形戳印纹。口径11、底径10.2、高11.1厘米（图一五一，5）。

F型　31件。扁鼓腹。以腹部最大径位置分亚型。

Fa型　14件。腹最大径位置居中。以口沿变化分式。

Fa型Ⅰ式　4件。沿略宽，沿面微外斜。

标本 M53：21，泥质硬陶，灰色。施青黄釉，多脱落。敞口，下收腹，平底微凹。器身饰方格纹、凹弦纹。口径12.2、底径11.2、高12.8厘米（图一五一，6；彩版三二，4）。

标本 M117：31，泥质软陶，红褐色。敞口，下收腹，平底微凹。器身饰方格纹、凹弦纹。口径10.1、底径9.9、高9.5厘米（图一五一，7）。

标本 M07：4，泥质硬陶，灰色。敞口，短颈，下收腹，平底微凹。器身饰方格纹、凹弦纹、方形戳印纹。口径12、底径10.6、高10.2厘米（图一五一，8）。

Fa型Ⅳ式　10件。下折沿。

标本 M01：18，泥质硬陶，灰色。施青黄釉，多已脱落。敞口，下收腹，平底微凹。器身饰方格纹、凹弦纹。口径10.2、底径10.2、高8厘米（图一五二，2；彩版三二，5）。

标本 M53：25，泥质硬陶，灰色。施青黄釉，多已脱落。敞口，下收腹，平底。器身饰方格纹、凹弦纹。口径13.6、底径13.6、高13.2厘米（图一五二，1）。

标本 M46：25，泥质硬陶，灰色。施青黄釉，多已脱落。敞口，下收腹，平底。器身饰一道凹弦纹。口径11.8、底径12.2、高10.8厘米（图一五二，3）。

Fb型　17件。腹最大径位置偏下。以口沿特征分式。

Fb型Ⅰ式　15件。下折沿。

标本 M119：1，泥质硬陶，灰色。施青黄釉，多已脱落。敞口，下收腹，平底。器身饰方格纹、凹弦纹。口径16、底径16.3、高15.3厘米（图一五二，4；彩版三三，1）。

标本 M20：5，泥质硬陶，灰色。施青黄釉，多已脱落。敞口，下收腹，平底。器身饰方格纹、凹弦纹、曲线戳印纹。口径15.1、底径15.9、高14.9厘米（图一五二，5）。

标本 M01：22，泥质硬陶，灰色。施青黄釉，多已脱落。敞口，下收腹，平底微凹。器身饰方格纹、凹弦纹。口径12.9、底径13.5、高11.8厘米（图一五二，6）。

Fb型Ⅱ式　1件。斜领，圆唇。

图一五二　第三期墓葬出土 F 型陶罐

1～3. Fa 型Ⅳ式（M53：25、M01：18、M46：25）　　4～6. Fb 型Ⅰ式（M119：1、M20：5、M01：22）

7. Fb 型Ⅱ式（M15：14）　　8. Fb 型Ⅲ式（M46：22）

　　标本 M15：14，泥质硬陶，灰色。施青黄釉，多已脱落。敞口，下收腹，平底。下腹有一道凹弦纹。口径 7.3、底径 6.6、高 5.6 厘米（图一五二，7）。

　　Fb 型Ⅲ式　1 件。斜领，斜沿，微出檐。

标本 M46：22，泥质硬陶，灰色。施青黄釉，局部脱落。敞口，下收腹，平底。器身饰方格纹、方形戳印纹。口径 11.3、底径 12.4、高 12.4 厘米（图一五二，8；彩版三三，2）。

G 型　4 件。球形鼓腹。腹最大径位置居中。以口沿特征分式。

G 型 I 式　4 件。沿面下折。

标本 M53：17，泥质硬陶，灰色。施青黄釉，多已脱落。敞口，收腹，平底微凹。素面。口径 15.9、底径 18.2、高 20.7 厘米（图一五三，1；彩版三三，3）。

标本 M53：18，泥质硬陶，灰色。施青黄釉，多已脱落。敞口，收腹，平底微凹。上腹与下腹各有两道凹弦纹。肩腹部有刻划符号。口径 17、底径 17.8、高 20.8 厘米（图一五三，2）。

H 型　2 件。凸腹。以腹最大径位置分亚型（本期仅见 Ha 型）。

Ha 型　2 件。腹最大径位置居中。以口沿特征分式。

Ha 型 I 式　1 件。沿下折。以器形体变化分亚式。

Ha 型 I a 式　1 件。器形较短（器形长度较 Ha 型 I b 式短）。

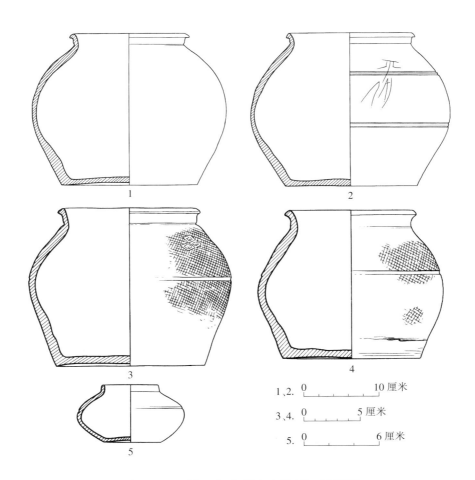

图一五三　第三期墓葬出土陶罐、异形罐

1、2. G 型 I 式罐（M53：17、M53：18）　3. Ha 型 I a 式罐（M117：4）

4. Ha 型 II 式罐（M70：62）　5. 异形罐（M01：15）

标本 M117：4，泥质软陶，胎质棕色。外表施暗灰色陶衣。敞口，收腹，平底微凹。器身饰方格纹、弦纹、菱形戳印纹。口径 12.8、底径 13.4、高 14.3 厘米（图一五三，3；彩版三三，4）。

Ha 型 Ⅱ式　1 件。折领，沿面外斜，微出檐。

标本 M70：62，泥质硬陶，灰色。施青黄釉，多已脱落。敞口，收腹，平底微凹。器身饰方格纹、凹弦纹。口径 11.5、底径 12.5、高 13.4 厘米（图一五三，4；彩版三三，5）。

异形罐　1 件。

标本 M01：15，泥质软陶，红褐色。外表施褐釉，多已脱落。器形较扁。敛口，圆唇，凸腹，平底微凹。腹部有一道凹弦纹。口径 4.6、底径 4.4、高 4.7 厘米（图一五三，5）。

四耳罐　6 件。以腹部特征分型（其中有 1 件陶罐较残而不分型）。

A 型　3 件。鼓腹。

标本 M05A：35，泥质硬陶，灰白色。施青黄釉，多已脱落。微敛口，收腹，平底。肩部四耳为桥形耳。器身饰凹弦纹、方格纹。有盖，盖顶隆起，中有凹形纽。口径 7.2、底径 11.8、通高 16.4 厘米（图一五四，1；彩版三三，6）。

标本 M05A：33，泥质硬陶，灰白色。施青黄釉，多已脱落。微敛口，收腹，平底微凹。肩部四耳为桥形耳。器身饰凹弦纹、方格纹。有盖，盖顶隆起，中有凹形纽。盖面饰弦纹、戳印篦纹。口径 7.1、底径 12.5、通高 16 厘米（图一五四，2）。

标本 M70：3，泥质硬陶，灰色。施青黄釉，多已脱落。微敛口，收腹，平底微凹。肩部四耳为桥形耳。器身饰凹弦纹、方格纹。口径 7、底径 12.4、高 13.2 厘米（图一五四，3）。

B 型　2 件。扁鼓腹。

标本 M70：15，泥质硬陶，灰色。施青黄釉，多已脱落。微敛口，收腹，平底微凹。肩部四耳为桥形耳。器身饰凹弦纹、方格纹、方形戳印纹。有盖，盖顶隆起，中有凹形纽。口径 8.2、底径 13、通高 16.6 厘米（图一五四，4；彩版三四，1）。

标本 M70：6，泥质硬陶，灰色。施青黄釉，多已脱落。微敛口，收腹，平底。肩部四耳为桥形耳。器身饰凹弦纹、方格纹。有盖，盖顶隆起，中有凹形纽。盖面饰弦纹、戳印篦纹。口径 8.8、底径 13.3、通高 15 厘米（图一五四，5）。

仿双耳罐　6 件。以器物肩、腹特征分型。

A 型　5 件。鼓腹，腹最大径位置偏上或略偏上。以口沿特征分式。

A 型 Ⅰ式　4 件。斜领。

标本 M07：8，泥质软陶，青灰色。施褐釉，多已脱落。微敞口，长腹，下收腹，平底。肩两侧粘贴对称圆乳突假耳，已脱落，仅余痕迹。肩饰一道弦纹。口径 11、底径 12、高 14.8 厘米（图一五五，1）。

标本 M76：6，泥质软陶，红褐色。施灰褐色陶衣。敞口，长腹，下收腹，平底。肩两侧粘贴对称圆点假耳。器身饰弦纹、方格纹。口径 11、底径 10、高 10.5 厘米（图一五五，3）。

标本 M76：18，泥质软陶，红褐色。施灰褐色陶衣。敞口，长腹，下收腹，平底。肩两侧粘贴

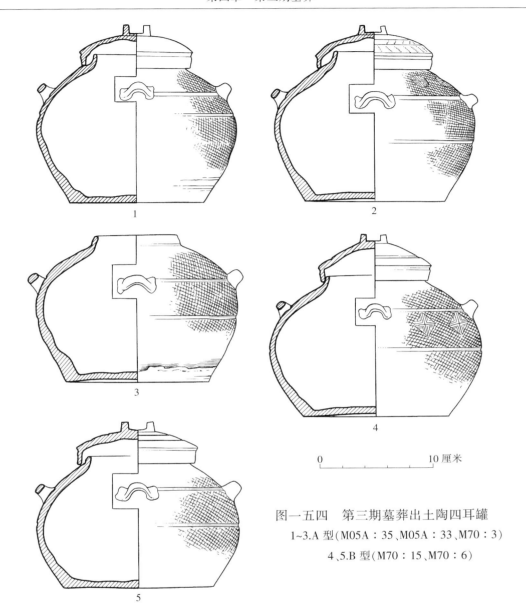

图一五四　第三期墓葬出土陶四耳罐
1~3.A 型(M05A：35、M05A：33、M70：3)
4、5.B 型(M70：15、M70：6)

对称圆饼形假耳。器身饰方格纹、弦纹。器已残。口径 10.8、底径 9、高 10 厘米（图一五五，4）。

A 型Ⅳ式　1 件。沿微卷。

标本 M20：1，泥质硬陶，青灰色。敞口，长腹，下收腹，平底。肩两侧粘贴对称圆饼形假耳。器身饰弦纹、方格纹。口径 12.4、底径 12.4、高 15.3 厘米（图一五五，2）。

C 型　1 件。扁鼓腹。

标本 M76：17，泥质软陶，灰色。施灰褐色陶衣。敞口，长腹，下收腹，平底。肩两侧粘贴对称圆饼形假耳。器身饰弦纹、方格纹。口径 10.2、底径 10.2、高 10 厘米（图一五五，5）。

五联罐　5 件。由四只相同的罐相连，中间上附一小罐构成。以下层四罐中的单罐腹部特征分型。本期有 C、D、E 型。

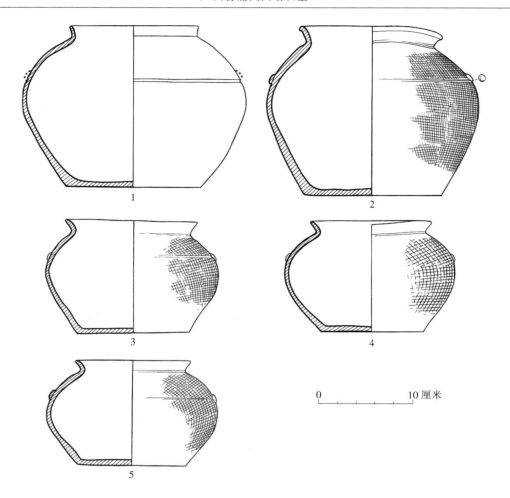

图一五五　第三期墓葬出土陶仿双耳罐

1、3、4. A 型 I 式（M07：8、M76：6、M76：18）　2. A 型 Ⅳ 式（M20：1）　5. C 型（M76：17）

C 型　1 件。扁腹，平底。以口沿特征分式。

C 型 I 式　1 件。内斜领。

标本 M07：21，泥质硬陶，灰色。施青黄釉。大罐为敛口，圆唇，平底。素面。有圆盖，盖上有桥形纽。整体宽约 22、通高 8.8 厘米（图一五六，1；彩版三四，2）。

D 型　1 件。长鼓腹。

标本 M05A：34，泥质硬陶，灰色。施青黄釉。大罐为敛口，圆唇，平底微凹。素面。有圆盖，盖上有鸟形纽。整体宽约 20、通高 9.6 厘米（图一五六，2；彩版三四，3）。

E 型　3 件。垂腹。

标本 M70：43，泥质硬陶，灰色。施青黄釉。大罐为微敛口，圆唇，平底。素面。整体宽约 20、通高 7.5 厘米（图一五六，3；彩版三四，4）。

标本 M20：14，泥质硬陶，灰色。施青黄釉。大罐为微敛口，圆唇，平底。素面。有圆盖，盖上有纽。整体宽约 20.8、通高 8.9 厘米（图一五六，4）。

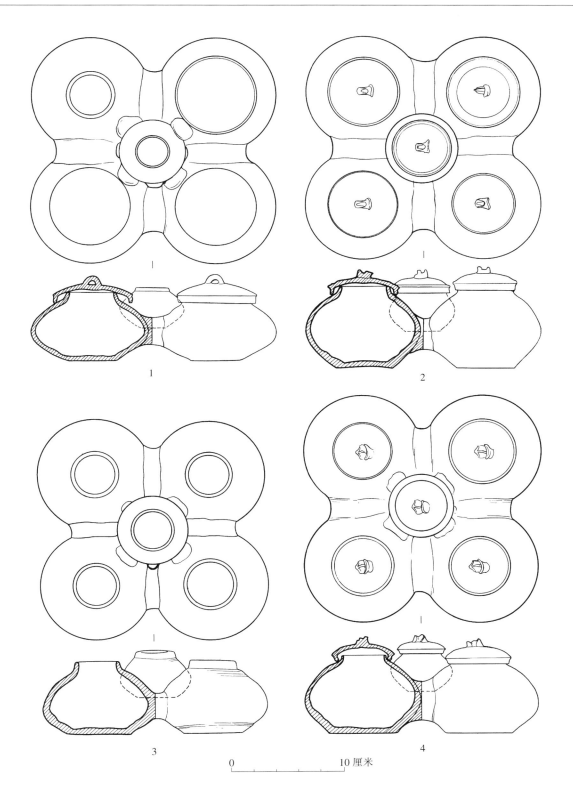

图一五六　第三期墓葬出土陶五联罐

1. C 型 I 式（M07：21）　　2. D 型（M05A：34）　　3、4. E 型（M70：43、M20：14）

标本 M117：19，泥质硬陶，灰色。大罐为敛口，圆唇，平底。素面。有圆盖，盖上有鸟形纽。整体宽约 20、通高 8.4 厘米（图一五七，1）。

三联罐　1 件。敞口，斜领，微垂腹。

标本 M07：29，泥质硬陶，灰色。三罐呈"品"字形连接，大罐为敞口，圆唇，斜领，微垂腹，平底。素面。整体宽约 19.6、通高 6.4 厘米（图一五七，2）。

瓿　2 件。以器物形体特征分型。本期有 E、F 型。

E 型　1 件。扁鼓腹。

标本 M01：21，泥质硬陶，灰白色。施褐釉，多已脱落。微敛口，收腹，底微凹。肩部有两竖耳，已残。器身饰弦纹、方格纹。口径 8.4、底径 13.6、高 11.6 厘米（图一五七，3；彩版三四，5）。

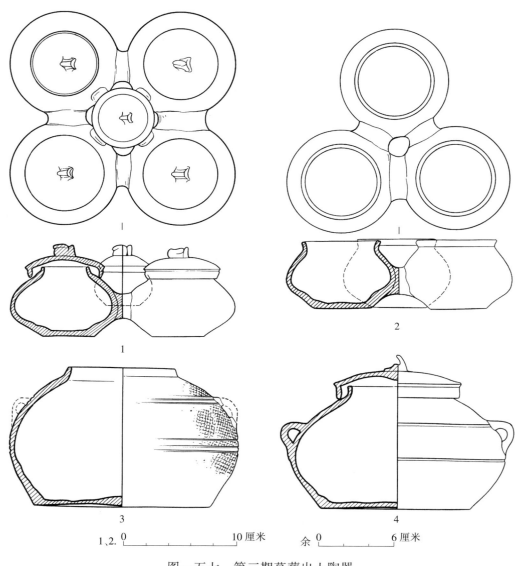

图一五七　第三期墓葬出土陶器

1. E 型五联罐（M117：19）　　2. 三联罐（M07：29）　　3. E 型瓿（M01：21）　　4. F 型瓿（M07：10）

F 型　1 件。扁凸腹。腹最大径偏下。

标本 M07：10，泥质硬陶，灰白色。施青黄釉，局部脱落。直口，收腹，平底微凹。肩部有两竖耳。有圆盖，盖顶中有纽。肩、腹部各饰一道弦纹。口径 7.5、底径 11.6、通高 12.7 厘米（图一五七，4；彩版三五，1）。

壶　40 件。以腹部特征或器物形态分型（其中有 3 件因残缺不分型）。本期有 G、H、I、J 型。

G 型　1 件。大圆腹，粗短颈。以口沿特征分式。

G 型Ⅱ式　1 件。盘口。

标本 M117：11，泥质软陶，红褐色。鼓腹，圈足，圈足两侧有两个小孔。肩部有双桥耳。肩、腹处饰弦纹。口径 8.2、底径 13、高 26.7 厘米（图一五八，1）。

H 型　2 件。球形腹。以口沿特征分式。

H 型Ⅱ式　2 件。盘口。

标本 M53：13，泥质硬陶，灰色。施青黄釉，多已脱落。鼓腹，高圈足，圈足两侧有两个小孔。肩部有双桥耳。肩、腹处饰弦纹。口径 14.5、底径 16.6、高 39.8 厘米（图一五八，2；彩版三五，2）。

标本 M4：12，泥质硬陶，灰色。施青黄釉。鼓腹，高圈足，圈足两侧有两个小孔。肩部有双桥耳。肩、腹处饰弦纹。肩部有刻划符号。口径 14.5、底径 18、高 38.3 厘米（图一五八，4）。

I 型　15 件。圆鼓腹。以口沿特征分式。

I 型Ⅰ式　5 件。子母口。以有无铺首分亚式（本期只有 I 型Ⅰa 式）。

I 型Ⅰa 式　5 件。无铺首。

标本 M05A：15，泥质硬陶，灰色。施青黄釉，多已脱落。鼓腹，高圈足，圈足两侧有两个小孔。肩部有双桥耳。颈、肩、腹处饰弦纹。带圆盖。盖面饰弦纹、篦纹。口径 12、底径 13、通高 40 厘米（图一五八，3；彩版三五，3）。

标本 M119：8，泥质硬陶，灰色。施青黄釉，多已脱落。鼓腹，高圈足，圈足两侧有两个小孔。肩部有双桥耳。颈、肩、腹处饰弦纹。带圆盖。盖面饰弦纹、篦纹。口径 10、底径 13、通高 37 厘米（图一五八，5）。

标本 M157：9，泥质硬陶，灰色。施青黄釉，多已脱落。鼓腹，高圈足，圈足两侧有两个小孔。肩部有双桥耳。颈、肩、腹处饰弦纹。带圆盖，纽残。盖面饰弦纹、篦纹。口径 10、底径 11.6、残高 35 厘米（图一五八，6）。

I 型Ⅱ式　10 件。盘口。

标本 M15：19，泥质硬陶，灰色。施青黄釉。鼓腹，高圈足，圈足两侧有两个小孔。肩部有双桥耳。颈、肩、腹处饰弦纹。口径 14、底径 15.2、高 38.4 厘米（图一五九，1）。

标本 M20：6，泥质硬陶，灰色。施青黄釉。鼓腹，高圈足，圈足两侧有两个小孔。肩部有双桥耳。颈、肩、腹处饰弦纹。口径 10.5、底径 11.4、高 29 厘米（图一五九，2；彩版三五，4）。

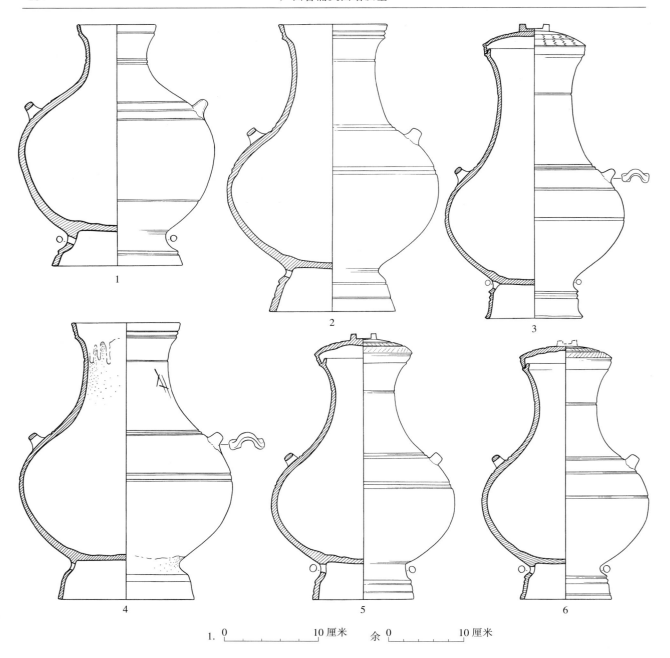

1. 0 ⸻ 10厘米　余 0 ⸻ 10厘米

图一五八　第三期墓葬出土陶壶

1. G型Ⅱ式（M117:11）　2、4. H型Ⅱ式（M53:13、M4:12）　3、5、6. I型Ⅰa式（M05A:15、M119:8、M157:9）

标本 M31:13，泥质硬陶，灰色。施青黄釉，多已脱落。鼓腹，高圈足，圈足两侧有两个小孔。肩部有双桥耳。颈、肩、腹处饰弦纹。口径11.5、底径12.2、高32厘米（图一五九，3）。

J型　19件。溜肩，桃形腹。以口沿特征分两式。

J型Ⅰ式　4件。子母口。以铺首有无分亚式。

J型Ⅰa式　4件。无铺首。

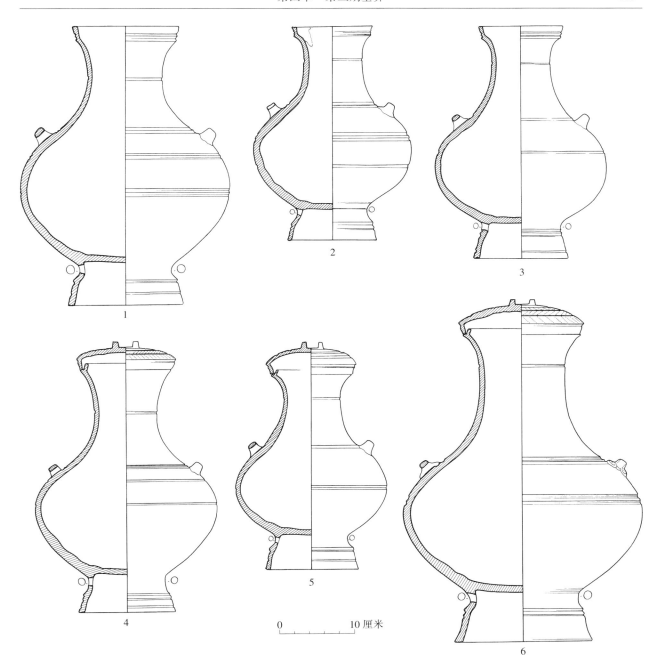

图一五九　第三期墓葬出土陶壶

1~3. I 型 II 式（M15∶19、M20∶6、M31∶13）　4~6. J 型 I a 式（M157∶11、M46∶14、M70∶18）

标本 M70∶18，泥质硬陶，灰色。施青黄釉。鼓腹，高圈足，圈足两侧有两个小孔。肩部有双桥耳。颈、肩、腹处饰弦纹。带圆盖，盖顶有凹形纽。盖面饰弦纹、篦纹。口径 14、底径 18.6、通高 46.5 厘米（图一五九，6；彩版三六，1）。

标本 M157∶11，泥质硬陶，灰色。施青黄釉，多已脱落。鼓腹，高圈足，圈足两侧有两个小孔。肩部有双桥耳。颈、肩、腹处饰弦纹。带圆盖，盖顶有凹形纽。盖面饰弦纹、篦纹。口径 10、底径 12.8、通高 37 厘米（图一五九，4）。

标本 M46：14，泥质硬陶，灰色。施青黄釉，局部脱落。鼓腹，高圈足，圈足两侧有两个小孔。肩部有双桥耳。颈、肩、腹处饰弦纹。带圆盖，盖顶有凹形纽。盖面饰弦纹、篦纹。口径 11、底径 12.2、通高 31 厘米（图一五九，5）。

J 型 Ⅱ 式　15 件。盘口。以有无铺首分亚式。

J 型 Ⅱa 式　15 件。无铺首

标本 M157：12，泥质硬陶，灰色。施青黄釉。鼓腹，高圈足，圈足两侧有两个小孔。肩部有双桥耳。颈、肩、腹处饰弦纹。口径 14.5、底径 17.2、高 40.1 厘米（图一六〇，1；彩版三六，2）。

标本 M01：26，泥质硬陶，灰色。施青黄釉，多已脱落。鼓腹，高圈足，圈足两侧有两个小孔。肩部有双桥耳。颈、肩、腹处饰弦纹。口径 6.3、底径 7.3、高 19.4 厘米（图一六〇，3）。

标本 M46：16，泥质硬陶，灰色。施青黄釉，局部脱落。鼓腹，高圈足，圈足两侧有两个小孔。肩部有双桥耳。颈、肩、腹处饰弦纹。口径 15、底径 16.8、高 37.2 厘米（图一六〇，4）。

匏壶　1 件。以器物形态特征分型。

C 型　1 件。

标本 M70：17，泥质硬陶，灰色。施青黄釉，多已脱落。器形比第二期墓葬所出土的同型要大得多。小直口，细颈，圆鼓腹，高圈足，圈足两侧有两个小孔。肩部有对称桥形耳。肩、腹处饰弦纹。口径 6、底径 14.8、高 37.6 厘米（图一六〇，2；彩版三六，3）。

提筒　5 件。以器物形态特征分型。

D 型　3 件。以底、足部特征分式。

D 型 Ⅰ 式　1 件。平底。

标本 M05A：23，泥质硬陶，灰色。施青黄釉，多已脱落。子母口内敛，筒形腹，上小下大，平底。上腹有对称桥形耳。器身饰方格纹、弦纹、圆形戳印纹、菱形戳印纹。有圆形盖，盖顶有凹形纽。盖面饰弦纹、篦纹。口径 13.6、底径 15.6、通高 28 厘米（图一六一，1；彩版三六，4）。

D 型 Ⅱ 式　2 件。圈足。

标本 M05A：24，泥质硬陶，灰色。施青黄釉，多已脱落。子母口内敛，筒形腹，腹外壁略有凹曲，矮圈足。上腹有对称桥形耳。器身饰方格纹、弦纹、五铢钱纹。有圆形盖，盖顶有凹形纽。盖面饰弦纹、篦纹。口径 16、底径 15.9、通高 25.4 厘米（图一六一，2；彩版三七，1）。

标本 M05A：22，泥质硬陶，灰色。施青黄釉，多已脱落。子母口内敛，筒形腹，腹外壁略有凹曲，矮圈足。上腹有对称桥形耳。器身饰方格纹、弦纹、五铢钱纹。有圆形盖，盖顶有凹形纽。盖面饰弦纹、篦纹。口径 16、底径 15.2、通高 25.2 厘米（图一六一，3）。

E 型　2 件。

标本 M05A：21，泥质硬陶，灰色。施青黄釉，多已脱落。子母口内敛，筒形直腹，平底。上腹有对称桥形耳。器身饰弦纹。有圆形盖，盖顶有凹形纽。盖面饰弦纹、篦纹。口径 19、底径 20.5、通高 29.1 厘米（图一六一，4；彩版三七，2）。

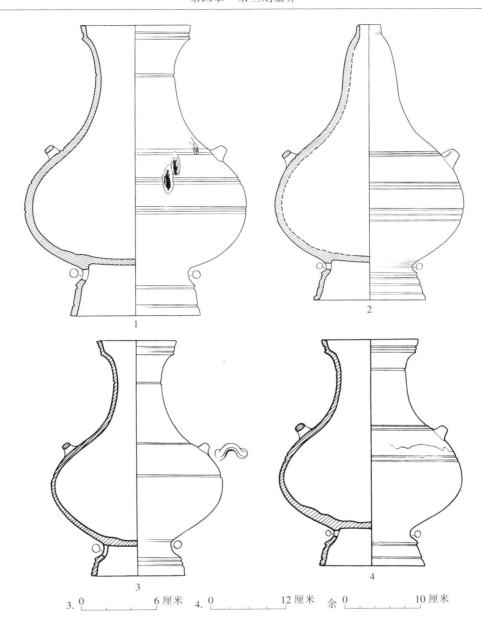

图一六〇 第三期墓葬出土陶壶、匏壶

1、3、4. J 型 Ⅱa 式壶（M157：12、M01：26、M46：16） 2. C 型匏壶（M70：17）

标本 M05A：20，泥质硬陶，灰色。施青黄釉，多已脱落。子母口内敛，筒形直腹。平底。上腹有对称桥形耳。器身饰弦纹。有圆形盖，盖顶有凹形纽。盖面饰弦纹、篦纹。口径 20、底径 21.4、通高 29.5 厘米（图一六二，1）。

盆 2 件。以腹部特征分型。

A 型 1 件。鼓腹。以颈部特征分式。

A 型 Ⅰ 式 1 件。束颈。

标本 M01：9，泥质硬陶，灰色。施青黄釉。敞口，沿外斜，束颈，上腹微鼓，下收腹，平底。

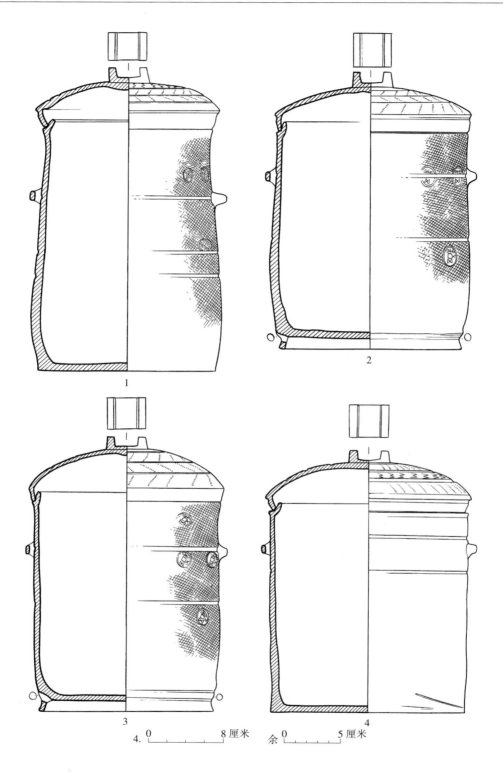

4. 0 _____ 8 厘米　余 0 _____ 5 厘米

图一六一　第三期墓葬出土陶提筒

1. D 型 I 式（M05A：23）　2、3. D 型 II 式（M05A：24、M05A：22）　4. E 型（M05A：21）

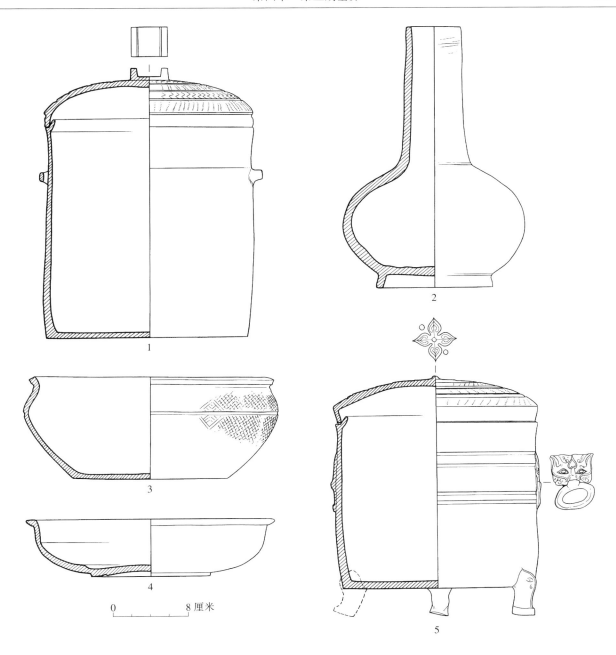

图一六二 第三期墓葬出土陶器

1. E 型提筒（M05A：20） 2. A 型细颈瓶（M15：17） 3. A 型 I 式盆（M01：9）

4. B 型 I 式盆（M70：21） 5. A 型奁（M05A：1）

器身饰弦纹、方格纹、方形戳印纹。口径 26.1、底径 16.2、高 11.2 厘米（图一六二，3；彩版三

七，3）。

B 型 1 件。弧腹。以盆腹深浅分式。

B 型 I 式 1 件。浅腹。

标本 M70：21，泥质硬陶，灰色。施青黄釉。敞口，宽平沿，上腹较直，下腹斜收，平底微

凹。口径 26.4、底径 12、高 6.2 厘米（图一六二，4；彩版三七，4）。

奁 1 件。以器物形态分型。

A 型 1 件。深圆筒形。

标本 M05A∶1，泥质硬陶，灰色。施青黄釉，多已脱落。子口，口内敛，深直腹，平底附三兽蹄形足。腹两侧有铺首衔环。器身饰弦纹。有圆盖，盖隆起，顶有四叶纹座乳突形纽。盖面饰弦纹、篦纹。口径 20、通高 26.5 厘米（图一六二，5；彩版三七，5）。

细颈瓶 1 件。以腹特征分型。

A 型 1 件。圆鼓腹。

标本 M15∶17，泥质硬陶，灰色。施青黄釉，多已脱落。小直口，细长颈，圆鼓腹，平底，矮圈足。口径 6.1、足径 12.3、高 28.9 厘米（图一六二，2；彩版三八，1）。

碗 15 件。以腹部特征分型。

A 型 11 件。下腹均有一凹槽。以口沿变化分式。

A 型 I 式 3 件。沿面较平。

标本 M20∶35，泥质硬陶，灰色。施青黄釉，多已脱落。敞口，平沿，下收腹，喇叭形圈足。素面。口径 11、足径 5.8、高 5.6 厘米（图一六三，1）。

标本 M20∶36，泥质硬陶，灰色。施青黄釉，多已脱落。敞口，平沿，下收腹，圈足。素面。口径 11.6、足径 5.7、高 7.4 厘米（图一六三，2）。

标本 M20∶30，泥质硬陶，灰色。施青黄釉，多已脱落。敞口，平沿，下收腹，圈足。素面。口径 11.4、足径 5.6、高 7.1 厘米（图一六三，3；彩版三八，2）。

A 型 II 式 8 件。沿面微内凹。

标本 M05A∶31，泥质硬陶，灰色。敞口，平沿，下收腹，圈足。素面。口径 12.8、足径 7、高 7.1 厘米（图一六三，4；彩版三八，3）。

标本 M20∶39，泥质硬陶，灰色。施青黄釉，多已脱落。敞口，平沿，下收腹，圈足。素面。口径 11.6、足径 5.4、高 6.2 厘米（图一六三，5）。

标本 M20∶33，泥质硬陶，灰色。施青黄釉，多已脱落。敞口，平沿，下收腹，圈足。素面。口径 11.5、足径 5.7、高 6.1 厘米（图一六三，6）。

B 型 4 件。下腹无凹槽。以口沿变化分式。

B 型 I 式 3 件。沿面较平。

标本 M20∶37，泥质硬陶，灰色。施青黄釉，多已脱落。敞口，平沿，下收腹，圈足。素面。口径 11.4、足径 6、高 7.3 厘米（图一六三，7）。

标本 M20∶38，泥质硬陶，灰色。施青黄釉，多已脱落。敞口，平沿，下收腹，圈足。素面。口径 11.6、足径 6.5、高 7.1 厘米（图一六三，8）。

标本 M20∶31，泥质硬陶，灰色。施青黄釉，多已脱落。敞口，平沿，下收腹，圈足。素面。口径 11.5、足径 6.1、高 6.5 厘米（图一六三，9；彩版三八，4）。

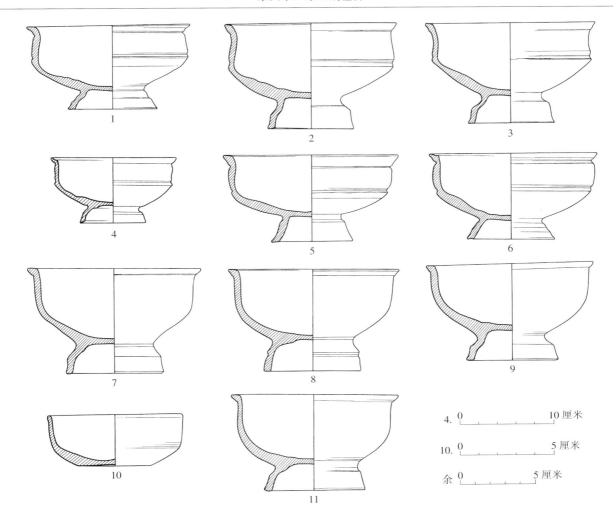

图一六三 第三期墓葬出土陶碗、小杯

1~3. A 型 I 式碗（M20：35、M20：36、M20：30） 4~6. A 型 II 式碗（M05A：31、M20：39、M20：33）
7~9. B 型 I 式碗（M20：37、M20：38、M20：31） 10. B 型 I 式小杯（M70：58） 11. B 型 II 式碗（M20：40）

B 型 II 式 1 件。沿面微内斜。

标本 M20：40，泥质硬陶，灰色。施青黄釉，多已脱落。敞口，下收腹，圈足。素面。口径 11.4、足径 6.6、高 6.8 厘米（图一六三，11；彩版三八，5）。

小杯 2 件。以腹部特征分型（其中有 1 件因残缺不分型）。本期只有 B 型。

B 型 1 件。下收腹，收腹位置较低，下腹等于或短于上腹。以口部特征分式。

B 型 I 式 1 件。微敞口。

标本 M70：58，泥质硬陶，灰色。施褐陶衣。微敞口，直腹，下收腹，平底微凹。素面。口径 7、底径 3.9、高 2.8 厘米（图一六三，10）。

杯 2 件。以器物特征分型。

A 型 1 件。平底。折腹。

　　标本 M05A：32，泥质硬陶，灰白色。侈口，斜腹再下折，平底。素面。口径 10.5、底径 4.6、高 6.3 厘米（图一六四，2）。

　　B 型　1 件。敛口，鼓腹，带把，矮圈足。

　　标本 M70：55，泥质硬陶，灰色。施青黄釉，多已脱落。敛口，鼓腹，覆盆形矮圈足。腹饰有弦纹。口径 8.4、足径 8.8、高 12.6 厘米（图一六四，1；彩版三九，1）。

　　小碗　2 件。

　　标本 M01：46，泥质硬陶，灰色。内外壁均施青黄釉，胎釉结合较差，外壁多已脱落。口微

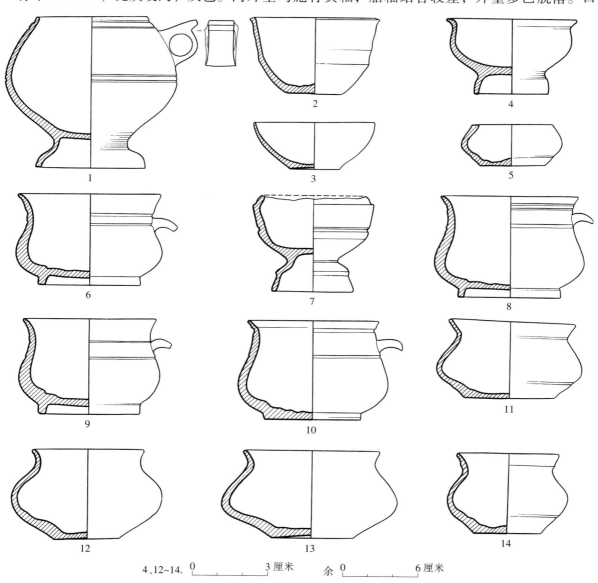

4、12~14.　0 —— 3 厘米　　余　0 —— 6 厘米

图一六四　第三期墓葬出土陶器

1. B 型杯（M70：55）　2. A 型杯（M05A：32）　3、4. 小碗（M01：46、M117：17）　5. 钵（M01：14）
6、8、9. A 型卮（M70：44、M70：39、M70：45）　7. 盅（M31：2）　10. B 型卮（M70：33）　11~13. A 型Ⅱ式盂
（M01：8、M4：23、M119：24）　14. B 型Ⅱ式盂（M4：21）

敛，斜弧腹，平底微内凹。口径9.4、底径4、高3.8厘米（图一六四，3）。

标本M117：17，泥质硬陶，灰色。施青黄釉，多已脱落。敞口，浅弧腹，圈足。口径5.2、足径2.9、高3.1厘米（图一六四，4）。

盅　1件。

标本M31：2，泥质软陶，灰黄色。子母口内敛，深腹，下收腹，高圈足。下腹有一道凹槽。足径6.4、高7.5厘米（图一六四，7）。

卮　8件。以足部特征分型。

A型　7件。圈足。

标本M70：44，泥质硬陶，灰色。内外壁均施青黄釉。敞口，领外斜，下鼓腹。平底。上腹一侧有扁条形捉手。上腹有两道凹弦纹，捉手面饰有叶脉纹。口径11.6、足径8.4、高7.3厘米（图一六四，6；彩版三九，2）。

标本M70：39，泥质硬陶，灰色。内外壁均施青黄釉。敞口，领外斜，下鼓腹，平底。上腹一侧有扁条形捉手。上腹有两道凹弦纹，捉手面饰有叶脉纹。口径10.8、足径8.1、高8.3厘米（图一六四，8）。

标本M70：45，泥质硬陶，灰色。内外壁均施青黄釉。敞口，领外斜，下鼓腹，平底。上腹一侧有扁条形捉手。上腹有两道凹弦纹，捉手面饰有叶脉纹。口径10.6、足径8.1、高7.8厘米（图一六四，9）。

B型　1件。台足。

标本M70：33，泥质硬陶，灰色。内外壁均施青黄釉。敞口，领外斜，下鼓腹，平底。上腹一侧有扁条形捉手。上腹有两道凹弦纹，捉手面饰有叶脉纹。口径10.4、足径7.6、高8.1厘米（图一六四，10；彩版三九，3）。

钵　7件。其中6件极残。

标本M01：14，泥质硬陶，灰色。施青黄釉。敛口，平唇，鼓腹，下收腹，平底。素面。口径6.3、底径5.2、高3.5厘米（图一六四，5）。

盒　2件。极残。器物编号为M76：1、M76：2。

盂　29件。以腹部特征分型。

A型　6件。扁凸腹。上、下腹长度大约相同。以领部特征分式。

A型Ⅱ式　6件。矮领。

标本M01：8，泥质硬陶，灰色。施青黄釉。侈口，鼓腹，小平底。素面。口径9.9、底径7.1、高6.4厘米（图一六四，11；彩版三九，4）。

标本M4：23，泥质硬陶，灰色。施青黄釉。侈口，鼓腹，小平底。素面。口径4.4、底径2.4、高3.7厘米（图一六四，12）。

标本M119：24，泥质硬陶，灰白色。侈口，鼓腹，小平底微凹。素面。口径5.4、底径3.3、高3.6厘米（图一六四，13）。

B 型　5 件。圆凸腹。以领部特征分式。

B 型Ⅱ式　5 件。矮领。

标本 M4：21，泥质硬陶，灰色。侈口，鼓腹，小平底。素面。口径 3.9、底径 2.8、高 3.2 厘米（图一六四，14）。

标本 M117：16，泥质硬陶，灰色。施青黄釉，釉面无光泽。侈口，鼓腹，小平底微凹。素面。口径 4.4、底径 3.4、高 3.8 厘米（图一六五，1；彩版三九，5）。

标本 M53：11，泥质硬陶，灰色。施青黄釉。侈口，鼓腹，小平底微凹。素面。口径 8.4、底径 5.5、高 6.2 厘米（图一六五，2）。

C 型　4 件。尖凸腹。

标本 M119：21，泥质软陶，红褐色。侈口，鼓腹，小平底。素面。口径 6.2、底径 5.4、高 5.2 厘米（图一六五，3）。

标本 M01：17，泥质硬陶，灰色。施青黄釉，釉面无光泽。侈口，鼓腹，小平底微凹。素面。

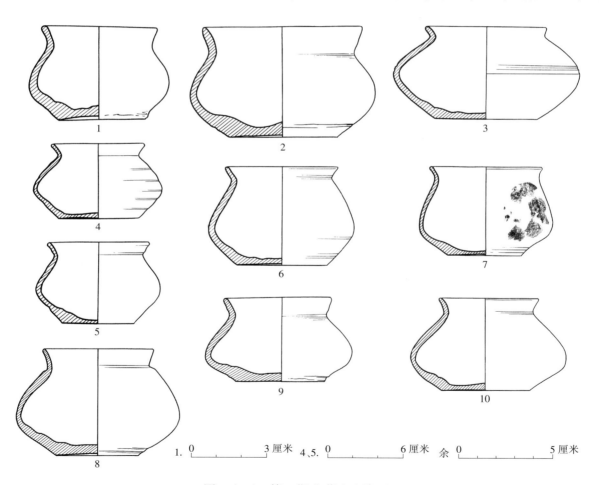

图一六五　第三期墓葬出土陶盂
1、2. B 型Ⅱ式（M117：16、M53：11）　3～5. C 型（M119：21、M01：17、M01：13）　6、7. D 型（M119：16、M05A：42）　8～10. E 型（M53：9、M117：18、M76：13）

口径 7.4、底径 6.5、高 6.2 厘米（图一六五，4；彩版三九，6）。

标本 M01:13，泥质硬陶，灰色。侈口，鼓腹，小平底。素面。口径 8.3、底径 5.6、高 6.8 厘米（图一六五，5）。

D 型 2 件。长腹，腹下垂。

标本 M119:16，泥质硬陶，灰色。施青黄釉，釉面无光泽。侈口，鼓腹，小平底微凹。素面。口径 5.9、底径 4.9、高 5.6 厘米（图一六五，6；彩版三九，7）。

标本 M05A:42，泥质硬陶，灰色。侈口，鼓腹，小平底微凹。素面。口径 5.9、底径 3.8、高 5 厘米（图一六五，7）。

E 型 12 件。扁腹，腹下垂。

标本 M53:9，泥质硬陶，灰色。施青黄釉。侈口，鼓腹，平底微凹。素面。口径 5.8、底径 4.4、高 6 厘米（图一六五，8；彩版三九，8）。

标本 M117:18，泥质硬陶，灰色。施青黄釉，釉多脱落。侈口，鼓腹，平底。素面。口径 5.7、底径 4.8、高 4.6 厘米（图一六五，9）。

标本 M76:13，泥质硬陶，灰色。施青黄釉。侈口，鼓腹，小平底。素面。口径 5.1、底径 4.6、高 5 厘米（图一六五，10）。

鼎 4 件。以腹部及器物形态特征分型。

E 型 2 件。深腹，腹中部位置有一尖凸棱。以足的变化分式。

E 型 Ⅱ 式 2 件。高蹄足。

标本 M05A:2，泥质硬陶，灰色。施青黄釉，多脱落。子母口，圆腹，圜底，底附三只蹄足。肩附两长方形立耳，立耳中有长方孔。有隆起圆盖，盖面有等距三环形纽，盖顶有四叶纹乳突。盖面饰弦纹、戳印纹。口径 18.5、通高 25 厘米（图一六六，1）。

标本 M05A:3，泥质硬陶，灰色。施青黄釉，多脱落。子母口，圆腹，圜底，底附三只蹄足。肩附两长方形立耳，立耳中有长方孔。有隆起圆盖，盖面有等距三纽，纽已残，盖顶有四叶纹乳突。盖面饰弦纹。口径 19.4、通高 24 厘米（图一六六，2；彩版四〇，1）。

F 型 2 件。与 E 型形态相近，但腹部略浅。以腹部有无凸棱分式。

F 型 Ⅰ 式 2 件。有凸棱。

标本 M70:22，泥质硬陶，灰色。施青黄釉。子母口，圆腹，平底，底附三只人面形蹄足。肩附两长方形立耳，立耳中有圆头长方穿孔。有隆起圆盖，盖面有等距三纽座，盖顶有四叶纹乳突。盖面饰弦纹、戳印篦纹。口径 20、通高 21.4 厘米（图一六六，3）。

标本 M70:19，泥质硬陶，灰色。施青黄釉。子母口，圆腹，平底，底附三只人面形蹄足。肩附两长方形立耳，立耳中有圆头长方穿孔。有隆起圆盖，盖面有等距三纽座，盖顶有四叶纹乳突。盖面饰弦纹、戳印篦纹。口径 20、通高 20.8 厘米（图一六六，4；彩版四〇，2）。

小釜 2 件。

标本 M05A:37，泥质硬陶，灰色。敛口，方唇，扁鼓腹，近底弧收，小平底。素面。口径 7.4、

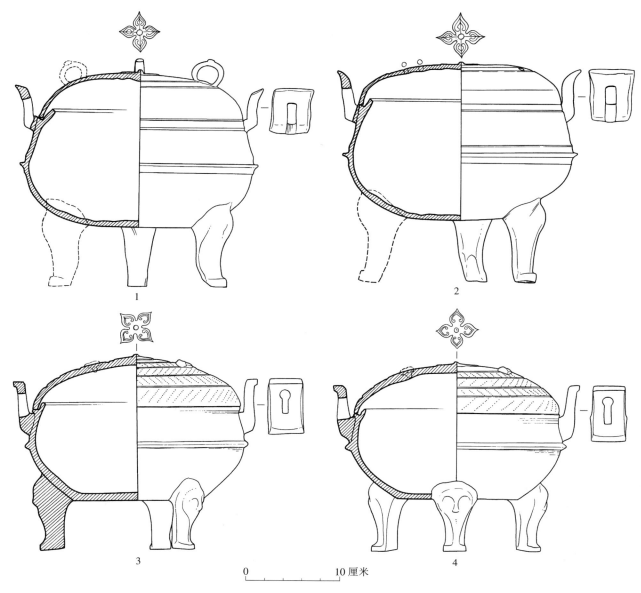

图一六六　第三期墓葬出土陶鼎

1、2. E型Ⅱ式（M05A：2、M05A：3）　3、4. F型Ⅰ式（M70：22、M70：19）

底径2.4、高5.5厘米（图一六七，1）。

　　标本M117：14，泥质软陶，灰黄色。敞口，斜领，鼓腹，圈底。素面。口径8.3、高5.4厘米（图一六七，2）。

　　灯　5件。以足特征分型（其中有3件因残缺不分型）。

　　A型　1件。覆盆形高足。以灯盏特征分式。

　　A型Ⅰ式　1件。灯盘较窄，盘外壁有凹凸棱。

　　标本M4：20，泥质软陶，红褐色。灯盘为敞口，直腹，盘中心有一圆孔，圆柱形多棱灯柄，宽喇叭形圈足。口径9.3、足径13.9、高13.9厘米（图一六七，3；彩版四〇，3）。

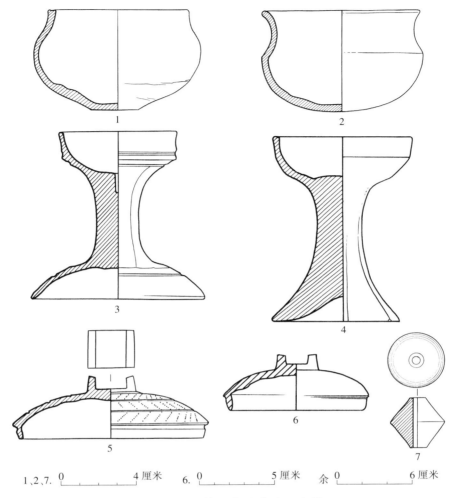

1、2、7. 0 ⊢—————⊣ 4厘米　　6. 0 ⊢————⊣ 5厘米　　余 0 ⊢————⊣ 6厘米

图一六七　第三期墓葬出土陶器

1、2. 小釜（M05A：37、M117：14）　　3. A型Ⅰ式灯（M4：20）　　4. B型Ⅰ式灯（M46：1）

5、6. 器盖（M07：17、M119：26）　　7. 纺轮（M01：44－2）

B型　1件。喇叭形足。以灯盏特征分式。

B型Ⅰ式　1件。灯盏微折腹。

标本M46：1，泥质软陶，灰色。灯盘为敛口，浅腹，粗圆柱形有棱灯柄，柄足无明显分界。口径11.1、足径10、高15.2厘米（图一六七，4；彩版四〇，4）。

器盖　2件。

标本M07：17，泥质硬陶，灰色。圆形隆起，盖顶有凹形纽。盖面饰弦纹、斜线箆点纹。口径14.5、高5.2厘米（图一六七，5）。

标本M119：26，泥质硬陶，灰色。圆形隆起，盖顶有凹形纽。口径9、高4厘米（图一六七，6）。

纺轮　1件（号）。

标本M01：44，共5粒，大小相近。均为泥质硬灰陶，灰胎。算珠形，中穿一孔。其中

M01：44 - 2，直径3、孔径0.5、高2.7厘米（图一六七，7）。

熏炉 3件。以熏炉形态或托盏的肩腹部特征分型。

A 型 1件。托盏为凸肩，下腹斜收，平底。

标本 M117：8，泥质软陶，红褐色。施灰褐泥衣。半球形盖，盖面长条形镂空，盖顶有乳突。半球形炉，炉座足下与浅盆相连。通高14.2厘米（图一六八，1）。

B 型 2件。托盏为凸腹，下腹斜收，平底。

标本 M05A：13，泥质硬陶，灰白色。施青黄釉。半球形炉，炉座足下与浅盆相连。素面。高11.3厘米（图一六八，2）。

标本 M05A：5，泥质硬陶，灰白色。施青黄釉。半球形盖，盖面长条形镂空并饰以刻划纹，盖顶有柱状尖凸。半球形炉，炉座足下与浅盆相连。素面。通高20.4厘米（图一六八，3；彩版四〇，5）。

屋 1件。以房屋结构特点分型。

A 型 1件。双层结构，上层屋体平面为长方形。以侧面墙体有无木构架图案分式。

A 型 I 式 1件。侧墙有木构架图案。

标本 M05A：39，泥质硬陶，红褐胎。施灰陶衣。属上下两层干栏式建筑，上层应为人居，下层应为畜圈。上层屋为横长方形，正面中有一门，门一侧有镂空直棂窗。两侧墙体及后墙均刻有"十字形"木构架图案。上层底部一侧有一小孔，应为厕孔。屋顶为悬山式，两坡均有凹槽和线条

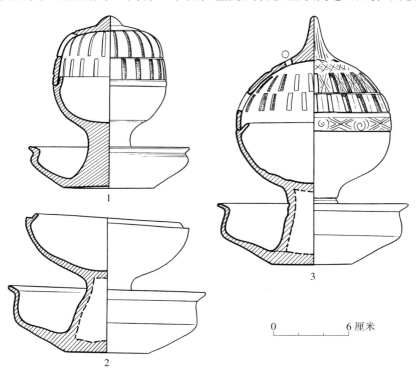

图一六八 第三期墓葬出土陶熏炉

1. A 型（M117：8） 2、3. B 型（M05A：13、M05A：5）

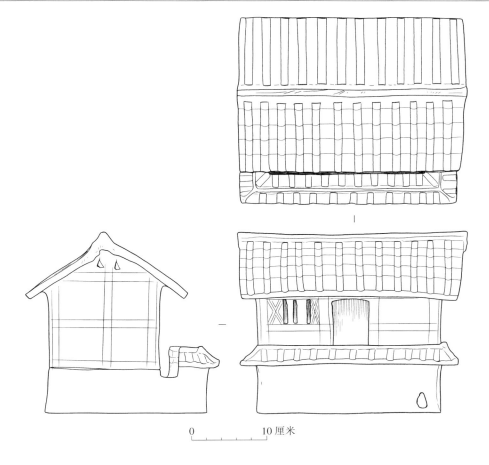

图一六九　第三期墓葬出土 A 型 I 式陶屋（M05A：39）

组成的瓦垄。下层为长方围栏，后栏墙上覆有瓦顶。后栏墙角底部有一畜洞。面宽 24.4、进深 25.8、通高 25 厘米（图一六九；彩版四一，1）。

　　仓　3 件。由建筑特征分型（其中有 1 件因残缺不分型）。

　　A 型　1 件。仓底无柱或无柱孔。以前廊特征分式。

　　A 型 II 式　1 件。前廊无短护栏。

　　标本 M05A：38，泥质硬陶，红褐色。平面为长方形，由一房一前廊构成。正面中开一长方形门。前廊为一平板前伸，无矮护栏。侧墙有用线条表示的木构架图案。悬山顶，一脊两坡。用凹槽和横短线表示瓦面。面宽 34.4、通高 25 厘米（图一七〇，1；彩版四一，2）。

　　B 型　1 件。仓底有柱或柱孔。以前廊特征分式。

　　B 型 I 式　1 件。前廊无短护栏。

　　标本 M46：27，泥质软陶，灰色。干栏式建筑。平面为长方形，由一房一前廊构成。正面中开一长方形门，门已残。门两侧中端有凸块，凸块中有凹槽，应为门栓。前廊为一平台前伸，无矮护栏。仓底有四根上大下小圆柱。悬山顶，一脊两坡。面宽 27.6、通高 23.2 厘米（图一七〇，2；彩版四一，3）。

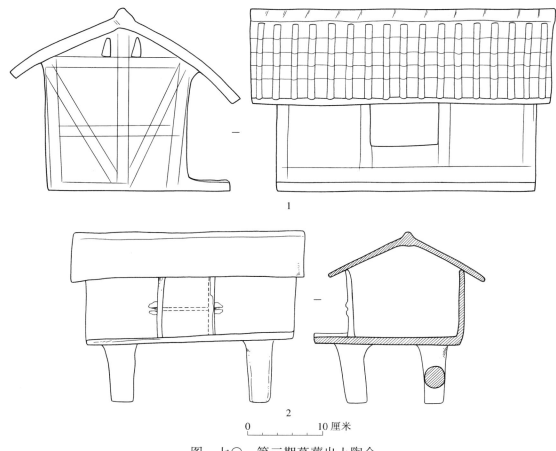

图一七〇　第三期墓葬出土陶仓
1. A 型 Ⅱ 式（M05A：38）　2. B 型 Ⅰ 式（M46：27）

灶　9 件。以灶台之烟道特征分型（其中有 4 件因残缺不分型）。

B 型　3 件。圆柱形烟道。以灶门挡板特征分式。

B 型 Ⅰ 式　1 件。无挡板。

标本 M31：1，泥质软陶，灰色。器稍残，质软。器呈长方体，圆柱形烟突已脱落。有拱形灶门，开圆形灶眼两个，上置一甑两釜。灶台长 24.2、宽 13.2、高 6.4 厘米（图一七一，1；彩版四一，4）。

B 型 Ⅱ 式　1 件。挡板微凸。

标本 M117：13，泥质软陶，灰白胎。器表施灰褐陶衣。器稍残，质软。器呈长方体，圆柱形烟突，已脱落。有长方形灶门，开圆形灶眼三个，上置甑、釜。灶台长 28.4、宽 17、高 11 厘米（图一七一，2）。

B 型 Ⅲ 式　1 件。微内斜高挡板。

标本 M20：10，泥质软陶，灰黄色。器稍残，质软。器呈长方体，圆柱形烟突，已脱落。有拱形灶门，开圆形灶眼三个，上置一甑三釜。灶台长 40.2、宽 21、高 12.8 厘米（图一七二，1；彩版四一，5）。

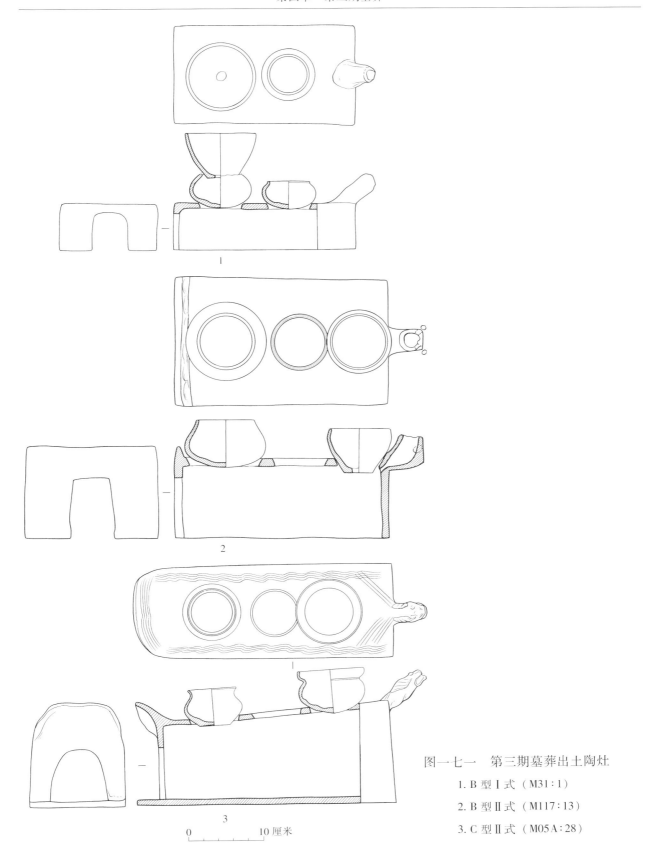

图一七一 第三期墓葬出土陶灶

1. B 型 I 式（M31∶1）

2. B 型 II 式（M117∶13）

3. C 型 II 式（M05A∶28）

0   10 厘米

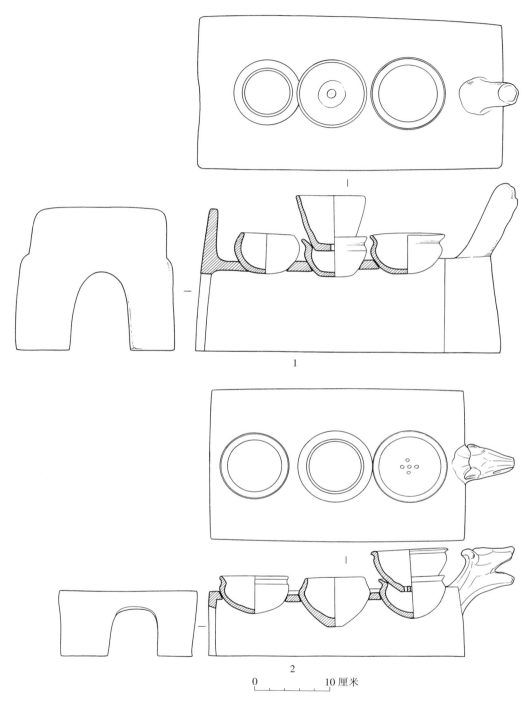

图一七二　第三期墓葬出土陶灶
1. B 型Ⅲ式（M20:10）　　2. C 型Ⅰ式（M07:5）

C 型　2 件。龙首或兽首烟突。以灶门挡板特征分式。

C 型Ⅰ式　1 件。无挡板。

标本 M07:5，泥质软陶，灰白色。器呈长方体，兽首形烟突。有拱形灶门，开圆形灶眼三个，上置一甑三釜。灶台长 34、宽 21、高 9 厘米（图一七二，2；彩版四二，1）。

C 型Ⅱ式　1 件。矮挡板，外斜。

标本 M05A：28，泥质硬陶，灰色。器呈长方体，龙首形烟突。有拱形灶门，开圆形灶眼三个，上置两釜。灶台长 31、宽 12.6、高 14 厘米（图一七一，3；彩版四二，2）。

井　7 件。以井栏整体特征分型。

C 型　2 件。井栏为溜肩，肩腹转折位置较高且有凸棱或凹槽。

标本 M20：18，泥质软陶，灰黄色。圆筒形井栏，斜领，平唇，下腹微收。长方形井台。井口径 12、井台长 22.4、高 12 厘米（图一七三，1）。

标本 M4：2，泥质软陶，褐红色。圆筒形井栏，井台已残。井口径 19、残高 12 厘米（图一七三，2）。

D 型　1 件。井栏外壁斜直，为口小底大圆柱形，方口。

标本 M07：1，泥质软陶，灰白色。方口，圆筒形井栏，长方形井台。井口径 11、井台长 18、宽 15、高 13.7 厘米（图一七四，4；彩版四二，3）。

E 型　3 件。井栏为溜肩，微鼓腹，下腹微收。肩腹转折处大约居中且有凸棱或凹槽。

标本 M05A：26，泥质硬陶，灰白色。圆筒形井栏，圆形井台，井台上有对称分布的四个方形柱础。有方形井亭盖，四阿顶，亭盖饰瓦垄。井口径 15、井台直径 26、通高 27.5 厘米（图一七四，2；彩版四二，4）。

标本 M70：42，泥质硬陶，灰色。施青黄釉。圆筒形井栏，圆形井台，井台上有对称分布的四个方形柱础。井栏上腹饰戳印篦纹。有方形井亭盖，四阿顶，亭盖饰瓦垄。井口径 16、井台直径 27、通高 19 厘米（图一七四，1）。

标本 M31：4，泥质软陶，红褐色。已残。圆筒形井栏，圆形井台。井口径 8、井台直径 17、高 11.6 厘米（图一七四，5）。

F 型　1 件。井栏为反弧形肩。以井栏口沿特征分式。

F 型Ⅰ式　1 件。领外斜。

标本 M01：3，泥质软陶，灰白色。圆筒形井栏，圆形井台，井台上有对称分布的三个方形柱础。

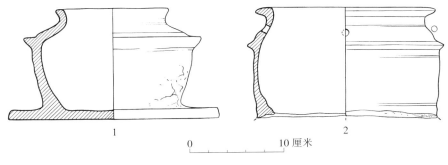

图一七三　第三期墓葬出土 C 型陶井
1. M20：18　2. M4：2

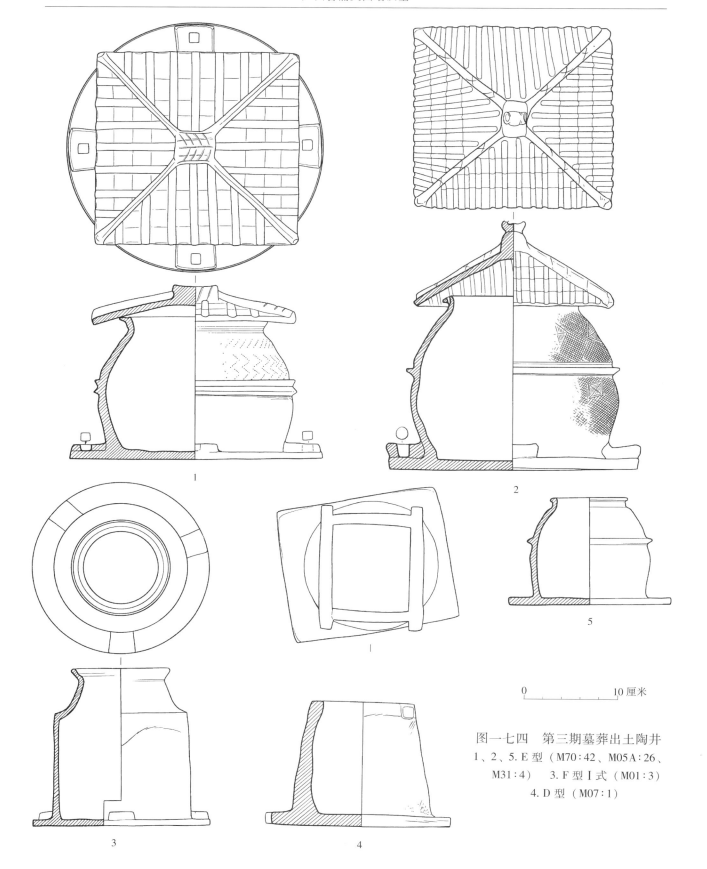

图一七四　第三期墓葬出土陶井
1、2、5. E 型（M70∶42、M05A∶26、
　　　M31∶4）　3. F 型 I 式（M01∶3）
　　　4. D 型（M07∶1）

井口径 10.5、井台直径 18.7、高 17 厘米（图一七四，3；彩版四二，5）。

二　铜器

113 件，约占本期出土器物总数的 24%。绝大多数铜器均锈蚀残缺，有许多器物仅能辨认器类而不便于分型式。器形有鼎、壶、镬壶、盆、鍪、锅、高足杯、杯、奁、盒、灯、甑、熏炉、环首刀、饰件、镯、釜、勺、碗、钵、镜、铜钱（其中有 7 件因残缺而不能辨别器类）。

鼎　4 件。以腹部特征分型。本期属 C 型（其中有 2 件因残缺而不分型）。

C 型　2 件。浅圆腹。以足部特征分式。

C 型 II 式　2 件。蹄足较矮。

标本 M70：24，稍残。子母口内敛，圜底，三蹄足略外撇。肩部有附耳，附耳上环下方，有穿孔。有隆起圆盖，盖顶中有环纽。口径 15.5、通高 16.8 厘米（图一七五，1；彩版四三，1）。

标本 M70：25，稍残。子母口内敛，圜底，三蹄足略外撇。肩部有附耳，附耳上环下方，有穿孔。有隆起圆盖，盖顶中有环纽。口径 15.3、通高 17.2 厘米（图一七五，2）。

壶　9 件。以腹分型（其中有 6 件因残缺而不分型）。

A 型　2 件。圆鼓腹。

标本 M119：12，稍残。粗颈，圈足。肩两侧有铺首衔环。肩、上腹、下腹均饰宽带纹。有隆起的圆盖，盖顶中有环纽。口径 8.5、底径 11.9、通高 25.2 厘米（图一七五，3）。

标本 M119：13，粗颈，圈足。肩两侧有铺首衔环。肩、上腹、下腹均饰宽带纹。有隆起的圆盖，盖顶中有环纽。口径 8.8、底径 11.8、通高 25.5 厘米（图一七五，4；彩版四三，2）。

B 型　1 件。扁鼓腹。以足部变化分式。

B 型 I 式　1 件。圆形高台足。

标本 M70：26，较残。粗颈，圈足。肩两侧有铺首衔环，环套连环相扣的链条并与口侧圆环相穿，上有环形提梁。有覆斗形盖，盖顶中有圆形乳突。口径 9.6、底径 15、通高 42 厘米（图一七五，5；彩版四三，4）。

镬壶　10 件。以腹部或底部特征分型（其中有 5 件因残缺而不分型）。

A 型　3 件。鼓腹，圜底。以足特征分式。

A 型 II 式　3 件。足稍外撇。

标本 M70：20，口已残，粗颈，鼓腹，圜底，底有三蹄形足，足横截面略呈三角形。腹侧有中空圆柄。残高 13.5 厘米（图一七六，2）。

标本 M117：27，敞口，平唇，粗颈，鼓腹，圜底，底有三蹄形足，足横截面略呈三角形。腹侧有中空近三角形柄。口径 9.2、高 16.5 厘米（图一七六，1；彩版四三，3）。

标本 M20：13，口已残，粗颈，鼓腹，圜底，底有三蹄形足，足横截面略呈三角形。腹侧有中空三角形柄。残高 13.6 厘米（图一七六，4）。

B 型　2 件。腹较扁，底平或微显弧形。

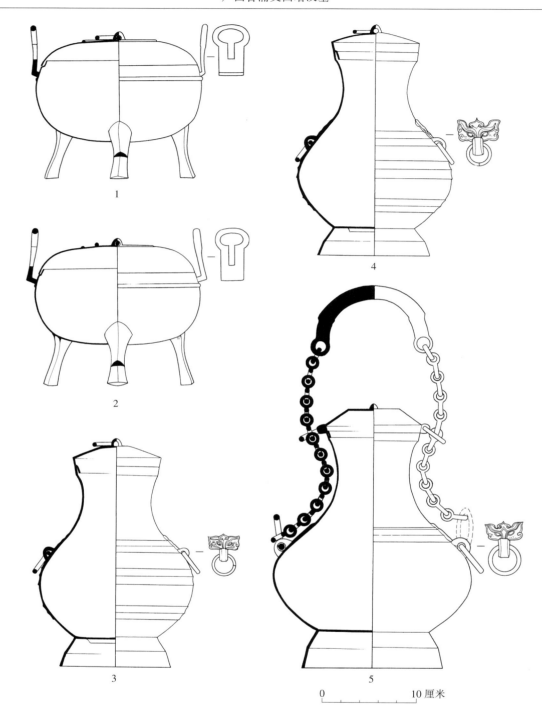

图一七五　第三期墓葬出土铜鼎、壶

1、2. C 型 Ⅱ 式鼎（M70∶24、M70∶25）　　3、4. A 型壶（M119∶12、M119∶13）　　5. B 型 Ⅰ 式壶（M70∶26）

标本 M157∶18，口已残，粗颈，扁鼓腹，平底，底有三蹄形足，足亦残。腹侧有中空圆柄。残高 10.8 厘米（图一七六，3）。

标本 M15∶11，盘口，平唇，粗颈，扁鼓腹，微弧底，底有三蹄形足，足亦残。腹侧有中空圆

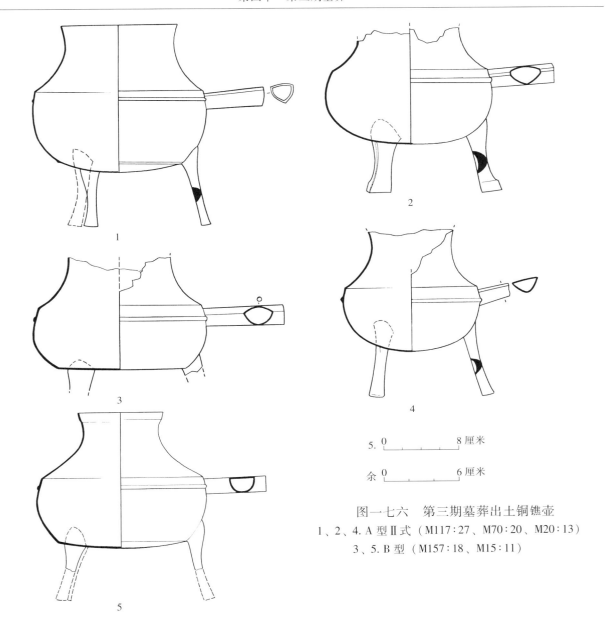

图一七六　第三期墓葬出土铜鐎壶
1、2、4. A 型Ⅱ式（M117：27、M70：20、M20：13）
3、5. B 型（M157：18、M15：11）

柄。口径 9、残高 17.2 厘米（图一七六，5）。

盆　15 件。以腹部特征分型（其中有 13 件因残缺而不分类型）。

C 型　2 件。下折腹，折腹位置较高。

标本 M117：21，极残。侈口，宽沿，斜腹下折，平底。口径 22.4、底径 12、高 5.4 厘米（图一七七，2）。

标本 M46：8，已残。侈口，宽沿，斜腹下折，台足。盘腹两侧有铺首衔环。口径 28、足径 12.4、高 9 厘米（图一七七，1）。

鍪　4 件。以腹部及器体特征分型。

B 型　1 件。短颈，弧形肩，圆鼓腹。

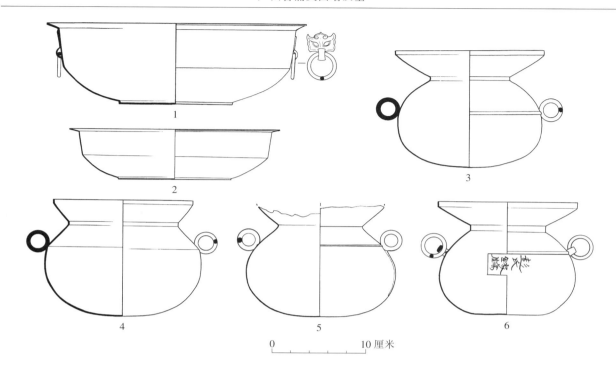

图一七七　第三期墓葬出土铜盆、鍪

1、2. C 型盆（M46：8、M117：21）　3. B 型鍪（M70：37）　4. C 型鍪（M157：15）　5、6. D 型鍪（M117：28、M20：12）

标本 M70：37，已残。盘口，圜底。两侧有圆环形耳。口径 16、高 12.9 厘米（图一七七，3；彩版四三，5）。

C 型　1 件。宽折领，斜肩，圆鼓腹。

标本 M157：15，盘口，圜底。两侧有圆环形耳。口径 15、高 12.8 厘米（图一七七，4）。

D 型　2 件。弧肩，微垂腹。

标本 M20：12，已残。盘口，平底。两侧有圆形环耳。腹上隶书"彭氏锅厂"。口径 14.8、底径 7.6、高 12.4 厘米（图一七七，6；彩版四四，1）。

标本 M117：28，口已残。盘口，平底。两侧有圆形环耳。残高约 12.2 厘米（图一七七，5）。

锅　5 件。以腹部特征分型（其中有 2 件因残缺而不分类型）。

A 型　3 件。深腹。

标本 M117：26，略残。盘口，深直腹，下腹弧收，圜底。口沿两侧有半圆形环耳。口径 15、通高 8.4 厘米（图一七八，1）。

标本 M70：49，略残。盘口，深直腹，下腹弧收，圜底。盘口下两侧有附耳，耳已残缺。上腹有凸棱一周。口径 14.5、残高 9 厘米（图一七八，2）。

标本 M53：4，略残。盘口，深直腹，下腹弧收，圜底。口沿两侧有半圆形环耳。中腹有凸棱一周。口径 16、通高 14 厘米（图一七八，3）。

高足杯　1 件。以足特征分型。

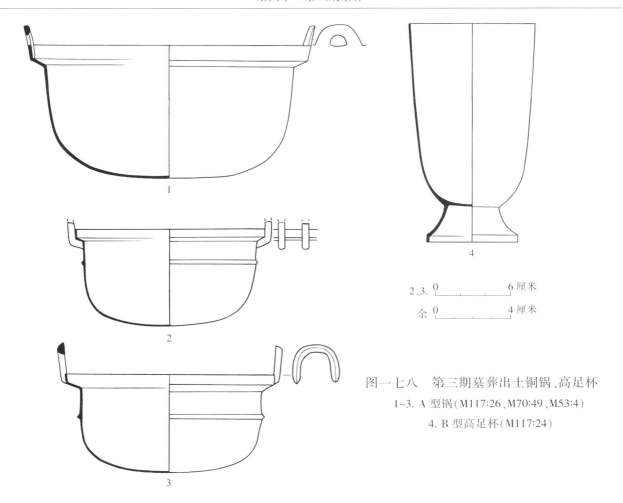

2.3.　0　　　　　　　　　6 厘米

余　0　　　　　　4 厘米

图一七八　第三期墓葬出土铜锅、高足杯

1~3. A 型锅（M117:26、M70:49、M53:4）

4. B 型高足杯（M117:24）

B 型　1 件。覆盘形高足。

标本 M117：24，已残。敞口，斜直腹下收，微圜底，底接覆盆形圈足。口径 6.6、高 12 厘米（图一七八，4）。

杯　13 件。以足特征分型（其中有 6 件因极残不分型）。

A 型　5 件。矮台足。以口沿有无凸棱分式。

A 型 I 式　2 件。近口沿处有凸棱。

标本 M157：22，已残。敞口，沿面外斜，弧腹下收，平底。口沿与腹部有凸棱一周。口径 8.3、底径 4.9、高 5.6 厘米（图一七九，3）。

标本 M157：24，已残。敞口，平唇，弧腹下收，平底。口沿与腹部有凸棱一周。口径 7.3、底径 3.8、高 4.3 厘米（图一七九，4）。

A 型 II 式　3 件。近口沿处无凸棱。

标本 M70：50，已残。敞口，弧腹下收，矮台足，平底。腹部有凸棱一周。口径 10.2、底径 5.8、高 6 厘米（图一七九，1）。

标本 M117：38，已残。敞口，弧腹下收，平底。腹部有凸棱一周。口径 7.5、底径 3.8、高 5

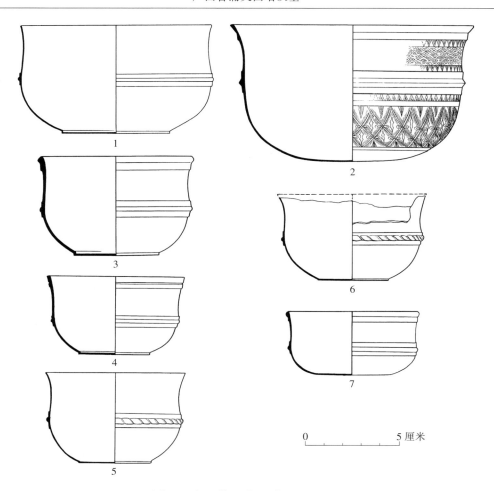

图一七九　第三期墓葬出土铜杯

1、5、6. A 型 II 式（M70：50、M117：38、M117：23）　2、7. B 型 I 式（M53：2、M46：5）

3、4. A 型 I 式（M157：22、M157：24）

厘米（图一七九，5）。

标本 M117：23，已残。敞口，弧腹下收，平底。腹部有凸棱一周。底径 3.8、残高 4.4 厘米（图一七九，6）。

B 型　2 件。平底或微圜底。以近口沿处有无凸棱分式。

B 型 I 式　2 件。近口沿处有凸棱。

标本 M46：5，敞口，沿面外斜，弧腹下收，平底。口沿与腹部有凸棱一周。口径 7、底径 3.8、高 3.5 厘米（图一七九，7）。

标本 M53：2，已残。敞口，弧腹下收，微圜底。口沿与腹部有凸棱一周，腹饰斜方格纹内填回纹、复线三角纹、斜方格纹内填短斜线和复线三角纹等多组纹带。口径 13、高 7.5 厘米（图一七九，2）。

盒　9 件。以足形态分型（其中有 4 件因极残不分型）。

A 型　4 件。蹄足。

标本 M20：29，已残。子母口，深直腹，平底，底附三蹄足。两侧有对称铺首衔环。上腹、下腹均饰一周宽带纹。口径 15.6、高 14.7 厘米（图一八〇，1）。

标本 M119：14，已残。子母口，深直腹，平底，底附三蹄足。两侧有对称铺首衔环。有隆起圆盖，盖中有带环圆纽。上腹、下腹均饰一周宽带纹。口径 13.8、通高 15.3 厘米（图一八〇，2）。

标本 M15：15，已残。深直腹，平底，底附三蹄足。两侧有对称铺首衔环。上腹、下腹均饰一周宽带纹。残高 16 厘米（图一八〇，3）。

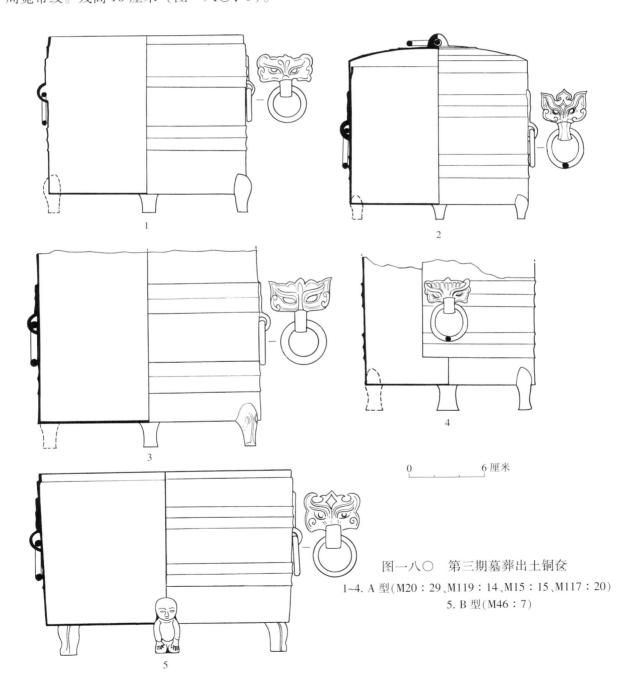

0　　　　6 厘米

图一八〇　第三期墓葬出土铜奁
1~4. A 型（M20：29、M119：14、M15：15、M117：20）
5. B 型（M46：7）

标本 M117：20，已残。深直腹，平底，底附三蹄足。两侧有对称铺首衔环。上腹、下腹均饰一周宽带纹。残高 12 厘米（图一八〇，4）。

B 型 1 件。人形或兽形足。

标本 M46：7，子母口，深直腹，平底，底附三只呈蹲踞状人形足。盖已缺失。腹两侧有对称铺首衔环。上腹、下腹均饰一周宽带纹。口径 20、高 14.6 厘米（图一八〇，5）。

盒 2 件。其中有 1 件极残。

标本 M70：56，略残，严重锈蚀。球形，由圆盖和圆器体构成。鼓腹，圜底，底附圈足。器身

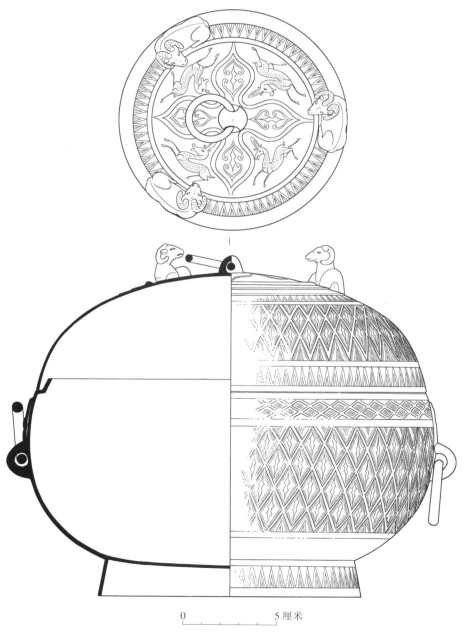

0   5 厘米

图一八一 第三期墓葬出土铜盒（M70：56）

饰满花纹，分别由覆线三角纹带、菱形纹内填回纹纹带、菱形纹内填细线纹和变形叶纹纹带各一周组成。器盖饰有两组覆线三角纹带、一组菱形纹内填细线纹和变形叶纹纹带。盖中有四叶纹纽座衔圆环，四叶纹间饰四只奔跑状的神兽。四叶纹图案外等间距卧伏三只立体绵羊。口径19.2、底径14、通高19.3厘米（图一八一）。

灯　6件。以灯盏或底座形态分型（其中有4件因极残不分型）。

B型　2件。圆形直壁灯盏。

标本M53：6，已残。直口，平唇，浅腹，平底，底附三细足。有扁条形蛇首把。灯盘口径8.6、高3.2厘米（图一八二，1；彩版四四，2）。

标本M119：3，已残。直口，平唇，浅腹，平底，底附三圆柱形足。有扁曲把。灯盘口径11.2、高4.5厘米（图一八二，2）。

甑　1件。以腹部特征分型。

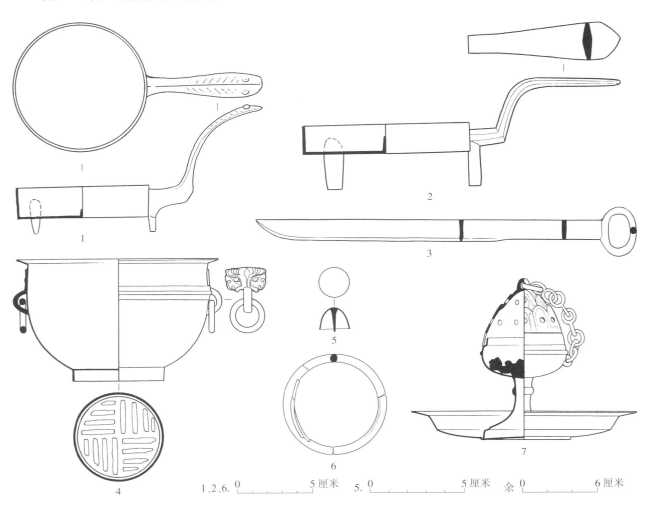

图一八二　第三期墓葬出土铜器

1、2. B型灯（M53：6、M119：3）　3. A型环首刀（M20：19）　4. A型甑（M70：36）　5. 饰件（M20：17）
6. 镯（M46：17）　7. A型熏炉（M70：23）

A 型　1 件。腹与领相连处呈弧形。

标本 M70∶36，已残。敞口，宽沿，深弧腹，平底，圈足。腹有凸棱一周及对称铺首衔环一对，底有条状镂孔。口径 16.2、底径 7.2、高 9.9 厘米（图一八二，4）。

熏炉　3 件。以器物形态分型（其中有 2 件因极残不分型）。

A 型　1 件。半球形，浅腹。

标本 M70∶23，已残。分炉盖、炉体、座足三部分。炉盖呈圆锥形，顶有圆纽扣环，以圆环链条与炉体侧之圆纽相连。盖面饰重叠阔叶纹且以圆形孔镂空。炉体呈半球形，子母口合盖，圜底。圆柱喇叭形连浅圆盘座足。出土时炉内盛装有黑炭粒。高 13.6 厘米（图一八二，7；彩版四四，3）。

环首刀　1 件。以刀柄特征分型。

A 型　1 件。环首横剖面为圆形。

标本 M20∶19，已锈蚀严重。椭圆形环首。刀身扁平，前端斜收成锋，柄端窄于前端且与环首相接。长 30.3 厘米（图一八二，3）。

饰件　4 件。此类器物应属漆器的装饰物，其中 1 件为碎屑。

标本 M20∶17，圆泡钉。极破碎，残存半圆。直径 1.6 厘米（图一八二，5）。

标本 M46∶9，铜柿蒂，仅为残块。

标本 M05A∶53，铜柿蒂，仅为残块。

镯　1 件。

标本 M46∶17，已残断。圆环形，剖面为圆形，中空。外径 6.8 厘米（图一八二，6）。

釜　2 件。

标本 M01∶37，仅为残块。

标本 M07∶9，仅为残块。

勺　1 件。

标本 M4∶19，仅为残块。

碗　3 件。

标本 M4∶22，仅为残块。

标本 M46∶3，仅为残块。

标本 M46∶6，仅为残块。

钵　1 件。

标本 M70∶61，仅为残块。

镜　9 件。分别出土于 9 座墓中，每墓出土 1 件。多数铜镜较残破，其中一件（M20∶22）锈蚀严重，纹饰已难辨识。据铜镜的纹饰特点，可分为日光镜、昭明镜、连珠纹镜等三类。

日光镜　5 件

标本 M01∶29，较残。圆形，圆纽，圆纽座。纽座外有内向八连弧纹。外区两周短斜线纹之间有镜铭一周。铭文为"……之光，天下大明……"。素宽平缘。直径8.9、缘厚0.4厘米。

标本M05A：43，较残，部分已缺失。圆形，圆纽，圆纽座。纽座外的两周短斜线纹之间有镜铭一周。铭文为"……下大明……"。字迹模糊。素宽平缘。直径8.4、缘厚0.4厘米。

标本M07：25，稍残。圆形，圆纽，圆纽座。纽座外的两周短斜线纹之间有镜铭一周。铭文为"……见……下大明……"。字迹模糊。素窄卷缘。直径7、缘厚0.3厘米（图一八三，2）。

标本M46：10，较残。圆形，圆纽，圆纽座。纽座外为内向八连弧纹。外区短斜线纹间有一周镜铭。铭文为"见日之……下大明"。素窄卷缘。直径7、缘厚0.3厘米。

标本M117：22，圆形，圆纽，圆纽座。纽座外依次为弧线纹、窄凸圈纹。外区两周短斜线纹之间有镜铭一周。铭文为"见日之光，长不相忘"。窄素卷缘。直径7.2、缘厚0.4厘米（图一八三，3）。

昭明镜　2件

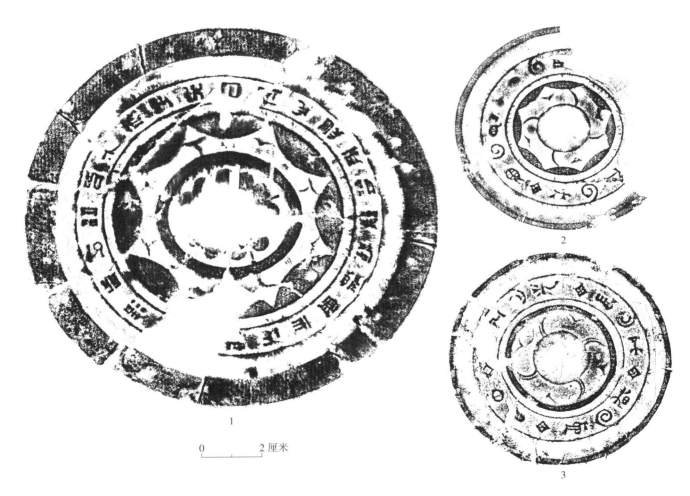

图一八三　第三期墓葬出土铜镜

1. 昭明镜（M31：5）　　2、3. 日光镜（M07：25、M117：22）

标本 M31：5，稍残。圆形，圆纽，连珠纹座。纽座外有一周内向八连弧纹，其外的两周短斜线纹之间有镜铭一周，铭文为"内清质以昭明，光而象夫日月，心忽而愿忠。然雍塞而不泄"。素宽平缘。直径 13、缘厚 0.5 厘米（图一八三，1）。

标本 M70：46，已残。字迹、纹饰皆模糊。圆形，圆纽，圆纽座。纽座外有一周内向八连弧纹，其外的两周短斜线纹之间有镜铭一周。铭文为"……光夫日……"。素宽平缘。直径 9、缘厚 0.4 厘米。

连珠纹镜　1 件

标本 M157：26，极残。十六内向连弧纹缘。直径 9.5、缘厚 0.58 厘米。

铜钱　2 件（组），分别出于 2 座墓中。每墓出土钱币十多枚或二十多枚。铜钱大多锈蚀严重，且粘连在一起，字迹模糊，可辨识为五铢钱。

标本 M15：18，五铢钱，20 多枚。金字头为三角形，朱字头有方折、圆折，五字交股有曲折和略直两种。直径 2.5、孔径 0.9 厘米。

标本 M20：21，10 多枚。锈蚀严重。

三　铁器

22 件，约占本期出土器物总数的 5%。锈蚀严重（其中有 5 件因残缺而不能辨识器形），器形有臿、环首刀、剑、锯子、钩、圈、钉。

臿　4 件。以刃部特征分型。

A 型　1 件。刃部垂直距离较长。

标本 M05A：40，形如凹字形。刃两边略外撇，有空槽。长 11、刃宽 13.6 厘米（图一八四，1）。

B 型　3 件。刃部垂直距离较短。

标本 M117：36，形如凹字形。刃两边略外撇，有空槽。长 7.4、刃宽 10 厘米（图一八四，2）。

标本 M117：34，形如凹字形。刃两边略外撇，刃一侧有残缺，有空槽。长 9.2 厘米。

标本 M117：35，形如凹字形。刃两边略外撇，有空槽。长 8、刃宽 12 厘米（图一八四，3）。

环首刀　7 件。其中有 6 件仅余残块。

标本 M119：18，已残断，仅余环首及一截柄部。残长 7.2 厘米（图一八四，4）。

剑　1 件。

标本 M06B：1，极残。

锯子　2 件。其中 1 件极残。

标本 M46：11，已残。锈蚀严重。残长 8 厘米（图一八四，5）。

钩　1 件。

标本 M07：28，极残。

圈　1 件。

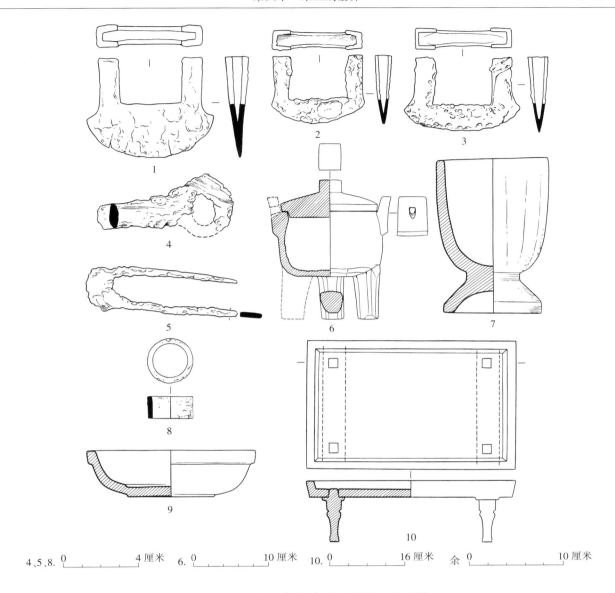

图一八四　第三期墓葬出土铁器、滑石器

1. A 型铁臿（M05A：40）　　2、3. B 型铁臿（M117：36、M117：35）　　4. 铁环首刀（M119：18）　　5. 铁镊子
（M46：11）　　6. C 型滑石鼎（M01：28）　　7. 滑石杯（M70：34）　　8. 铁圈（M46：29）　　9. 滑石盆（M70：41）
10. 滑石案（M70：30）

标本 M46：29，极残。直径 2.4 厘米（图一八四，8）。

钉　1 件。

标本 M70：59，极残。

四　滑石器及其他

35 件（号）。有滑石鼎、盆、杯、案、耳杯、炉、璧、镜及骨管、串饰、漆器。

滑石鼎　1 件。以腹部或器体特征分型。

C 型　1件。深腹，直腹微弧。

标本 M01：28，略残。灰白色。平唇，深腹，平底，柱形足。腹侧有长方形耳，耳中有穿孔。有隆起圆盖，盖顶有方形纽。口径 13、通高 19 厘米（图一八四，6）。

滑石盆　1件。

标本 M70：41，乳白色。敞口，方唇，弧收腹，平底，台足微内凹。口径 17.9、高 5.1 厘米（图一八四，9；彩版四四，4）。

滑石杯　1件。

标本 M70：34，灰白色。敞口，平唇，深腹，圜底，底有短柄覆盘足。口径 11.9、足径 10.4、高 17 厘米（图一八四，7；彩版四四，5）。

滑石案　1件。

标本 M70：30，灰白色。敞口，平唇，浅盘，平底，案平面呈长方形，底有四兽高足。案盘长 44、宽 28.5、高 13.6 厘米（图一八四，10；彩版四五，1）。

滑石耳杯　1件（号）。该编号下共有 29 件耳杯，均系 M70 一墓所出，造型形状几乎相同，唯尺寸大小有差别。其中有 10 件略大，19 件较小。

标本 M70：35 - 3，平面为椭圆形，两侧有上翘宽耳，斜收腹，平底。长 11、高 4 厘米（图一八五，1；彩版四五，2）。

标本 M70：35 - 8，平面为椭圆形，两侧有上翘宽耳，斜收腹，平底。长 10.8、高 4 厘米（图一八五，2）。

标本 M70：35 - 17，平面为椭圆形，两侧有上翘宽耳，斜收腹，平底。长 13.8、高 4.6 厘米（图一八五，3）。

滑石炉　5件。以炉之平面形态分型。

A 型　1件。平面略近方形。

标本 M01：36，灰白色。平口，斜直腹，平底，底有四个方形矮足。口边长 10、高 7 厘米（图一八五，4；彩版四五，3）。

B 型　4件。平面为长方形。以足特征分式。

B 型 I 式　2件。矮足。

标本 M05A：11，灰白色。平口，斜直腹，平底，底有四个方形足。口长 18.1、宽 13.2、高 8 厘米（图一八五，8）。

标本 M70：29，灰白色。平口，斜直腹，平底，底有四个方形足。口长 17.6、宽 12、高 8 厘米（图一八五，6；彩版四五，4）。

B 型 II 式　1件。高足。

标本 M07：2，灰白色。平口，斜直腹，平底，底有四个方形足。口长 13.6、宽 11.2、高 11 厘米（图一八五，7；彩版四五，5）。

B 型 III 式　1件。平底。

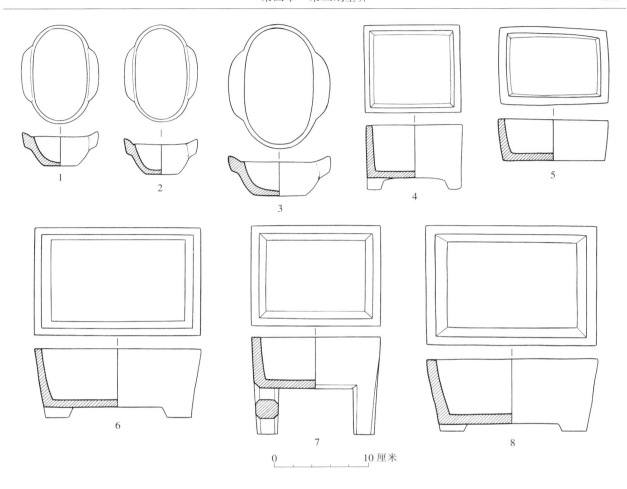

图一八五　第三期墓葬出土滑石器

1~3. 耳杯（M70∶35-3、M70∶35-8、M70∶35-17）　4. A 型炉（M01∶36）　5. B 型Ⅲ式炉（M53∶1）
6、8. B 型Ⅰ式炉（M70∶29、M05A∶11）　7. B 型Ⅱ式炉（M07∶2）

标本 M53∶1，灰白色。平口，斜直腹，平底。口长 11.6、宽 8.6、高 4.6 厘米（图一八五，5；彩版四五，6）。

滑石璧　2 件。其中 1 件仅为残块。

标本 M07∶26，乳白色。圆形，中有圆孔。外沿、内孔沿均有弦纹一周，一面饰以较密且不太规则的圆点圆圈纹，另一面为素面。直径 14、好径 2.4、厚 0.7 厘米（图一八六，1；彩版四六，1）。

滑石镜　2 件。

标本 M70∶8，灰白色。圆形，两面磨光，较扁薄。直径 18、厚 1 厘米（图一八六，2）。

标本 M70∶4，灰白色。圆形，两面磨光，较扁薄。直径 17.5、厚 1 厘米（图一八六，3）。

骨管　1 件。

标本 M117∶25，长圆柱形，中空，有磨痕。长 11、直径 0.8 厘米（图一八六，4）。

串饰　19 件（号）。分别出于 10 座墓中。共约 1122 粒，按质类计有：玛瑙 67 粒，玻璃 1049

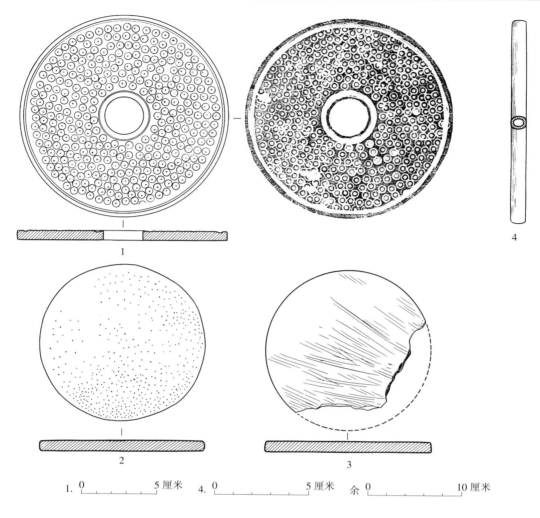

图一八六　第三期墓葬出土滑石器、骨器

1. 滑石璧（M07：26）　2、3. 滑石镜（M70：8、M70：4）　4. 骨管（M117：25）

粒，水晶 3 粒，琥珀 2 粒，陶质 1 粒。串珠形态多样，主要有圆珠形、扁圆形、圆柱形、鼓腹棒形、六棱柱形、扁棱柱形等，以圆珠形数量最多。绝大多数中有圆孔。各墓所出串饰位置已散乱，原串配方式不明。

标本 M4：10，共 7 粒。其中有玛瑙串珠约 6 粒，形状有六棱柱、圆柱形，颜色有橙红色、白色，大小在 0.8 ~ 2.2 厘米之间；玻璃串珠 1 粒，扁圆形，天蓝色，直径约 0.5 厘米（彩版四六，4）。

标本 M46：12，共约 620 粒。有玻璃与玛瑙两类。其中玻璃串珠约 594 粒，大小不一，形状有圆珠形、算珠形等，以圆珠形最多。颜色有天蓝色、深绿色、褐红色等。直径约 0.5 ~ 1 厘米；玛瑙串珠 26 粒，有圆珠形、鼓腹棒形、圆饼形等，颜色多为橙红色，也有蓝色、绿色、褐色等（彩版四六，3）。

标本 M05A：49 ~ 52，共 286 粒。其中玻璃串珠约 270 粒，多为蓝色圆珠，直径约 0.4 厘米；

玛瑙串珠约 15 粒，多为橙红色，形状有圆珠形、鼓腹棒形。以鼓腹棒形形态较大，最长者约 1.7 厘米；水晶串珠 1 粒，为透明六棱形，长约 1.2 厘米（彩版四六，2）。

漆器　1 件

标本 M05A：54，极残。

第五章　第四期墓葬

36 座，约占这批汉墓总数的 20%。墓型有 A、B、C、D、E 型墓。

A 型墓（窄坑土坑墓），2 座，墓室长 5 米以上，宽 2.3 米以上，面积比西汉时期 A 型墓大很多。B 型中的 Ba、Bb 型墓消失，均为有墓道的 Bc 型墓。C、D、E 型墓为本期始见的新型，其中 C 型墓墓室为砖木合构墓；D 型墓为单室砖墓，以无墓道的 Db 型墓为多数。E 型墓为双室砖墓，以前室宽于后室的 Eb 型墓为多数。

砖室墓顶部及四壁均已坍塌或残缺极甚，多数砖室墓由于早年被盗，墓内绝大部分随葬品已缺失，有些或仅余数片陶片。

第一节　墓葬形制

一　A 型墓

2 座（M101、M150），为窄坑土坑墓。约占本期墓葬总数的 5%。按墓室结构之差异可分为两亚型。

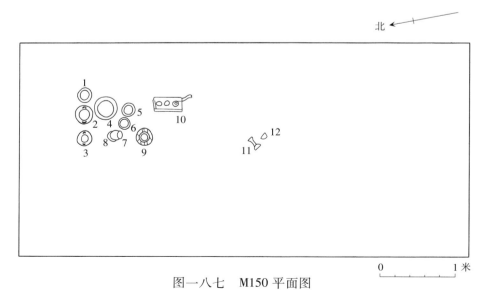

图一八七　M150 平面图

1、5~8. 陶罐　2、3. 陶壶　4. 陶瓮　9. 陶井　10. 陶灶　11. 陶灯　12. 铜杯

1. Aa 型墓

1 座，为长方窄土坑，无其他结构。占本期窄坑墓总数的 50%。

M150　位于文昌塔西南面约 245 米。墓向 190°。封土情况不详。墓坑长 6、宽 2.9、深 3 米。墓内填土为灰褐色沙黏土。未发现葬具与人骨。出土器物 12 件，其中陶器 11 件、铜器 1 件（图一八七）。

2. Ac 型墓

1 座，为长方窄土坑，有墓道。占本期窄坑墓总数的 50%。

M101　位于文昌塔西面约 450 米。墓向 290°。封土情况不详。墓坑长 5、宽 2.3、残深 1.6 米。斜坡墓道，长 4.6、宽 1.3 米。墓内填土为黄褐色粗沙黏土。未发现葬具与人骨。出土器物 7 件，均为陶器（图一八八）。

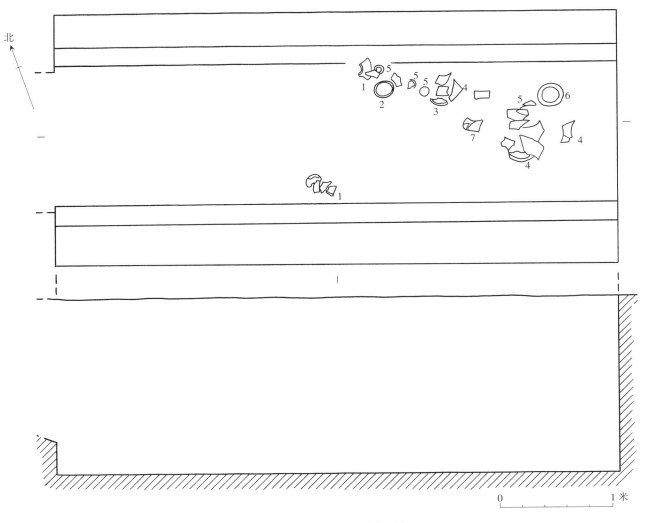

图一八八　M101 平、剖面图

1、7. 陶罐　2、3. 陶器盖　4. 陶瓮　5. 陶灶　6. 陶井

二　B 型墓

9 座，为宽坑土坑墓。约占本期墓葬总数的 25%。按墓葬平面结构之差异分为亚型，本期均属 Bc 型。

Bc 型墓

9 座（M06A、M015、M13、M22、M51、M54、M69、M100、M189），为长方宽土坑，有墓道。

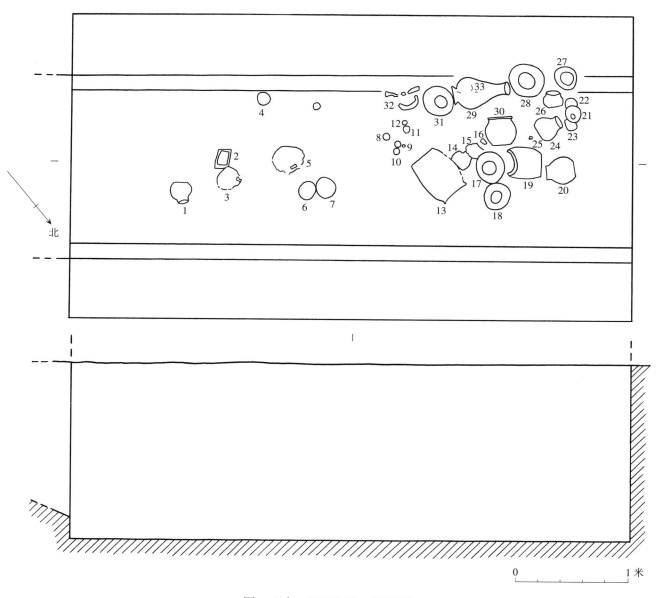

图一八九　M06A 平、剖面图

1、18、20、24、28. 陶盘口罐　2. 滑石炉　3、5. 铜盆　4. 铜灯　6、7. 铜碗　8～10、12、33. 陶盉　11、15、17、19、21～23、25、26、30. 陶罐　13. 陶瓮　14、27. 陶四耳罐　16. 陶异形双耳罐　29、31. 陶壶　32. 铜鐎壶

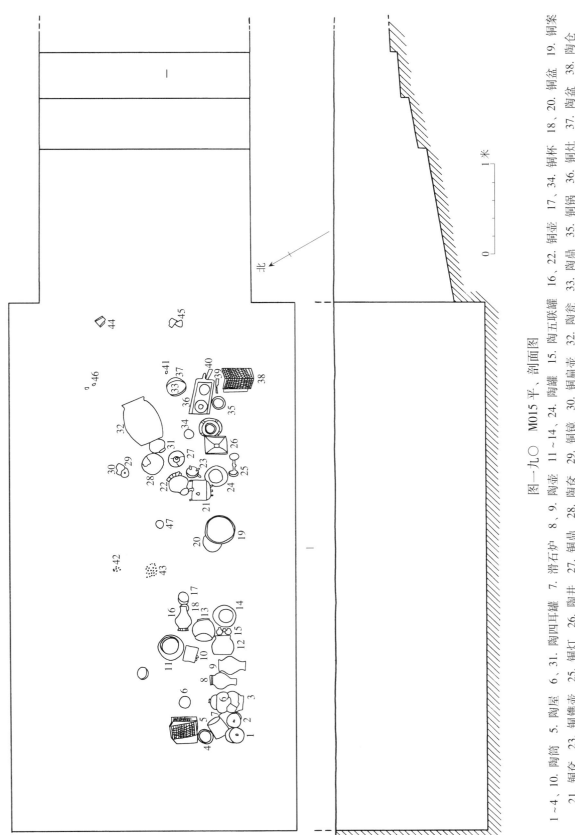

图一九〇　M015 平、剖面图

1~4、10. 陶筒　5. 陶屋　6、31. 陶四耳罐　7. 滑石炉　8、9. 陶壶　11~14、24. 陶罐　15. 陶罐　16、22. 铜壶　17、34. 铜杯　18、20. 铜盆　19. 铜案
21. 铜奁　23. 铜樵壶　25. 铜镰壶　26. 铜灯　27. 铜鼎　28. 铜具　29. 铜镜　30. 铜鼎　32. 陶扁壶　33. 陶瓮　35. 铜鼎　36. 铜灶　37. 陶盆　38. 陶仓
39. 铜衔镳　40. 铜牌　41. 铜车辖　42、43. 铜衔镳　44、45. 石块　46. 铁镜子　47. 铜碗

M06A 位于文昌塔西北面约 250 米。墓向 130°。封土表层为灰黑土，下层为灰黄土，直径 16、残高 2.1 米。其下有两个墓坑，另一个编号为 M06B。墓坑长 5、宽 2.78、深 1.6 米。斜坡墓道，残长 9、宽 1.68~1.76 米。墓内填土为黄褐色沙黏土。墓底有两条纵列垫木沟。未发现葬具与人骨。出土器物 33 件，其中陶器 26 件、铜器 6 件、滑石器 1 件（图一八九）。

M015 位于文昌塔东南面约 270 米。墓向 120°。封土底径 10、残高 0.5 米。墓坑长 5.8、宽 3.02、深 2.3 米。斜坡有阶梯墓道，长 9.7、宽 2.22 米。墓坑填土为灰黑与黄褐色沙黏土混合，似轻度夯打。从墓底痕迹看，原应有棺有椁，但葬具与人骨已朽。出土器物 47 件（号），其中陶器 22 件、铜器 19 件、铁器 1 件、滑石器 1 件、石器 2 件、串饰 2 件（图一九〇）。

M13 位于文昌塔西北面约 265 米。墓向 333°。墓坑长 4.5、宽 2.5、深 2.2 米。斜坡墓道，残长 2.5、宽 1.5~1.4、深 1.6 米。墓坑填土为灰黄色沙黏土。从墓底痕迹看，原应有棺有椁，但葬具与人骨已朽。出土器物 20 件（号），其中陶器 19 件、串饰 1 件（图一九一）。

三 C 型墓

6 座（M122、M124、M131、M145、M146、M194），为砖木合构墓。约占本期墓葬总数的 17%。墓葬以砖和木两种材料构建，或以砖铺底，其余以木构建墓椁；或以砖构建墓室，或以木板盖顶等。C 型墓为新出现的墓葬类型。

M122 位于文昌塔西北面约 290 米。墓向 203°。墓室平面呈长方形，长 3.65、宽 1.52、残深 0.64 米。填土为黄褐色沙黏土。四壁较直，无砖。墓底以砖错缝平铺。砖有青灰、灰白两色，长 28、宽 14、厚 4 厘米。砖一面有绳纹，另一面素面，砖侧无花纹。未发现葬具和人骨。出土器物 3 件，均为陶器（图一九二）。

M124 位于文昌塔西北面约 275 米。墓向 40°。墓室平面为长方形，墓室长 3.9、宽 1.72 米，在墓坑深约 1.1 米时始见砖壁。估计该墓可能是用木板盖顶。砖砌的墓壁高约 1.02 米，墓壁均为双隅砖结构，底部是以二层错缝平铺相间一层侧竖砖方式叠砌两排后，其上壁均系以一层平铺相间一层侧竖砖方式叠砌。墓底砖均错缝平铺。墓室一端设有斜坡墓道，墓道长 5.1、宽 1.1 米。未发现葬具和人骨。出土器物 19 件（号），其中陶器 13 件、铜器 5 件、串饰 1 件（图一九三）。

M131 位于文昌塔西北面约 240 米。墓向 45°。封土残高 0.5 米。墓室左侧有一道砖壁，砖壁为双隅砖结构，以二层错缝平铺和一层侧竖砖方式叠砌，余皆系土坑结构。墓右侧、后端分别有宽 0.36、0.5 米，均高 1.2 米的熟土二层台。墓室平面呈长方形，长 4.76、宽 2.5、深 2.1 米。斜坡式墓道，长 9.4、宽 1.9 米。墓内填土为红褐色沙黏土。墓底有两条纵列垫木沟。未发现葬具和人骨。出土器物 37 件（号），其中陶器 24 件、铜器 11 件、串饰 1 件、滑石器 1 件（图一九四）。

M146 位于文昌塔西北面约 235 米。墓向 10°。墓室平面为长方形，长 2.74、宽 0.8 米。

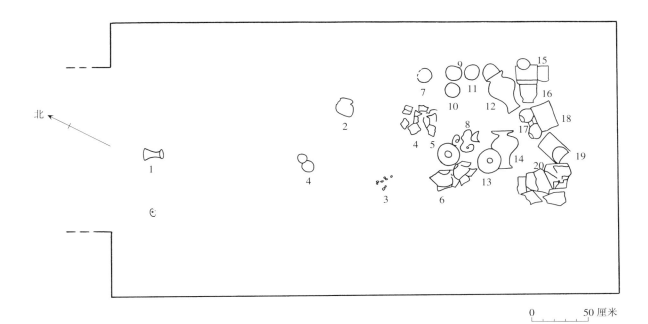

图一九一　M13 平面图

1. 陶灯　2、4、6. 陶罐　3. 串饰　5、13. 陶四耳罐　7、9～11. 陶筒　8. 陶器　12、14. 陶壶　15. 陶灶
16. 陶井　17. 陶五联罐　18. 陶仓　19. 陶屋　20. 陶瓮

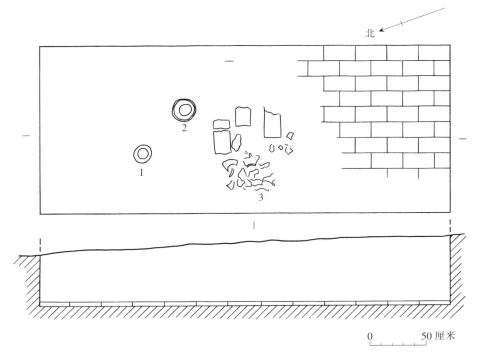

图一九二　M122 平、剖面图

1～3. 陶罐

砖室总外长 3 米。墓室仅见四面砖壁，似以木板盖顶。墓壁也多已残缺。墓壁残高约 0.6 米。墓壁两端均为单隅砖错缝平铺叠砌，两侧墓壁从底部起以单砖竖贴壁。墓底砖纵向平铺。未发现葬具和人骨。砖长 28、宽 14、厚 4 厘米。出土器物 8 件，均为陶器（图一九五）。

四　D 型 墓

11 座，为单室砖墓。约占本期墓葬总数的 33%。墓室平面呈长方形，以砖构筑。墓室一端或设有墓道，或无墓道。D 型墓为新出现的墓葬类型。按墓葬平面结构之差异可分为两亚型。

1. Da 型墓

3 座（M123、M139、M156），为单室砖墓，有墓道。约占本期 D 型墓葬总数的 25%。

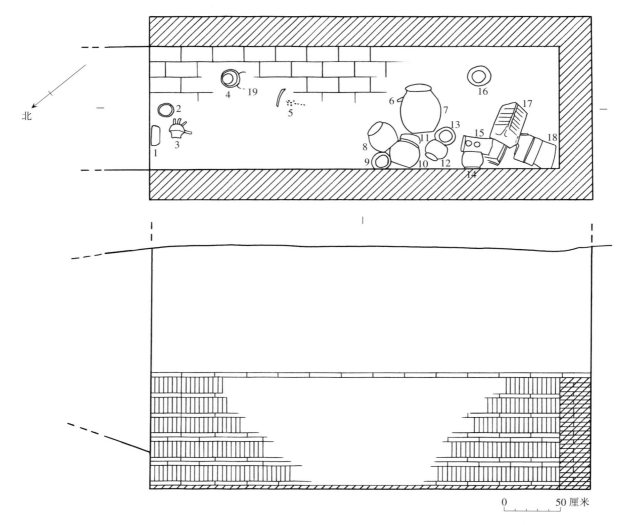

图一九三　M124 平、剖面图

1. 铜碗　2. 陶灯　3. 铜镰壶　4. 铜盆　5. 串饰　6. 铜钱　7. 陶瓮　8～12、14、16. 陶罐　13. 陶井
15. 陶灶　17. 陶仓　18. 陶屋　19. 铜杯

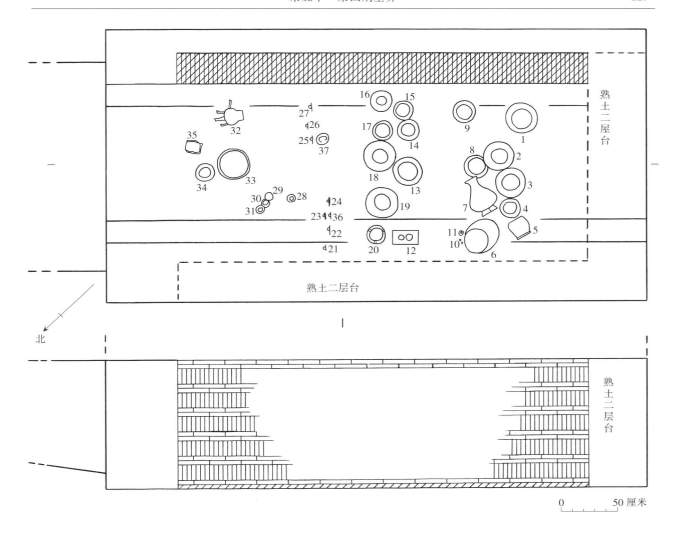

图一九四 M131 平、剖面图

1、3～5、8、9、14、15、17. 陶罐 2、13、18. 陶盘口罐 6. 陶瓮 7、19. 陶壶 10. 串饰 11. 铜钱 12. 陶灶 16. 陶四耳罐 20. 陶井 21～27、36. 铜泡钉 28～31. 陶盂 32. 铜镳壶 33. 铜盆 34. 陶灯 35. 滑石炉 37. 陶器盖

M123 位于文昌塔西北面约 330 米。墓向 125°。券顶。有斜坡墓道。为工地施工推土时发现。发掘前，墓壁、顶部多已残缺。砖室总外长 3.78 米。墓室平面为长方形，长 3.44、宽 1 米。墓壁残高约 1.12 米。墓壁两侧及后端墓壁、封门均为单隅砖结构，以错缝平铺方式叠砌。墓底砖为错缝平铺。墓砖为灰白色，长 28、宽 14、厚 4 厘米。斜坡墓道位于墓室一端中部，长 2.3、宽 1 米。未发现葬具和人骨。出土器物 20 件（号），其中陶器 9 件、铜器 7 件、铁器 1 件、滑石器 1 件、串饰 2 件（图一九六）。

M139 位于文昌塔西北面约 350 米。墓向 21°。有斜坡墓道。墓壁、顶部稍残缺。砖室总外长 3.58 米。墓室平面为长方形，长 3.3、宽 0.9 米。墓壁残高约 0.8 米。墓壁均为单隅砖结构，以错缝平铺方式叠砌。墓底砖以人字形平铺。砖长 28、宽 14、厚 4 厘米。墓道口与墓室连接处有

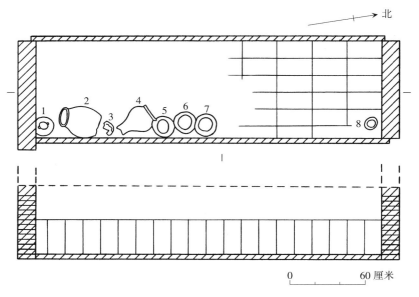

图一九五　M146 平、剖面图
1、4. 陶壶　2、5～7. 陶罐　3. 陶盂　8. 陶钵

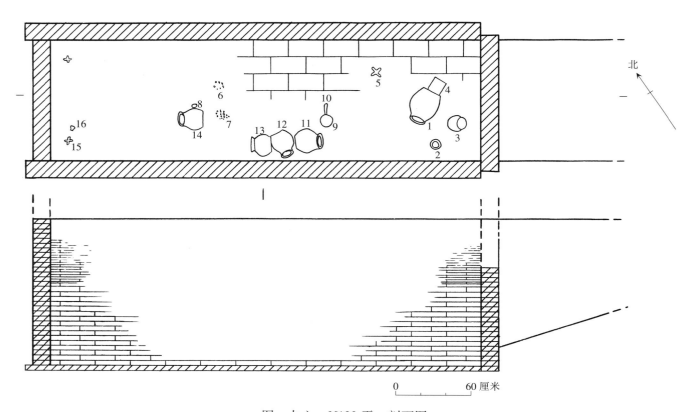

图一九六　M123 平、剖面图
1. 陶盘口罐　2、17. 陶盂　3、11～14、16. 陶罐　4. 滑石炉　5、15、18～20. 铜饰件　6. 玛瑙串珠　7. 料珠
8. 铜钱　9. 铜镜　10. 铁器（17、18 号在 12 号罐下，19 号在 13 号罐下，20 号在 14 号罐下）

单隅砖错缝平铺叠砌封门墙。斜坡墓道位于墓室一端，长 2、宽 1.2 米。未发现葬具和人骨。出土器物 3 件，均为陶器（图一九七）。

M156　位于文昌塔西南面约 275 米。墓向 285°。有斜坡墓道。墓壁、顶部已残缺。砖室总外长 4.06 米。墓室平面为长方形，长 3.5、宽 1.3 米。墓北外壁与墓坑壁之间有 0.3 米的间距。墓壁残高约 1.2 米，墓壁为双隅砖结构，以二层错缝平铺相间一层侧竖砖方式叠砌。墓底砖以人字形平铺。斜坡墓道位于墓室一端，残长 2.1、宽 1.94 米。未发现葬具和人骨。出土器物 24 件（号），其中陶器 20 件、铜器 3 件、铁器 1 件（图一九八）。

2. Db 型墓

8 座（M21、M59、M75、M88、M108、M153、M161、M175），为单室砖墓，无墓道。约占本期 D 型墓葬总数 75%。

M21　位于文昌塔西北面约 375 米。墓向 315°。为工地施工推土时发现。发掘前，墓壁及顶部已崩塌，顶部情况不详，四壁尚有残存。砖室总外长 4.28 米。墓室平面为长方形，长 4、宽 1.14 米。墓壁残高约 0.2~0.6 米。墓壁均为单隅砖结构，以错缝平铺方式叠砌，墓底砖以人字形平铺。墓砖长 28、宽 14、厚 4 厘米，有青灰和灰红两色，青灰色砖火候较高且坚硬，灰红色砖火候较低且质软。有些砖侧面饰有方格纹。未发现葬具和人骨。出土器物 8 件，均为陶器（图一九九）。

M59　位于文昌塔东南面约 330 米。墓向 90°。墓壁、顶部多已残缺。砖室总外长 4.76 米。墓室平面为长方形，长 4.52、宽 0.76 米。墓壁残高约 0.2 米。墓壁均为单隅砖结构，以错缝平铺

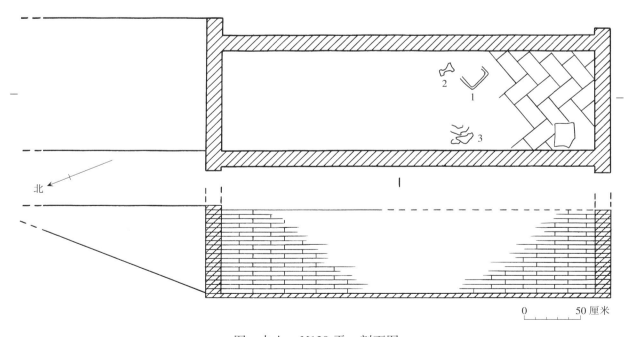

图一九七　M139 平、剖面图
1. 陶屋　2. 陶灯　3. 陶钵

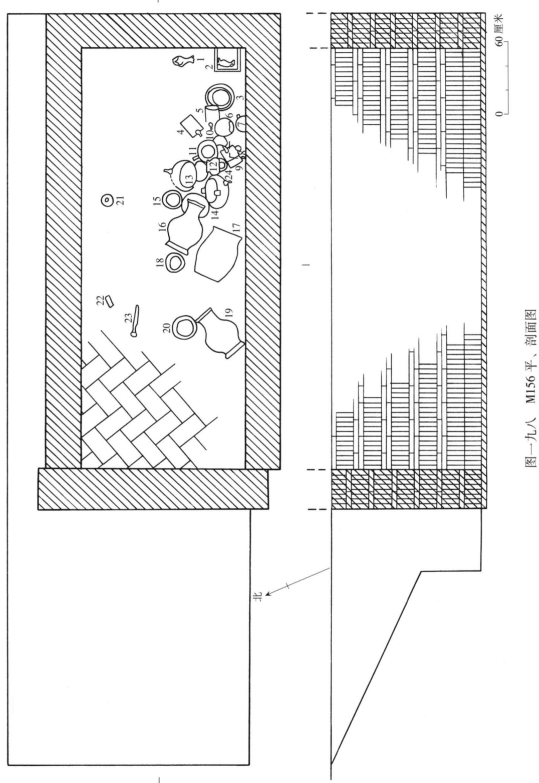

图一九八　M156 平、剖面图

1. 陶狗　2. 陶屋　3. 陶井　4～6. 陶筒　7. 陶筒　8. 陶灶　9、10. 陶筒盖　11. 铜锥壶　12、15、18、20、24. 陶罐
13、14. 陶鼎　16、19. 陶壶　17. 陶瓮　21. 铜镜　22. 铜钱　23. 铁环首刀

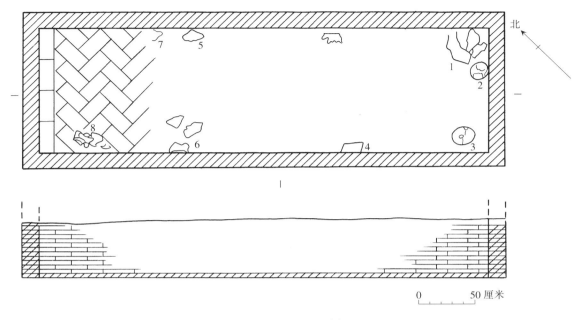

图一九九　M21 平、剖面图
1、6、7. 陶罐　2. 陶鼎　3. 陶器盖　4. 陶屋顶　5. 陶猪　8. 陶盆

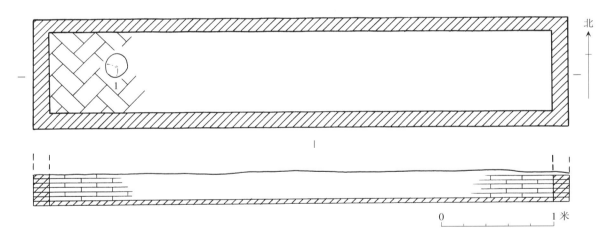

图二○○　M59 平、剖面图
1. 陶盘口罐

方式叠砌，墓底砖近西壁处有两排错缝平铺，其余均以人字形平铺。未发现葬具和人骨。墓砖有淡红、青绿两种，红砖较多。砖长 25、宽 11～11.5、厚 2.5 厘米。出土器物 1 件，为陶盘口罐（图二○○）。

　　M75　位于文昌塔东北面约 80 米。墓向 320°。墓壁、顶部多已残缺。砖室总外长 3.8 米。墓室平面为长方形，长 3.54、宽 0.96 米。墓壁残高约 0.84 米。墓壁均为单隅砖结构，以错缝平铺方式叠砌，墓底砖均以人字形平铺。未发现葬具和人骨。墓砖有淡红、青绿两种，红砖较多。砖长 25、宽 11～11.5、厚 2.5 厘米。出土器物 14 件（号），其中陶器 8 件、铜器 5 件、铁器 1 件（图二〇一）。

M88　位于文昌塔西北面约 140 米。墓向 226°。券顶。砖室总外长 3.6 米。墓室平面为长方形，长 3.2、宽 0.9、高约 1.25 米。墓两壁均为单隅砖结构，以错缝平铺方式叠砌；墓后壁则为双隅砖结构，以错缝平铺方式叠砌。墓底砖均以人字形平铺。墓室后端拱顶有盗洞。未发现葬具和人骨。出土器物 6 件，均为陶器（图二〇二）。

五　E 型墓

9 座，为双室砖墓。约占本期墓葬总数的 19%。墓室平面多呈"中"字形，以砖构筑。墓室一端或设有墓道，或无墓道。墓室可区分为双室。E 型墓为新出现的墓葬类型。按墓葬平面结构之差异可分为两亚型。

1. Ea 型墓

3 座（M141、M192、M185），为双室砖墓，前后室宽度大致相同。约占本期 E 型墓葬总数的 29%。

M141　位于文昌塔西北面约 460 米。墓向 165°。券顶，双室等宽。为工地施工推土时发现。在清理墓室填土时，于东侧发现有盗洞。墓壁、顶部已残缺。砖室总外长 4.5 米。墓室平面为长方形，长 4、宽 1.54 米，分前后两室（段），前室（段）低于后室（段）约 0.1 米。墓壁残高约

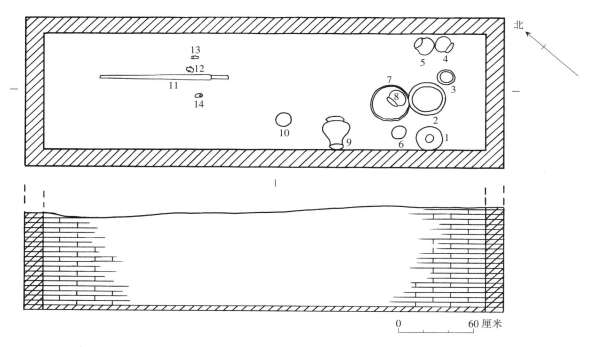

图二〇一　M75 平、剖面图
1. 陶细颈瓶　2、3、5. 陶罐　4. 陶盘口罐　6. 铜杯　7. 陶盆　8. 陶盂　9. 陶壶　10. 铜镜
11. 铁剑　12. 铜带钩　13、14. 铜钱

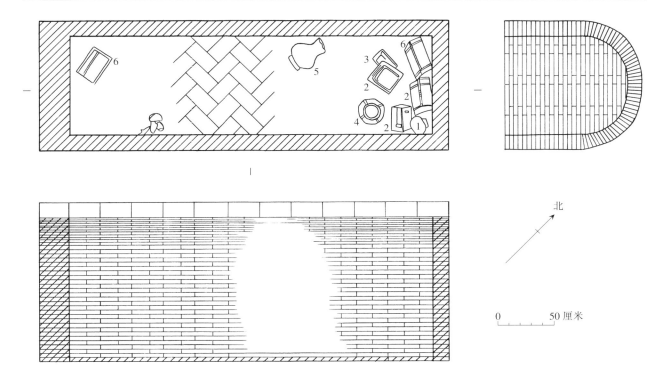

图二〇二　M88 平、剖面图
1. 陶盘口罐　2. 陶屋　3. 陶灶　4. 陶井　5. 陶壶　6. 陶仓

1.46 米，从残存观察，应为券顶。墓壁均为单隅砖结构，以错缝平铺方式叠砌。墓底砖以人字形平铺。墓道口与墓室连接处有单隅砖错缝平铺叠砌封门墙。砖长 26、宽 13、厚约 3 厘米，砖一面饰有绳纹。墓室一端中部设有斜坡墓道，长 7、宽 1.2 米。未发现葬具和人骨。出土器物 3 件，其中陶器 2 件、石器 1 件（图二〇三）。

M192　位于文昌塔西北面约 350 米。墓向 76°。券顶，斜坡墓道。砖室总外长 4.86 米。墓葬有墓道、前室、后室等结构。前室平面为长方形，长 1.76、宽 1 米。前室的长度较后室短，宽度与后室同，但低于后室约 0.17 米。后室平面为长方形，长 2.7、宽 1 米。两侧墓壁为单隅砖结构，以错缝平铺方式叠砌，后室一端的墓壁为双隅砖结构，以错缝平铺方式叠砌。墓底砖以人字形平铺。斜坡墓道，残长 4.32、宽 1.05 米。未发现葬具和人骨。出土器物 4 件，均为陶器（图二〇四）。

2. Eb 型墓

5 座（M016A、M019、M26、M159、M184），双室砖墓，一般前室宽于后室。约占本期 E 型墓葬总数的 71%。

M016A　位于文昌塔东南面约 320 米。墓向 200°。前室宽于后室，券顶。为工地施工推土时发现。墓葬原有封土，但墓壁、顶部多已残缺。砖室总外长 4.6 米。墓葬有墓道、甬道、前室、后室等结构。墓室一端中部设斜坡墓道，残长 4.04、宽 1.14 米。甬道很短，长 0.38、宽 0.88 米。墓壁为单隅砖结构，以二层错缝平铺相间一层侧竖砖方式叠砌。前室平面近方形，长 1.32、宽 1.4

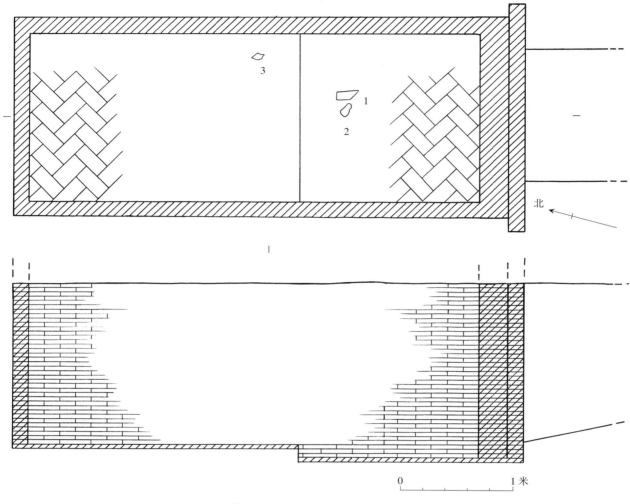

图二〇三　M141 平、剖面图
1. 研石　2、3. 陶罐

米。前室地面前半部比后半部低约 0.2 米，后半部地面与后室地面等高。后室平面为长方形，长 2.8、宽 0.9 米。墓底砖以人字形平铺。封门情况不详。未发现葬具和人骨。出土器物 14 件（号），其中陶器 1 件、铜器 9 件、铁器 2 件、银器 1 件、串饰 1 件（图二〇五）。

　　M019　位于文昌塔东南面 370 米。墓向 70°。前室宽于后室，券顶。墓壁、顶部多已残缺。砖室总外长 5.06 米。墓葬有墓道、甬道、前室、后室等结构。斜坡墓道已残，残长 2.36、宽 0.9 米。甬道很短，长 0.52、宽 0.9 米。前室平面为长方形，长 1.8、宽 1.34 米。前室地面前半部比后半部低约 0.12 米，后半部地面与后室地面等高。后室平面为长方形，长 2.42、宽 0.88 米。墓壁均为双隅砖结构，应为错缝平铺叠砌，墓底砖以人字形平铺。未发现葬具和人骨。出土器物 7 件（号），其中陶器 1 件、铜器 4 件、串饰 2 件（图二〇六）。

　　M159　位于文昌塔西北面约 280 米。墓向 126°。前室宽于后室，券顶。墓壁、顶部多已残缺。砖室总外长 5.66 米。墓葬有墓道、甬道、前室、后室等结构。斜坡墓道，残长 3.58、宽 1.68

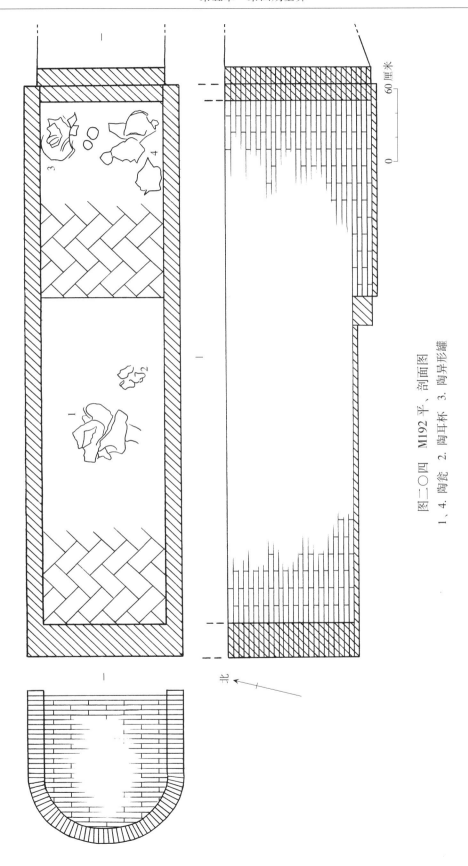

图二○四　M192 平、剖面图

1、4. 陶瓮　2. 陶耳杯　3. 陶异形罐

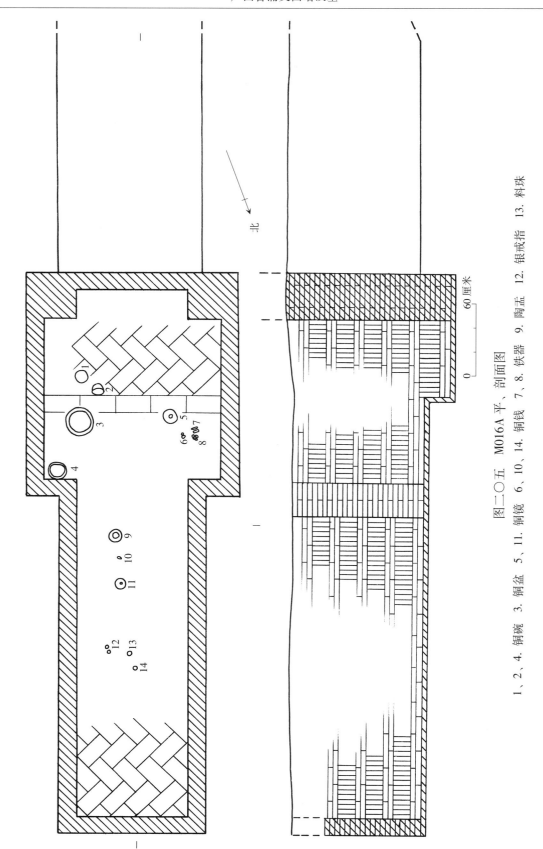

图二〇五　M016A 平、剖面图

1、2、4. 铜碗　3. 铜盆　5、11. 铜镜　6、10、14. 铜钱　7、8. 铁器　9. 陶盂　12. 银戒指　13. 料珠

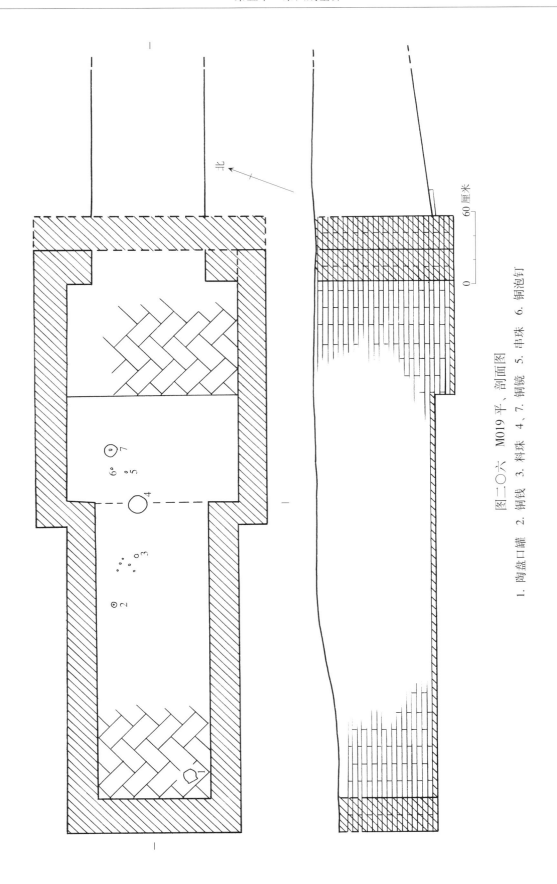

图二〇六 M019 平、剖面图

1. 陶盘口罐 2. 铜钱 3. 料珠 4、7. 铜镜 5. 串珠 6. 铜泡钉

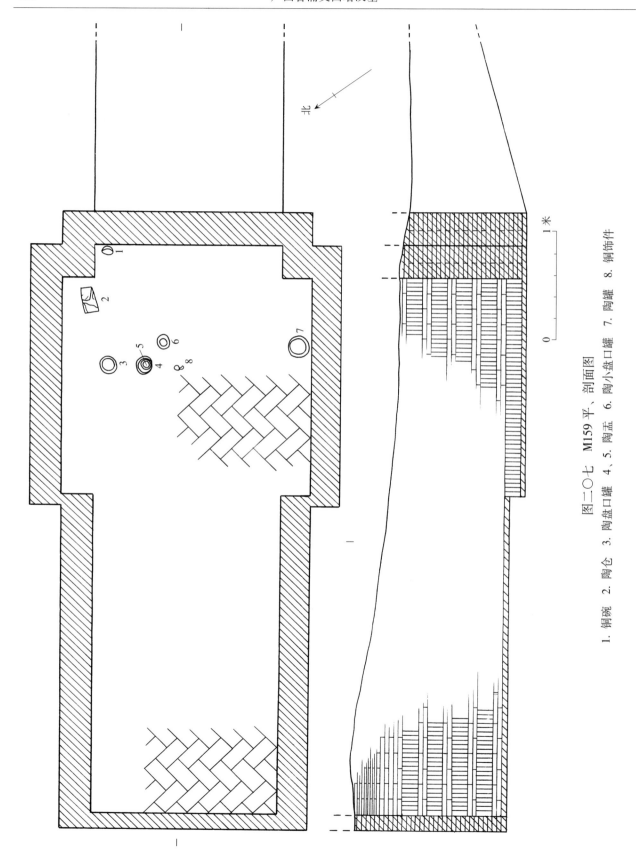

图二〇七 M159 平、剖面图

1. 铜碗 2. 陶仓 3. 陶盘口罐 4、5. 陶盂 6. 陶小盘口罐 7. 陶罐 8. 铜饰件

米。甬道长 0.6、宽 1.68 米。前室平面近方形，长 2、宽 2.2、残高 0.7～1 米。后室平面为长方形，长 2.9、宽 1.64、残高 1.1～1.24 米。从残迹看，后室应为券顶。墓两壁和封门均为双隅砖结构，以二层错缝平铺相间一层侧竖砖方式叠砌；后壁为单隅砖结构，错缝平铺叠砌。墓底砖以人字形平铺。未发现葬具和人骨。出土器物 8 件，其中陶器 6 件、铜器 2 件（图二〇七）。

第二节　随葬器物

在本期 36 座墓葬中，共出土各类随葬品 563 件（号）。按其质地可分为陶器、铜器、铁器、银器、滑石器、石器等。其中数量最多的是陶器，其次为铜器，其他质地的器类均数量较少。

一　陶器

377 件（号），约占本期出土器物总数的 67%（其中有 2 件陶器极残而不能辨识器类）。

陶器多为灰胎泥质硬陶，泥质软陶仍然存在，但数量较少。施釉以青黄釉为主，多数陶器的釉色较为一致。器表釉面仍有脱落，但从整体观察，釉层的均匀程度、光泽都比前期进步。有少数陶器的釉面保存较为完好。褐釉已少见，青黄釉的色泽变淡，有施灰白釉的陶器出现。

纹饰主要有方格纹、戳印纹、弦纹、刻划纹等，戳印纹中三连菱形、长方形戳印纹（M69：27）是新见的纹样。但是以方格纹、戳印纹为纹饰的陶罐、瓮的数量已减少，而仅仅于器身饰一、两道弦纹，其余皆素面的瓮、罐已普遍增加。大部分其他器物如盘口罐、双耳罐、五联罐、盂、壶等，也多是素面无纹，或仅饰一、两道弦纹（图二〇八、二〇九）。

器类有瓮、罐、异形罐、小罐、四耳罐、双耳罐、仿双耳罐、五联罐、三联盂、二联盂、盘口罐、小盘口罐、壶、盆、奁、细颈瓶、碗、杯、钵、盂、鼎、盒、耳杯、灯、三足灯、筒、器盖、案、纺轮、屋、仓、灶、井、猪、狗。其中罐类最多，占本期陶器总数的 34%。

瓮　15 件。以腹分型（其中有 1 件陶瓮极残而不分类）。

B 型　1 件。椭圆腹。腹最大径位置居中或微偏上，沿下折。

标本 M192：4，泥质硬陶，灰色。施青黄釉，多脱落。敞口，尖唇，短颈，长腹，下收腹，平底。器身饰凹弦纹、方格纹、方形戳印纹。口径 18.8、底径 19.4、高 27.4 厘米（图二一〇，1；彩版四七，1）。

C 型　13 件。瘦椭圆腹。腹最大径位置居中或微偏上，沿下折。

标本 M13：20，泥质硬陶，灰色。器体已残。敞口，尖唇，短颈，长腹，下收腹，平底。器身饰凹弦纹、方格纹。口径 23.6、底径 24.8、高 38.4 厘米（图二一〇，2）。

标本 M150：4，泥质硬陶，灰色。施青黄釉，多脱落。敞口，短颈，长腹，下收腹，平底内凹。器身饰凹弦纹、方格纹、菱形戳印纹。口径 23、底径 23.4、高 37.2 厘米（图二一〇，3）。

标本 M189：2，泥质硬陶，灰色。施青黄釉，多脱落。敞口，短颈，长腹，下收腹，平底。器身饰凹弦纹、方格纹。口径 24、底径 24.2、高 38 厘米（图二一〇，4；彩版四七，2）。

0 ———— 3厘米

图二〇八　第四期墓葬出土陶器纹饰拓片

1、2. 方格纹（M54：14、M145：5）　　3～9. 戳印纹（M150：1、M13：4、M145：23、M21：6、M22：22、M015：14、M189：12）

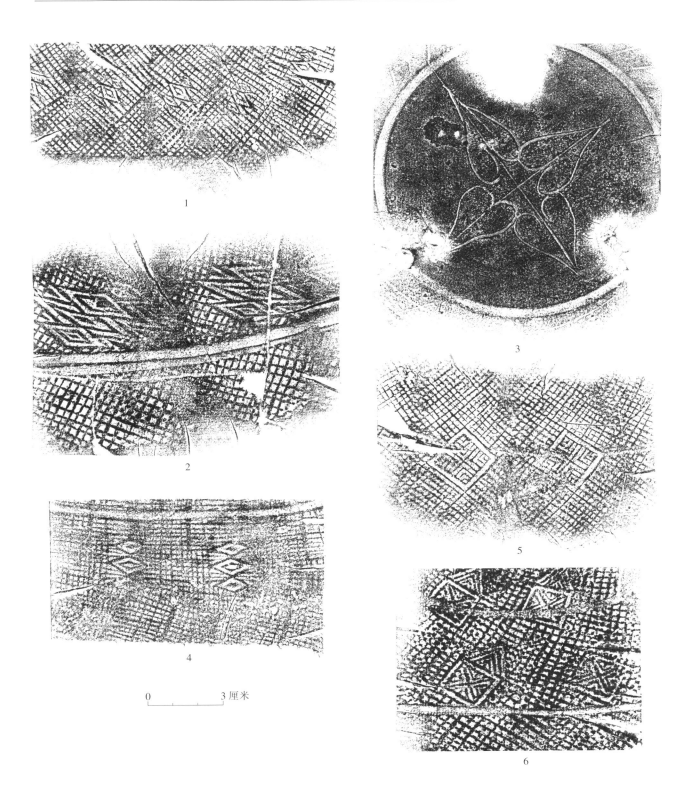

图二〇九 第四期墓葬出土陶器纹饰拓片

1、2、4~6. 戳印纹（M54∶24、M51∶15、M51∶11、M156∶15、M51∶8） 3. 四叶纹（M015∶33）

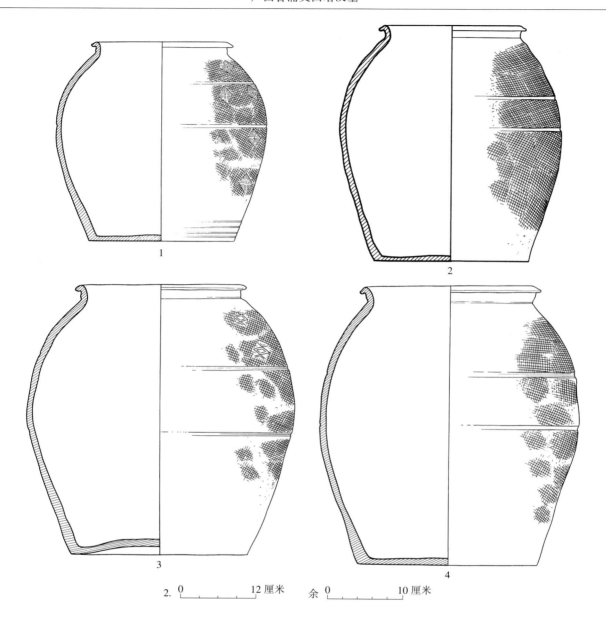

图二一〇　第四期墓葬出土陶瓷

1. B 型（M192:4）　　2~4. C 型（M13:20、M150:4、M189:2）

罐　129 件。以腹部特征分型（其中有 12 件陶罐较残而不分型）。

C 型　9 件。鼓腹。腹最大径位置居中。以口沿变化分式。

C 型Ⅲ式　1 件。斜领。

标本 M150:6，泥质软陶，红褐色。已残。敞口，鼓腹，下收腹，平底。素面。口径 11.8、底径 10.3、高 11.6 厘米（图二一一，1）。

C 型Ⅴ式　8 件。沿面较宽，下折沿。

标本 M150:5，泥质硬陶，灰色。施青黄釉，多脱落。敞口，鼓腹，下收腹，平底微凹。器身

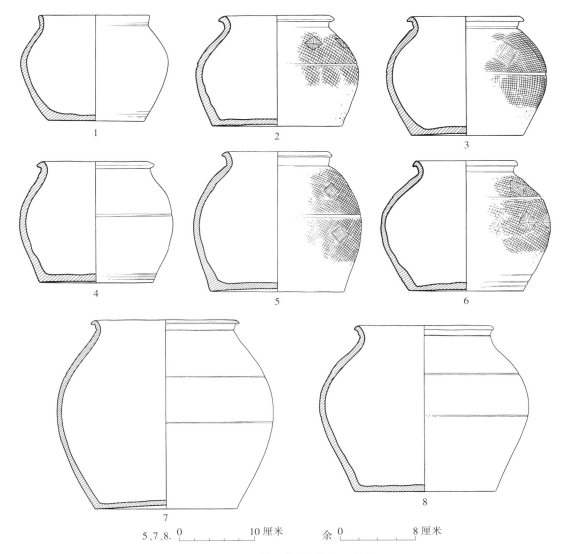

图二一一　第四期墓葬出土陶罐

1. C 型 Ⅲ 式（M150∶6）　　2～4. C 型 V 式（M150∶5、M13∶2、M189∶16）　　5、7、8. D 型 Ⅲ 式（M189∶21、
M69∶44、M131∶1）　　6. E 型 Ⅱ 式（M156∶18）

饰凹弦纹、方格纹、方形戳印纹。口径 12.3、底径 14、高 12.2 厘米（图二一一，2）。

　　标本 M13∶2，泥质硬陶，灰色。施青黄釉，局部脱落。敞口，尖唇，鼓腹，下收腹，平底微凹。器身饰凹弦纹、方格纹、方形戳印纹。口径 12.4、底径 12、高 13 厘米（图二一一，3；彩版四七，3）。

　　标本 M189∶16，泥质硬陶，灰色。施薄灰青黄釉，多脱落。敞口，尖唇，鼓腹，下收腹，平底微凹。器身仅饰一周凹弦纹。口径 12.4、底径 12.2、高 13.4 厘米（图二一一，4）。

　　D 型　9 件。长鼓腹。腹最大径位置居中。以口沿变化分式。

　　D 型 Ⅲ 式　9 件。下折沿。

　　标本 M69∶44，泥质硬陶，灰色。施青黄釉，多已脱落。鼓腹，下收腹，平底微凹。器身饰两道凹弦纹。口径 19.5、底径 18.5、高 26 厘米（图二一一，7；彩版四七，4）。

标本 M189：21，泥质硬陶，灰色。施青黄釉，多已脱落。鼓腹，下收腹，平底微凹。器身饰凹弦纹、方格纹、方形戳印纹。口径 14.9、底径 17.9、高 19.2 厘米（图二一一，5）。

标本 M131：1，泥质硬陶，灰色。施青黄釉，多已脱落。敞口，尖唇，鼓腹，下收腹，平底。肩、腹处各饰一道弦纹。口径 17.8、底径 19、高 23.1 厘米（图二一一，8）。

E 型　5 件。圆鼓腹。腹最大径位置居中。以口沿变化分式。

E 型 Ⅱ 式　5 件。沿面下折。

标本 M156：18，泥质硬陶，浅灰色。施青黄釉，大多脱落。敞口，下收腹，平底微凹。器身饰弦纹、方格纹、方形戳印纹。口径 11.3、底径 12.1、高 14.3 厘米（图二一一，6；彩版四七，5）。

标本 M150：7，泥质硬陶，灰色。施青黄釉，大多脱落。敞口，下收腹，平底微凹。器身饰弦纹、方格纹、方形戳印纹。口径 10.9、底径 10.2、高 12.2 厘米（图二一二，1）。

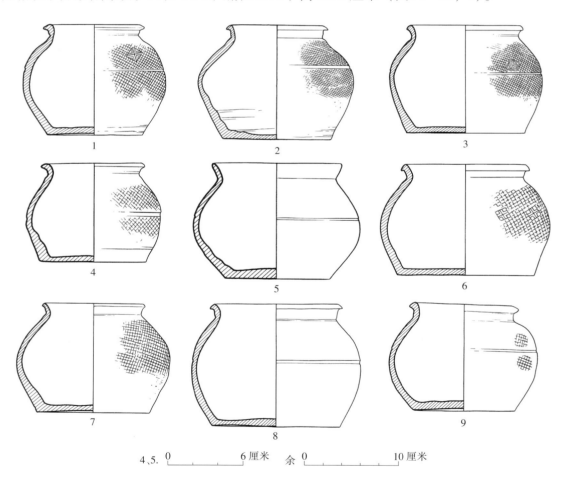

4、5.　0　　　　6厘米　　余　0　　　　10厘米

图二一二　第四期墓葬出土陶罐

1、2. E 型 Ⅱ 式（M150：7、M51：19）　3、4、6. Fa 型 Ⅳ 式（M101：7、M06A：11、M184：31）　5. Fa 型 Ⅴ 式（M75：5）
7. Fa 型 Ⅵ 式（M156：12）　8、9. Fb 型 Ⅰ 式（M189：17、M189：19）

标本 M51：19，泥质硬陶，灰色。敞口，尖唇，短颈，下收腹，平底。器身饰弦纹、方格纹。口径 11、底径 11.6、高 12.6 厘米（图二一二，2）。

F 型　18 件。扁鼓腹。以腹部最大径位置分亚型。

Fa 型　8 件。腹最大径位置居中。以口沿变化分式。

Fa 型Ⅳ式　6 件。下折沿。

标本 M06A：11，泥质硬陶，灰色。施青黄釉，多已脱落。敞口，下收腹，平底。器身饰方格纹、凹弦纹。口径 8.5、底径 8.4、高 8.1 厘米（图二一二，4；彩版四八，1）。

标本 M184：31，泥质硬陶，灰色。敞口，下收腹，平底。器身饰方格纹、方形戳印纹。口径 13.5、底径 14.6、高 12.2 厘米（图二一二，6）。

标本 M101：7，泥质硬陶，灰色。施青黄釉。敞口，短颈，下收腹，平底。器身饰方格纹、凹弦纹、方形戳印纹。口径 12.2、底径 12.5、高 12 厘米（图二一二，3）。

Fa 型Ⅴ式　1 件。斜领，圆唇。

标本 M75：5，泥质硬陶，褐胎。施青灰釉，多已脱落。敞口，下收腹，平底。器身饰一道凹弦纹。口径 10.5、底径 8、高 9.6 厘米（图二一二，5）。

Fa 型Ⅵ式　1 件。斜领，尖唇，微出檐。

标本 M156：12，泥质硬陶，灰色。施青黄釉，多已脱落。敞口，下收腹，平底微凹。器身饰方格纹。口径 10.6、底径 12、高 12.1 厘米（图二一二，7；彩版四八，2）。

Fb 型　10 件。腹最大径位置偏下。以口沿变化分式。

Fb 型Ⅰ式　8 件。下折沿。

标本 M189：17，泥质硬陶，灰色。施青黄釉。敞口，下收腹，平底微凹。器身饰一道凹弦纹。口径 14、底径 13.6、高 13 厘米（图二一二，8；彩版四八，3）。

标本 M189：19，泥质硬陶，灰色。施青黄釉，多已脱落。敞口，下收腹，平底微凹。器身饰方格纹、凹弦纹。口径 11.6、底径 10.8、高 11.6 厘米（图二一二，9）。

标本 M69：10，泥质硬陶，灰色。施青黄釉，多已脱落。敞口，下收腹，平底微凹。器身饰凹弦纹。口径 13、底径 13、高 12.7 厘米（图二一三，1）。

Fb 型Ⅱ式　1 件。斜领，圆唇。

标本 M75：3，泥质硬陶，灰褐胎。施青灰釉，局部脱落。敞口，下收腹，平底。腹部有凹弦纹。口径 10.4、底径 8.4、高 9.7 厘米（图二一三，2）。

Fb 型Ⅲ式　1 件。斜领，斜沿，微出檐。

标本 M184：17，泥质硬陶，灰色。敞口，下收腹，平底。器身饰方格纹。口径 12、底径 12.8、高 11 厘米（图二一三，3；彩版四八，4）。

G 型　14 件。球形鼓腹。腹最大径位置居中。以口沿变化分式。

G 型Ⅰ式　11 件。沿面下折。

标本 M131：3，泥质硬陶，灰色。施青黄釉，多已脱落。敞口，收腹，平底。肩饰弦纹。口径

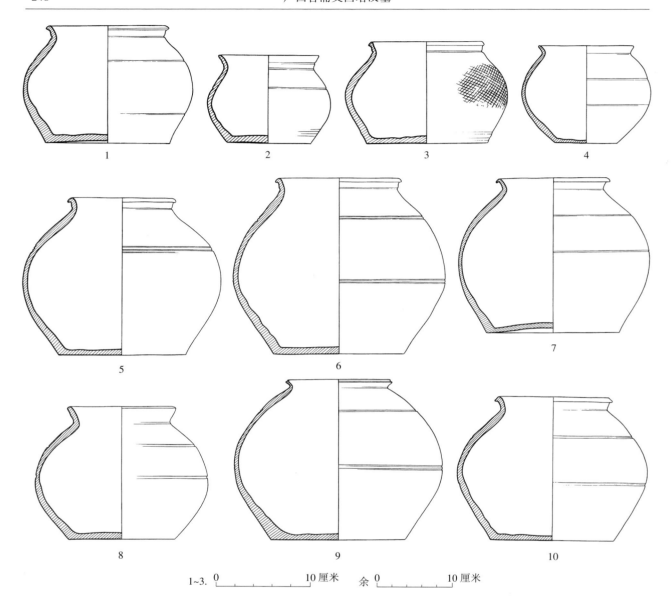

图二一三　第四期墓葬出土陶罐

1. Fb 型 Ⅰ式（M69：10）　　2. Fb 型 Ⅱ式（M75：3）　　3. Fb 型 Ⅲ式（M184：17）　　4、8、9. G 型 Ⅱ式（M145：4、
M015：24、M51：18）　　5～7. G 型 Ⅰ式（M131：3、M189：36、M69：5）　　10. Ha 型 Ⅰa 式（M124：8）

14.5、底径 17.1、高 21.5 厘米（图二一三，5；彩版四八，5）。

　　标本 M189：36，泥质硬陶，灰色。施青黄釉，多已脱落。敞口，收腹，平底。上腹与下腹各
有两道凹弦纹。口径 16、底径 17、高 24.2 厘米（图二一三，6）。

　　标本 M69：5，泥质硬陶，灰色。施青黄釉，多已脱落。敞口，收腹，平底微凹。上腹与下腹
各有一道凹弦纹。口径 14.2、底径 17、高 21.2 厘米（图二一三，7）。

　　G 型 Ⅱ式　3 件。斜领。

　　标本 M015：24，泥质硬陶，灰色。施青黄釉，多已脱落。敞口，收腹，平底。上腹与下腹各

有一道凹弦纹。口径 14.4、底径 13.5、高 18.4 厘米（图二一三，8；彩版四八，6）。

标本 M145：4，泥质软陶，灰色。已残。敞口，收腹，平底。上腹与下腹各有一道凹弦纹。口径 12.5、底径 8.3、高 13.2 厘米（图二一三，4）。

标本 M51：18，泥质硬陶，灰色。施青黄釉，局部脱落。敞口，双唇，束颈，收腹，平底。上腹与下腹均饰有凹弦纹。口径 14、底径 18、高 22.1 厘米（图二一三，9）。

H 型 57 件。凸腹。以腹最大径位置分亚型。

Ha 型 30 件。腹最大径位置居中。以口沿变化分式。

Ha 型 I 式 29 件。下折沿。又以器形变化分亚式。

Ha 型 I a 式 20 件。器形较短（器形长度较 Ha 型 I b 式短）。

标本 M124：8，泥质硬陶，灰色。施青黄釉。敞口，收腹，平底。器身饰两道弦纹。口径 15.6、底径 16.3、高 19.7 厘米（图二一三，10）。

标本 M189：29，泥质硬陶，灰白色。施青黄釉，多已脱落。敞口，鼓腹，平底微凹。器身饰两道弦纹。口径 12.6、底径 13.4、高 14.3 厘米（图二一四，1；彩版四九，1）。

标本 M131：4，泥质硬陶，灰白色。施青黄釉，多已脱落。敞口，鼓腹，平底微凹。器身饰方格纹、凹弦纹、"五铢钱"戳印纹。口径 13.3、底径 14.6、高 14.1 厘米（图二一四，2）。

Ha 型 I b 式 4 件。器形较长。

标本 M150：1，泥质硬陶，灰白色。施青黄釉，多已脱落。敞口，鼓腹，平底微凹。器身饰方格纹、凹弦纹、圆形戳印纹。口径 14.4、底径 14.9、高 18.1 厘米（图二一四，3；彩版四九，2）。

标本 M189：35，泥质硬陶，灰色。施青黄釉。敞口，短颈，收腹，平底微凹。器身饰两道凹弦纹。口径 17.5、底径 19.2、高 25.7 厘米（图二一四，4）。

标本 M124：10，泥质硬陶，灰色。施青黄釉。敞口，收腹，平底。器身饰一道弦纹。口径 16.8、底径 17.5、高 24 厘米（图二一四，5）。

Ha 型 I c 式 5 件。器形较扁。

标本 M184：12，泥质硬陶，灰白色。施青黄釉。敞口，鼓腹，平底微凹。器身饰方格纹、凹弦纹、方形戳印纹。口径 14.8、底径 14.7、高 11.1 厘米（图二一四，6；彩版四九，3）。

标本 M131：17，泥质硬陶，灰白色。施青黄釉，多已脱落。敞口，鼓腹，平底微凹。器身饰一道弦纹。口径 11.6、底径 11、高 11.2 厘米（图二一四，7）。

标本 M150：8，泥质硬陶，灰白色。施青黄釉，多已脱落。敞口，鼓腹，平底微凹。器身饰方格纹、凹弦纹。口径 11.3、底径 10.9、高 11 厘米（图二一四，8）。

Ha 型 II 式 1 件。折领，沿面外斜，微出檐。

标本 M123：14，泥质硬陶，灰色。施青黄釉。敞口，下收腹，平底微凹。器身饰方格纹、凹弦纹。口径 11.6、底径 12.2、高 13.9 厘米（图二一五，1；彩版四九，4）。

Hb 型 27 件。腹最大径位置略偏下。以口沿变化分式。

Hb 型 I 式 20 件。沿下折。又以器形特点分亚式。

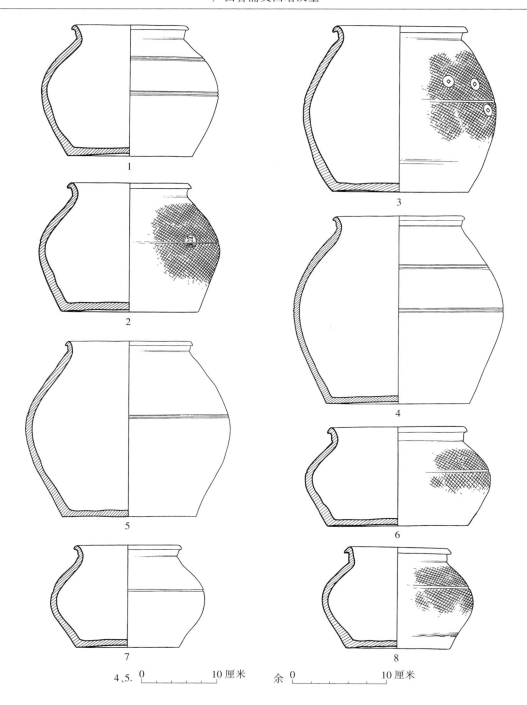

图二一四　第四期墓葬出土 Ha 型陶罐

1、2. Ⅰa式（M189：29、M131：4）　3～5. Ⅰb式（M150：1、M189：35、M124：10）

6～8. Ⅰc式（M184：12、M131：17、M150：8）

　　Hb 型 Ⅰa 式　6 件。器形较长（相对 Hb 型 Ⅰb 式而言）。

　　标本 M75：2，泥质硬陶，灰白色。施青黄釉。敞口，鼓腹，平底。器身饰两道弦纹。口径 20.4、底径 21.5、高 21 厘米（图二一五，2；彩版四九，5）。

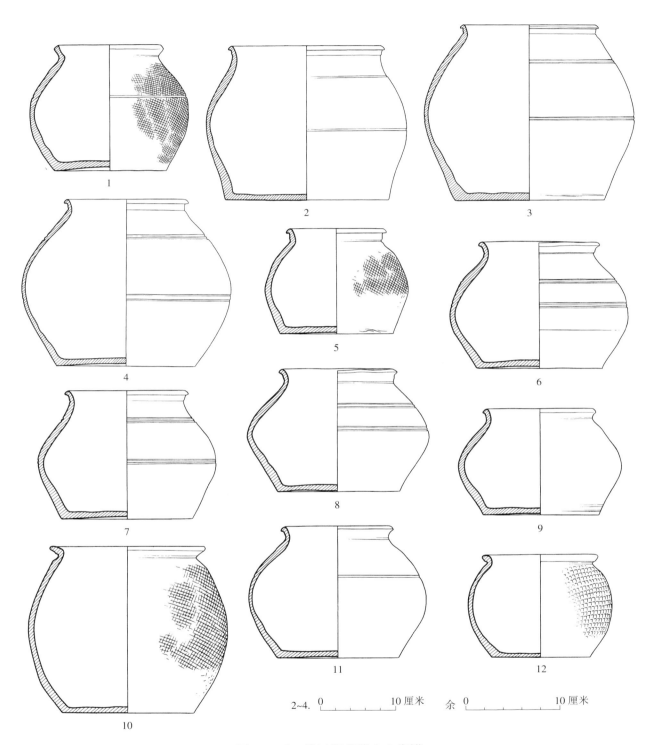

图二一五　第四期墓葬出土陶罐

1. Ha 型Ⅱ式（M123∶14）　　2～4. Hb 型Ⅰa 式（M75∶2、M22∶12、M06A∶17）　　5～7. Hb 型Ⅰb 式（M54∶14、M189∶30、
M159∶7）　　8、9、11. Hb 型Ⅱ式（M189∶27、M124∶11、M06A∶15）　　10、12. Ⅰ型Ⅰ式（M194∶5、M194∶6）

标本 M22∶12，泥质硬陶，灰色。施青黄釉。敞口，鼓腹，平底。器身仅饰两组弦纹。口径 18.2、底径20、高24 厘米（图二一五，3）。

标本 M06A∶17，泥质硬陶，灰色。施青黄釉，局部脱落。敞口，鼓腹，平底微凹。器身饰两组弦纹。口径16.4、底径18.4、高23 厘米（图二一五，4）。

Ⅱb 型Ⅰb 式　14 件。器形较短。

标本 M54∶14，泥质硬陶，灰色。施青黄釉，多已脱落。敞口，鼓腹，平底微凹。器身饰方格纹。口径10.9、底径12.1、高11.5 厘米（图二一五，5；彩版四九，6）。

标本 M189∶30，泥质硬陶，灰色。施青黄釉，局部脱落。敞口，鼓腹，平底微凹。器身饰两组弦纹。口径12.8、底径13.2、高14 厘米（图二一五，6）。

标本 M159∶7，泥质硬陶，灰色。敞口，鼓腹，平底微凹。器身饰两组弦纹。口径13.3、底径14.1、高14.1 厘米（图二一五，7）。

Ⅱb 型Ⅱ式　7 件。沿微外斜，尖唇，微出檐。

标本 M189∶27，泥质硬陶，灰色。施青黄釉，局部脱落。敞口，鼓腹，平底微凹。器身饰两组弦纹。口径12.3、底径13、高13.6 厘米（图二一五，8；彩版五○，1）。

标本 M124∶11，泥质硬陶，灰色。施青黄釉，局部脱落。敞口，鼓腹，平底微凹。素面。口径12、底径12.3、高11.8 厘米（图二一五，9）。

标本 M06A∶15，泥质硬陶，灰色。施青黄釉，局部脱落。敞口，鼓腹，平底微凹。器身饰一道弦纹。口径12、底径12.8、高14.4 厘米（图二一五，11）。

Ⅰ型　5 件。丰肩。以口沿特征分式。

Ⅰ型Ⅰ式　2 件。折领，圆唇。

标本 M194∶5，泥质软陶，灰黄色。敞口，束颈，微鼓腹，平底。器身饰方格纹。口径16.5、底径14、高18.2 厘米（图二一五，10；彩版五○，2）。

标本 M194∶6，泥质软陶，灰黄色。敞口，束颈，微鼓腹，平底。器身饰方格纹。口径12.4、底径10.3、高11.2 厘米（图二一五，12）。

Ⅰ型Ⅱ式　1 件。折领，方唇。

标本 M69∶27，泥质软陶，褐红胎。器表呈青灰色。敞口，束颈，微鼓腹，平底。器身饰方格纹、长方形戳印纹。口径15.3、底径11.9、高16 厘米（图二一六，1；彩版五○，3）。

Ⅰ型Ⅲ式　1 件。倒折沿。

标本 M122∶3，泥质软陶，褐红胎。器表为灰紫色。敞口，微鼓腹，平底。器身饰方格纹。口径17.5、底径15.5、高23 厘米（图二一六，2）。

Ⅰ型Ⅳ式　1 件。直口，矮领。

标本 M122∶2，泥质软陶，灰黄色。微鼓腹，平底。器身饰套叠菱形纹。口径15.2、底径12、高13.6 厘米（图二一六，3）。

异形罐　1 件。直口，短腹。

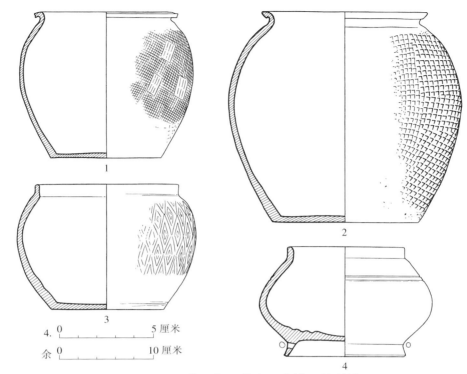

图二一六　第四期墓葬出土陶罐、异形罐

1. I型Ⅱ式罐（M69∶27）　2. I型Ⅲ式罐（M122∶3）　3. I型Ⅳ式罐（M122∶2）　4. 异形罐（M192∶3）

　　标本 M192∶3，泥质硬陶，灰色。已残。施青黄釉，局部脱落。直口，鼓腹，圈足，圈足两侧有两个小孔。肩饰弦纹。口径6.2、底径6.3、高6厘米（图二一六，4）。

　　小罐　7件。以腹部特征分型。

　　A型　4件。溜肩，鼓腹。以口沿变化分式。

　　A型Ⅰ式　1件。沿外斜，微出檐，尖唇。

　　标本 M153∶4，泥质硬陶，灰色。施青黄釉，多脱落。敞口，溜肩，下收腹，平底微凹。器身饰一道凹弦纹。口径8.6、底径9.7、高8.5厘米（图二一七，1）。

　　A型Ⅱ式　3件。斜领，圆唇。

　　标本 M194∶3，泥质软陶，灰色。已残。器表施灰泥衣。敞口，鼓腹，平底。腹饰一道弦纹。口径9.9、底径7.6、高7.5厘米（图二一七，2）。

　　标本 M194∶8，泥质硬陶，灰色。施青黄釉，多已剥落。敞口，鼓腹，平底。肩部饰一道弦纹。口径9.6、底径7.9、高9.1厘米（图二一七，3）。

　　标本 M153∶3，泥质软陶，褐红色。已残。器表施灰泥衣。敞口，鼓腹，平底微凹。素面。口径9.6、底径7.5、高9.1厘米（图二一七，4）。

　　B型　3件。微垂腹。

　　标本 M185∶4，泥质硬陶，灰色。敞口，鼓腹，小平底。肩部饰一道弦纹。口径10.2、底径6、高8.8厘米（图二一七，5）。

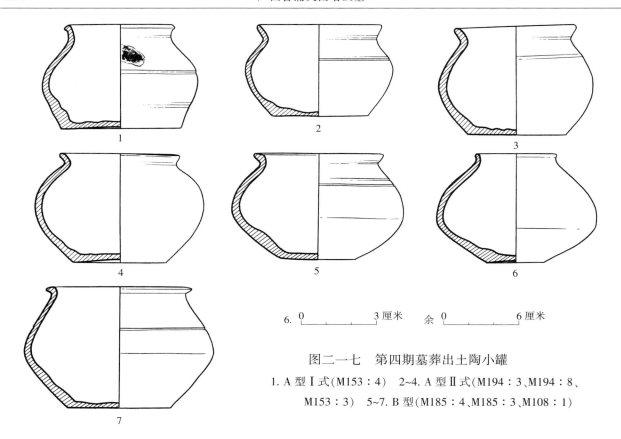

图二一七 第四期墓葬出土陶小罐

1. A 型 I 式（M153：4） 2~4. A 型 II 式（M194：3、M194：8、M153：3） 5~7. B 型（M185：4、M185：3、M108：1）

标本 M185：3，泥质硬陶，灰色。施青黄釉。敞口，鼓腹，小平底微凹。素面。口径 3.2、底径 2.3、高 4.5 厘米（图二一七，6）。

标本 M108：1，泥质硬陶，胎灰白色。施青黄釉。器稍残。敞口，鼓腹，平底。肩部饰一道弦纹。口径 11.6、底径 8.3、高 10 厘米（图二一七，7）。

四耳罐 15 件。以腹部特征分型。

A 型 9 件。鼓腹。

标本 M13：5，泥质硬陶，灰白色。施青黄釉。微敛口，收腹，平底微凹。肩部四耳为桥形耳。肩、腹处各饰一道凹弦纹。有盖，盖顶隆起，中有凹形纽。口径 9、底径 14.6、通高 17.6 厘米（图二一八，1；彩版五〇，4）。

标本 M131：16，泥质硬陶，灰白色。施青黄釉，多已脱落。微敛口，收腹，平底。肩部四耳为桥形耳。器身饰凹弦纹、方格纹。口径 8.9、底径 13.3、高 14.7 厘米（图二一八，2）。

M015：31，泥质硬陶，灰白色。施青黄釉。微敛口，收腹，平底微凹。肩部四耳为桥形耳。肩、腹处各饰一道凹弦纹。有盖，盖顶隆起，中有凹形纽。口径 8、底径 15.4、通高 18.2 厘米（图二一八，3）。

B 型 5 件。扁鼓腹。

标本 M06A：14，泥质硬陶，灰白色。施青黄釉。微敛口，收腹，平底微凹。肩部四耳为桥形

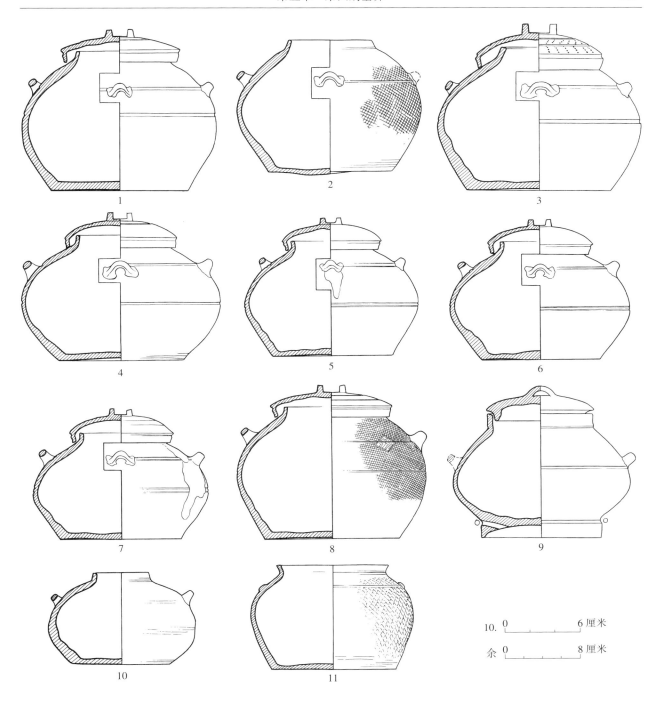

图二一八　第四期墓葬出土陶器

1～3. A 型四耳罐（M13：5、M131：16、M015：31）　　4～6. B 型四耳罐（M06A：14、M22：8、M22：2）　　7. C 型四耳罐（M22：5）　　8. B 型 I 式双耳罐（M22：6）　　9、10. 异形双耳罐（M06A：16、M184：14）　　11. D 型仿双耳罐（M145：5）

耳。肩、腹处各饰一道凹弦纹。有盖，盖顶隆起，中有凹形纽。口径 9.6、底径 13.4、通高 16.2 厘米（图二一八，4；彩版五〇，5）。

标本 M22：8，泥质硬陶，灰白色。施青黄釉。微敞口，收腹，平底微凹。肩部四耳为桥形耳。

肩、腹处各饰一道凹弦纹。有盖，盖顶隆起，中有凹形纽。口径8.2、底径13、通高15.2厘米（图二一八，5）。

标本M22：2，泥质硬陶，灰白色。施青黄釉。微侈口，收腹，平底微凹。肩部四耳为桥形耳。肩、腹处各饰一道凹弦纹。有盖，盖顶隆起，中有凹形纽。口径8.2、底径12.7、通高15.4厘米（图二一八，6）。

C型　1件。微垂腹。

标本M22：5，泥质硬陶，灰白色。施青黄釉。微侈口，收腹，平底微凹。肩部四耳为桥形耳。肩、腹处各饰一道凹弦纹。有盖，盖顶隆起，中有凹形纽。口径8.8、底径13.1、通高14.4厘米（图二一八，7；彩版五一，1）。

双耳罐　1件。以器物形体分型。本期有B型。

B型　1件。鼓腹，腹最大径位置居中。以口沿特征分式。

B型Ⅰ式　1件。内斜领。

标本M22：6，泥质硬陶，灰白色。施青黄釉，多脱落。敛口，平唇，下收腹，平底微凹。肩有对称桥耳。器身饰两道凹纹纹、方格纹、方形戳印纹。有圆盖，盖顶有凹形纽。盖上饰弦纹。口径9.6、底径14.2、通高16.8厘米（图二一八，8）。

异形双耳罐　3件。形态各异。

标本M06A：16，泥质硬陶，浅灰色。施青黄釉，局部脱落。直口，平唇，溜肩，鼓腹，下收腹，圈足。肩有对称桥耳。耳部饰一道弦纹。带有隆起桥形纽圆盖。口径11.2、足径12.6、通高16.8厘米（图二一八，9）。

标本M184：14，泥质硬陶，灰白色。施青黄釉，多脱落。敛口，平唇，阔肩，扁鼓腹微下坠，平底。肩有对称桥耳。口径4.5、底径7.8、高7.5厘米（图二一八，10）。

标本M22：25，泥质硬陶，灰色。施青黄釉，局部脱落。直口，平唇，溜肩，鼓腹，下收腹，圈足。肩有对称桥耳。腹部饰一道弦纹。带有隆起桥形纽圆盖。口径7.8、底径9、高14.2厘米（彩版五一，2）。

仿双耳罐　1件。以器物肩、腹特征分型。

D型　1件。溜肩，微鼓腹，底大。

M145：5，泥质软陶，棕褐色。器稍残。敞口，下收腹，平底。肩两侧粘贴对称圆乳突假耳。肩饰一道弦纹，器身饰方格纹。口径11.5、底径13.1、高11.5厘米（图二一八，11）。

五联罐　4件。由四只相同的罐相连，中间上附一小罐构成。以下层四罐中的单罐腹部特征分型。

E型　4件。垂腹。

标本M015：15，泥质硬陶，灰色。施青黄釉，多已脱落。大罐为微敛口，圆唇，平底。素面。有圆盖，盖上有桥形纽。整体宽21、通高9厘米（图二一九，1；彩版五一，3）。

标本M69：34，泥质硬陶，灰色。施青黄釉。大罐为微敛口，圆唇，平底。素面。有圆盖，盖

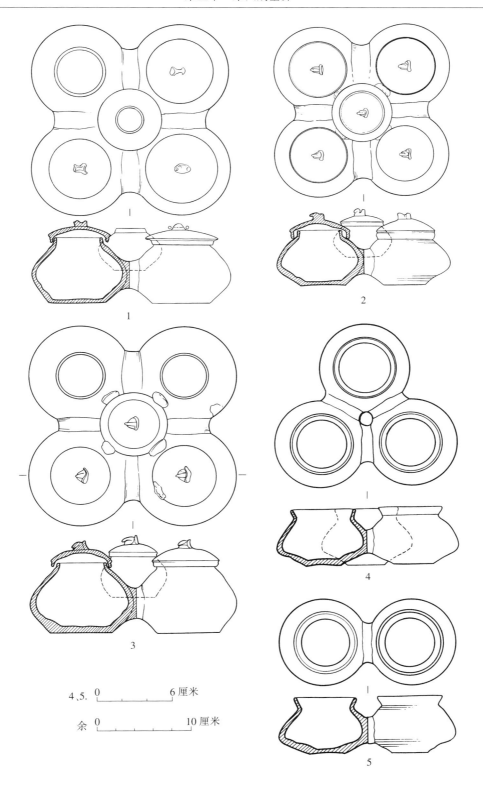

图二一九 第四期墓葬出土陶器

1~3. E 型五联罐（M015：15、M69：34、M13：17） 4. 三联盂（M189：55） 5. 二联盂（M189：54）

上有鸟形纽。整体宽18.6、通高8.4厘米（图二一九，2）。

标本 M13：17，泥质硬陶，灰色。施青黄釉。大罐为微敛口，圆唇，平底。素面。有圆盖，盖上有类动物状纽。整体宽21.8、通高10.6厘米（图二一九，3）。

三联盂　1件。

标本 M189：55，泥质硬陶，灰色。施青黄釉。三个小盂品字形相连。盂为敞口，圆唇，折领，微垂腹，下腹斜收，平底微凹。素面。整体宽14.7、高4.6厘米（图二一九，4；彩版五一，4）。

二联盂　1件。

标本 M189：54，泥质硬陶，灰色。施青黄釉。二小盂相连。盂为微敛口，圆唇，折领，微垂腹，下腹斜收，平底。素面。整体宽14.1、高4.8厘米（图二一九，5）。

盘口罐　23件。以腹部特征分型。本期有 A、B 型。

A 型　12件。扁圆腹。以口沿变化分式。

A 型 I 式　3件。直口。

标本 M06A：20，泥质硬陶，灰色。施青黄釉。平唇，盘口外壁有凹凸，下收腹，平底微凹。上腹和中腹有凹弦纹。口径12、底径13.2、高15.7厘米（图二二〇，1；彩版五一，5）。

标本 M06A：1，泥质硬陶，灰色。施青黄釉，局部脱落。平唇，束颈，盘口外壁有凹凸，下收腹，平底微凹。上腹和中腹有凹弦纹。口径12、底径13.1、高15.4厘米（图二二〇，2）。

标本 M06A：18，泥质硬陶，灰色。施青黄釉，局部脱落。平唇，束颈，盘口外壁有凹凸，下收腹，平底。上腹和中腹有凹弦纹。口径11.6、底径13.4、高14.9厘米（图二二〇，3）。

A 型 II 式　9件。侈口。

标本 M06A：24，泥质硬陶，灰色。施青黄釉，局部脱落。平唇，束颈，盘口外壁有凹凸，下收腹，平底。上腹和中腹有凹弦纹。口径12、底径13、高15厘米（图二二〇，4；彩版五一，6）。

标本 M22：4，泥质硬陶，灰色。施青黄釉。平唇，盘口外壁有凹凸，下收腹，平底微凹。上腹和中腹有凹弦纹。口径14.8、底径15、高15.6厘米（图二二〇，5）。

标本 M019：1，泥质硬陶，灰色。施青黄釉。平唇，盘口外壁有凹凸，下收腹，平底微凹。上腹有凹弦纹。口径10、底径9、高11.8厘米（图二二〇，6）。

B 型　11件。长圆腹。以口沿变化分式。

B 型 I 式　1件。直口。

标本 M131：2，泥质硬陶，灰色。施青黄釉。平唇，盘口外壁有凹凸，下收腹，平底。上腹和中腹有凹弦纹。口径15、底径16.3、高22.9厘米（图二二一，1；彩版五二，1）。

B 型 II 式　10件。侈口。

标本 M131：13，泥质硬陶，灰色。施青黄釉。平唇，盘口外壁有凹凸，下收腹，平底。上腹和中腹有凹弦纹。口径16.4、底径18.8、高21.8厘米（图二二一，2；彩版五二，2）。

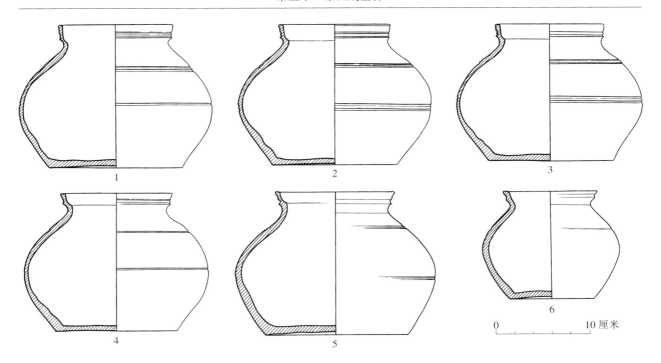

图二二〇　第四期墓葬出土 A 型陶盘口罐

1～3. Ⅰ式（M06A：20、M06A：1、M06A：18）　　4～6. Ⅱ式（M06A：24、M22：4、M019：1）

标本 M131：18，泥质硬陶，灰色。施淡青釉。平唇，盘口外壁有凹凸，下收腹，平底微凹。上腹和中腹有凹弦纹。口径 12.8、底径 18.2、高 24 厘米（图二二一，3）。

标本 M54：19，泥质硬陶，灰色。施青黄釉。平唇，盘口外壁有凹凸，下收腹，平底。上腹和中腹有凹弦纹。口径 13.2、底径 16、高 22.6 厘米（图二二一，4）。

小盘口罐　4 件。以腹部特征分型（其中 1 件极残不分型）。

A 型　1 件。鼓腹。上、下腹等长。

标本 M194：10，泥质硬陶，灰色。施青黄釉。侈口，盘口外壁有凹凸，下收腹，平底。上腹和中腹有凹弦纹。口径 7.8、底径 5.6、高 8.8 厘米（图二二一，5）。

B 型　2 件。微垂腹。

标本 M159：6，泥质硬陶，灰色。施青黄釉。侈口，盘口外壁有凹凸，下收腹，平底。上腹有凹弦纹。口径 8.7、底径 6.5、高 7.5 厘米（图二二一，6）。

标本 M194：2，泥质硬陶，灰色。施青黄釉，多已脱落。侈口，盘口外壁有凹凸，下收腹，平底微凹。上腹和中腹有凹弦纹。口径 8.2、底径 6.5、高 8.1 厘米（图二二一，7）。

壶　33 件。以腹部特征或器物形态分型。本期有 I、J、K、L 型。

I 型　6 件。圆鼓腹。以口沿特征分式。

I 型 Ⅰ式　2 件。子母口。以铺首有无分亚式。

I 型 Ⅰ a 式　2 件。无铺首。

标本 M54：9，泥质硬陶，灰色。施青黄釉，局部脱落。鼓腹，高圈足，圈足两侧有两个小孔。

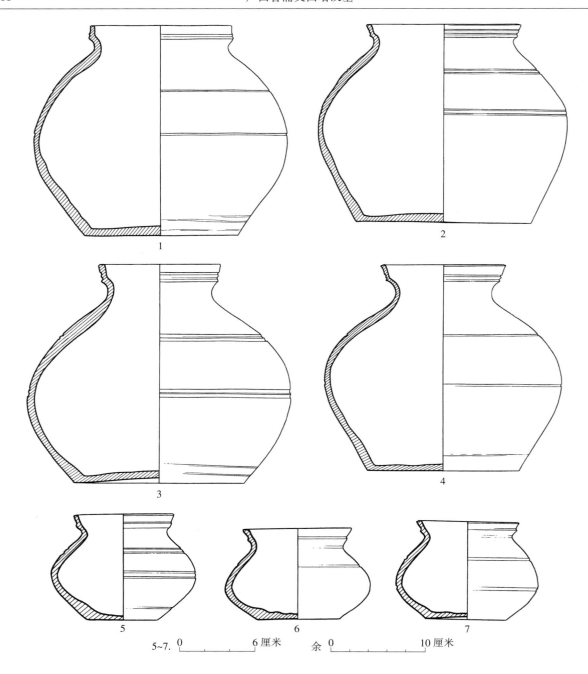

图二二一　第四期墓葬出土陶盘口罐、小盘口罐
1. B 型 I 式盘口罐（M131：2）　2~4. B 型 II 式盘口罐（M131：13、M131：18、M54：19）
5. A 型小盘口罐（M194：10）　6、7. B 型小盘口罐（M159：6、M194：2）

肩部有双桥耳。颈、肩、腹处饰弦纹。口径 13.5、底径 17.7、高 40.9 厘米（图二二二，1；彩版五二，3）。

标本 M54：11，泥质硬陶，灰色。施青黄釉，局部脱落。鼓腹，高圈足，圈足两侧有两个小孔。肩部有双桥耳。颈、肩、腹处饰弦纹。带圆盖，盖顶有凹形纽。盖面饰弦纹。口径 14、底径

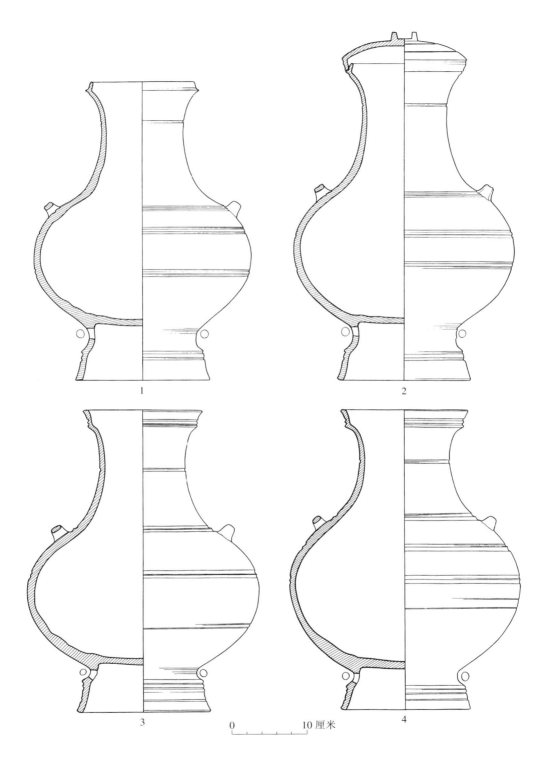

图二二二 第四期墓葬出土 I 型陶壶
1、2. Ia式（M54：9、M54：11） 3、4. II式（M156：16、M156：19）

17.5、通高47.6厘米（图二二二，2）。

Ⅰ型Ⅱ式　4件。盘口。

标本M156：16，泥质硬陶，灰色。施青黄釉，多已脱落。鼓腹，高圈足，圈足两侧有两个小孔。肩部有双桥耳。颈、肩、腹处饰弦纹。口径15.5、底径17.8、高41厘米（图二二二，3；彩版五二，4）。

标本M156：19，泥质硬陶，灰色。施青黄釉，多已脱落。鼓腹，高圈足，圈足两侧有两个小孔。肩部有双桥耳。颈、肩、腹处饰弦纹。口径17、底径17.2、高40.9厘米（图二二二，4）。

标本M189：1，泥质硬陶，灰色。施青黄釉，多已脱落。鼓腹，高圈足，圈足两侧有两个小孔。肩部有双桥耳。颈、肩、腹处饰弦纹。口径13.2、底径14、高35.4厘米（图二二三，1）。

J型　8件。溜肩，桃形腹。以口沿特征分式。

J型Ⅱ式　8件，盘口。以铺首有无分亚式。

J型Ⅱa式　6件。无铺首

标本M145：2，泥质硬陶，灰色。施青黄釉，局部脱落。鼓腹，高圈足，圈足两侧有两个小孔。肩部有双桥耳。颈、肩、腹处饰弦纹。口径9、底径10.1、高23.1厘米（图二二三，3；彩版五三，1）。

标本M22：16，泥质硬陶，灰色。施青釉，局部脱落。鼓腹，高圈足，圈足两侧有两个小孔。肩部有双桥耳。颈、肩、腹处饰弦纹。口径10.8、底径12.6、高31.9厘米（图二二三，2）。

标本M51：21，泥质硬陶，灰色。施青釉，多已脱落。鼓腹，高圈足，圈足两侧有两个小孔。肩部有双桥耳。颈、肩、腹处饰弦纹。口径17.4、底径19、高45.6厘米（图二二三，4）。

J型Ⅱb式　2件。有铺首。

标本M13：12，泥质硬陶，灰色。施青黄釉，局部脱落。鼓腹，高圈足，圈足两侧有两个小孔。肩部有双桥耳，两侧分别有兽面衔环铺首，颈、肩、腹处施弦纹。带圆盖，盖顶有凹形纽。盖面饰弦纹。口径14.4、底径15、通高38厘米（图二二四，1）。

标本M13：14，泥质硬陶，灰色。施青黄釉，局部脱落。鼓腹，高圈足，圈足两侧有两个小孔。肩部有双桥耳，两侧分别有兽面衔环铺首，颈、肩、腹处饰弦纹。盘口处有"×"刻划符号。带圆盖，盖顶有凹形纽。盖面饰弦纹。口径14、底径15.1、通高38.4厘米（图二二四，2；彩版五三，2）。

K型　17件。扁凸腹。以口沿特征分式。

K型Ⅰ式　15件。盘口。

标本M69：11，泥质硬陶，灰色。施青黄釉。鼓腹，高圈足，圈足两侧有两个小孔。肩部有双桥耳。颈、肩、腹处饰弦纹。口径10.2、底径10.2、高25.2厘米（图二二四，3；彩版五三，3）。

标本M69：8，泥质硬陶，灰色。施青黄釉。鼓腹，高圈足，圈足两侧有两个小孔。肩部有双桥耳。颈、肩、腹处饰弦纹。口径10、底径9.8、高25.3厘米（图二二四，4）。

标本M189：33，泥质硬陶，灰色。施青黄釉，大多脱落。鼓腹，高圈足，圈足两侧有两个小孔。肩部有双桥耳。颈、肩、腹处饰弦纹。口径15、底径14.6、高33.3厘米（图二二五，1）。

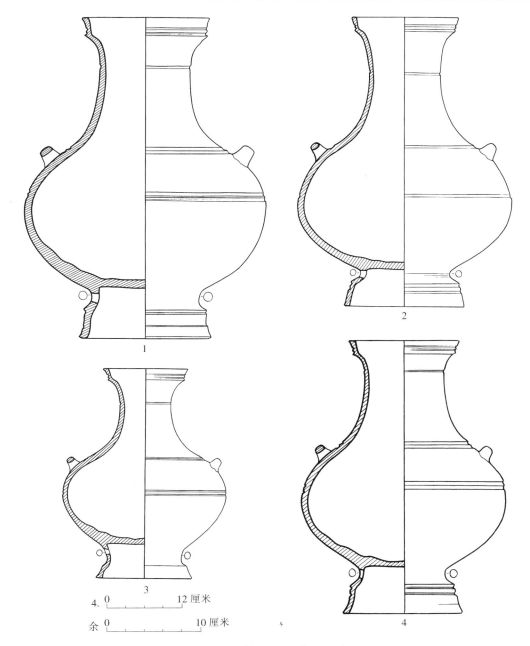

图二二三　第四期墓葬出土陶壶
1. I 型 II 式（M189：1）　2～4. J 型 II a 式（M22：16、M145：2、M51：21）

K 型 II 式　2 件。子母口。有铺首。

标本 M22：10，泥质硬陶，灰色。施青黄釉，局部脱落。鼓腹，高圈足，圈足两侧有两个小孔。肩部有双桥耳，两侧分别有兽面衔环铺首。颈、肩、腹处饰弦纹。带圆盖，盖顶有凹形纽。盖面饰弦纹。口径 12.5、底径 16.6、通高 41.2 厘米（图二二五，4；彩版五三，4）。

标本 M22：11，泥质硬陶，灰色。施青黄釉，局部脱落。鼓腹，高圈足，圈足两侧有两个小孔。肩部有双桥耳，两侧分别有兽面衔环铺首。颈、肩、腹处饰弦纹。带圆盖，盖顶有凹形纽。

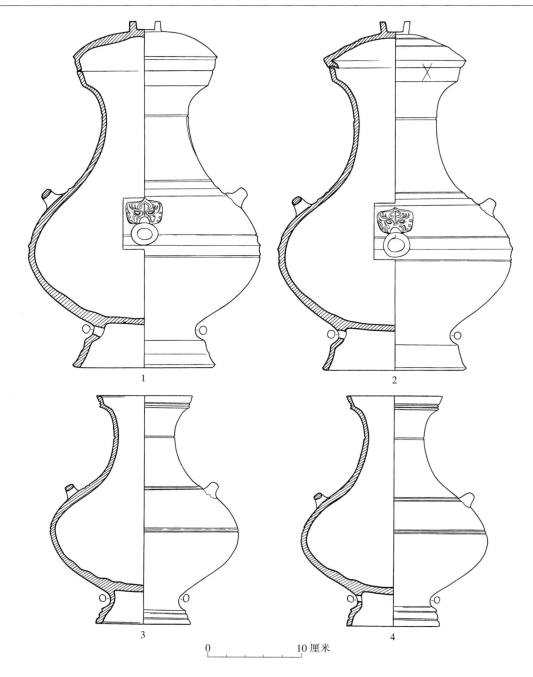

图二二四　第四期墓葬出土陶壶
1、2.J 型Ⅱb 式（M13：12、M13：14）　3、4.K 型Ⅰ式（M69：11、M69：8）

盖面饰弦纹。口径 12.5、底径 15.8、通高 41.7 厘米（图二二五，5）。

L 型　2 件。微垂腹，足部斜内收而外撇。

标本 M015：9，泥质硬陶，灰色。施青黄釉，局部脱落。盘口，鼓腹，高圈足，圈足两侧有两个小孔。肩部有双桥耳。颈、肩、腹处饰弦纹。口径 11.2、底径 11、高 26.6 厘米（图二二五，2；彩版五四，1）。

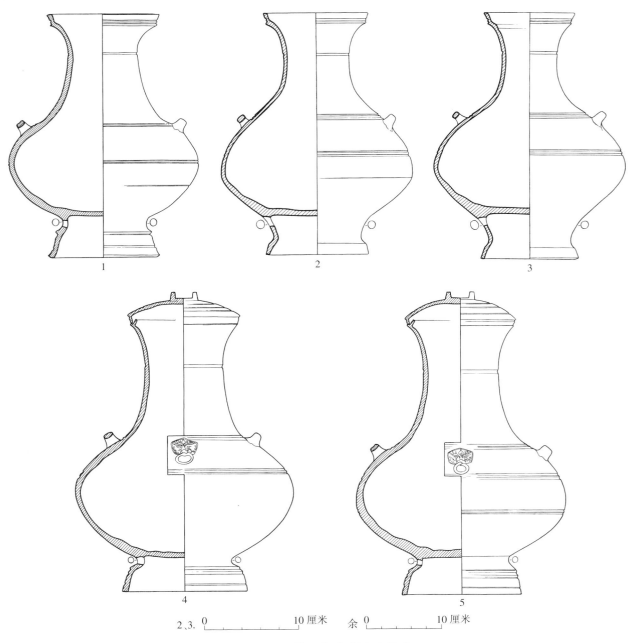

图二二五　第四期墓葬出土陶壶

1. K 型 I 式（M189：33）　　2、3. L 型（M015：9、M015：8）　　4、5. K 型 II 式（M22：10、M22：11）

标本 M015：8，泥质硬陶，灰色。施青黄釉，局部脱落。盘口，鼓腹，高圈足，圈足两侧有两个小孔。肩部有双桥耳。颈、肩、腹处饰弦纹。口径9.6、底径10.4、高27.2厘米（图二二五，3）。

盆　4件。以腹部特征分型。

A 型　2件。鼓腹。以颈部特征分式。

A 型 I 式　1件。束颈。

标本 M015：37，泥质硬陶，灰色。施青黄釉。敞口，沿外斜，束颈，上腹微鼓，下收腹，平

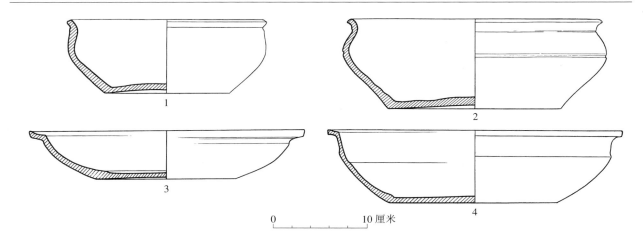

图二二六　第四期墓葬出土陶盆

1. A 型 I 式（M015∶37）　2. A 型 II 式（M184∶28）　3. B 型 I 式（M21∶8）　4. B 型 II 式（M75∶7）

底微凹。素面。口径 21.2、底径 13、高 8.1 厘米（图二二六，1；彩版五四，2）。

A 型 II 式　1 件。短颈。

标本 M184∶28，泥质硬陶，灰色。施青黄釉。敞口，沿外斜，束颈，上腹微鼓，下收腹，平底微凹。素面。口径 27.2、底径 18.5、高 9.7 厘米（图二二六，2；彩版五四，4）。

B 型　2 件。弧腹。以盆腹深浅分式。

B 型 I 式　1 件。浅腹。

标本 M21∶8，泥质软陶，灰色。敞口，沿外斜，束颈，上腹微鼓，下收腹，平底微凹。素面。口径 29.2、底径 15、高 5.4 厘米（图二二六，3）。

B 型 II 式　1 件。深腹。

标本 M75∶7，泥质软陶，灰色。敞口，沿外斜，束颈，上腹微鼓，下收腹，平底。素面。口径 31.6、底径 18、高 8 厘米（图二二六，4；彩版五四，5）。

奁　2 件。以器物形态分型。

B 型　2 件。短圆筒形。

标本 M015∶28，泥质硬陶，灰色。施青黄釉。平唇，直口，直腹，平底附三蹄形足。腹两侧有铺首衔环。器身饰弦纹。有圆盖，盖隆起。盖面饰弦纹。口径 21.6、通高 21 厘米（图二二七，1）。

标本 M189∶41，泥质硬陶，灰色。施青黄釉，多已脱落。平唇，直口直腹，平底附三兽蹄形足。腹两侧有铺首衔环。器身饰弦纹。有圆盖，盖隆起，顶有三乳突。口径 20、通高 24 厘米（图二二七，2；彩版五四，3）。

细颈瓶　1 件。以腹特征分型。

B 型　1 件。扁腹。

标本 M75∶1，泥质硬陶，灰色。施青黄釉，多已脱落。小直口，细长颈，扁腹，平底，矮圈足。颈饰有弦纹，上腹饰两组以弦纹相间的三角形纹。口径 5.2、足径 11.3、高 29 厘米（图二二

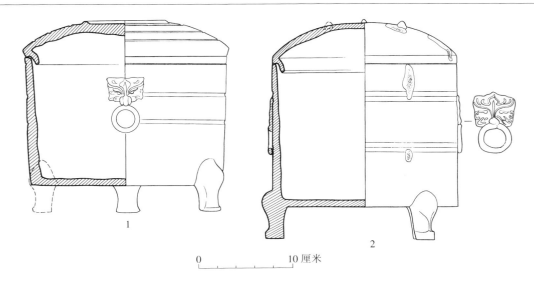

图二二七　第四期墓葬出土 B 型陶奁
1. M015：28　2. M189：41

八，1；彩版五五，1）。

碗　1 件。以腹部特征分型。

B 型　1 件。下腹无凹槽。以口沿变化分式。

B 型Ⅲ式　1 件。侈口，圆唇。

标本 M185：6，泥质硬陶，灰色。施薄釉。下收腹，圈足。足下端有一凸棱。口径 17.1、足径 10.3、高 9 厘米（图二二八，2）。

杯　1 件。以器物特征分型。

C 型　1 件。广口，深腹，腹下垂。

标本 M22：18，泥质软陶，橙灰色。侈口，高折领，斜腹，下收腹，平底。上腹附半环形捉手。捉手上饰叶脉纹。口径 6.8、底径 4.3、高 10.5 厘米（图二二八，3）。

钵　2 件。其中 1 件极残不分型。

标本 M146：8，泥质硬陶，灰色。施薄釉。敛口，下垂腹，平底。素面。口径 6.6、底径 5.5、高 5.5 厘米（图二二九，1）。

盂　32 件。以腹部特征分型（其中有 2 件极残不分型）。

B 型　7 件。圆凸腹。以领部特征分式。

B 型Ⅱ式　7 件。矮领。

标本 M75：8，泥质软陶，灰色。施薄釉，釉面无光泽。侈口，鼓腹，小平底。素面。口径 8、底径 5.6、高 8.6 厘米（图二二九，2；彩版五五，2）。

标本 M184：20，泥质硬陶，灰色。施青黄薄釉，多已脱落。侈口，鼓腹，平底微凹。素面。口径 8.8、底径 6.8、高 8 厘米（图二二九，3）。

标本 M06A：12，泥质硬陶，灰色。侈口，鼓腹，平底微凹。素面。口径 5.5、底径 3.3、高 4

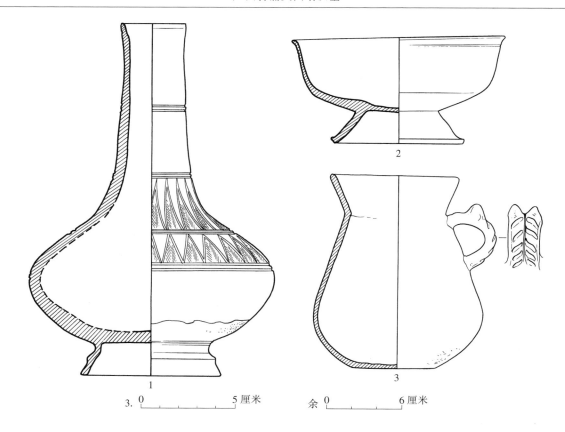

图二二八　第四期墓葬出土陶器

1. B 型细颈瓶（M75：1）　　2. B 型Ⅲ式碗（M185：6）　　3. C 型杯（M22：18）

厘米（图二二九，4）。

C 型　2 件。尖凸腹。

标本 M016A：9，泥质硬陶，褐胎。施青黄釉。侈口，斜领，鼓腹，小平底。口径 6、底径 5.2、高 6 厘米（图二二九，5；彩版五五，3）。

标本 M123：17，泥质软陶，红褐色。侈口，平唇，鼓腹，小平底。素面。口径 5.4、底径 3.3、高 3.6 厘米（图二二九，6）。

D 型　7 件。长腹，腹下垂。

标本 M69：14，泥质硬陶，灰色。施青黄釉。侈口，鼓腹，平底微凹。素面。口径 5.7、底径 3.5、高 5 厘米（图二二九，7；彩版五五，4）。

标本 M69：12，泥质硬陶，灰色。施青黄釉。侈口，斜领，鼓腹，平底微凹。素面。口径 5.1、底径 4.6、高 4.6 厘米（图二二九，8）。

标本 M69：39，泥质硬陶，灰色。施青黄釉。侈口，斜领，鼓腹，平底微凹。素面。口径 4.8、底径 4.6、高 4.1 厘米（图二二九，9）。

E 型　12 件。扁腹，腹下垂。

标本 M69：17，泥质硬陶，灰色。施青黄釉。侈口，斜领，鼓腹，平底微凹。素面。口径 5.7、

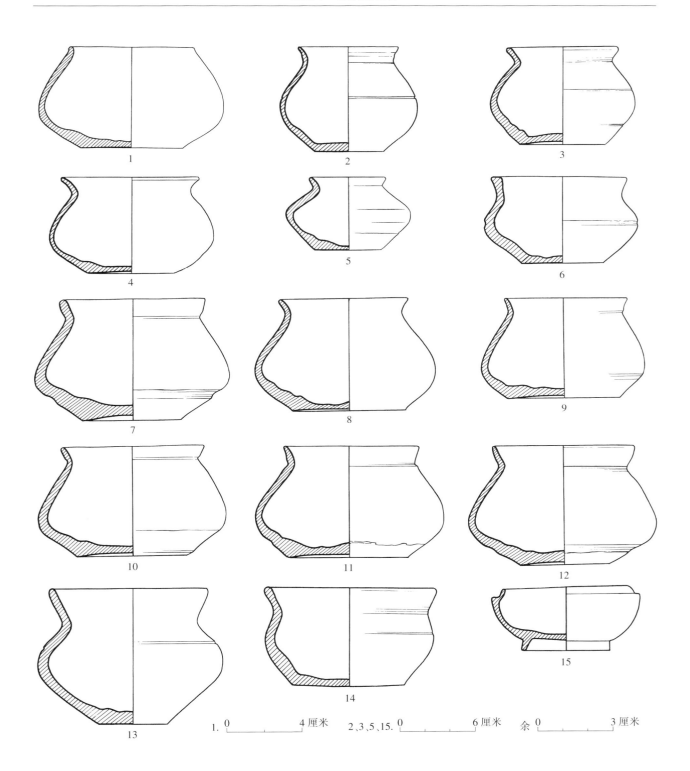

图二二九　第四期墓葬出土陶器

1. 钵（M146：8）　2~4. B 型Ⅱ式盂（M75：8、M184：20、M06A：12）　5、6. C 型盂（M016A：9、M123：17）
7~9. D 型盂（M69：14、M69：12、M69：39）　10~12. E 型盂（M69：17、M69：18、M69：21）　13. F 型盂
（M159：5）　14. G 型盂（M22：20）　15. A 型盒（M22：19）

底径4.5、高4.5厘米（图二二九，10；彩版五五，5）。

标本M69：18，泥质硬陶，灰色。施青黄釉。侈口，斜领，鼓腹，平底微凹。素面。口径5.4、底径4.9、高4.6厘米（图二二九，11）。

标本M69：21，泥质硬陶，灰色。施青黄釉。侈口，斜领，鼓腹，平底微凹。素面。口径5.6、底径3.5、高4.9厘米（图二二九，12）。

F型　1件。鼓肩，高领。

标本M159：5，泥质硬陶，灰色。施青黄釉。侈口，高斜领，平底。肩饰一道弦纹。口径6.3、底径2.8、高5.5厘米（图二二九，13；彩版五五，6）。

G型　1件。微鼓腹，斜领。

标本M22：20，泥质软陶，橙红色。施灰陶衣。侈口，斜领，鼓腹，平底。腹饰一道弦纹。口径6.8、底径4.5、高4厘米（图二二九，14）。

鼎　6件。以腹部特征及器物形态特征分型（其中有1件极残不分型）。

F型　1件。与E型形态相近，但腹部略浅。以腹部有凸棱或无凸棱分式。

F型Ⅱ式　1件。无凸棱。

标本M54：10，泥质软陶，橙灰色。子母口，圆腹，平底，底附三蹄足。肩附两长方形立耳，立耳中有圆头长方穿孔。腹中部有一周凹槽。有隆起圆盖，盖顶有圆形乳钉钮。口径17、通高21厘米（图二三〇，1；彩版五六，1）。

G型　2件。微垂腹。

标本M156：13，泥质硬陶，灰色。施青黄釉。子母口，扁鼓腹，平底，底附三蹄足。肩附两长方形立耳，立耳中有圆头长方穿孔。腹中部有凹槽一周。有隆起圆盖，盖面有等距三圆钮。口径20、残高22.5厘米（图二三〇，2；彩版五六，2）。

标本M156：14，泥质硬陶，灰色。施青黄釉。子母口，扁鼓腹，平底，底附三蹄足。肩附两长方形立耳，立耳中有圆头长方穿孔。腹中部有凹槽一周。有隆起圆盖，盖面有等距三圆钮。口径20、通高24.3厘米（图二三〇，3）。

H型　2件。扁尖凸腹。

标本M015：33，泥质硬陶，灰色。施青黄釉。子母口，扁凸腹，平底，底附三蹄足。肩附两长方形立耳，立耳中有圆头长方穿孔。腹中部有凹槽一周。有隆起圆盖，盖面有等距三圆钮。盖面饰弦纹、戳印斜线纹和四叶纹。口径18、通高24厘米（图二三〇，5）。

标本M189：22，泥质硬陶，灰色。施青黄釉。子母口，扁凸腹，平底，底附三蹄足。肩附两长方形立耳，立耳中有长方穿孔。腹中部有凸棱一周。有隆起圆盖，盖面有等距三圆钮。口径18、通高21.2厘米（图二三〇，4；彩版五六，3）。

盒　1件。以足特征分型。

A型　1件。低圈足，弧腹下收。

标本M22：19，泥质硬陶，灰色。施青黄釉。子母口，扁腹，平底，圈足。口径9.9、足径

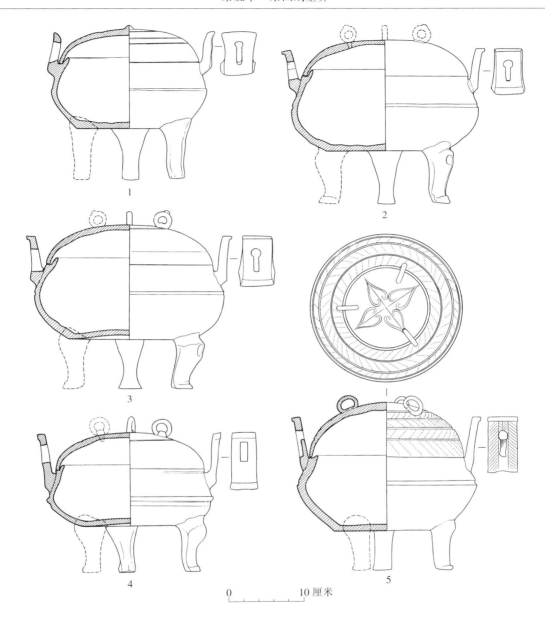

图二三〇　第四期墓葬出土陶鼎

1. F 型 Ⅱ 式（M54∶10）　　2、3. G 型（M156∶13、M156∶14）　　4、5. H 型（M189∶22、M015∶33）

6.9、高 5.3 厘米（图二二九，15）。

耳杯　1件。

标本 M192∶2，泥质硬陶，灰色。施青黄釉，多脱落。器体已残破。椭圆广口，两侧窄长弧形耳上翘，平底。最长径 12、高 3.2 厘米（图二三一，7）。

灯　6件。以足特征分型。

A 型　1件。覆盆形高足。以灯盏特征分式。

A 型 Ⅱ 式　1件。灯盘较宽，较深。

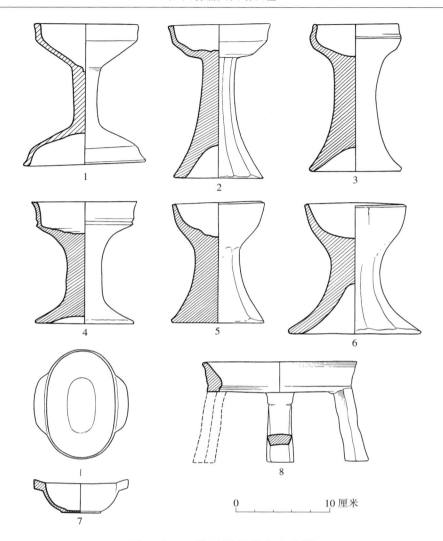

图二三一　第四期墓葬出土陶器

1. A 型 II 式灯（M54：3）　2. B 型 I 式灯（M150：11）　3. B 型 III 式灯（M13：1）　4. B 型 II 式灯（M139：2）
5、6. B 型 IV 式灯（M124：2、M131：34）　7. 耳杯（M192：2）　8. 三足灯（M54：22）

标本 M54：3，泥质软陶，灰色。灯盘为敞口，斜收腹，盘中心有一圆孔，圆柱形灯柄，宽喇叭形圈足。口径 11、足径 12.8、高 15.6 厘米（图二三一，1；彩版五六，4）。

B 型　5 件。喇叭形足。以灯盏特征分式。

B 型 I 式　1 件。灯盏微折腹。

标本 M150：11，泥质软陶，红褐色。灯盘为敞口，平唇，浅腹，粗圆柱形有棱灯柄，柄足无明显分界。口径 10.8、足径 9.2、高 16.8 厘米（图二三一，2；彩版五六，5）。

B 型 II 式　1 件。灯盏下腹有凹槽。

标本 M139：2，泥质软陶，灰色。灯盘为侈口，平唇，浅弧腹，粗圆柱形灯柄，柄足无明显分界。口径 11.2、足径 10.4、高 13.3 厘米（图二三一，4）。

B 型 III 式　1 件。灯盏下腹微鼓。

标本 M13：1，泥质软陶，灰色。灯盘为敛口，浅腹，粗圆柱形灯柄，柄足无明显分界。口径8.8、足径9.8、高16.2厘米（图二三一，3）。

B 型Ⅳ式　2 件。灯盏弧形收腹。

标本 M124：2，泥质软陶，灰色。灯盘为侈口，斜腹，粗圆柱形有棱灯柄，柄足无明显分界。口径9.5、足径9.5、高13.1厘米（图二三一，5）。

标本 M131：34，泥质软陶，灰色。灯盘为侈口，斜腹，粗圆柱形有棱灯柄，柄足无明显分界。口径8.8、足径14、高14.6厘米（图二三一，6）。

三足灯　1 件。

标本 M54：22，夹砂硬陶，深色。侈口，斜腹，浅圆盘，平底，底有三条外撇长方体扁足。口径16.5、高10.8厘米（图二三一，8）。

筒　19 件。以足、底部特征分型（其中 3 件较残不分型）。

A 型　7 件。平底。以口沿或近口沿处变化分式。

A 型Ⅰ式　5 件。直口，圆唇。

标本 M015：4，夹砂软陶，青灰色。陶质较松软。直口，圆唇，上小下略大筒形直腹，平底。素面。圆形盖，盖顶有凹形纽。口径14.6、底径15.2、通高23.6厘米（图二三二，1；彩版五七，1）。

标本 M015：1，夹砂软陶，青灰色。陶质较松软。直口，圆唇，上小下略大筒形直腹，平底。素面。圆形盖，盖顶有凹形纽。口径14.4、底径15.7、通高22.8厘米（图二三二，2）。

标本 M015：3，夹砂软陶，青灰色。陶质较松软。直口，圆唇，筒形直腹，口部、底部略小于中腹，平底。素面。圆形盖，盖顶有凹形纽。口径14.8、底径15.4、通高23.6厘米（图二三二，3）。

A 型Ⅱ式　2 件。子母口内敛。

标本 M153：1，夹砂硬陶，灰白色。直口，圆唇，筒形直腹，平底。器身饰两道弦纹。圆形盖，平顶。口径12.8、底径14、通高20.2厘米（图二三二，4；彩版五七，2）。

标本 M153：2，夹砂硬陶，灰白色。直口，圆唇，筒形直腹，平底。器身饰两道弦纹。圆形盖，平顶。口径12.8、底径13.4、通高20.2厘米（图二三二，5）。

B 型　3 件。底有三蹄足（其中 M156：10、M156：6 为筒盖，发掘时另编号，现合并于此）。

标本 M156：4，夹砂软陶，灰白色。稍残。子母口内敛，筒形直腹，底有三矮蹄足。腹身饰两道弦纹。圆形盖，盖顶有乳突形纽。盖面饰三周弦纹。口径12.4、通高23厘米（图二三二，6）。

标本 M156：5＋6，夹砂软陶，灰白色。稍残。子母口内敛。筒形直腹，底有三矮蹄足。腹身饰两道弦纹。圆形盖，盖顶有乳突形纽。盖面饰两周弦纹。口径12、通高23厘米（图二三二，7）。

标本 M156：9＋10，夹砂软陶，灰白色。稍残。子母口内敛，筒形直腹，底有三矮蹄足。腹身饰两道弦纹。圆形盖，盖顶有乳突形纽。盖面饰两周弦纹。口径12.8、通高22.4厘米（图二三二，8）。

C 型　6 件。圈足。

标本 M13：7，夹砂软陶，灰白色。稍残。子母口内敛，筒形直腹，平底，圈足。素面。圆形盖，盖顶有乳突形纽。口径12、底径12、通高21.6厘米（图二三二，9）。

0　　　　　　　　10厘米

图二三二　第四期墓葬出土陶筒

1～3. A 型 I 式（M015：4、M015：1、M015：3）　　4、5. A 型 II 式（M153：1、M153：2）

6～8. B 型（M156：4、M156：5＋6、M156：9＋10）　　9. C 型（M13：7）

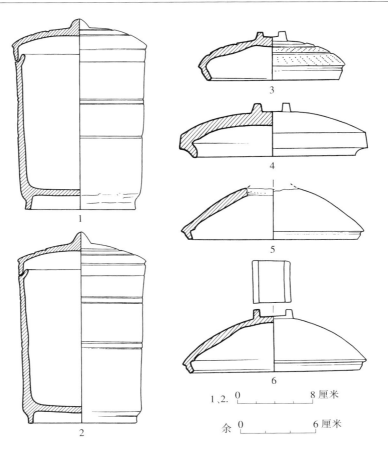

图二三三　第四期墓葬出土陶筒、器盖

1、2. C 型筒（M13：9、M13：10）　3～6. 器盖（M131：37、M21：3、M101：2、M101：3）

标本 M13：9，夹砂软陶，灰白色。盖稍残。子母口内敛，筒形直腹，平底，圈足。腹饰两道弦纹。圆形盖，盖顶有乳突形纽。口径 12、底径 11.6、通高 21 厘米（图二三三，1；彩版五七，3）。

标本 M13：10，夹砂软陶，灰白色。子母口内敛，筒形直腹，平底，圈足。腹饰两道弦纹。圆形盖，盖顶有乳突形纽。口径 12、底径 11.3、通高 21.2 厘米（图二三三，2）。

器盖　4 件。

标本 M131：37，泥质硬陶，灰白色。施青黄釉，多已脱落。盖顶有凹形纽。饰弦纹、斜线篦纹。口径 10.6、高 4.2 厘米（图二三三，3）。

标本 M21：3，泥质软陶，灰黄色。已残断。盖顶有凹形纽。素面。口径 12.6、高 4.6 厘米（图二三三，4）。

标本 M101：2，泥质硬陶，灰白色。施青黄釉，多已脱落。已残。口径 13.5、残高 4.2 厘米（图二三三，5）。

标本 M101：3，泥质硬陶，灰白色。施青黄釉，多已脱落。盖顶有凹形纽。素面。口径 13.4、高 5 厘米（图二三三，6）。

案　1 件。

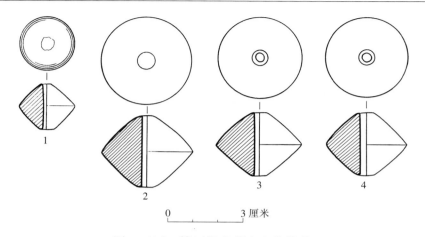

图二三四　第四期墓葬出土陶纺轮
1. M194：11　2. M100：7-1　3. M100：7-2　4. M100：7-3

标本 M26：3，极残，为碎块。

纺轮　2件（号）。其中 M100 墓所出 10 件，其形态俯视为圆形，侧视为菱形，中有圆形穿孔。器形大同小异，大小尺寸也略有差异。

标本 M194：11，泥质硬陶，灰黑色。算珠形，中间穿孔。直径 2.2、孔径 0.4、厚 1.8 厘米（图二三四，1）。

标本 M100：7-1，泥质硬陶，灰色。算珠形，中间穿孔。直径 3.6、孔径 0.7、厚 2.9 厘米（图二三四，2）。

标本 M100：7-2，泥质硬陶，灰色。算珠形，中间穿孔。直径 3.4、孔径 0.6、厚 2.6 厘米（图二三四，3）。

标本 M100：7-3，泥质硬陶，灰色。算珠形，中间穿孔。直径 3.4、孔径 0.6、厚 2.7 厘米（图二三四，4）。

屋　13 件。以房屋结构特点分型（其中 4 件较残不分型）。

A 型　8 件。双层结构，上层屋体平面为长方形。以侧面墙体有无木构架图案分式。

A 型 I 式　2 件。侧墙有木构架图案。

标本 M124：18，泥质软陶，灰白色。属上下两层干栏式建筑。上层屋为横长方形，正面右侧有一门，正面墙体有用线条表示的木构架和圆形镂空通气孔，侧面墙体也有线条表示的木构架图案。屋内左侧有用围栏分隔的长方形厕坑，坑边有蹲步及圆形镂空通气孔。屋背面有条形通气孔。屋顶为悬山式，两坡面饰有水波纹线条。下层为长方形围栏，后栏墙上覆有瓦顶，瓦面刻有方格网线纹。面宽 25、通高 25 厘米（图二三五；彩版五七，4）。

标本 M88：2，泥质软陶，灰色。属上下两层干栏式建筑。上层屋为横长方形，正面左侧有一门，门呈半开状，门下有阶梯。门旁墙上有一组圆形透气孔。上层四面墙体都有用线条表示的木构架图案。里屋右侧有长方形厕坑，后墙右侧有直棂窗。屋顶为悬山式，一横脊四纵脊，正脊有凸起的三叉形饰物。用纵线条和横弧线表示瓦面。下层为长方形围栏，后栏墙上覆有瓦顶。后墙

图二三五　第四期墓葬出土 A 型 I 式陶屋（M124∶18）

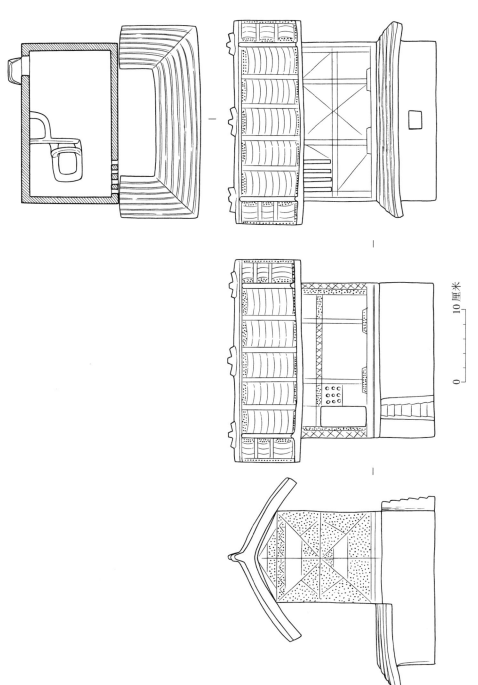

图二三六　第四期墓葬出土 A 型 I 式陶屋（M88：2）

0 　　　10 厘米

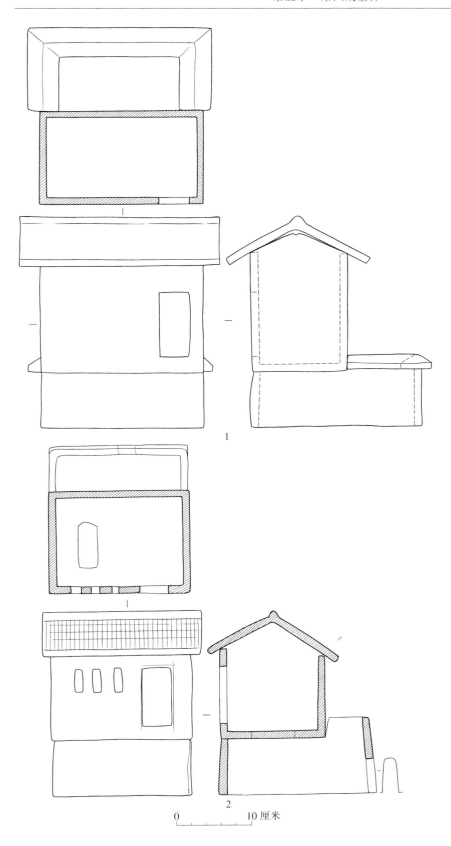

0   10 厘米

中部有一方孔，应为畜洞。面宽 21.4、通高 27.4 厘米（图二三六）。

A 型Ⅱ式 6 件。侧墙无木构架图案。

标本 M54：34，泥质软陶，灰色。属上下两层干栏式建筑。上层屋为横长方形，正面右侧有一门。屋顶为悬山式，两坡素面。下层为长方形围栏，后栏墙上覆有瓦顶。面宽 21.6、通高 29 厘米（图二三七，1）。

标本 M189：7，泥质软陶，灰色。属上下两层干栏式建筑。上层屋为横长方形，正面右侧有一门，左面墙有直棂窗。屋内地板有一长方坑洞，似为厕坑。屋顶为悬山式，以直线条表示瓦垄。下层为长方形围栏，后墙有半拱洞。面宽 18.6、通高 25 厘米（图二三七，2）。

标本 M184：1，泥质硬陶，灰色。属上下两层干栏式建筑。上层屋为横长方形，正面右侧有一门，门下接一阶梯。屋内地板有一长方坑洞，似为厕坑。屋顶为

图二三七 第四期墓葬出土 A 型Ⅱ式陶屋

1. M54：34 2. M189：7

悬山式，有一正横脊和四纵脊，正横脊上有隆凸饰物，瓦顶为素面。下层为长方形围栏，后栏墙上覆有瓦顶。面宽21、通高23厘米（图二三八；彩版五八，1）。

B型　1件。双层结构，上层屋体平面为曲尺形。

标本M69:1，泥质硬陶，灰色。属上下两层干栏式建筑。上层屋平面为曲尺形，是由一间横屋与一间纵屋组成。正面中有一门，门呈半开状，门中饰一铺首衔环。门左右墙均有直棂窗，窗下饰方格网线纹。右侧墙面有镂空直棂窗，窗下饰有方格网线纹。左侧墙面和后墙面均有用线条表示的木构架。左侧纵屋墙面亦有镂空直棂窗，窗下亦饰有方格网线纹。屋顶为悬山式，由横列和纵列的屋脊等高相交而成，有凹槽和线条组成的瓦垄。下层为长方形围栏。后栏墙上覆有瓦顶，墙有一畜洞。面宽26.6、通高27.4厘米（图二三九；彩版五八，2）。

仓　8件。由建筑特征分型。

A型　1件。仓底无柱或无柱孔。以前廊特征分式。

A型Ⅰ式　1件。前廊有矮护栏。

标本M88:6，泥质硬陶，黑褐色。平面为长方形，由一房一前廊构成。正面中开一长方形门，有门板呈关闭状，门两侧和门板中部均有圆凸穿孔门栓。前廊有矮护栏，正面及两侧均有横长方形通气孔和用线条表示的木构架图案。悬山顶，一横脊四垂脊，用凹槽和横短线表示瓦面。面宽27.8、通高21.6厘米（图二四〇；彩版五八，3）。

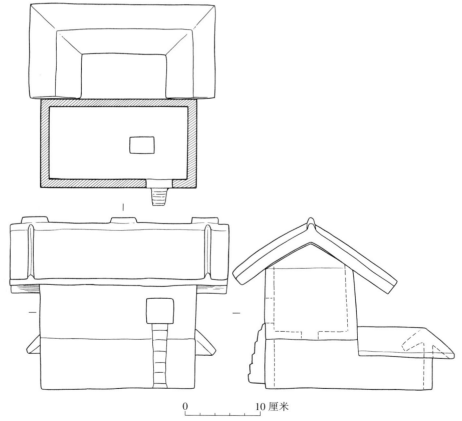

0　　　　　　10厘米

图二三八　第四期墓葬出土A型Ⅱ式陶屋（M184:1）

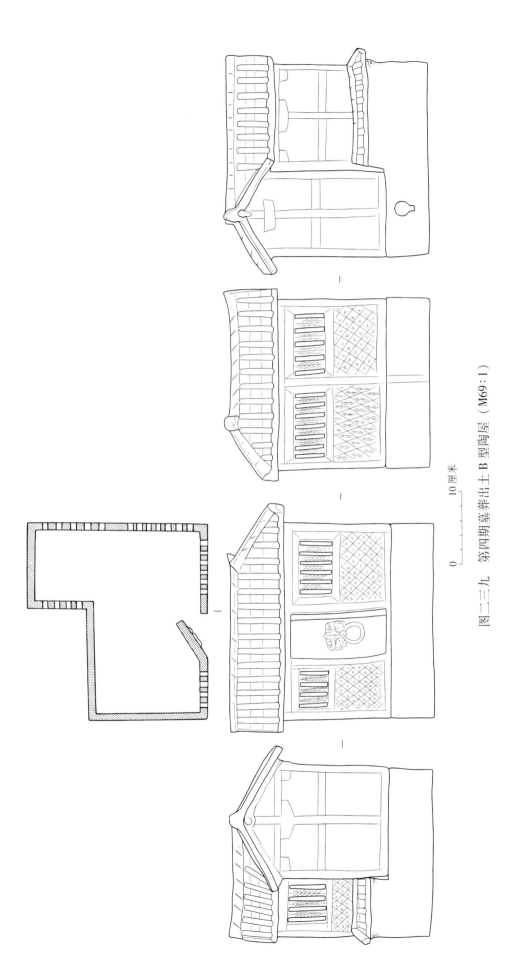

图二三九　第四期墓葬墓葬出土 B 型陶屋（M69：1）

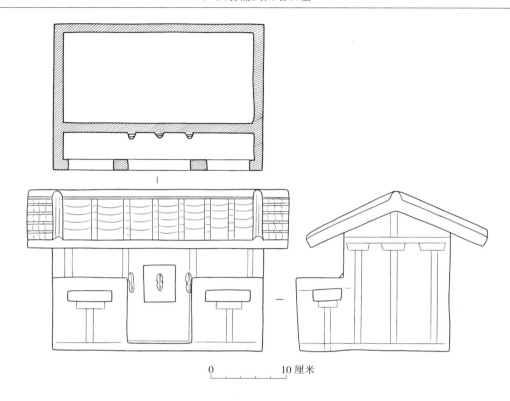

0　　　　　10 厘米

图二四〇　第四期墓葬出土 A 型 I 式陶仓（M88：6）

B 型　7 件。仓底有柱或柱孔。以前廊特征分式。

B 型 II 式　7 件。前廊有矮护栏。

标本 M54：33，泥质软陶，灰色。干栏式建筑。平面为长方形，由一房一前廊构成。正面中开一长方形门，门有板块填塞，门两侧中端有凸块，中有凹槽，应为门栓。仓底有四根上大下小圆柱。前廊有矮护栏，已残。悬山顶，一脊两坡。面宽 26.6、通高 31.5 厘米（图二四一，1）。

标本 M13：18，泥质软陶，灰色。干栏式建筑。平面为长方形，由一房一前廊构成。正面中开一长方形门。正面墙有用线条表示木构架图案。仓底用四根上大下小圆柱支撑。前廊有矮护栏，已残，两边护栏均有直棂窗。悬山顶，一脊两坡。面宽 21.4、通高 27.4 厘米（图二四一，2）。

标本 M159：2，泥质硬陶，灰色。干栏式建筑。平面为长方形，由一房一前廊构成。正面中开一长方形门，门有板块填塞，门左侧中端有凸块，应为门栓。左、右墙均有用线条表示木构架图案。仓底用四根上大下小六棱柱支撑。前廊有矮护栏，两边及两端均有横长条、丁字形镂孔以通气。悬山顶，一正横脊四垂脊，用凹槽和短弧线表示瓦面。面宽 32.4、通高 32 厘米（图二四二；彩版五八，4）。

标本 M184：4，泥质硬陶，灰色。干栏式建筑。平面为长方形，由一房一前廊构成。正面中开一长方形小门。左、右墙均有用线条表示木构架图案。仓底用四根圆柱支撑。前廊有矮护栏，两边及两端均有横长条形镂孔以通气。悬山顶，一正横脊四垂脊。面宽 26.4、通高 27.6 厘米（图二四三）。

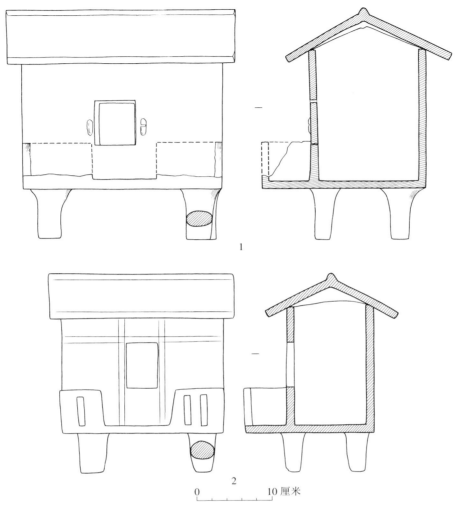

图二四一 第四期墓葬出土 B 型 II 式陶仓

1. M54:33 2. M13:18

灶 14 件。以灶台之烟道特征分型（其中 6 件较残不分型）。

B 型 3 件。圆柱形烟突。以灶门挡板特征分式。

B 型 IV 式 2 件。外斜高挡板。

标本 M145:1，泥质软陶，灰白色。表施深灰陶衣。器稍残，质软。器呈长方体，圆柱形烟突已脱落，有拱形灶门，灶门挡板斜立且较高，开圆形灶眼两个。灶台长 25.4、最宽约 14.2、高 7 厘米（图二四四，1；彩版五九，1）。

标本 M26:2，泥质软陶，灰色。灶体呈长方体，圆柱形烟突，有拱形灶门，灶门挡板微外斜，开圆形灶眼两个。灶台长 21、宽 12.4、高 9.8 厘米（图二四四，2）。

B 型 V 式 1 件。直立高挡板（M54:28、M54:29 原为单编号的小釜，现合并于此）。

标本 M54:27＋28＋29，泥质软陶，灰色。灶体呈长方体，圆柱形烟突，有拱形灶门，灶门挡板直立且较高，开圆形灶眼三个，上置釜、甑。灶台长 33.8、最宽 13.2、高 11.4 厘米（图二四

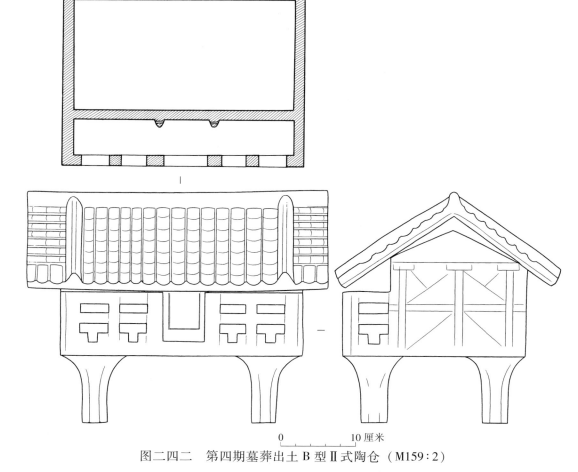

图二四二　第四期墓葬出土 B 型 II 式陶仓（M159：2）

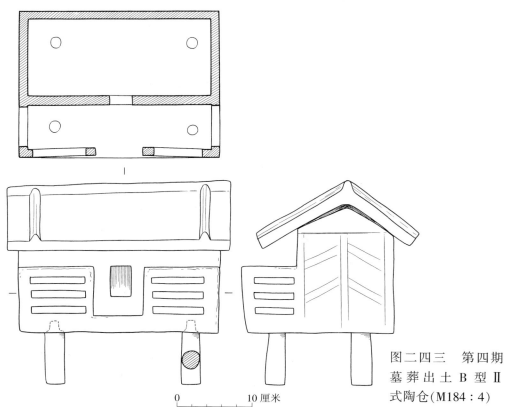

图二四三　第四期
墓葬出土 B 型 II
式陶仓（M184：4）

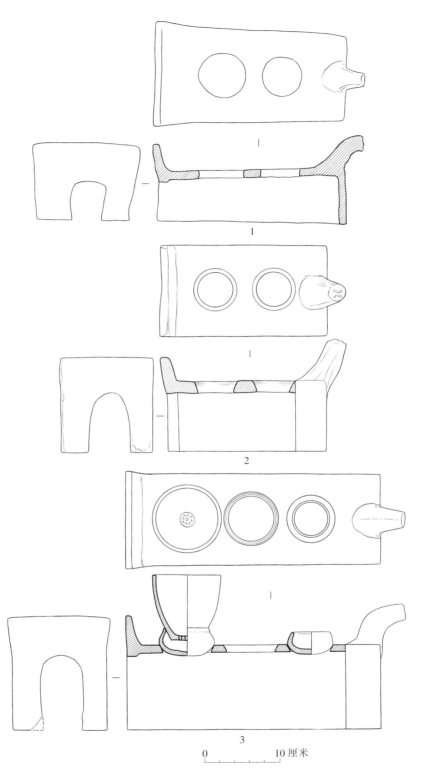

图二四四　第四期墓葬出土 B 型陶灶

1、2. Ⅳ式（M145：1、M26：2）　　3. Ⅴ式（M54：27＋28＋29）

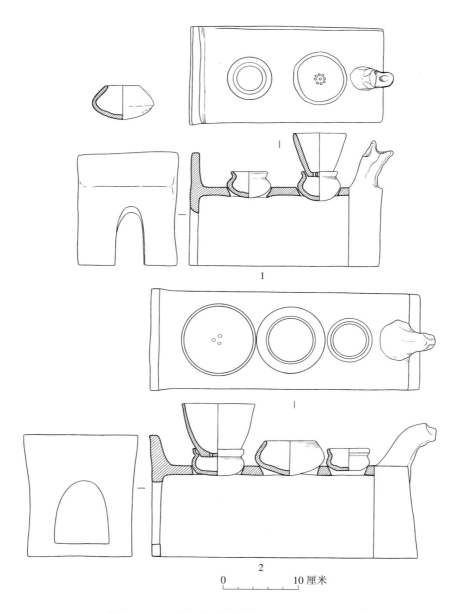

图二四五　第四期墓葬出土 C 型 Ⅲ 式陶灶
1. M189∶15　2. M156∶8

四，3；彩版五九，2）。

　　C 型　5 件。龙首或兽首烟突。以灶门挡板特征分式。

　　C 型 Ⅲ 式　5 件。直立高挡板。

　　标本 M189∶15，泥质软陶，灰色。灶体呈长方体，龙首形烟突，有拱形灶门，灶门挡板直立且较高，开圆形灶眼两个，上置釜、甑。灶台长 25.2、最宽 13.6、高 10.8 厘米（图二四五，1；彩版五九，3）。

　　标本 M156∶8，泥质软陶，灰色。灶体呈长方体，龙首形烟突，有拱形灶门，灶门挡板直立且

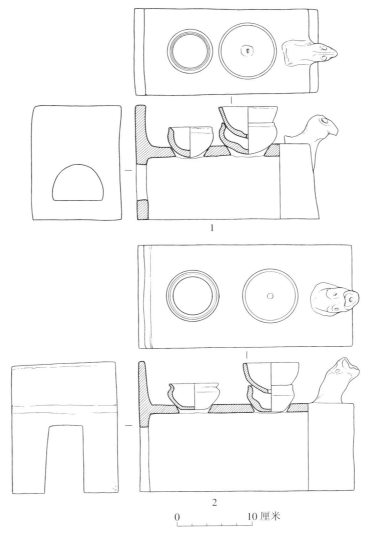

图二四六 第四期墓葬出土 C 型 Ⅲ 式陶灶
1. M184∶25 2. M101∶5

较高，开圆形灶眼三个，上置釜、甑。灶台长 35.2、最宽 14、高 12.6 厘米（图二四五，2）。

标本 M184∶25，泥质硬陶，灰白色。灶体呈长方体，兽首形烟突，有拱形灶门，灶门挡板直立且较高，开圆形灶眼两个，上置釜、甑。灶台长 24、最宽 12、高 10 厘米（图二四六，1）。

标本 M101∶5，泥质软陶，灰色。灶体呈长方体，龙首形烟突，有拱形灶门，灶门挡板直立且较高，开圆形灶眼两个，上置两釜一甑。灶台长 28.4、最宽 14、高 12 厘米（图二四六，2）。

标本 M150∶10，泥质软陶，灰黄色。灶体呈长方体，龙首形烟突，有拱形灶门，灶门挡板直立且较高，开圆形灶眼三个。残存一釜、一甑。灶台长 36、最宽 16.6、高 10 厘米（图二四七）。

井 15 件。以井栏整体特征分型（其中 1 件较残不分型）。

C 型 6 件。井栏为溜肩，肩腹转折位置较高且有凸棱或凹槽。

标本 M13∶16，泥质软陶，灰黄色。圆筒形井栏，斜领，沿内微凹，下腹微收，肩腹处有凹

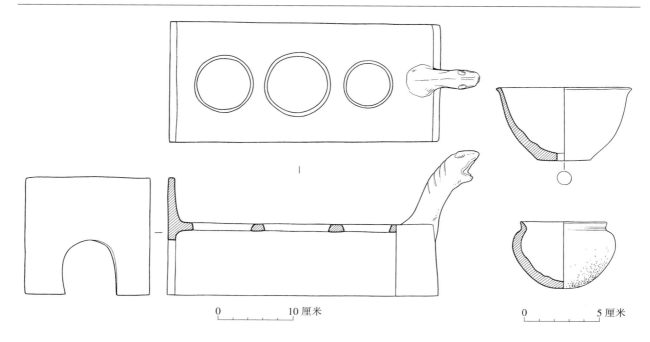

0　　　　　　　10 厘米

0　　　　5 厘米

图二四七　第四期墓葬出土 C 型 Ⅲ 式陶灶（M150：10）

槽。圆形井台。井口径 13、井台径 19、高 14 厘米（图二四八，1；彩版五九，4）。

　　标本 M54：20，泥质硬陶，灰色。圆筒形井栏，折领，平沿，下腹微收，肩腹处有凸棱。圆形井台，周有四个方形柱础。井口径 13.5、井台径 21、高 14.6 厘米（图二四八，2）。

　　标本 M156：3，夹砂软陶，灰色。圆筒形井栏，折领，平沿，下腹较直，肩腹处有凸棱。圆形井台，周有四个方形柱础。井口径 14、井台径 21、高 15.2 厘米（图二四八，3）。

　　标本 M153：5，夹砂硬陶，青灰色。圆筒形井栏，斜领，平沿，下腹较直，肩腹处有凹槽。圆形井台，周有四个方形柱础。井口径 13.5、井台径 19、高 13.1 厘米（图二四八，4）。

　　标本 M189：6，夹砂软陶，灰黄色。圆筒形井栏，微侈口，下收腹，肩腹处有凸棱。圆形井台，周有四个方形柱础。井口径 10、井台径 20、高 16.1 厘米（图二四八，5）。

　　标本 M26：4，泥质软陶，灰色。圆筒形井栏，折领，平沿，下腹微收，肩腹处有凸棱。井台残，周有柱础。井口径 11、井台径 20.5、高 15 厘米（图二四八，6）。

　　E 型　1 件。井栏为溜肩，微鼓腹，下腹微收。肩腹转折处大约居中且有凸棱。

　　标本 M189：5，泥质硬陶，灰色。施青黄釉，局部脱落。圆筒形井栏，折领，平沿，肩腹处有凸棱。圆形井台，周有四个方形柱础。器身饰戳印斜线篾纹。井口径 16、井台径 22、高 14.4 厘米（图二四八，8；彩版五九，5）。

　　F 型　7 件。井栏为弧形肩。以井栏口沿特征分式。

　　F 型 Ⅰ 式　1 件。领外斜。

　　标本 M88：4，泥质软陶，灰色。圆筒形井栏，敞口，斜领，直腹。圆形井台，周有三个方形柱础。颈部有弦纹。井口径 13.5、井台径 21.5、高 16.4 厘米（图二四八，7；彩版五九，6）。

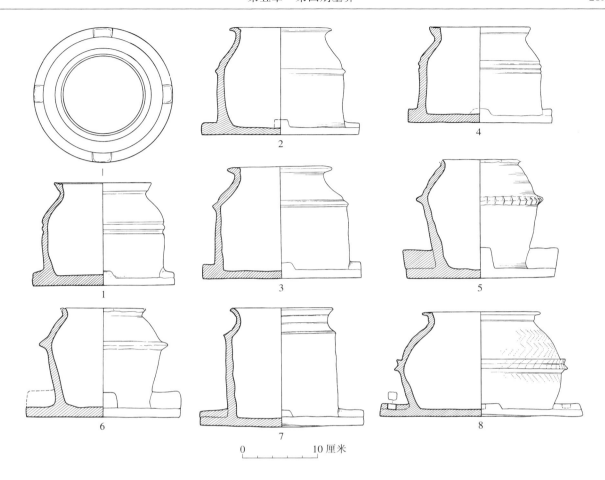

图二四八　第四期墓葬出土陶井

1~6. C 型（M13：16、M54：20、M156：3、M153：5、M189：6、M26：4）　7. F 型Ⅰ式（M88：4）　8. E 型（M189：5）

F 型Ⅱ式　4 件。微斜领。

标本 M015：26，泥质硬陶，灰色。圆筒形井栏，斜领，平唇，肩、腹有凹槽。圆形井台，周有四个方形柱础。有四阿井亭盖，并刻划瓦垄。井口径 11.5、井台径 23.5、残高 21 厘米（图二四九，1）。

标本 M124：13，泥质软陶，灰白色。口残。圆筒形井栏，微斜领，直腹。圆形井台，周有四个柱础。口径 12.5、井台径 20.5、高 12.5 厘米（图二四九，2）。

标本 M131：20，泥质软陶，灰白色。口残。圆筒形井栏，微斜领，下腹微收，腹处有一凹弦纹。圆形井台，周有三个柱础。口径 11.5、井台径 14.5、高 10.8 厘米（图二四九，3；彩版六〇，1）。

标本 M101：6，泥质软陶，灰色。圆筒形井栏，敞口，肩部有凹凸，直腹。圆形井台，周有三个方形柱础。井口径 13、井台径 20、高 14 厘米（图二四九，4）。

F 型Ⅲ式　2 件。直领。

标本 M184：26，夹砂硬陶，浅灰色。圆筒形井栏，直领，圆唇，直腹。圆形井台，周有三个

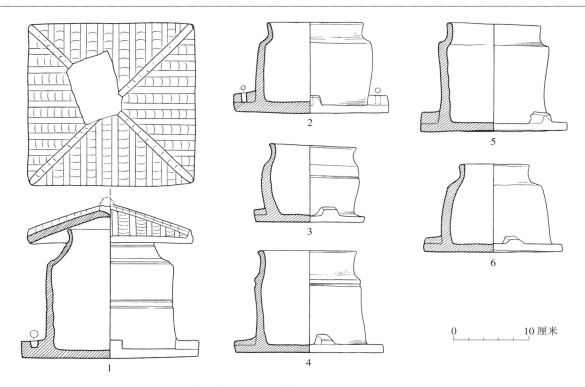

图二四九　第四期墓葬出土 F 型陶井

1~4. Ⅱ式（M015:26、M124:13、M131:20、M101:6）　5、6. Ⅲ式（M184:26、M161:1）

柱础。井口径 12.5、井台径 19.5、高 15 厘米（图二四九，5；彩版六〇，2）。

标本 M161:1，泥质软陶，灰白色。口残。圆筒形井栏，微斜领，直腹。圆形井台，周有三个柱础。井口径 9、井台径 18.5、高 12 厘米（图二四九，6）。

猪　2 件。

标本 M21:5，泥质软陶，红褐色。侧卧状，前腿一曲一伸，后腿自然伸直，尾巴上弯至臀部。腹部有四只小猪吸乳。长 17、高 10 厘米（图二五〇，1；彩版六〇，3）。

标本 M156:7，夹砂软陶，灰色。俯卧状，四腿自然弯曲，尾巴弯贴于左臀，似酣睡。长 13、高 4.8 厘米（图二五〇，2；彩版六〇，4）。

狗　1 件。

标本 M156:1，夹砂软陶，灰色。踞蹲状，前腿直立，后腿向前弯曲，臀部与尾触地，竖耳，昂头。长 12.5、高 12.5 厘米（图二五〇，3；彩版六〇，5）。

二　铜器

143 件，约占本期出土器物总数的 25%。绝大多数铜器均锈蚀残缺，有许多器物仅能辨认器类而不便于分型式。出土的铜器器形计有鼎、壶、扁壶、镳壶、盆、鍪、锅、鉴、杯、高足杯、奁、灯、碗、钵、簋、案、熏炉、带钩、仓、灶、井、环首刀、饰件、衔镳、牌、车辖、镜、铜钱（其中有 2 件因残缺而不能辨别器类）。

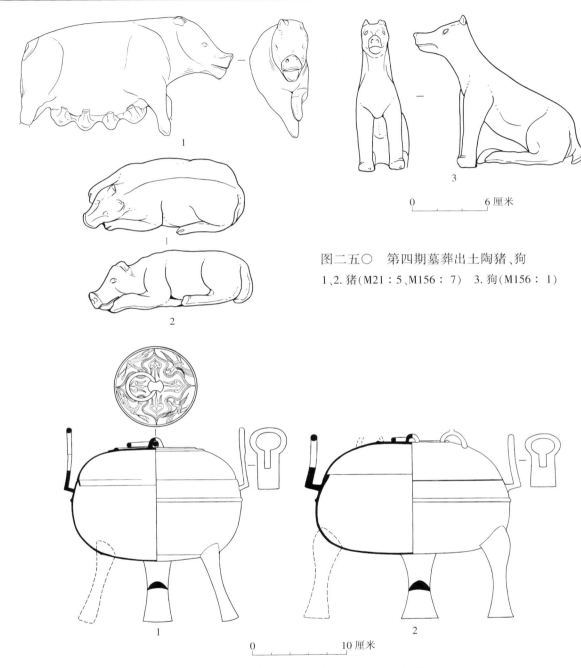

图二五〇　第四期墓葬出土陶猪、狗
1、2. 猪（M21：5、M156：7）　3. 狗（M156：1）

图二五一　第四期墓葬出土 C 型 I 式铜鼎
1. M69：25　2. M015：27

鼎　3 件。以腹部特征分型（其中 1 件较残不分型）。

C 型　2 件。浅圆腹。以足部特征分式。

C 型 I 式　2 件。高蹄足。

标本 M69：25，敛口，平唇，圆弧腹，圜底，三蹄足外撇。肩部有附耳，附耳上环下方，有穿孔。有隆起圆盖，盖顶中有半圆纽衔环。纽四周饰柿蒂纹，两叶间分别饰神鸟或神兽。口径 16.6、通高 21 厘米（图二五一，1；彩版六一，1）。

标本 M015：27，较残。子母口内敛，圜底，三蹄足略外撇。肩部有附耳，附耳上环下方，有穿孔。有隆起圆盖，盖顶中有半圆纽衔环，两边有对称半圆形环耳。口径 17.6、通高 20.6 厘米（图二五一，2）。

壶　3 件。以腹分型（其中 1 件较残不分型）。

B 型　2 件。扁鼓腹。以足部变化分式。

B 型 Ⅱ 式　2 件。多棱形高台足。

标本 M015：16，盘口，粗颈，鼓腹，七棱双节圈足。肩两侧有铺首衔环。肩、腹处饰宽带纹。口径 12.4、足径 16.8、高 26 厘米（图二五二，1；彩版六一，2）。

标本 M69：28，盘口，粗颈，鼓腹，八棱双节圈足。肩两侧有铺首衔环。肩、腹处饰宽带纹。口径 12、足径 17、高 27.9 厘米（图二五二，2）。

扁壶　2 件。

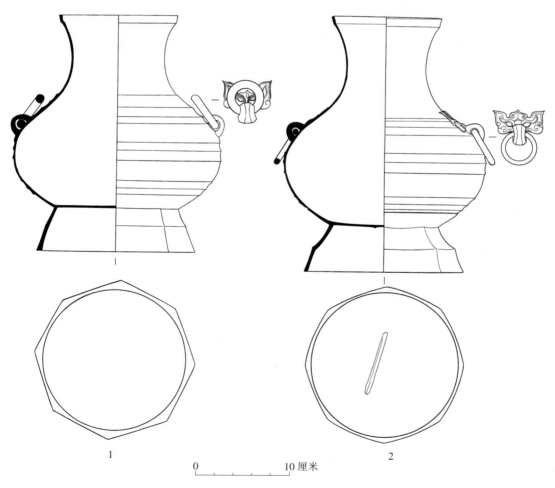

图二五二　第四期墓葬出土 B 型 Ⅱ 式铜壶
1. M015：16　2. M69：28

标本 M015：30，已残。子母口，器身较扁，鼓腹，圈足。肩部两侧亦有圆环，系活环连接提梁，但提梁已残断。有盖，盖顶有圆环系链与提梁链相连。壶盖、颈和足部饰重线三角纹，腹部侧面饰重线菱形纹，腹部正面饰心形羽纹和刻划方格纹。口径 4.2、足径 7.4、通高 12.7 厘米（图二五三）。

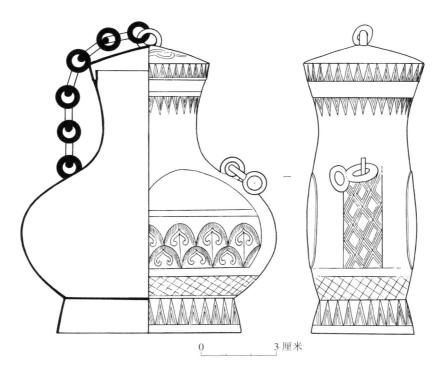

0　　　　　　3 厘米

图二五三　第四期墓葬出土铜扁壶（M015：30）

标本 M189：53，极残。仅余盖之残块。

镳壶　11 件。以腹或底部特征分型（其中 5 件较残不分型）。

B 型　6 件。腹较扁，底平或微显弧形。

标本 M184：19，盘口，粗颈，扁鼓腹，平底，底有外撇三蹄形足，足横截面略呈扁三角形。腹侧有中空多棱柄。口径 9.6、高 21.5 厘米（图二五四，1；彩版六一，3）。

标本 M69：22，盘口，粗颈，扁鼓腹，底微弧，底有外撇三蹄形足，足横截面略呈扁三角形。腹侧有中空多棱柄。口径 8.8、高 17.5 厘米（图二五四，2）。

标本 M131：32，口微敞，平唇，粗颈，扁鼓腹，平底，底有外撇三蹄形足，足横截面略呈扁三角形。腹侧有中空多棱柄。口径 9.6、高 21.6 厘米（图二五四，3）。

盆　16 件。以腹部特征分型（其中 14 件较残不分型）。

D 型　1 件。曲腹。

标本 M016A：3，已残。侈口，宽沿，台足。口径 22.4、底径 10.4、高 4.1 厘米（图二五四，4）。

E 型　1 件。弧腹斜收。以口沿分式。

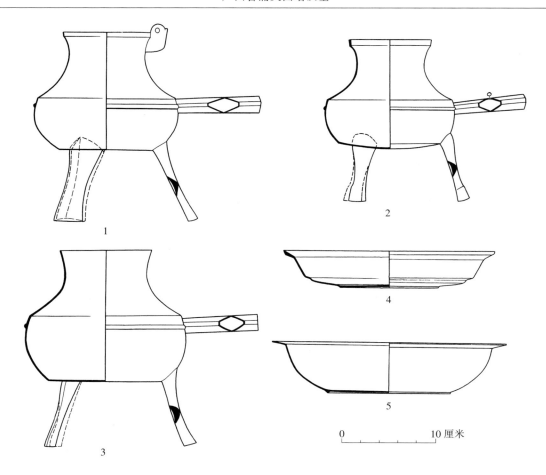

图二五四　第四期墓葬出土铜鐎壶、盆

1～3. B 型鐎壶（M184：19、M69：22、M131：32）　4. D 型盆（M016A：3）　5. E 型 I 式盆（M015：20）

E 型 I 式　1件。薄斜沿。

标本 M015：20，已残。侈口，宽沿，斜腹下收，台足。口径25、底径13.2、高5.6厘米（图二五四，5）。

锅　3件。以腹部特征分型（其中1件较残不分型）。

A 型　1件。深腹。

标本 M69：29，已残。盘口，深腹，下腹弧收，底微圜。两侧口沿有半圆形环耳。中腹有凸棱一周。口径17.9、通高8.9厘米（图二五五，1；彩版六一，4）。

B 型　1件。浅腹。

标本 M015：35，已残。盘口，弧腹下收，圜底。盘口下两侧有索形耳。中腹有凸棱一周。口径31、通高11厘米（图二五五，3；彩版六一，5）。

鍪　1件。以腹部及器体特征分型。

D 型　1件。弧肩，微垂腹。

标本 M54：21，已残。圜底。两侧有圆形环耳。残高10.4厘米（图二五五，2）。

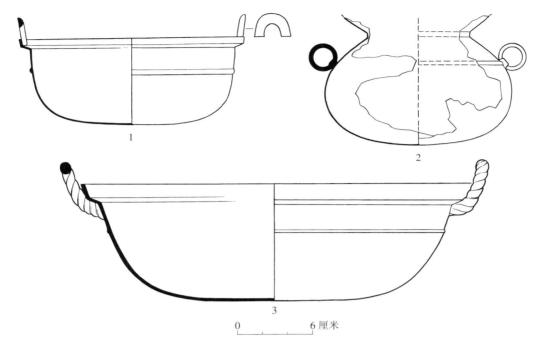

图二五五　第四期墓葬出土铜锅、鍪
1. A 型锅（M69∶29）　　2. D 型鍪（M54∶21）　　3. B 型锅（M015∶35）

杯　10 件。以足特征分型（其中 3 件较残不分型）。

A 型　3 件。矮台足。以口沿有无凸棱分式。

A 型 I 式　3 件。近口沿处有凸棱。

标本 M194∶9，敞口，沿面外斜，弧腹下收，平底，矮台足。口沿与腹部有凸棱一周。口径 7.6、足径 3.6、高 4.6 厘米（图二五六，1）。

标本 M75∶6，器表锈蚀。敞口，圆唇，弧腹下收，平底，矮台足。口沿与腹部有凸棱一周。口径 8.5、足径 4.3、高 4.1 厘米（图二五六，2；彩版六二，1）。

标本 M51∶2，口局部残缺。敞口，圆唇，弧腹下收，平底。口沿与腹部有凸棱一周，上腹刻饰由菱形回纹组成的纹带，下腹刻饰菱形内填短线纹等纹带，近足处刻饰锯齿形纹带。口径 8、足径 4.3、高 4.5 厘米（图二五六，4）。

B 型　4 件。平底或微圜底。以近口沿处有无凸棱分式（其中 1 件较残不分式）。

B 型 I 式　1 件。近口沿处有凸棱。

标本 M124∶19，敞口，沿面外斜，弧腹下收，平底。口沿与腹部有凸棱一周。口径 6.6、底径 3.7、高 4.7 厘米（图二五六，3；彩版六二，2）。

B 型 II 式　2 件。近口沿处无凸棱。

标本 M015∶17，敞口，平唇，弧腹下收，微圜底。腹部有凸棱一周。口径 10.2、高 7.3 厘米（图二五六，5）。

标本 M015∶34，敞口，弧腹下收，微圜底。腹部有凸棱一周。口径 11.2、高 7.8 厘米（图二

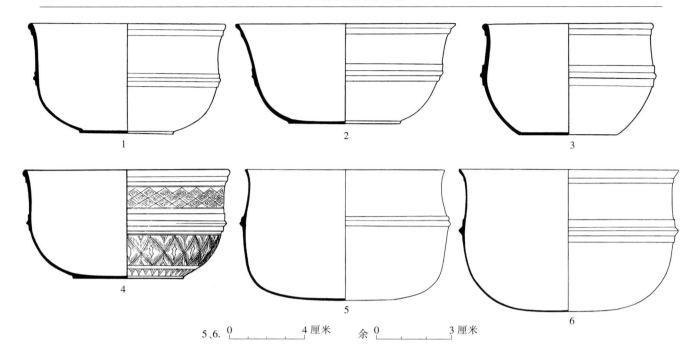

5、6. ├─────┤ 4厘米　　余 ├─────┤ 3厘米
0 0

图二五六　第四期墓葬出土铜杯

1、2、4. A 型 I 式（M194:9、M75:6、M51:2）　3. B 型 I 式（M124:19）　5、6. B 型 II 式（M015:17、M015:34）

五六，6；彩版六二，3）。

高足杯 2件。以足特征分型。

C 型 2件。喇叭形有柄高足。

标本 M189:39，敞口，弧腹，下收腹，微圜底，底接粗柄喇叭形圈足。口径9.3、足径6.9、高6.8厘米（图二五七，5）。

标本 M69:33，敞口，弧腹，下收腹，微圜底，底接粗柄喇叭形圈足。口径7.3、足径5.4、高约6.4厘米（图二五七，4）。

奁 7件。以足形态分型（其中4件较残不分型）。

A 型 2件。蹄足。

标本 M69:36，子母口，深直腹，平底，底附三蹄足。腹两侧有对称铺首衔环。肩、中腹、下腹均饰一周宽带纹。有隆起圆盖，盖中有带环圆纽。盖上饰柿蒂纹。口径15、通高14.8厘米（图二五七，1；彩版六二，4）。

标本 M22:28，子母口，深直腹，平底，底附三蹄足。腹两侧有对称铺首衔环。肩、中腹、下腹均饰一周宽带纹。有隆起圆盖，盖中有带环圆纽。盖上饰柿蒂纹。口径16、通高15.6厘米（图二五七，3）。

B 型 1件。人形或兽形足。

标本 M015:21，子母口，深直腹，平底，底附三只呈蹲踞状兽形足。奁体下端两侧有对称铺首衔环。有隆起圆盖，盖中有带环圆纽，周边竖立有三鸟。奁盖与奁体高度大致相等。口径17.6、

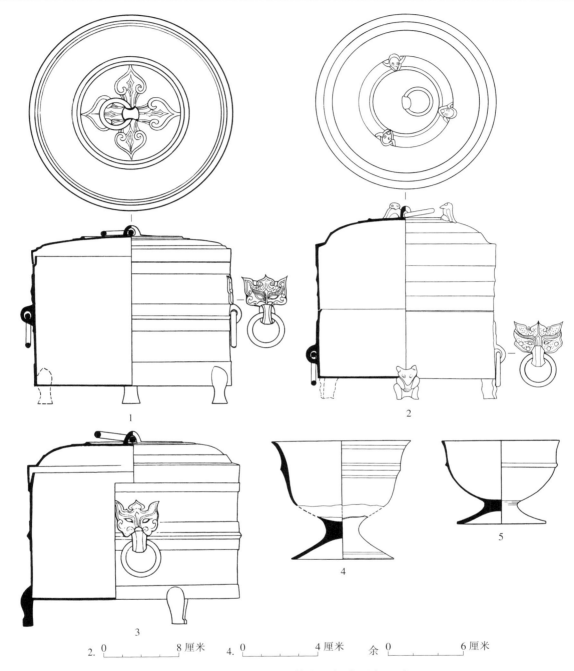

图二五七　第四期墓葬出土铜高足杯、奁

1、3. A 型奁（M69：36、M22：28）　2. B 型奁（M015：21）　4、5. C 型高足杯（M69：33、M189：39）

通高 21.4 厘米（图二五七，2）。

灯　6 件。以灯盏或底座形态分型（其中 2 件较残不分型）。

B 型　1 件。圆形直壁灯盏。

标本 M189：45，圆盘，直口，平唇，浅腹，平底，底附三细足。有扁条曲柄。灯盘口径 11、通高 4.5 厘米（图二五八，2）。

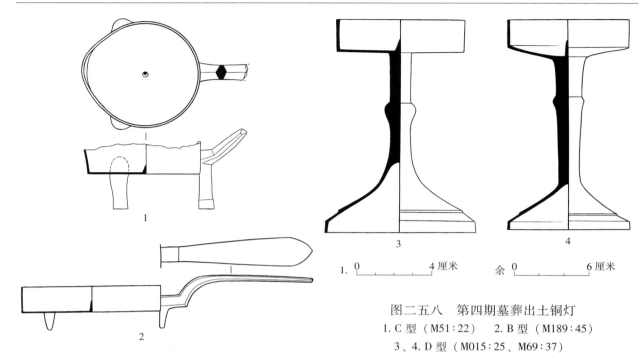

图二五八　第四期墓葬出土铜灯
1. C 型（M51∶22）　　2. B 型（M189∶45）
3、4. D 型（M015∶25、M69∶37）

C 型　1 件。圆形灯盏，高蹄足。

标本 M51∶22，口部已残。圆盘，直口，平唇，浅腹，平底，底附三蹄足，灯盘中间有柱。有扁菱形柄。残高 4.5 厘米（图二五八，1；彩版六二，5）。

D 型　2 件。覆盘口底座，圆形直壁灯盏。

标本 M015∶25，直口，平唇，浅腹，平底，有双节圆柱状高柄与灯盘底相连，覆盘口底座。灯盘口径 10、足径 12、高 17.6 厘米（图二五八，3；彩版六二，6）。

标本 M69∶37，直口，平唇，浅腹，平底，有双节圆柱状高柄与灯盘底相连，覆盘口底座。灯盘口径 9.6、足径 9.6、高 17.1 厘米（图二五八，4）。

碗　13 件。以足或底部特征分型（其中 4 件较残不分型）。

A 型　6 件。圈足。

标本 M100∶2，敞口，平唇，弧腹下收，平底，圈足。口沿与上腹部有凸棱一周。口径 11.4、足径 7、高 6.5 厘米（图二五九，1；彩版六三，1）。

标本 M100∶1，敞口，平唇，弧腹下收，平底，圈足。口沿与上腹部有凸棱一周。口径 11.4、足径 7、高 6.5 厘米（图二五九，2）。

标本 M06A∶6，敞口，平唇，弧腹下收，平底，外撇圈足。口沿与上腹部有凸棱一周。口径 9.2、足径 5.2、高 5.9 厘米（图二五九，3）。

B 型　2 件。无圈足，外底微内凹。

标本 M016A∶4，敞口，平唇，斜腹下收。口径 14.4、底径 6.5、高 6.5 厘米（图二五九，4）。

标本 M016A∶1，敞口，平唇，斜腹下收。口径 14、底径 5.2、高 6.6 厘米（图二五九，5）。

C 型　1 件。无圈足，外底微圜。

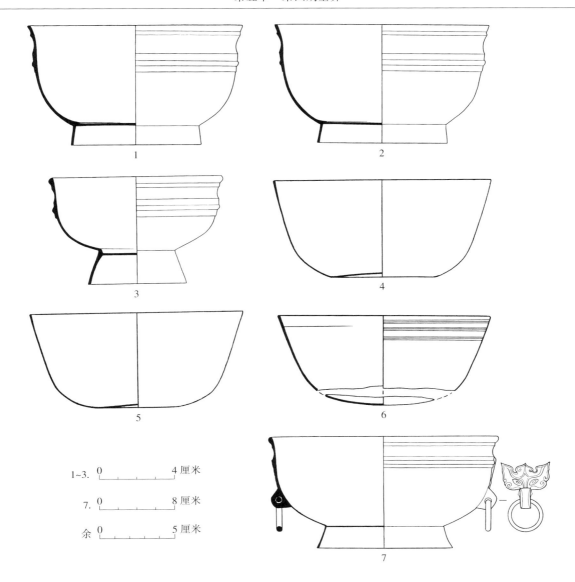

图二五九 第四期墓葬出土铜碗、簋

1~3. A 型碗（M100：2、M100：1、M06A：6） 4、5. B 型碗（M016A：4、M016A：1） 6. C 型碗（M184：22）
7. 簋（M184：27）

标本 M184：22，敞口，平唇，斜腹下收，圜底。口径 14、高约 6 厘米（图二五九，6）。

钵 2 件。

标本 M54：5，残块。

标本 M54：6，残块。

簋 1 件。

标本 M184：27，敞口，弧腹下收，平底，外撇圈足。中腹偏下处两侧有铺首衔环。口沿与上腹部有凸棱一周。口径 24.5、足径 14、高 12.3 厘米（图二五九，7；彩版六三，2）。

案 2 件。以腹部特征分型。

A 型　1 件。弧腹下折。

M69∶45，浅圆盘，平底，底有三高蹄足。案面上遍刻划纹，为圆形构图。中心为以四叶纹分隔的四种兽图，外区则有一周以两棵树状图相隔的两组神兽图案。其外依次有斜方格纹、三角纹、弦纹、中心有点斜方格纹等纹饰。口径 23、高 6.6 厘米（图二六〇）。

B 型　1 件。弧腹。

M015∶19，浅圆盘，平底，底有三高蹄足。口径 30.2、高 7.2 厘米（图二六一，1）。

熏炉　1 件。以器物形态分型。

图二六〇　第四期墓葬出土 A 型铜案（M69∶45）

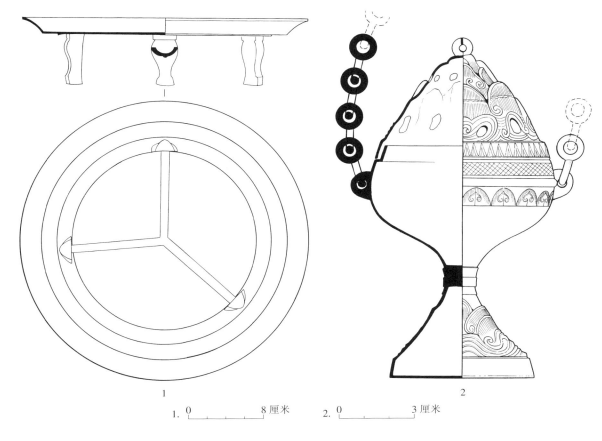

图二六一　第四期墓葬出土铜案、熏炉

1. B 型案（M015：19）　2. B 型熏炉（M69：26）

B 型　1 件。炉体如半球，较深，腹侧系链条。

标本 M69：26，炉体如半球状，子母敛口，鼓腹，高座足。腹饰方格纹、心形羽纹。炉腹两侧有圆纽，上系活环链条。座足饰卷云纹。炉盖是圆锥体，上部镂空，呈遍布重叠卷云纹状，下端饰一周复线三角纹。口径 6、底径 5.7、通高 14 厘米（图二六一，2）。

带钩　1 件

标本 M75：12，残块。

仓　1 件。

标本 M69：13，长方形单间，正面开一门，门呈半开状，门扇中有圆纽衔环。侧面有线刻支架。悬山顶，一脊两坡，上刻瓦垄。有四条圆柱形足以支撑仓体。宽 20、通高 28.5 厘米（图二六二）。

灶　2 件。以烟道有无分型。

A 型　1 件。无烟道。

标本 M69：23，灶体平面呈长方形，侧面为梯形。有拱形灶门，灶门挡板为梯形，直立，略高于灶体。开圆形灶眼两个，一大一小，上有两鍪一甑。其铜鍪为盘口，圜底，两侧有圆形环耳。其铜甑已残。铜灶体长 40、宽 24.6、高 12.4 厘米（图二六三，1；彩版六三，3）。

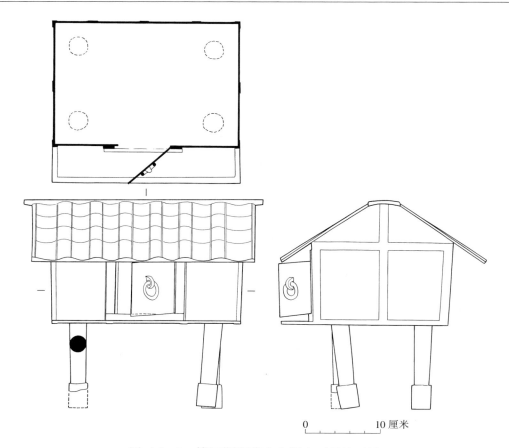

图二六二　　第四期墓葬出土铜仓（M69∶13）

B 型　1 件。有烟道。

标本 M015∶36，灶体平面呈长方形。有拱形灶门，灶门挡板为梯形，直立，略高于灶体。有圆柱形烟道。开圆形灶眼两个，其上原有釜、甑，但极残。甑为敞口，宽沿，深腹下收，平底，圈足。底有条状镂孔。灶体长 35.6、宽 20、高 12 厘米（图二六三，2；彩版六三，4）。

井　1 件。

标本 M69∶24，圆筒形井壁，盘口，平底。上有四顶井亭，以四条圆柱支撑。井亭柱已略有倾斜。井口径 16.4、通高 29 厘米（图二六四，1；彩版六三，5）。

环首刀　1 件。

标本 M69∶46，极残。残长 14 厘米（图二六四，2）。

饰件　17 件（其中 13 件较残）。此类器物应属漆器的装饰物，多已残破。分别出土于 5 座墓中。有泡钉、四叶片饰等，以泡钉数量较多。

标本 M131∶27，铜泡钉。呈半圆帽状。直径 3.4、高 1.5 厘米。

标本 M019∶6，呈半圆帽状。直径 1.1、高 0.7 厘米（图二六四，4）。

标本 M131∶22，四叶形饰。中心为半圆帽状，外连四张叶片。宽 4.9 厘米。

标本 M123∶5，中心为半圆帽状，外连四张叶片。长 10 厘米（图二六四，5）。

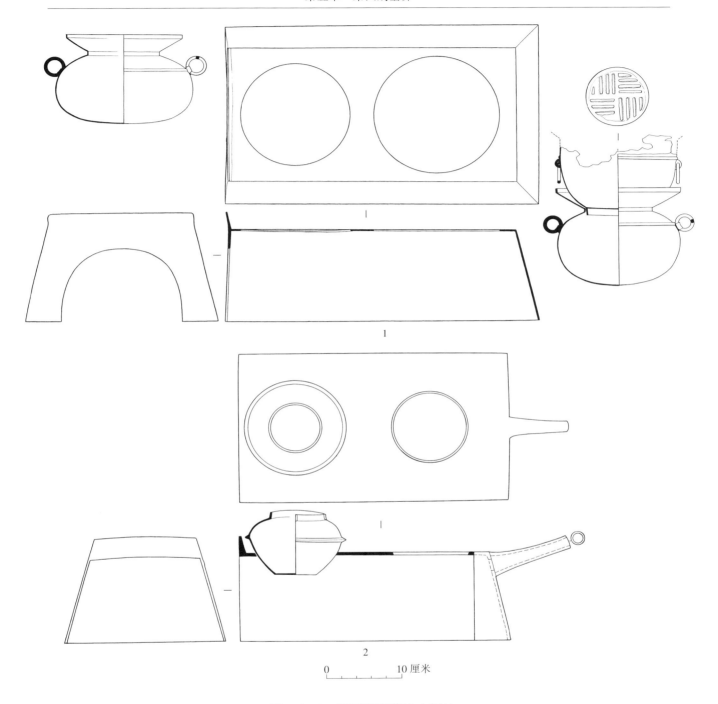

图二六三　第四期墓葬出土铜灶
1. A 型（M69∶23）　　2. B 型（M015∶36）

衔镳　1 件。

标本 M015∶39，已残。衔是由两个椭圆环连成一节，三节互扣。镳为扁条"S"形。残长
16.5 厘米（图二六五，6）。

铜牌　1 件。

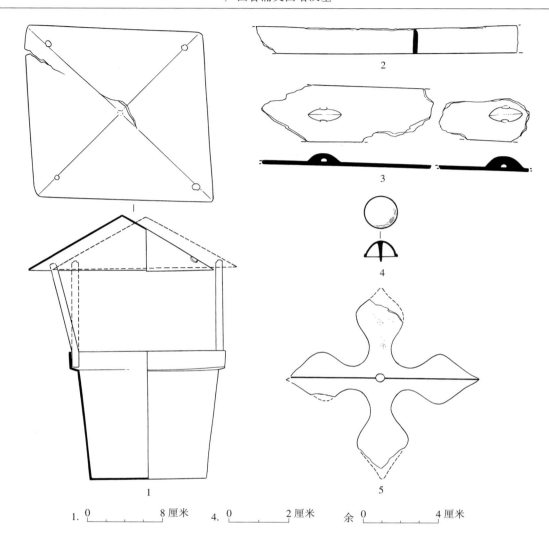

图二六四　第四期墓葬出土铜器

1. 井（M69：24）　2. 环首刀（M69：46）　3. 铜牌（M015：40）　4、5. 饰件（M019：6、M123：5）

标本 M015：40，极残。扁平，一面有半环纽（图二六四，3）。

车辖　1 件（号）。共有 5 件器物。大小不一。如圆柱形管状，两端或中部有凸棱。

标本 M015：41－1，一端大，一端小。长 2.5、最大径 2.9 厘米（图二六五，1）。

标本 M015：41－2，一端大，一端小。长 2.5、最大径 2.8 厘米（图二六五，2）。

标本 M015：41－3，两端大小相近。长 2.4、最大径 1.4 厘米（图二六五，3）。

标本 M015：41－4，两端大小相近。长 2.5、最大径 1.3 厘米（图二六五，4）。

标本 M015：41－5，两端大小相近。长 2.4、最大径 1.5 厘米（图二六五，5）。

铜镜　15 件。分别出土于 13 座墓中，其中有 2 座墓各出土 2 件外，余每座墓出土 1 件。有些铜镜锈蚀严重或残破，有些则保存较好。铜镜中有 2 件纹饰不清，余可分为日光镜、昭明镜、乳钉纹镜、规矩纹镜。

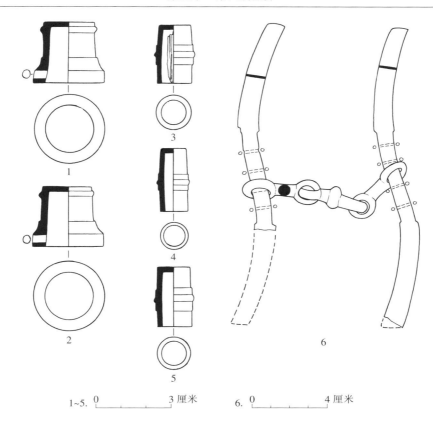

图二六五　第四期墓葬出土铜器

1~5. 车辖（M015：41－1~41－5）　6. 衔镳（M015：39）

日光镜　1 件。

标本 M189：46，日光镜。圆形，圆纽，圆纽座。纽座外有一周内向八连弧纹，其外的两周短斜线纹之间有镜铭一周，铭文为"见日之光，天下大明"。素宽平缘。直径 8.7、缘厚 0.5 厘米（图二六六，1；彩版六三，6）。

昭明镜　3 件。

标本 M015：29，圆形，圆纽，圆纽座。纽座外有凸圈纹和内向八连弧纹，其外的两周短斜线纹之间有镜铭一周，铭文为"内清以昭明，光象夫□"。素宽平缘。直径 10.7、缘厚 0.4 厘米（图二六六，2）。

标本 M51：4，圆形，圆纽，圆纽座。纽座外有一周内向八连弧纹，其外的两周短斜线纹之间有镜铭一周，铭文为"内清以昭明，光夫日月"。素宽平缘。直径 9.7、缘厚 0.6 厘米（图二六七，1；彩版六四，1）。

标本 M75：10，圆形，圆纽，连珠纹座。纽座外有一周内向八连弧纹，其外的两周短斜线纹之间有镜铭一周，铭文为"……明，光而象夫日……"。素窄卷缘。直径 7.2、缘厚 0.3 厘米（彩版六四，2）。

乳钉纹镜　7 件。

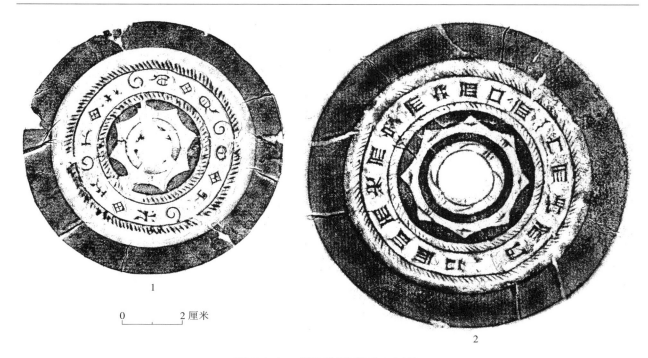

图二六六　第四期墓葬出土铜镜
1. 日光镜（M189∶46）　2. 昭明镜（M015∶29）

标本 M016A∶5，乳钉纹铜镜（锈蚀，纹及字迹模糊）。圆形，圆纽，有乳钉相间禽兽或鸟纹。直径 11.8、缘厚 0.3 厘米。

标本 M69∶40，四乳八鸟纹镜。圆形，圆纽，圆纽座。座外有四组短直线和斜线相间的纹带。其外两周短斜线纹之间的主纹是以四乳钉间四组鸟纹。每组鸟纹皆两只，均鸟头相向。素宽平缘。直径 8.6、缘厚 0.4 厘米。

标本 M156∶21，四乳八鸟纹镜。圆形，圆纽，圆纽座。座外有四组短直线和斜线相间的纹带。其外两周短斜线纹之间的主纹是以四乳钉间四组鸟纹。每组鸟纹皆两只，均鸟头相向。素宽平缘。直径 9.7、缘厚 0.6 厘米（图二六七，2；彩版六四，3）。

标本 M123∶9，四乳四虺镜。圆形，圆纽，圆纽座。座外有一圈由八组短线构成的纹饰，每组由三条或两条短线构成。主纹是由四乳钉相间的四虺形纹，每虺纹之一面有鸟。素宽平缘。直径 10.2、缘厚 0.4 厘米（图二六七，3）。

标本 M019∶7，五乳五鸟纹镜。圆形，圆纽，圆纽座。纽座外有凸圈纹、五乳钉分别相间五鸟的图案，其外依次为短直线纹、锯齿纹各一周。素宽平缘。直径 9、缘厚 0.4 厘米（图二六七，4）。

标本 M185∶2，五乳五鸟纹镜。圆形，圆纽，圆纽座。其外的两周双线纹之间有五乳钉相间五鸟纹。外区纹带自内向外依次为短直线纹、三角形纹、水波纹的纹带。素窄卷缘。直径 11.3、缘厚 0.3 厘米（彩版六四，4）。

标本 M184∶7，七乳龙虎纹镜。圆形，圆纽，九乳钉相间九曲线座。座外有两周短斜线纹夹一周宽凸弦纹。主纹为七乳钉分别相间龙、虎、鹿、凤鸟及兽等纹样。外区有凸圈纹、双线锯齿纹

图二六七　第四期墓葬出土铜镜
1. 昭明镜（M51:4）　2~4. 乳钉纹镜（M156:21、M123:9、M019:7）

构成的纹带。素宽平缘。直径 18.7、缘厚 0.6 厘米（图二六八）。

规矩纹镜　2 件。

标本 M019:4，规矩纹镜。圆形，圆纽，四叶纹纽座。座外有方框一匝。方框外每边均连一"T"形纹，其中又以"V"、"L"纹相间饰八乳钉、白虎、玄武、朱雀及其他瑞兽。其外有一周镜铭，铭文为"尚方作竟真大好，上有山人不知老，渴饮玉泉枣"。外区自内向外有四道纹带，纹

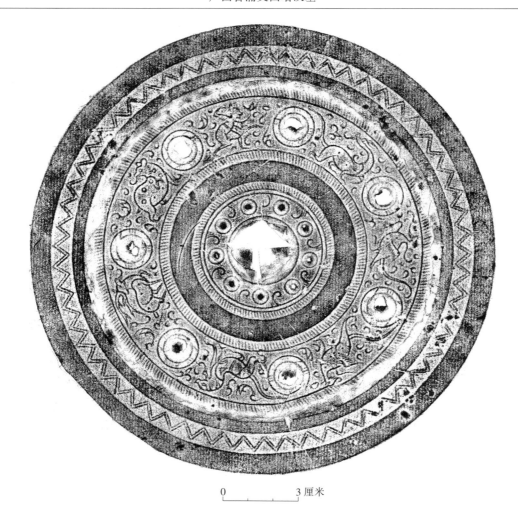

0 _____ 3厘米

图二六八　第四期墓葬出土乳钉纹铜镜（M184：7）

样依次为短直线纹、锯齿纹、水波纹、锯齿纹等。窄素卷缘。直径14.6、缘厚0.3厘米（图二六
九，1；彩版六四，5）。

标本M22：23，规矩变形兽纹镜。圆形，圆纽，圆纽座。纽座外有一匝双线方框。规矩纹间饰
多组变形兽纹。其外有一周短斜线纹。素宽平缘。直径10.2、缘厚0.35厘米（图二六九，2）。

纹样不清　2件。

标本M016A：11，圆形，圆纽，锈蚀，纹及字迹模糊。直径7.8、缘厚0.3厘米。

标本M54：7，残。圆形，圆纽，圆纽座。有方字铭文，但模糊不清。素宽平缘。直径11.2、
缘厚0.7厘米。

铜钱　17件（号），分别出于12座墓中。一般每墓出土数枚或十多枚，最多的M016A发现
30多枚。铜钱大多锈蚀较严重且黏结，字迹模糊。少数保存稍好。铜钱多数为五铢钱，也有极少
的货泉、大泉五十等。

标本M016A：6、10、14，五铢钱，共30多枚，锈蚀较严重，字迹略模糊。金字头为三角形，

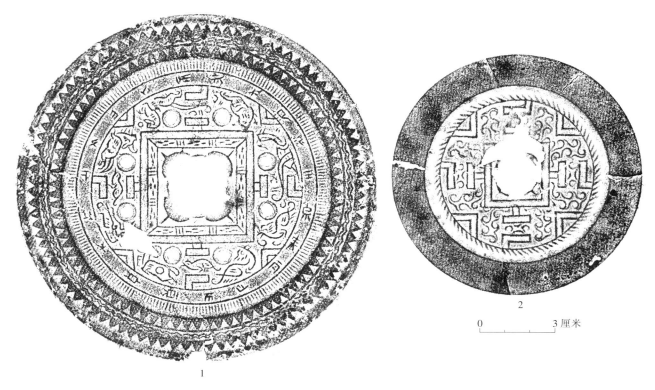

图二六九　第四期墓葬出土规矩纹铜镜
1. M019：4　2. M22：23

三角形较规整且略显大。金字四点略长，朱字头圆折；五字交股曲折，字形略显宽大。直径2.4、孔径1厘米。

标本M019：2，五铢钱，10多枚，粘连一起，锈蚀较严重，字迹略模糊。据观察，其五字交股曲折，字形略显宽大。直径2.4、孔径1厘米。

标本M69：43，五铢钱，30多枚，金字头为三角形，三角形较规整且略显大。金字四点略长，朱字头圆折；五字交股曲折，字形略显宽大。直径2.4、孔径1厘米。

标本M75：13、14，大泉五十，10多枚，多已腐蚀。直径2.7厘米。

标本M124：6，五铢钱，10多枚，粘连一起，锈蚀较严重，钱纹亦模糊。五字交股有略直和弯曲两种。直径2.6、孔径0.9厘米。

标本M184：6，五铢钱，4枚，锈蚀较严重，钱纹亦模糊。直径2.3、孔径0.9厘米。

标本M184：9，3枚。锈蚀较严重，钱纹亦模糊。其中2枚为货泉，1枚为大泉五十。

三　铁器与银器

14件（号）。其中铁器12件，可辨器形计有环首刀、镊子、铁灯、剑（其中M123：10、M184：8、M16A：8、M16A：7等4件极残），铁器约占本期出土器物总数的2%；出土的银器仅2件（号），器类为戒指、环。

铁剑　1 件。

标本 M75：11，严重锈蚀。扁长条形剑柄，无格，剑身扁平，中脊略凸，尖锋。剑首已残。残长 100.4 厘米（图二七〇，1）。

铁环首刀　4 件。

标本 M185：1，已残，锈蚀严重。扁刃，环首略近圆形。残长 11 厘米（图二七〇，4）。

标本 M100：4，已残，锈蚀严重。扁刃，环首略近圆形。残长约 14.5 厘米（图二七〇，2）。

标本 M156：23，已残，锈蚀严重。扁刃，有剖面为扁长方体柄与环首相接，环首呈椭圆形。残长约 25 厘米（图二七〇，3）。

标本 M54：15，极残。

铁镊子　2 件。

标本 M015：46，已残，锈蚀严重。残长 7 厘米（图二七〇，5）。

标本 M189：47，极残。

铁灯　1 件。

标本 M184：29，锈蚀严重。灯盘为敞口，浅腹，平底，底附三矮足。盘沿有三圆纽，上连三条圆柱形支架。另有一弯钩，可吊挂整个灯盏。灯盘口径 11、通高 20.4 厘米（图二七〇，6）。

银戒指　1 件。

标本 M016A：12，圆形。直径 2 厘米（图二七〇，7）。

银环　1 件（号）。

标本 M184：5 - 1，圆形，有一断口。直径 6.7 厘米（图二七〇，8）。

标车 M184：5 - 2，圆形。直径 6.4 厘米（图二七〇，9）。

四　滑石器及其他

29 件（号）。其中滑石器 10 件，石砚 1 件，石块 2 件，串饰 16 件。

滑石鼎　2 件。以腹部或器体特征分型。

C 型　1 件。深腹，直腹微弧。

标本 M189：24，灰白色。平唇，深腹，平底，底附柱形足。腹侧有长方形耳，耳中有穿孔。口径 14.8、通高 20.8 厘米（图二七一，1；彩版六四，6）。

D 型　1 件。斜直腹，平面为方形。

标本 M54：1，灰白色。平唇，深腹，平底，底附柱形足。腹侧有耳。口径 13.2、高 10.4 厘米（图二七一，2；彩版六五，1）。

滑石炉　8 件。以炉之平面形态分型。

A 型　1 件。平面略近方形。

标本 M015：7，灰白色。平唇，斜直腹，平底，底有四个方形矮足。口长 17.2、宽 14.4、高 4.6 厘米（图二七一，6；彩版六五，2）。

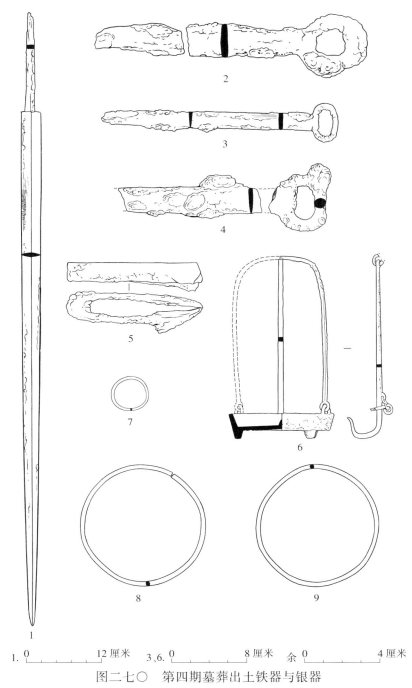

图二七〇 第四期墓葬出土铁器与银器

1. 铁剑（M75：11）　2~4. 铁环首刀（M100：4、M156：23、M185：1）　5. 铁镊子（M015：46）
6. 铁灯（M184：29）　7. 银戒指（M016A：12）　8、9. 银环（M184：5-1、M184：5-2）

B 型　7 件。平面为长方形。以足特征分式。

B 型Ⅰ式　7 件。矮足。

标本 M69：19，灰白色。平口，斜直腹，平底，底有四个方形足。口长 13.6、宽 9.4、高 5.8
厘米（图二七一，3；彩版六五，3）。

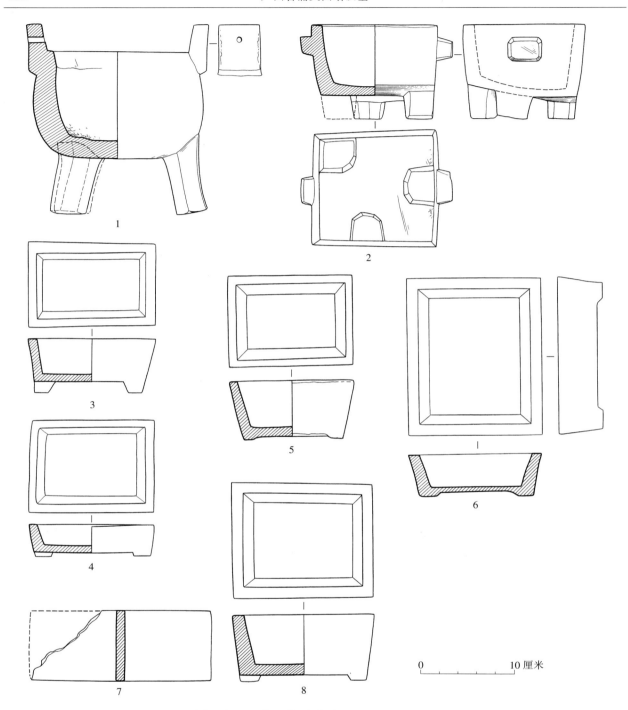

图二七一　第四期墓葬出土滑石器、石器

1. C 型滑石鼎（M189：24）　2. D 型滑石鼎（M54：1）　3～5、8. B 型 I 式滑石炉（M69：19、M131：35、
M184：21、M123：4）　6. A 型滑石炉（M015：7）　7. 石砚（M141：1）

标本 M131：35，灰白色。平口，斜直腹，平底，底有四个方形足。口长 13.2、宽 10.3、高
3.4 厘米（图二七一，4）。

标本 M184：21，灰白色。平口，斜直腹，平底，底有四个方形足。口长 13.3、宽 10、高 6.5

厘米（图二七一，5）。

标本 M123∶4，灰白色。平口，斜直腹，平底，底有四个方形足。口长 15.2、宽 12.8、高 7.2 厘米（图二七一，8）。

石砚　1件。

标本 M141∶1，灰色。平面为长方形，扁平，已残断。通体磨制，一面较光滑，一面保留有崩疤。残长 18.8、宽 7.8、厚 1 厘米（图二七一，7）。

石块　2件。

标本 M015∶44，砂岩，灰色。不规则形，无明显加工痕迹。长 12、宽 7.8、厚 6.6 厘米（图二七二，1）

标本 M015∶45，砂岩，灰色。不规则形，无明显加工痕迹。一面似黏有红色颜料。长 10、宽 7.5、厚 6 厘米（图二七二，2）。

串饰　16件（号）。分别出于 12 座墓中，共约 1088 粒，按质类计有：玻璃 1059 粒，玛瑙 24 粒，玉石 3 粒，琥珀 2 粒。串珠形态多样，主要有圆珠形、扁圆形、圆柱形、鼓腹棒形、扁棱形棒形、三角形等，以圆珠形数量最多。蓝、绿、棕红色常见，也有褐红、褐、黄等色。绝大多数中有圆孔。各墓所出串饰，位置已散乱，原串配方式不明。

标本 M015∶42、43，约 600 粒。均为圆珠形玻璃串珠，多为蓝色圆珠，颜色多为淡绿色，也有极少数浅蓝、深蓝、褐红、黄等色，中穿圆孔。大小不均匀，直径约 0.3～0.6 厘米（彩版六五，5、6）。

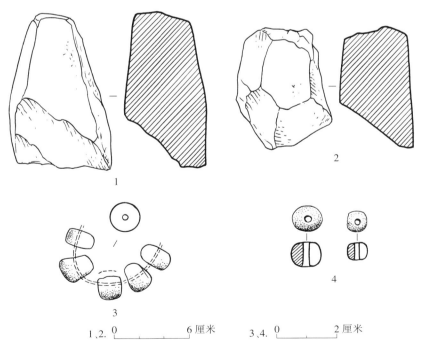

图二七二　第四期墓葬出土石器、串饰

1、2. 石块（M015∶44、M015∶45）　　3、4. 串饰（M019∶4、M185∶7）

标本 M13：3，5 粒。其中有 3 粒玛瑙串珠，棕红色，为鼓腹棒状、扁棱形棒状，中穿圆孔。有 2 粒琥珀耳珰，褐色，略残，中穿圆孔。长约 1.5 厘米。

标本 M019：4，5，共 10 粒。大小不一，为深蓝色玻璃圆珠形，中穿圆孔。直径约 1 厘米（图二七二，3）。

标本 M184：10，29 粒。其中有 27 粒玻璃串珠，以蓝色圆珠形为多数，中穿圆孔，一般径约 0.6 厘米。有玛瑙串珠 2 粒，一粒为圆棒形，褐白色相间，中穿圆孔，长约 1.1 厘米；另一粒为扁柱形，浅棕色，中穿圆孔，长约 0.9 厘米（彩版六五，4）。

标本 M185：7，3 粒。为蓝色圆珠形玻璃串珠，大小有差异，中有穿孔，其中一颗直径约 1 厘米（图二七二，4）。

第六章　第五期墓葬

23 座，占这批汉墓总数的 13%。墓型有 A、B、C、D、E、F 型墓。

A、B、C 型墓数量较少，D、E 型墓数量相对较多。F 型墓为多室砖墓，仅 1 座，为本期始见的新型。

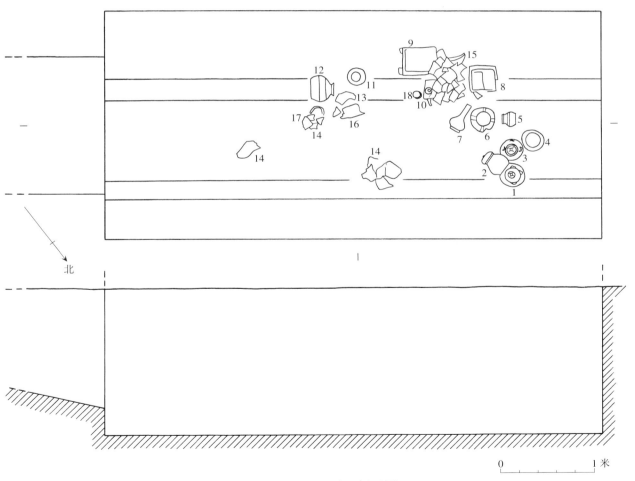

图二七三　M71 平、剖面图

1～3、14. 陶四耳罐　4. 陶罐　5、11、12. 陶盘口罐　6. 陶井　7. 铜壶　8、9. 陶屋　10. 陶灶
13、16. 陶盆　15. 陶瓮　17. 陶器盖　18. 研石

本期的砖室墓顶部及四壁均已坍塌或残缺极甚，多数砖室墓由于早年被盗，墓内绝大部分已缺失，有些或仅余数片陶片而已。

第一节　墓葬形制

一　A 型墓

2 座（M71、M137），为窄坑土坑墓。约占本期墓葬总数的 9%。均属墓室一端设墓道的 Ac 型墓。

M71　位于文昌塔东面约 250 米。墓向 128°。封土情况不详。墓室长 5.3、宽 2.5、深 1.6 米。斜坡墓道，残长 6.8、宽 1.5 米。墓内填土为黄褐色沙黏土。墓底有两条纵列垫木沟。未发现葬具与人骨。出土器物 18 件（号），其中陶器 16 件、铜器 1 件、石器 1 件（图二七三）。

M137　位于文昌塔西北面约 400 米。墓向 130°。封土情况不详。墓坑长 4.7、宽 2.2、深 3 米。斜坡墓道，残长 10、宽 1.2 米。墓内填土为黄褐色沙黏土。墓底有两条纵列垫木沟。未发现葬具与人骨。出土器物 34 件（号），其中陶器 27 件、铜器 5 件、铁器 1 件、滑石器 1 件（图二七四）。

二　B 型墓

1 座（M187A），为宽坑土坑墓。约占本期墓葬总数的 4%。属墓室一端设有墓道的 Bc 型墓。

M187A　位于文昌塔西北面约 280 米。墓向 135°。墓室长 4.8、宽 2.44、深 2.2 米。斜坡墓道残长约 3.8、宽 1.5 米。墓两侧和后端有生土二层台，宽约 0.23～0.4、高约 1 米。近墓道处和墓室后端各有两个柱洞，直径约 0.2 米。未发现葬具和人骨。出土器物 28 件（号），其中陶器 15 件、铜器 9 件、铁器 1 件、滑石器 1 件、石器 1 件、串饰 1 件（图二七五）。

三　C 型墓

3 座（M82、M138、M010B），为砖木合构墓。约占本期墓葬总数的 13%。

M82　位于文昌塔西北面约 450 米。墓向 120°。封土情况不详。发掘前墓道及墓室已遭较大损坏。墓室长 3.74、宽 1.74、残高 1.3 米。墓壁为双隅砖结构，以二层错缝平铺相间一层侧竖砖方式叠砌。墓底砖以人字形平铺。据观察，该墓仅有四面较矮砖壁，无砖顶，应是以木板盖顶。未发现葬具与人骨。出土器物 37 件（号），其中陶器 20 件、铜器 13 件、铁器 1 件、滑石器 1 件、串饰 2 件（图二七六）。

M138　位于文昌塔西北面约 400 米。墓向 127°。封土情况不详。墓坑填土表层中有朽木灰，应为墓顶木盖板遗痕。墓室平面为长方形，墓坑长 4.82、宽 2.26、深 1.04 米。斜坡墓道，残长 12.9、宽 1.64 米。未发现葬具与人骨。两壁和封门为砖墙，后端无砖墙，墓坑壁与所砌砖壁约有 0.1 米空隙。两壁与封门均为双隅砖结构，错缝平铺叠砌。出土器物 31 件（号），其中陶器 21 件、

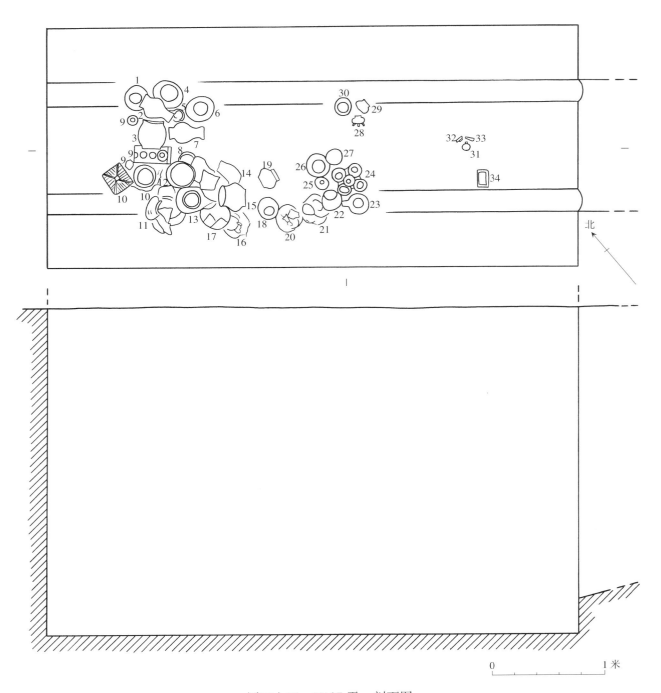

图二七四　M137 平、剖面图

1、6、13、14、18、19、26. 陶盘口罐　2、7、21、22. 陶壶　3. 陶瓮　4、11、15~17、20. 陶罐　5、29、30. 陶小盘口罐　8. 铜钱　9. 陶灶　10. 陶井　12. 陶盆　23. 陶镳壶　24. 陶五联罐　25. 铜镳壶　27. 铜镜　28. 铜三足罐　31. 陶盂　32. 残铜器　33. 铁镊子　34. 滑石炉

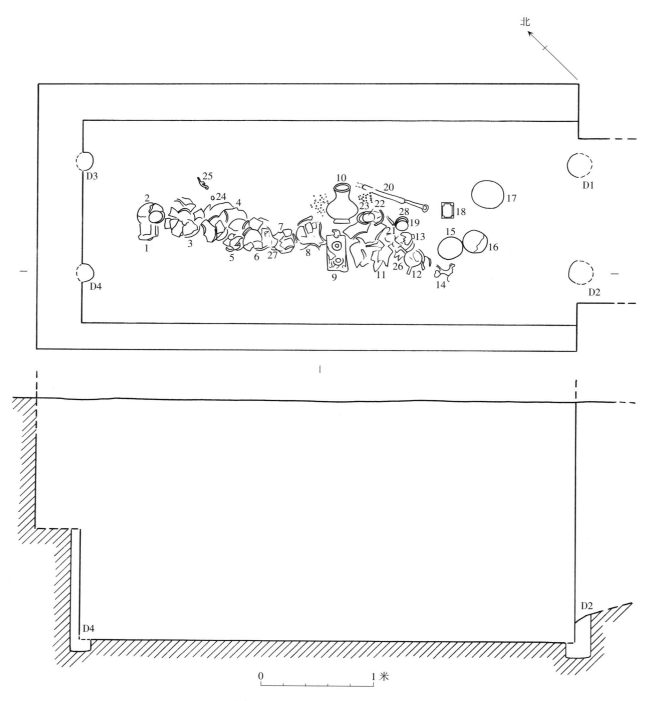

图二七五　M187A 平、剖面图

1. 陶井　2、4~7、13. 陶罐　3. 陶盘口罐　8、10. 陶壶　9. 陶灶　11. 陶瓮　12. 铜鐎壶　14. 陶熏炉
15、16. 铜盒　17. 铜盆　18. 滑石炉　19. 铜杯　20. 铁环首刀　21. 研石　22. 铜镜　23. 串珠　24. 铜钱
25. 铜带钩　26. 陶盅　27. 陶盆　28. 铜碗　D1~D4. 柱洞

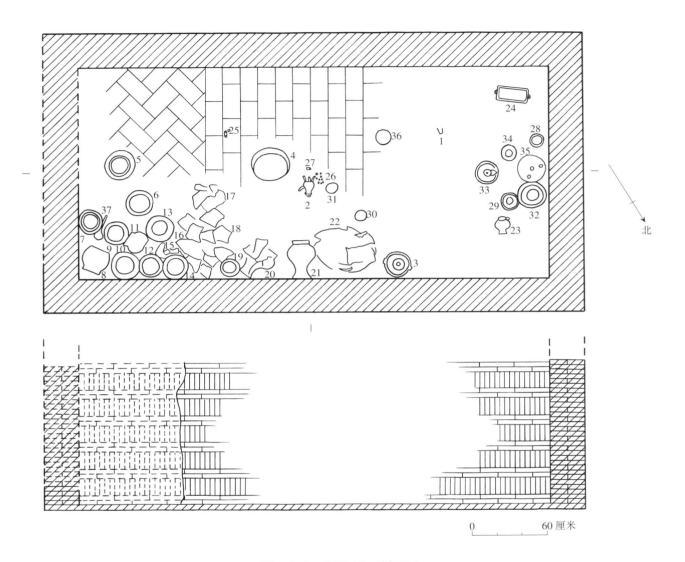

图二七六　M82 平、剖面图

1. 残铁器　2. 铜镳壶　3. 铜鼎　4. 陶盆　5、7、11～13、17. 陶盘口罐　6、8～10、14～16、18. 陶罐　19. 陶小盘
口罐　20、21. 陶壶　22. 陶瓮　23. 陶杯　24. 滑石炉　25. 铜钱　26. 串珠　27. 料管　28. 铜灯　29、32. 铜盆
30、31. 铜杯　33. 铜熏炉　34. 铜碗　35. 铜夵　36. 铜镜　37. 铜勺

铜器 7 件、滑石器 1 件、石器 1 件、串饰 1 件（图二七七）。

四　D 型墓

8 座，为单室砖墓。约占本期墓葬总数的 35%。按墓葬平面结构之差异可分为两亚型。

1. Da 型墓

5 座（M39、M80、M112、M132、M187B），为单室砖墓，有墓道。约占本期 D 型墓葬总数
的 63%。

M39　位于文昌塔西北面约 280 米。墓向 155°。券顶，有斜坡墓道。为工地施工推土时

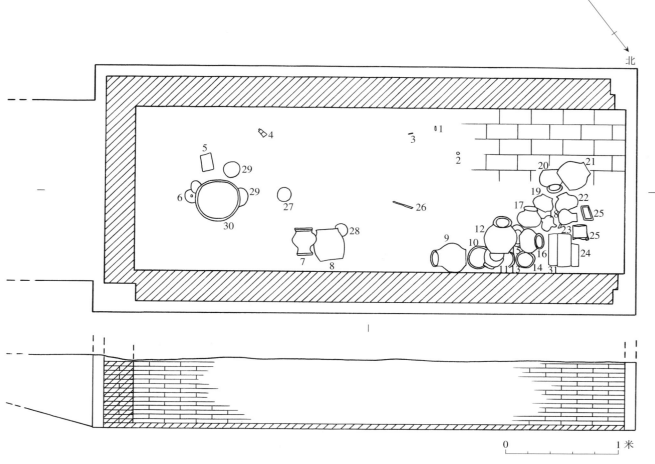

图二七七　M138 平、剖面图

1. 玛瑙串珠　2. 铜钱　3. 铜带钩　4. 研石　5. 滑石炉　6. 陶灯　7. 陶壶　8. 陶瓮　9、11、12、16、17、19～22. 陶盘口罐　10. 陶盆　13. 陶罐　14. 陶井　15. 陶四耳罐　18. 陶鼎　23. 陶镶壶　24. 陶屋　25. 陶仓　26. 铜环首刀　27. 铜镜　28. 铜碗　29. 铜奁　30. 铜盆　31. 陶灶

发现。墓葬原有封土，墓葬早年被盗，墓壁、顶部多已残缺。砖室总外长 4.05 米。墓室平面为长方形，长 3.67、宽 0.73、残高 0.16 米。斜坡墓道位于墓室一端中部，斜坡墓道残长 1、宽 1.14 米。墓两侧壁和封门均为单隅砖结构，以错缝平铺方式叠砌，后壁为双隅砖结构，以错缝平铺方式叠砌。墓底砖为人字形平铺。未发现葬具和人骨。出土器物 4 件，均为陶器（图二七八）。

　　M80　位于文昌塔西北面约 470 米。墓向 105°。券顶，有斜坡墓道。为工地施工推土时发现。砖室总外长 4.8 米。墓室平面为长方形，长 4.16、宽 0.84、残高 1.1 米。斜坡墓道残长 4.52、宽 1.12 米。墓壁和封门均为单隅砖结构，以错缝平铺方式叠砌。墓底砖为人字形平铺。未发现葬具和人骨。出土器物 20 件（号），其中陶器 19 件、串饰 1 件（图二七九）。

　　M112　位于文昌塔西面约 560 米。墓向 96°。券顶，有斜坡墓道。为工地施工推土时发现，封土为黄褐色沙黏土，底径约 30、高约 4 米。砖室总外长 5.16 米。墓室平面为长方形，长 4.44、

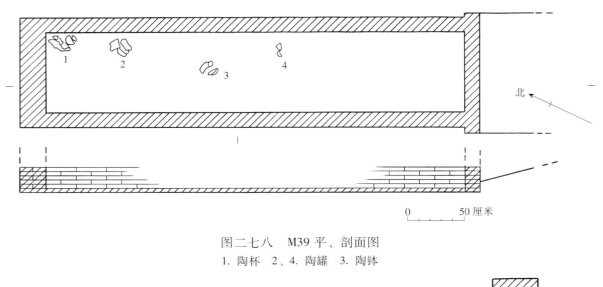

图二七八　M39 平、剖面图
1. 陶杯　2、4. 陶罐　3. 陶钵

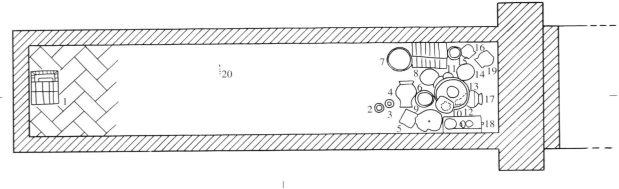

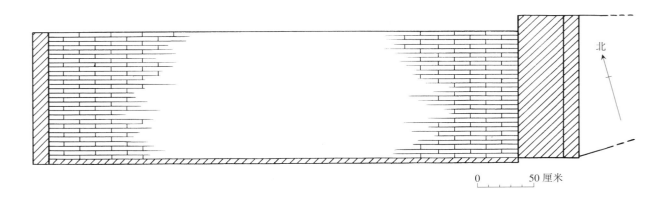

图二七九　M80 平、剖面图
1. 陶屋　2. 陶小釜　3. 陶盂　4、17. 陶壶　5、6、13、14. 陶筒　7、12. 陶盆　8. 陶仓　9. 陶鼎　10. 陶井
11. 陶镌壶　15、16、19. 陶罐　18. 陶灶　20. 串珠

宽 1.74、残高 1.57 米。斜坡墓道，长 6.5、宽 2 米。券顶和墓室已遭破坏。墓壁两侧、后壁、封门均为双隅砖结构，以二层错缝平铺相间一层侧竖砖方式叠砌。墓底砖近封门处的一段为人字形平铺，其他则为横砖错缝平铺。墓砖有平砖和斧形砖两类，平砖长 27～29、宽 13～14、厚 3.5 厘

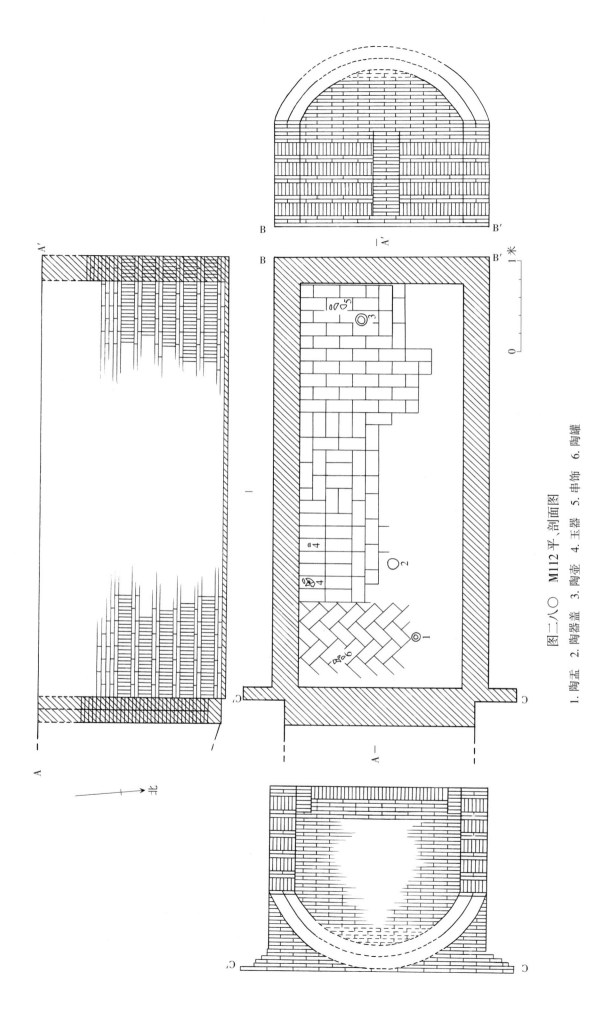

图二八〇　M112 平、剖面图

1. 陶盂　2. 陶器盖　3. 陶壶　4. 玉器　5. 串饰　6. 陶罐

北

米，斧形砖一侧厚约 4.5 厘米，另一侧厚约 3 厘米。颜色有青灰与粉红两色。未发现葬具和人骨。出土器物 6 件，其中陶器 4 件、玉器 1 件、串饰 1 件（图二八〇）。

2. Db 型墓

3 座（M102、M106、M133），为单室砖墓，无墓道。约占本期 D 型墓葬总数的 38%。

M102　位于文昌塔西面约 445 米。墓向 210°。券顶。为工地施工推土时发现。发掘前，墓壁、顶部多已残缺。墓葬早年被盗。砖室总外长 4.86 米。墓室平面为长方形，长 4.6、宽 1.1、残高 1.2 米。墓顶外高约 1.5 米。墓壁两侧为双隅砖结构，以二层错缝平铺相间一层侧竖砖方式叠砌，至 0.92 米高处起券。两端则为单隅砖铺缝平铺叠砌。墓底砖均以人字形平铺。未发现葬具和人骨。墓砖有淡红、灰白两种，砖一面印有方格纹、篮纹，砖长 27、宽 13、厚 3～3.5 厘米。出土器物 6 件，均为陶器（图二八一）。

M106　位于文昌塔西北面约 410 米。墓向 280°。券顶。墓室早年遭受破坏。砖室总外长 4.88 米。墓室平面为长方形，长 4.32、宽 0.76、残高 0.45 米。墓壁两侧为单隅砖结构，以错缝平铺方式叠砌。后壁和封门均为双隅砖结构，以错缝平铺方式叠砌。墓底砖为人字形平铺。未发现葬具和人骨。出土器物 2 件，均为陶器（图二八二）。

五　E 型墓

8 座（M1、M25、M30、M81、M110、M135、M142、M016B），为双室砖墓。约占本期墓葬总数的 35%。均属前室宽于后室的 Eb 型墓。

M1　位于文昌塔东南面约 330 米。墓向 218°。券顶。为工地施工推土时发现。发掘前，墓壁、顶部多已残缺。墓葬早年被盗。砖室总外长 7.54 米。墓葬有墓道、甬道、前室、后室等结构。斜坡墓道及甬道前端已残缺。甬道残长 1.36、宽 1.72 米。前室平面近方形，长 2.26、宽 1.98 米。后室平面为长方形，长 3.64、宽 1.72 米。墓壁为双隅砖结构，以二层错缝平铺相间一层侧竖砖方式叠砌。墓底以方砖错缝平铺。方砖为淡黄色，边长 32、厚 2.7 厘米。未发现葬具和人骨。出土器物 15 件（号），其中陶器 11 件、铜器 2 件、石器 1 件、串饰 1 件（图二八三）。

M30　位于文昌塔西北面约 300 米。墓向 164°，封土、墓壁、墓顶已残缺，墓葬早年被盗。砖室总外长 6.14 米。墓葬有墓道、甬道、前室、后室等结构。斜坡墓道残长 2.9、宽 1.3 米。甬道长 1.1、宽 1.3 米。前室平面近方形，长 1.7、宽 1.82 米。前室之前段墓底比后段低约 0.16 米，后段与后室等高。后室平面为长方形，长 2.92、宽 1.3 米。墓壁残高约 0.8～1.08 米，均为双隅砖结构，以二层错缝平铺相间一层侧竖砖方式叠砌。甬道壁以三层错缝平铺相间一层侧竖砖方式叠砌。封土墙为单隅砖错缝平铺叠砌。墓底以方砖错缝平铺，方砖为淡红色，边长 26、厚 4 厘米。墓壁砖为青灰色，长 26、宽 13、厚 3 厘米。未发现葬具和人骨全无。出土器物 4 件，均为陶器（图二八四）。

M110　位于文昌塔西北面约 415 米。墓向 43°。砖室总外长 5.9 米。墓葬有墓道、甬道、前室、后室等结构。斜坡墓道，已遭破坏。甬道长 0.26、宽 0.98 米。前室平面为方形，长 1.5、宽 1.54

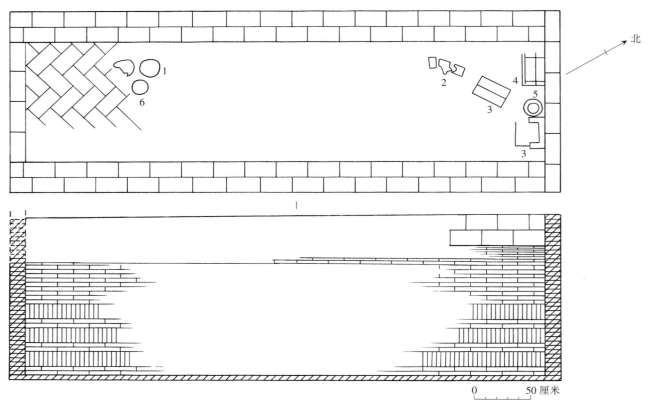

图二八一　M102 平、剖面图
1. 陶灯　2. 陶灶　3. 陶屋　4. 陶仓　5. 陶直身罐　6. 陶器

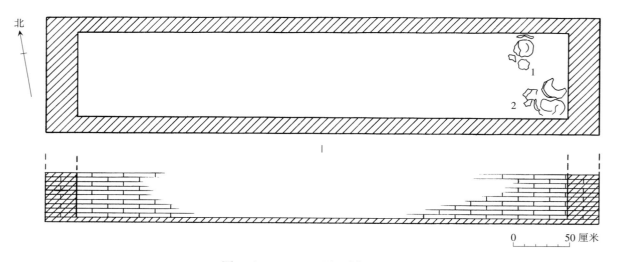

图二八二　M106 平、剖面图
1. 陶盘口罐　2. 陶四耳罐

米。前室墓底比后室低约 0.16 米。后室平面为长方形，长 3.68、宽 1 米。墓壁残高约 0.56 米，为双隅砖结构，以错缝平铺方式叠砌。封土墙亦为双隅砖结构，以错缝平铺方式叠砌。墓底以方砖错缝平铺。未发现葬具和人骨。出土器物 8 件，均为陶器（图二八五）。

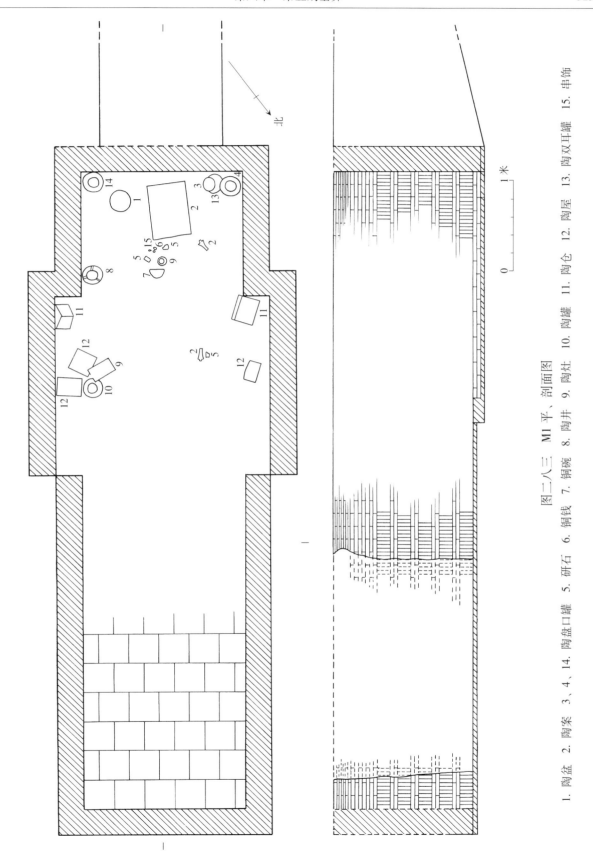

图二八三 M1 平、剖面图

1. 陶盆 2. 陶案 3、4、14. 陶盘口罐 5. 研石 6. 铜钱 7. 铜碗 8. 陶井 9. 陶灶 10. 陶罐 11. 陶仓 12. 陶屋 13. 陶双耳罐 15. 串饰

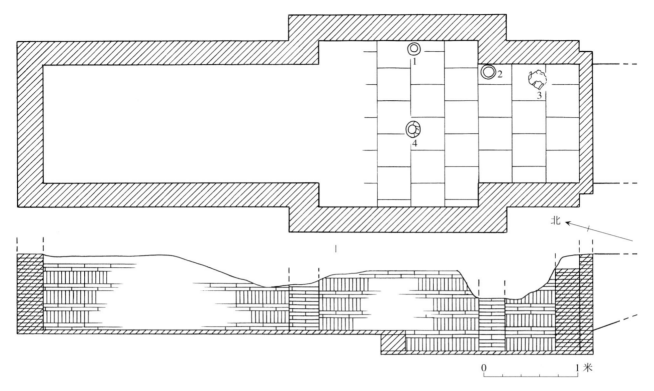

图二八四　M30 平、剖面图
1、3. 陶罐　2. 陶钵　4. 陶碗

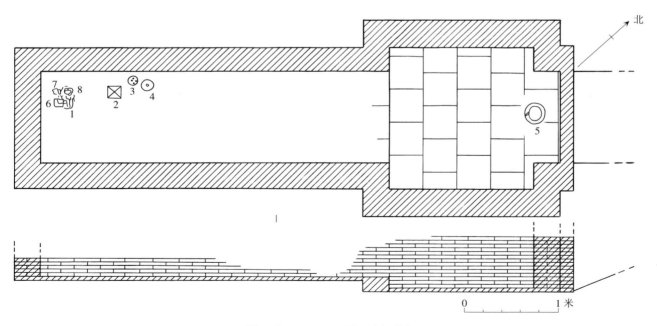

图二八五　M110 平、剖面图
1. 陶屋　2. 陶井盖　3. 陶熏炉盖　4、6. 陶器盖　5、8. 陶罐　7. 陶器

六　F型墓

1座（M017），为多室砖墓。约占本期墓葬总数的4%。

M017　位于文昌塔东南面约260米。墓向120°。该墓早年被盗，墓顶及四壁已残缺。砖室总外长6.18米。墓葬有墓道、甬道、前室、左右耳室、后室等结构。墓室一端中部有斜坡墓道，残长28、宽1.6米。甬道很短，长0.26、宽1.6米。前室平面近方形，长2.18、宽2.02米。前室地面前半部比后半部低约0.16米。左右耳室对称，长1.16、宽0.78米。后室平面为长方形，长3.08、宽1.46米。后室有一壁龛。墓壁为双隅砖结构，从二层错缝平铺相间一层侧竖砖方式叠砌。墓底砖以人字形平铺。墓砖呈淡黄色，砖长28、宽14、厚4厘米。未发现葬具和人骨。出土器物19件，其中陶器18件、石器1件（图二八六）。

第二节　随葬器物

在本期23座墓葬中，共出土各类随葬品369件。按其类别分为陶器、铜器、铁器、滑石器、玉器、石器等。其中数量最多的是陶器，其次为铜器，其他质地的器类均数量较少。

一　陶器

288件，占本期出土器物总数的78%（其中有7件陶器极残而不能辨识器类）。

陶器的胎质、施制与前期基本相同。釉以黄褐色为主，但仍有脱落现象。在个别墓中出现施青釉的陶器，胎质坚致、均匀，釉色莹润，有细碎开片，已接近瓷器。

纹饰主要有方格纹、戳印纹、弦纹、刻划纹等。拍印方格纹和戳印纹的陶罐、瓮依然存在，但在陶器中已属少数，较多器物素面无纹，或仅饰一、两道弦纹。有些陶壶、陶直身罐、陶屋、陶灶饰有网状、羽纹状等刻划纹（图二八七、二八八）。

陶器种类计有瓮、罐、折肩罐、四耳罐、双耳罐、五联罐、盘口罐、小盘口罐、直身罐、壶、镳壶、盆、瓿、细颈瓶、碗、杯、案、钵、盂、鼎、小釜、筒、提筒、簋、魁、灯、熏炉、器盖、纺轮、屋、仓、灶、井等。以罐类最多，占该期陶器总数的17%。

瓮　10件。以腹部特征分型（其中有2件陶瓮极残而不分型）。

C型　7件。瘦椭圆腹，腹最大径位置居中或微偏上，沿下折。

标本M138:8，泥质硬陶，灰色。施青黄釉，多脱落。敞口，尖唇，短颈，颈部微圆鼓，沿面下折，长腹，下收腹，平底。器身饰凹弦纹、方格纹、方形戳印纹。口径22.9、底径23.2、高28厘米（图二八九，1；彩版六六，1）。

标本M137:3，泥质硬陶，灰色。施青黄釉。敞口，沿面下折，尖唇，短颈，颈部微圆鼓，长腹，下收腹，平底。器身饰凹弦纹、方格纹、方形戳印纹。口径23.4、底径24.8、高31.8厘米（图二八九，3）。

标本M187B:22，泥质硬陶，灰色。施青黄釉，多脱落。敞口，沿面下折，尖唇，短颈，颈部

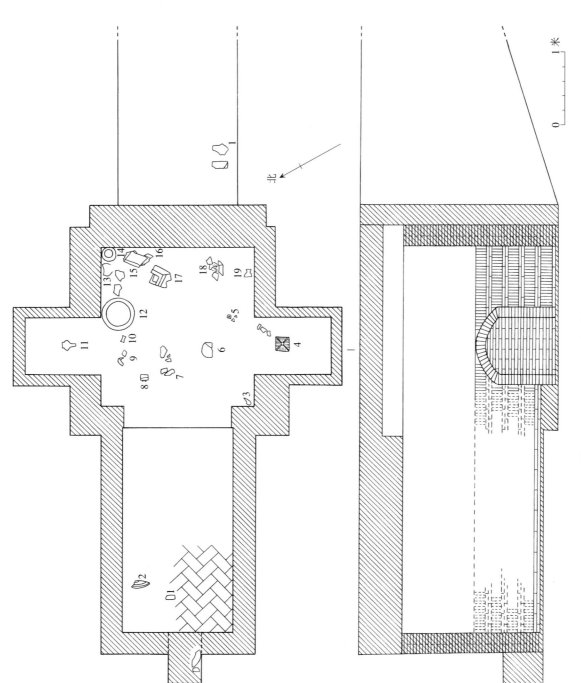

图二八六 M017 平、剖面图

1、12. 陶瓮 2、6. 陶器盖 3. 陶罐 4. 陶井 5、7、10. 残陶器 8. 陶杯 9. 研石 11. 陶细颈瓶 13. 陶双耳罐
14. 陶四耳罐 15. 陶仓 16. 陶屋 17. 陶壶 18. 陶盆 19. 陶熏炉

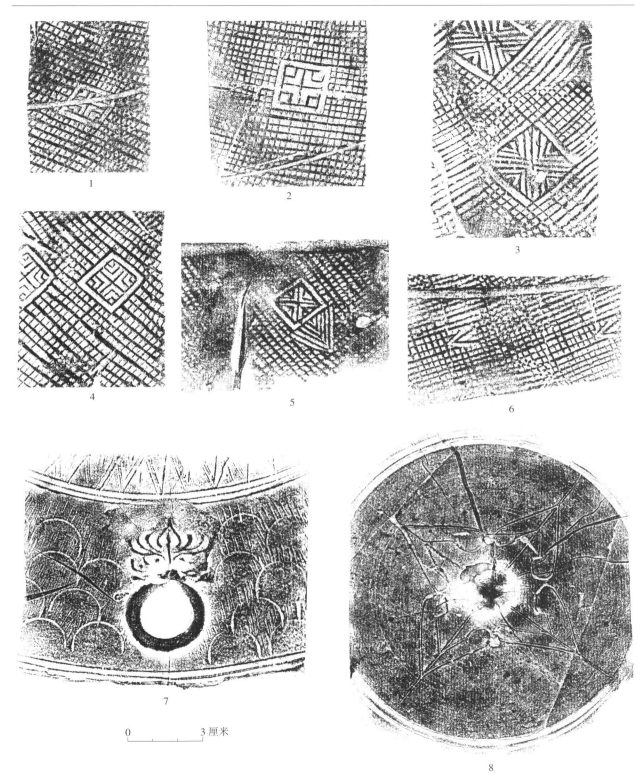

图二八七 第五期墓葬出土陶器纹饰拓片

1～6. 戳印纹（M187B：23、M017：1、M010B：56、M82：10、M82：14、M187A：11）

7. 铺首（M010B：48） 8. 四叶纹（M010B：40）

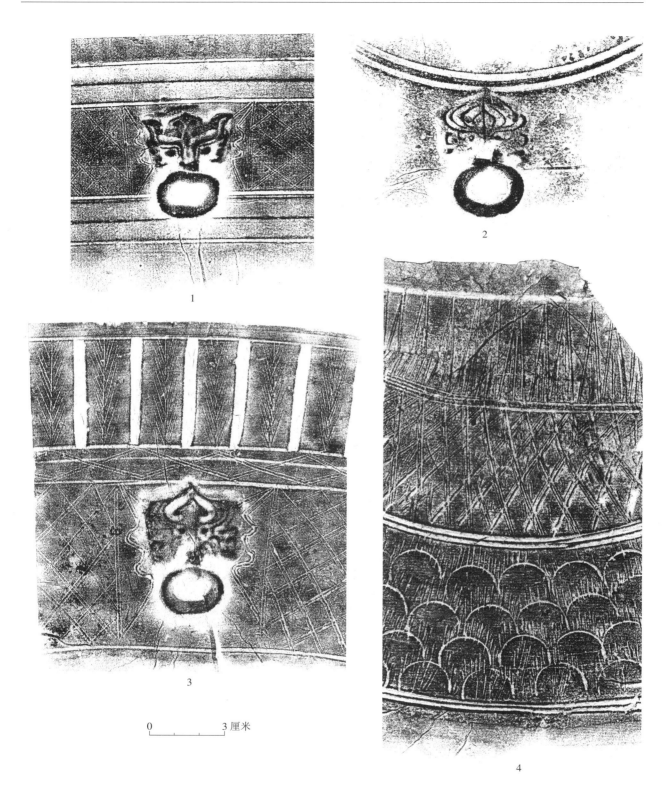

图二八八 第五期墓葬出土陶器纹饰拓片

1～3. 铺首（M010B：50、M010B：54、M010B：40） 4. 复线三角纹、网格纹、重叠羽纹（M010B：49）

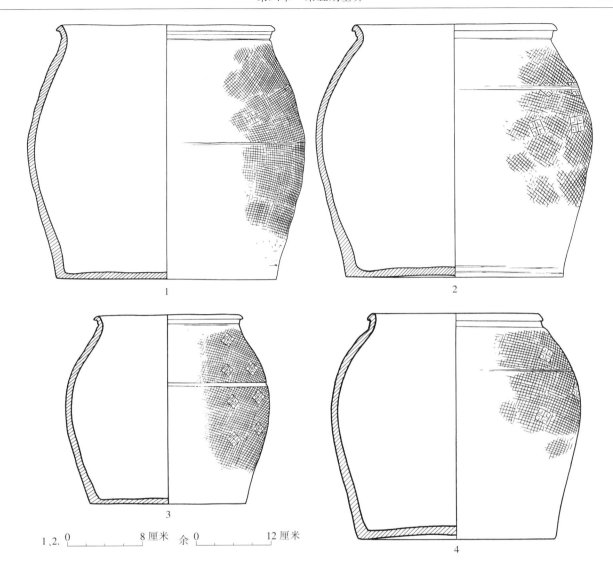

图二八九　第五期墓葬出土陶瓮

1～3. C 型（M138：8、M187B：22、M137：3）　　4. D 型（M017：1）

微圆鼓，长腹，下收腹，平底微凹。器身饰凹弦纹、方格纹、方形戳印纹。口径 22、底径 23.6、高 27.9 厘米（图二八九，2）。

D 型　1 件。丰肩，长腹，沿下折角度陡。

标本 M017：1，泥质硬陶，灰色。施青黄釉。敞口，短颈，长腹，弧收腹，平底微凹。器身饰凹弦纹、方格纹、方形戳印纹。口径 27.6、底径 31.2、高 37.3 厘米（图二八九，4）。

罐　50 件。以腹部特征分型（其中有 6 件陶罐较残而不分型）。

F 型　6 件。扁鼓腹。以腹部最大径位置分亚型。

Fa 型　4 件。腹最大径位置居中。以口沿变化分式。

Fa 型Ⅳ式　3 件。下折沿。

　　标本 M82：15，泥质硬陶，灰色。施青黄釉，多已脱落。敞口，短颈，颈微凸。下收腹，平底微凹。器身饰方格纹、方形戳印纹。口径 10.6、底径 11.4、高 10.4 厘米（图二九〇，1）。

　　标本 M82：10，泥质硬陶，灰色。施青黄釉。敞口，短颈，颈微凸。下收腹，平底。器身饰方格纹、方形戳印纹。口径 14.9、底径 15.4、高 14.2 厘米（图二九〇，3；彩版六六，2）。

　　标本 M010B：10，泥质硬陶，灰色。施薄青黄釉，多脱落。敞口，尖唇，短颈，下收腹，平底微凹。器身饰方格纹，中腹有凹弦纹一周。口径 7.6、底径 8.2、高 7.1 厘米（图二九〇，2）。

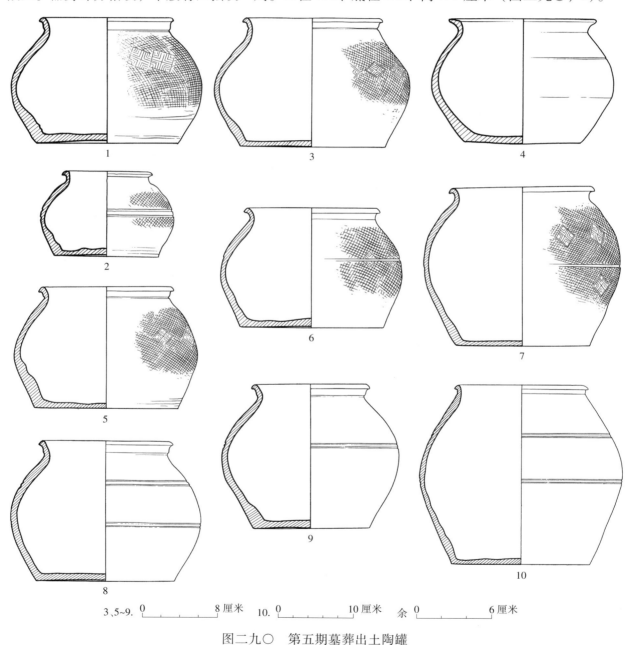

图二九〇　第五期墓葬出土陶罐

1～3. Fa 型Ⅳ式（M82：15、M010B：10、M82：10）　　4. Fa 型Ⅶ式（M30：1）　　5、6. Fb 型Ⅰ式（M82：18、M187B：23）
7～9. Ha 型Ⅰa式（M82：6、M187A：6、M187A：7）　　10. Ha 型Ⅰb式（M010B：11）

Fa 型 Ⅶ 式　1 件。斜领，沿面内斜。

标本 M30：1，泥质硬陶，灰色。局部残存薄釉痕。敞口，下收腹，平底。素面。口径 11.7、底径 9.4、高 10.2 厘米（图二九〇，4）。

Fb 型　2 件。腹最大径位置偏下。以口沿变化分式。

Fb 型 Ⅰ 式　2 件。下折沿。

标本 M82：18，泥质硬陶，灰色。施青黄釉。敞口，短颈，颈微凸，下收腹，平底。器身饰方格纹、方形戳印纹。口径 14.5、底径 15.3、高 13.4 厘米（图二九〇，5）。

标本 M187B：23，泥质硬陶，灰色。施青黄釉。敞口，短颈，颈微凸，下收腹，平底微凹。器身饰方格纹、凹弦纹、方形戳印纹。口径 14.4、底径 15.3、高 13.1 厘米（图二九〇，6；彩版六六，3）。

H 型　28 件。凸腹。以腹最大径位置分亚型。以口沿特征分式。

Ha 型　16 件。腹最大径位置居中。以口沿变化分式。

Ha 型 Ⅰ 式　15 件。下折沿。又以器形体变化分亚式。

Ha 型 Ⅰa 式　7 件。器形较短（器形长度较 Ha 型 Ⅰb 式短）。

标本 M82：6，泥质硬陶，灰色。施青黄釉。敞口，短颈，下收腹，平底。腹饰方格纹、方形戳印纹、凹弦纹。口径 15.6、底径 14.5、高 17.5 厘米（图二九〇，7）。

标本 M187A：6，泥质硬陶，灰色。敞口，尖唇，短颈，下收腹，平底微凹。上、下腹各一道双线凹弦纹。口径 14.4、底径 14.8、高 15.2 厘米（图二九〇，8；彩版六六，4）。

标本 M187A：7，泥质硬陶，灰色。局部有青黄釉痕迹。敞口，尖唇，短颈，下收腹，平底微凹。腹饰一道双线凹弦纹。口径 12.7、底径 12.4、高 15.6 厘米（图二九〇，9）。

Ha 型 Ⅰb 式　6 件。器形较长。

标本 M010B：11，泥质硬陶，灰色。施青黄釉。敞口，短颈，颈微凸，下收腹，平底。器身上、下腹均饰两道凹弦纹。口径 17.5、底径 18.4、高 24.1 厘米（图二九〇，10；彩版六六，5）。

标本 M010B：47，泥质硬陶，灰色。施青黄釉。敞口，短颈，颈微凸，下收腹，平底。上、下腹均饰两道凹弦纹。口径 16.4、底径 18.4、高 24.8 厘米（图二九一，2）。

标本 M137：4，泥质硬陶，灰色。施青黄釉。敞口，短颈，颈微凸，下收腹，平底微凹。器身上、下腹均饰两道凹弦纹。口径 18.4、底径 18.8、高 22.3 厘米（图二九一，1）。

Ha 型 Ⅰc 式　2 件。器形较扁。

标本 M187B：14，泥质硬陶，灰色。施青黄釉。敞口，短颈，颈微凸，下收腹，平底微凹。上、下腹均饰两道凹弦纹。口径 12.3、底径 13.5、高 13.5 厘米（图二九一，3）。

标本 M187B：21，泥质硬陶，灰色。施青黄釉。敞口，短颈，颈微凸，下收腹，平底微凹。上、下腹饰凹弦纹。口径 11.3、底径 12、高 13.2 厘米（图二九一，4；彩版六六，6）。

Ha 型 Ⅱ 式　1 件。斜领，尖唇，微出檐。

标本 M187B：20，泥质硬陶，灰色。施青黄釉。敞口，下收腹，平底微凹。腹饰方格纹、方形戳印纹、凹弦纹。口径 13.1、底径 12.4、高 11.7 厘米（图二九二，1；彩版六七，1）。

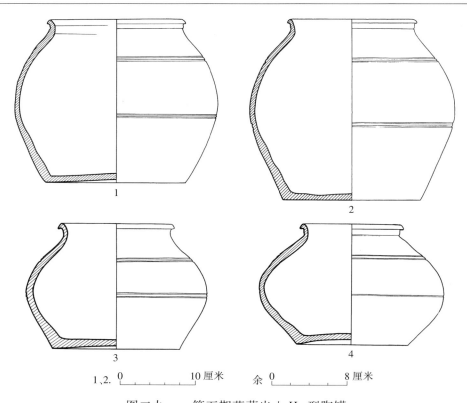

1、2. 0 ———————— 10厘米　　余 0 ———————— 8厘米

图二九一　第五期墓葬出土 Ha 型陶罐
1、2. Ⅰb式（M137:4、M010B:47）　　3、4. Ⅰc式（M187B:14、M187B:21）

Hb 型　12件。腹最大径位置略偏下。以口沿变化分式。

Hb 型Ⅰ式　12件。沿下折。又以器形特点分亚式。

Hb 型Ⅰb式　4件。器形较短（相对 Hb 型Ⅰa式而言）。

标本 M137:15，泥质硬陶，灰色。施青黄釉。敞口，下收腹，平底。腹饰方格纹、凹弦纹。口径13.9、底径14.5、高15.4厘米（图二九二，2；彩版六七，2）。

标本 M137:17，泥质硬陶，灰色。施青黄釉。敞口，下收腹，平底微凹。腹部有一道凹弦纹。口径16.4、底径16.2、高15厘米（图二九二，3）。

标本 M138:13，泥质硬陶，灰白色。施青黄釉，局部剥落。敞口，尖唇，短颈，下收腹，平底微凹。上、下腹各饰一道弦纹。口径13.4、底径14.9、高15.8厘米（图二九二，4）。

Hb 型Ⅰc式　8件。器形较扁。

标本 M82:9，泥质硬陶，灰色。施青黄釉。敞口，下收腹，平底。腹饰方格纹。口径14.6、底径15.2、高12.7厘米（图二九二，5；彩版六七，3）。

标本 M71:4，泥质硬陶，灰色。敞口，下收腹，平底微凹。腹饰一道弦纹。口径12.2、底径12、高12.7厘米（图二九二，6）。

标本 M137:16，泥质硬陶，灰色。施青黄釉。敞口，有微凹短颈，下收腹，平底微凹。腹饰两道凹弦纹。口径13.1、底径15.2、高13.4厘米（图二九二，7）。

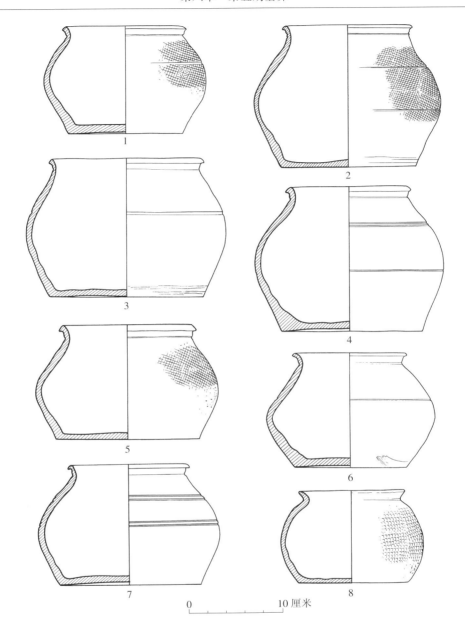

图二九二　第五期墓葬出土陶罐
1. Ⅱa 型Ⅱ式（M187B：20）　　2~4. Hb 型Ⅰb 式（M137：15、M137：17、M138：13）
5~7. Hb 型Ⅰc 式（M82：9、M71：4、M137：16）　　8. Ⅰ型Ⅰ式（M80：16）

Ⅰ型　4 件。丰肩。以口沿特征分式。

Ⅰ型Ⅰ式　3 件。折领，圆唇。

标本 M80：16，夹砂软陶，灰黄色。敞口，束颈，微鼓腹，平底。器身饰方格纹。口径 11.2、底径 11.8、高 10.2 厘米（图二九二，8）。

标本 M80：15，夹砂软陶，灰黄色。敞口，束颈，微鼓腹，平底。器身饰方格纹。口径 11.8、底径 11.6、高 10.3 厘米（图二九三，1；彩版六七，4）。

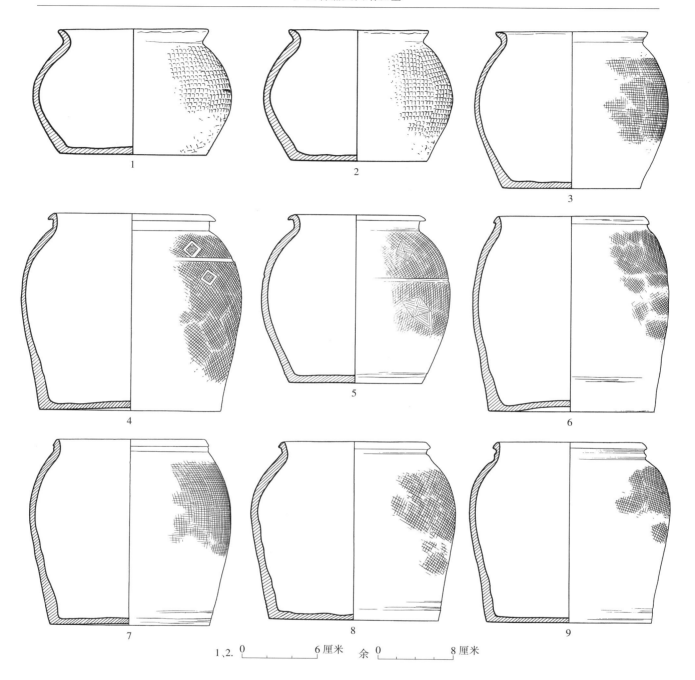

图二九三　第五期墓葬出土陶罐

1、2. I 型 I 式（M80：15、M80：19）　3. I 型 V 式（M30：3）　4、5. J 型 I 式（M1：10、M82：14）

6. J 型 II 式（M142：1）　7. J 型 III 式（M016B：3）　8、9. J 型 IV 式（M110：8、M112：6）

标本 M80：19，泥质软陶，灰黄色。敞口，束颈，微鼓腹，平底。器身饰方格纹。口径10.9、底径10.8、高10.8厘米（图二九三，2）。

　　I 型 V 式　1件。平沿，尖唇。

标本 M30：3，泥质软陶，红褐色。敞口，束颈，微鼓腹，平底。器身饰方格纹。口径16、底径 14.4、高 17.1 厘米（图二九三，3）。

J 型　6 件。丰肩，长腹，微下收腹。以口沿特征分式。

J 型 I 式　2 件。沿面下折。

标本 M1：10，泥质硬陶，灰褐色。侈口，尖唇，短颈，微鼓腹，微下收腹，平底微凹。腹饰凹弦纹、方格纹、方形戳印纹。口径 18、底径 19.3、高 21.6 厘米（图二九三，4）。

标本 M82：14，泥质硬陶，灰色。侈口，尖唇，短颈，微鼓腹，微下收腹，平底。腹饰凹弦纹、方格纹、方形戳印、方形尖锥戳印纹。口径 14.6、底径 14.1、高 18.5 厘米（图二九三，5；彩版六七，5）。

J 型 II 式　1 件。沿面下折角度很陡。

标本 M142：1，泥质硬陶，灰褐色。侈口，尖唇，微鼓腹，微下收腹，平底微凹。腹饰方格纹。口径 16、底径 17.2、高 21.6 厘米（图二九三，6）。

J 型 III 式　1 件。沿面向下，斜贴颈部。

标本 M016B：3，泥质硬陶，灰色。侈口，尖唇，短颈，微鼓腹，微下收腹，平底微凹。腹饰方格纹。口径 15.7、底径 16.8、高 20.5 厘米（图二九三，7；彩版六七，6）。

J 型 IV 式　2 件。沿下折，较短，颈有凹凸。

标本 M110：8，泥质硬陶，灰色。侈口，尖唇，短颈，微鼓腹，微下收腹，平底。腹饰方格纹。口径 16、底径 18、高 19.6 厘米（图二九三，8）。

标本 M112：6，泥质硬陶，灰色。侈口，尖唇，短颈，微鼓腹，微下收腹，平底。腹饰方格纹。口径 16.1、底径 17.6、高 19.8 厘米（图二九三，9）。

四耳罐　19 件。以腹部特征分型。

B 型　16 件。扁鼓腹。

标本 M010B：32，泥质硬陶，灰白色。施青黄釉，多已脱落。直口，平唇，鼓腹，下收腹，平底。肩部四耳为桥形耳。肩、腹各饰一道双线弦纹。有盖，盖顶隆起，中有凹形纽。口径 10.8、底径 16、通高 19 厘米（图二九四，1；彩版六八，1）。

标本 M010B：29，泥质硬陶，灰白色。施青黄釉，多已脱落。直口，平唇，鼓腹，下收腹，平底微凹。肩部四耳为桥形耳。肩、腹各饰一道双线弦纹。有盖，盖顶隆起，中有凹形纽。盖面饰弦纹和一组粗方格纹。口径 12、底径 15.8、通高 20.4 厘米（图二九四，2）。

标本 M71：2，泥质硬陶，灰白色。施青黄釉，多已脱落。敛口，平唇，鼓腹，下收腹，平底。肩部四耳为桥形耳。肩、腹各饰一道双线弦纹。有盖，盖顶隆起，中有凹形纽。盖面饰弦纹。口径 9.6、底径 15.3、通高 18 厘米（图二九四，3）。

D 型　2 件。圆鼓腹。

标本 M010B：35，泥质硬陶，灰白色。施青黄釉，多已脱落。平沿，高领，鼓腹，下收腹，平底微凹。肩部四耳为桥形耳。颈肩连接处有弦纹，肩、腹各饰一道双线弦纹。有盖，盖顶隆起，中有凹形纽。盖面饰弦纹。口径 16、底径 18.8、通高 29.2 厘米（图二九四，4）。

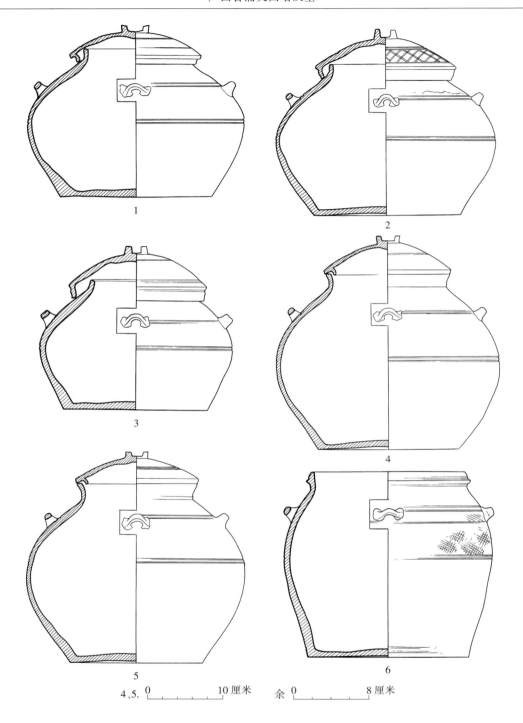

图二九四　第五期墓葬出土陶四耳罐

1～3. B 型（M010B：32、M010B：29、M71：2）　　4、5. D 型（M010B：35、M010B：36）　　6. E 型（M106：2）

标本 M010B：36，泥质硬陶，灰白色。施青黄釉，多已脱落。平沿，高领，鼓腹，下收腹，平底微凹。肩部四耳为桥形耳。颈肩连接处一弦纹，肩、腹各饰一道双线弦纹。有盖，盖顶隆起，中有凹形纽。盖面饰弦纹。口径 15、底径 18、通高 29 厘米（图二九四，5；彩版六八，2）。

E型 1件。长身，微鼓腹，曲唇。

标本 M106：2，泥质硬陶，灰白色。施青黄釉。口微敞，高领，丰肩，微收腹，平底微凹。肩部四耳为桥形耳。腹饰弦纹、方格纹。口径16、底径17.1、高20.3厘米（图二九四，6）。

双耳罐 3件。以器物形体分型。本期有 B、D、E 型。

B型 1件。鼓腹，腹最大径位置居中。以口沿特征分式。

B型Ⅰ式 1件。内斜领。

标本 M017：13，泥质硬陶，灰色。施青黄釉。侈口，鼓腹，下收腹，平底微凹。肩部两侧有环耳。肩饰一周双线弦纹。口径8.4、底径11、高11.6厘米（图二九五，1）。

D型 1件。下折腹。

标本 M1：13，泥质硬陶，灰色。局部有釉斑。侈口，斜高领，鼓腹，下收腹角度较陡，平底。肩部两侧有环耳。肩部饰两道弦纹。口径10、底径11.2、高14.2厘米（图二九五，2；彩版六八，3）。

E型 1件。溜肩，鼓腹。

标本 M135：1，泥质硬陶，灰色。施青黄釉。侈口，曲唇，下收腹，平底微凹。肩部两侧有环耳。肩部饰两道弦纹。口径8.8、底径10、高11.6厘米（图二九五，3）。

折肩罐 1件。以器物肩、腹特征分型。

C型 1件。腹部微斜，无下折。以口沿形态变化分式。

C型Ⅱ式 1件。微折领。

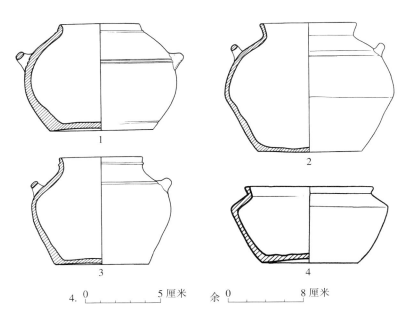

图二九五 第五期墓葬出土陶双耳罐、折肩罐

1. B型Ⅰ式双耳罐（M017：13） 2. D型双耳罐（M1：13） 3. E型双耳罐（M135：1）
4. C型Ⅱ式折肩罐（M010B：9）

标本 M010B∶9，夹砂软陶，青灰色。侈口，平唇，斜肩下折，平底微凹。素面。口径8.6、底径6.4、高5.2厘米（图二九五，4）。

五联罐 1件。由四只相同的罐相连，中间上附一小罐构成。以下层四罐中的单罐腹部特征分型。

E 型 1件。垂腹。

标本 M137∶24，泥质硬陶，灰色。施青黄釉，多已脱落。大罐为微敛口，圆唇，平底。素面。整体宽约24、通高9.6厘米（图二九六，1；彩版六八，4）。

盘口罐 40件。以腹部特征分型，本期分属 A、B、C、D、E 型。

A 型 10件。扁圆腹。以口沿变化分式。

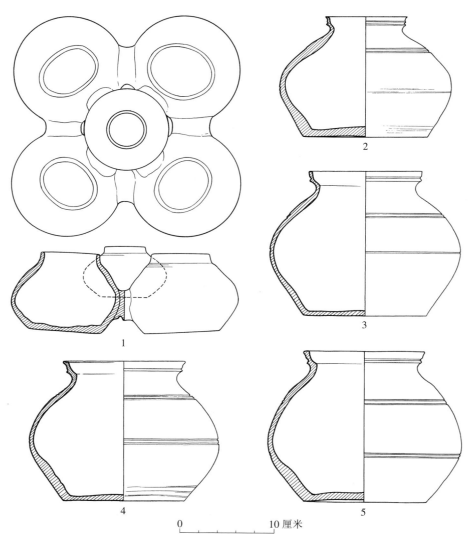

图二九六 第五期墓葬出土陶五联罐、盘口罐
1. E型五联罐（M137∶24） 2、3. A型Ⅰ式盘口罐（M137∶18、M010B∶23）
4、5. A型Ⅱ式盘口罐（M010B∶41、M138∶20）

A 型 Ⅰ 式　2 件。直口。

标本 M137∶18，泥质硬陶，灰白色。施青黄釉，多已脱落。唇面内斜，盘口外壁有凹凸，下收腹，平底微凹。上腹和中腹有凹弦纹。口径 8.4、底径 13.2、高 13.4 厘米（图二九六，2）。

标本 M010B∶23，泥质硬陶，灰白色。施青黄釉，多已脱落。方唇，浅盘，束颈，盘口外壁有凹凸，下收腹，平底。上腹饰两道凹弦纹，中下腹饰一道凹弦纹。口径 12、底径 13、高 15.9 厘米（图二九六，3；彩版六八，5）。

A 型 Ⅱ 式　8 件。侈口。

标本 M010B∶41，泥质硬陶，灰白色。施青黄釉，多已脱落。沿面微内斜，盘口外壁有凹凸，下收腹，平底。上腹和中腹有凹弦纹。口径 12.8、底径 12.8、高 15.2 厘米（图二九六，4）。

标本 M138∶20，泥质硬陶，灰白色。施青黄釉，多已脱落。侈口，方唇，盘口外壁有凹凸，下收腹，平底微凹。上腹和中腹饰两周凹弦纹。口径 12.6、底径 12.7、高 16.4 厘米（图二九六，5；彩版六八，6）。

标本 M82∶12，泥质硬陶，灰白色。方唇，盘口外壁有凹凸，下收腹，平底微凹。腹饰两周凹弦纹。口径 13.8、底径 15、高 17.2 厘米（图二九七，1）。

B 型　11 件。长圆腹。以口沿变化分式。

B 型 Ⅰ 式　1 件。直口。

标本 M137∶13，泥质硬陶，灰白色。施青黄釉。平唇，盘口外壁有凹凸，下收腹，平底。上腹和中腹有凹弦纹。口径 13.2、底径 14.8、高 17.4 厘米（图二九七，2；彩版六九，1）。

B 型 Ⅱ 式　10 件。侈口。

标本 M71∶12，泥质硬陶，灰白色。施青黄釉，多已脱落。沿面内斜，盘口外壁有凹凸，下收腹，平底。上腹和中腹有凹弦纹。口径 14、底径 18.9、高 23.4 厘米（图二九七，3；彩版六九，2）。

标本 M137∶1，泥质硬陶，灰白色。施青黄釉，多已脱落。沿面微外斜，盘口外壁有凹凸，下收腹，平底微凹。上腹和中腹有凹弦纹。口径 14.5、底径 17.7、高 24.2 厘米（图二九七，4）。

标本 M138∶12，泥质硬陶，灰白色。施青黄釉，多已脱落。沿面内斜，盘口外壁有凹凸，下收腹，平底。上腹和中腹有凹弦纹。口径 19.5、底径 19.8、高 23.8 厘米（图二九七，5）。

C 型　9 件。凸腹。以口沿变化分式。

C 型 Ⅰ 式　1 件。直口。

标本 M010B∶6，泥质硬陶，灰白色。施青黄釉，多已脱落。唇有凹槽，盘口外壁有凹凸，下收腹，平底。上腹和中腹有凹弦纹。口径 12.2、底径 13.1、高 15.7 厘米（图二九七，6；彩版六九，3）。

C 型 Ⅱ 式　8 件。侈口。

标本 M1∶4，泥质硬陶，灰褐色。平唇，盘口稍斜，盘口外有折槽，下收腹，平底。器上腹有一道凹弦纹。口径 9.8、底径 10.4、高 13.4 厘米（图二九七，7；彩版六九，4）。

标本 M010B∶5，泥质硬陶，灰白色。施青黄釉，多已脱落。平唇，盘口外壁有凹凸，下收腹，

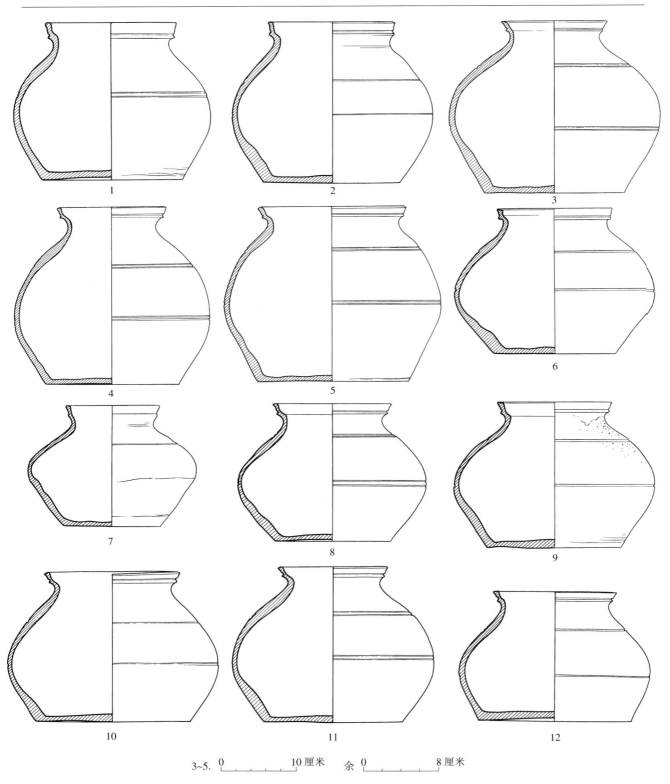

3~5. ┣0 ▭▭▭▭ 10厘米┫　　余 ┣0 ▭▭▭▭ 8厘米┫

图二九七　第五期墓葬出土陶盘口罐

1. A 型 Ⅱ 式（M82：12）　2. B 型 Ⅰ 式（M137：13）　3~5. B 型 Ⅱ 式（M71：12、M137：1、M138：12）　6. C 型 Ⅰ 式
（M010B：6）　7~9. C 型 Ⅱ 式（M1：4、M010B：5、M010B：8）　10~12. D 型（M82：17、M82：13、M138：11）

平底微凹。上腹和中腹有凹弦纹。口径 12.4、底径 12.4、高 15.2 厘米（图二九七，8）。

标本 M010B：8，泥质硬陶，灰白色。施青黄釉，多已脱落。平唇，盘口外壁有凹凸，下收腹，平底。上腹和中腹各有一道凹弦纹。口径 12、底径 14.2、高 16.2 厘米（图二九七，9）。

D 型　9 件。扁垂腹。

标本 M82：17，泥质硬陶，灰白色。施青黄釉，多已脱落。沿面微外斜，盘口外壁有凹凸，收腹，平底微凹。上腹和中腹有凹弦纹。口径 14.4、底径 16.3、高 16.1 厘米（图二九七，10）。

标本 M82：13，泥质硬陶，灰白色。施青黄釉，多已脱落。沿面微外斜，盘口外壁有凹凸，下收腹，平底。上腹和中腹有凹弦纹。口径 11.6、底径 14.7、高 16.8 厘米（图二九七，11；彩版六九，5）。

标本 M138：11，泥质硬陶，灰白色。施青黄釉，多已脱落。平唇，盘口外壁有凹凸，下收腹，平底微凹。上腹和中腹有凹弦纹。口径 13.2、底径 16.4、高 13.9 厘米（图二九七，12）。

E 型　1 件。长折腹。

标本 M142：2，泥质硬陶，灰白色。施青黄釉。沿面微外斜，盘口外壁有凹凸，下收腹，收腹位置较高，平底微凹。上腹和中腹有凹弦纹。肩两侧有耳座饰物。口径 16、底径 16.2、高 23.6 厘米（图二九八，1）。

小盘口罐　8 件。以腹部特征分型。

A 型　1 件。鼓腹。上、下腹等长。

标本 M187B：16，泥质硬陶，灰白色。施淡青黄釉。盘口，口外敞，平唇，束颈，下收腹，平底微凹。上腹和中腹有凹弦纹。口径 7、底径 5.2、高 7.2 厘米（图二九八，2）。

B 型　3 件。微垂腹。

标本 M137：30，泥质硬陶，灰白色。施青黄釉。沿面微外斜，盘口外壁有凹凸，下收腹，平底微凹。上腹和中腹有凹弦纹。口径 8.4、底径 7.4、高 8.9 厘米（图二九八，3）。

标本 M82：19，泥质硬陶，灰白胎。施青黄釉。平唇，盘口外壁有凹凸，下收腹，平底微凹。上腹和中腹有凹弦纹。口径 8.4、底径 7.2、高 8.9 厘米（图二九八，4）。

标本 M137：5，泥质硬陶，灰白胎。施青黄釉。平唇，盘口外壁有凹凸，下收腹，平底微凹。上腹和中腹有凹弦纹。口径 8.4、底径 7.2、高 8.8 厘米（图二九八，5）。

C 型　4 件。扁凸腹。

标本 M187B：26，泥质硬陶，灰白色。施青黄釉。沿面微外斜，盘口外壁有凹凸，下收腹，平底微凹。上腹和中腹有凹弦纹。口径 8.2、底径 6.2、高 7.6 厘米（图二九八，6）。

标本 M137：29，泥质硬陶，灰白色。施青黄釉。平唇，盘口外壁有凹凸，下收腹，平底微凹。上腹和中腹有凹弦纹。口径 8.4、底径 9.3、高 8.3 厘米（图二九八，7；彩版六九，6）。

标本 M187B：24，泥质硬陶，灰白色。施青黄釉。沿面微外斜，盘口外壁有凹凸，下收腹，平底微凹。上腹和中腹有凹弦纹。口径 8.7、底径 6.6、高 7.4 厘米（图二九八，8）。

直身罐　7 件。以腹或器物形态分型。

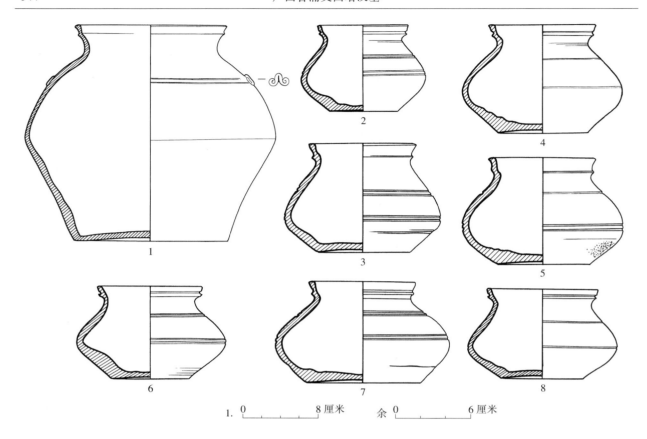

1. $\dfrac{0 \quad\quad\quad 8\ 厘米}$　　余 $\dfrac{0\quad\quad 6\ 厘米}$

图二九八　第五期墓葬出土陶盘口罐、小盘口罐

1. E 型盘口罐（M142∶2）　2. A 型小盘口罐（M187B∶16）　3 ~ 5. B 型小盘口罐（M137∶30、M82∶19、M137∶5）
6 ~ 8. C 型小盘口罐（M187B∶26、M137∶29、M187B∶24）

A 型　1 件。圆直腹，下腹大于上腹。

标本 M25∶3，泥质软陶，灰白色。敛口，圆唇，直腹内斜，平底。口径 12、底径 14.8、高
10.4 厘米（图二九九，1）。

B 型　5 件。腹横截面约为方形，直腹。

标本 M010B∶31，泥质硬陶，灰胎。施青黄釉。侈口，平唇，折领，斜肩，直腹，腹横截面约
为方形，平底。上腹两侧有半圆穿孔纽。肩、腹处饰方格网纹。隆起圆盖，盖顶有凹形纽。口径
10.2、底径 15.4、通高 33.6 厘米（图二九九，4）。

标本 M010B∶30，泥质硬陶，灰胎。施青黄釉。侈口，平唇，折领，斜肩，直腹，腹横截面约
为方形，平底。上腹两侧有半圆穿孔纽。肩、腹处饰有方格网纹。隆起圆盖，盖顶有凹形纽。口
径 11、底径 16.4、通高 32.6 厘米（图二九九，3；彩版七〇，1）。

标本 M010B∶19，泥质硬陶，灰胎。施青黄釉。侈口，平唇，折领，斜肩，直腹，腹横截面约
为方形，平底。肩、腹处饰有方格网纹。上腹两侧有半圆穿孔纽。隆起圆盖，盖顶有凹形纽。口
径 11、底径 16.8、通高 35.2 厘米（图二九九，5）。

C 型　1 件。圆直腹，束颈。

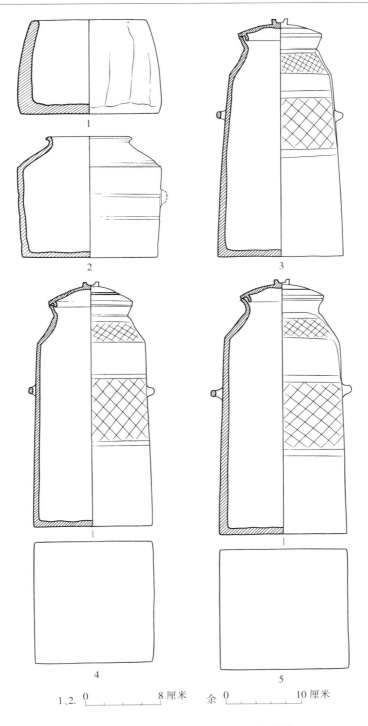

图二九九　第五期墓葬出土陶直身罐

1. A 型（M25：3）　2. C 型（M102：5）　3～5. B 型（M010B：30、M010B：31、M010B：19）

标本 M102：5，泥质软陶，青灰色。侈口，沿面微外斜，斜肩，直腹，平底。腹两侧有耳，已残。口径 9.2、底径 14.2、高 13.2 厘米（图二九九，2）。

壶　19 件。以腹部特征或器物形态分型（其中 2 件因残缺不分型）。

K 型　17 件。扁凸腹。以口沿特征分式。

K 型 I 式　12 件。盘口。

标本 M138:7，泥质硬陶，灰白色。施青黄釉。鼓腹，高圈足，圈足两侧有两个小孔。肩部有双桥耳。颈、肩、腹处饰弦纹。口径 14.8、底径 14.6、高 28.7 厘米（图三〇〇，2；彩版七〇，2）。

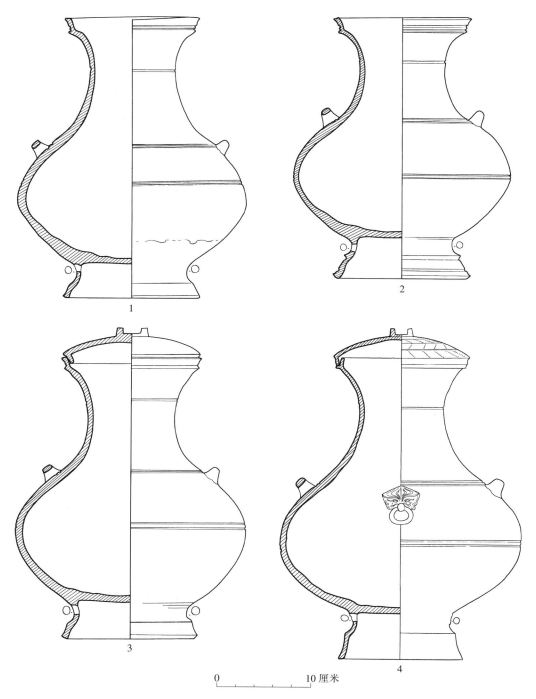

0　　　　　　　　10 厘米

图三〇〇　第五期墓葬出土 K 型陶壶

1～3. I 式（M137:2、M138:7、M137:7）　4. II 式（M010B:54）

标本 M137∶2，泥质硬陶，灰色。施青黄釉。鼓腹，高圈足，圈足两侧有两个小孔。肩部有双桥耳。颈、肩、腹处饰弦纹。口径 14.2、底径 14.4、高 31 厘米（图三〇〇，1）。

标本 M137∶7，泥质硬陶，灰色。施青黄釉，多已脱落。鼓腹，高圈足，圈足两侧有两个小孔。肩部有双桥耳。上、下腹各饰两道弦纹。圆盖，盖顶凹形纽。盖面饰弦纹。口径 14.4、底径 14.5、通高 34 厘米（图三〇〇，3）。

K 型 Ⅱ 式　3 件。子母口。有铺首。

标本 M010B∶54，泥质硬陶，灰色。施青黄釉。鼓腹，高圈足，圈足两侧有两个小孔。肩部有双桥耳，腹两侧有铺首衔环。颈、肩、腹处饰弦纹。有圆盖，盖顶凹形纽。盖面饰弦纹、斜线篦纹。口径 12.8、底径 13.2、通高 36 厘米（图三〇〇，4）。

标本 M010B∶48，泥质硬陶，灰色。施青黄釉。鼓腹，高圈足，圈足两侧有两个小孔。肩部有双桥耳，腹两侧有铺首衔环。颈腹处饰以弦纹相间的复线三角纹、网格纹、重叠羽纹等三组纹带。有圆盖，盖顶凹形纽。盖面饰复线三角纹带。口径 14、底径 16.8、通高 38.8 厘米（图三〇一，1；彩版七〇，3）。

标本 M010B∶49，泥质硬陶，灰色。施青黄釉。鼓腹，高圈足，圈足两侧有两个小孔。肩部有双桥耳，腹两侧有铺首衔环。颈腹处饰以弦纹相间复线三角纹、网格纹、重叠羽纹等三组纹带。有圆盖，盖顶凹形纽。盖面饰复线三角纹带。口径 14.4、底径 16.8、通高 39 厘米（图三〇一，2）。

K 型 Ⅲ 式　2 件。浅盘口。

标本 M80∶17，夹砂软陶，灰色。器表有褐陶衣。侈口，领颈无明显分界，粗颈，扁腹，圈足较低，圈足两侧有两个小孔。口径 12.4、底径 12.8、高 23.5 厘米（图三〇一，3；彩版七〇，4）。

标本 M80∶4，夹砂软陶，灰色。器表有褐陶衣。侈口，领颈无明显分界，粗颈，扁腹，圈足较低，圈足两侧有两个小孔。口径 12.4、底径 12.8、高 23.3 厘米（图三〇一，4）。

镳壶　3 件。以腹部特征分型。

A 型　1 件。扁圆腹。

标本 M137∶23，泥质硬陶，灰色。施青黄釉。盘口，沿面微内斜，粗颈，收腹，平底，底有三蹄形高足。近方棱柱状把，中空。颈部、肩部有弦纹和一组粗网状纹。口径 8.8、高 21.3 厘米（图三〇二，1）。

B 型　2 件。扁腹，折肩。

标本 M138∶23，泥质硬陶，灰色。敞口，圆唇，粗颈，弧肩下折，收腹，圜底，底有三外撇高足。六棱柱状把，中空。肩部有弦纹。口径 12、高 18.2 厘米（图三〇二，2；彩版七一，1）。

标本 M80∶11，泥质软陶，灰黄色。敞口，圆唇，粗颈，弧肩下折，收腹，平底，底有三外撇高足。方棱柱状把，中空。肩部有弦纹。口径 11.6、高 21.5 厘米（图三〇二，3）。

盆　12 件。以肩腹部特征分型。

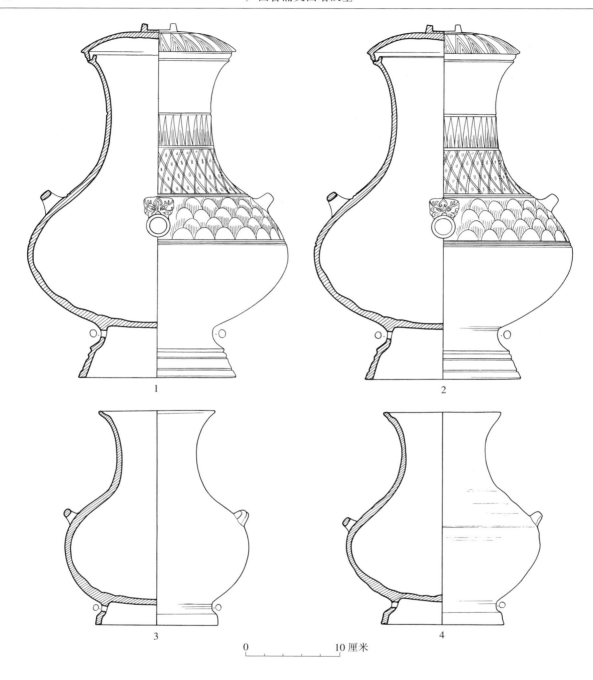

图三○一　第五期墓葬出土 K 型陶壶
1、2. Ⅱ式（M010B：48、M010B：49）　3、4. Ⅲ式（M80：17、M80：4）

A 型　8 件。鼓肩。以颈部特征分式。

A 型 Ⅰ式　3 件。束颈。

标本 M71：13，泥质硬陶，灰色。施青黄釉。敞口，沿微外斜，束颈，上腹鼓，下收腹，平底。素面。口径 21.2、底径 14.2、高 8 厘米（图三○三，1）。

标本 M1：1，泥质软陶，灰色。敞口，沿面内斜，束颈，上腹鼓，下收腹，平底。素面。口径

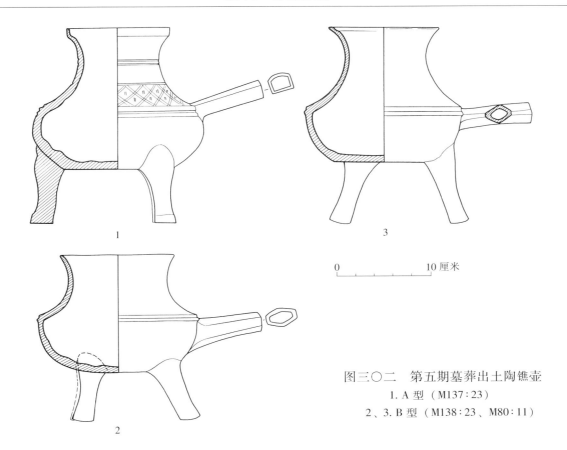

图三〇二　第五期墓葬出土陶鐎壶
1. A 型（M137：23）
2、3. B 型（M138：23、M80：11）

22.4、底径 14、高 7 厘米（图三〇三，2；彩版七一，2）。

标本 M138：10，泥质硬陶，灰色。施青黄釉。敞口，沿面微外斜，束颈，上腹鼓，下收腹，凹底。素面。口径 23.2、底径 15.7、高 9.1 厘米（图三〇三，3）。

A 型 Ⅱ式　5 件。有短颈。

标本 M71：16，泥质硬陶，灰色。施青黄釉。敞口，沿面微外斜，有短颈，上腹鼓，下收腹，平底。素面。口径 25.2、底径 14.3、高 9.7 厘米（图三〇三，4；彩版七一，3）。

标本 M137：12，泥质硬陶，灰色。施青黄釉。敞口，沿面微外斜，有短颈，颈微凸，上腹鼓，下收腹，平底微凹。上腹饰一道凹弦纹。口径 25.6、底径 16、高 10.3 厘米（图三〇三，5）。

标本 M017：18，泥质硬陶，灰黑色。敞口，沿面微外斜，有短颈，颈微凸，上腹鼓，下收腹，平底微凹。上腹饰一道凹弦纹。口径 20.4、底径 16、高 9.8 厘米（图三〇三，6）。

B 型　3 件。弧腹。以盆腹深浅分式。

B 型 Ⅰ式　2 件。浅腹。

标本 M80：12，泥质软陶，灰色。敞口，宽沿面内斜，方唇，弧腹斜收，平底微凹。素面。口径 29、底径 15.6、高 5 厘米（图三〇三，7；彩版七一，4）。

标本 M187B：9，泥质软陶，灰色。敞口，宽沿面内斜，方唇，弧腹斜收，平底。素面。口径 25.2、底径 14.5、高 5.2 厘米（图三〇三，8）。

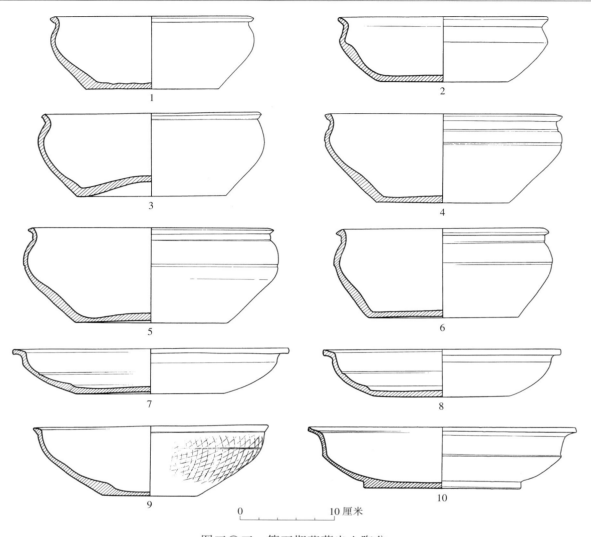

图三〇三　第五期墓葬出土陶盆

1~3. A 型 I 式（M71：13、M1：1、M138：10）　4~6. A 型 II 式（M71：16、M137：12、M017：18）

7、8. B 型 I 式（M80：12、M187B：9）　9. B 型 II 式（M80：7）　10. C 型（M010B：59）

B 型 II 式　1 件。深腹。

标本 M80：7，夹砂软陶，灰色。侈口，沿面微内斜，弧腹斜收，小平底。器身饰方格纹，上腹有一道凹弦纹。口径 25、底径 10、高 7.9 厘米（图三〇三，9；彩版七一，5）。

C 型　1 件。折腹，台足。

标本 M010B：59，泥质硬陶，灰色。施青黄釉。敞口，宽沿面内斜，方唇，上腹微曲，折腹，下收，台足。器腹有一道凸棱。口径 28.4、底径 16.6、高 6.7 厘米（图三〇三，10；彩版七一，6）。

奁　1 件。以器物形态分型。

B 型　1 件。短圆筒形。

标本 M010B：50，泥质硬陶，灰色。施青黄釉，多脱落。子母口，内敛，直腹，平底附三兽面蹄形足。腹两侧有铺首衔环。器身饰宽带纹、刻划网格纹。有圆盖，盖隆起，中有圆纽衔环。纽外饰四叶纹，四叶纹外有一圈复线三角纹及三只立体凤鸟，其外侧饰三组以弦纹相隔的羽纹纹带。口径 20.4、底径 20.2、通高 27 厘米（图三〇四，1；彩版七二，1）。

细颈瓶　1件。以腹特征分型。

B 型　1件。扁腹。

标本 M017：11，泥质硬陶，灰色。施青黄釉。小直口，细长颈，扁腹，矮圈足。颈、腹饰有

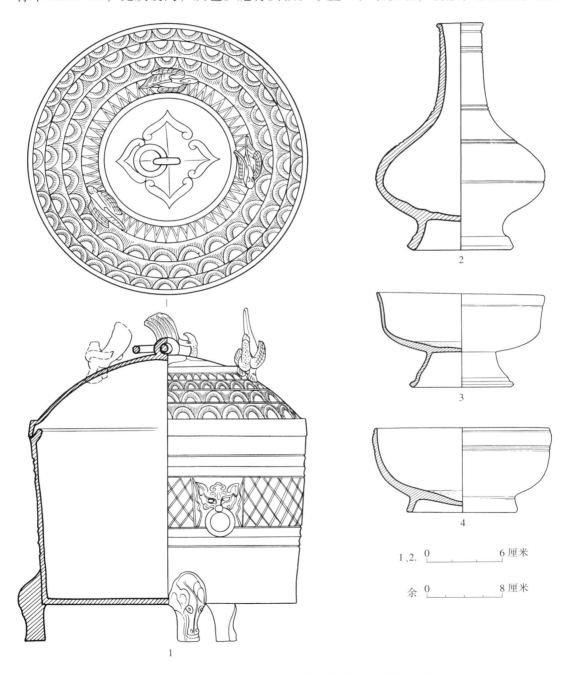

图三〇四　第五期墓葬出土陶奁、细颈瓶、碗

1. B 型奁（M010B：50）　　2. B 型细颈瓶（M017：11）　　3、4. B 型Ⅲ式碗（M30：4、M25：4）

弦纹。口径 3.6、足径 8.5、高 18.7 厘米（图三〇四，2；彩版七二，2）。

碗　2 件。以腹部特征分型。

B 型　2 件。斜收腹。下腹无凹槽。以口沿微小变化分式。

B 型Ⅲ式　2 件。侈口，圆唇。

标本 M30：4，泥质硬陶，灰色。施薄釉，多已脱落。下收腹，高圈足。口沿略下处饰一道弦纹，足下端有一凸棱。口径 17.6、足径 10.4、高 10.6 厘米（图三〇四，3）。

标本 M25：4，泥质硬陶，青灰色。施青黄釉，釉色淡青，晶莹，呈细开片。微敛口，下收腹，圈足。口沿下、腹各饰弦纹。口径 18.2、足径 11.8、高 9.2 厘米（图三〇四，4；彩版七二，3）。

杯　3 件。以器物特征分型。

D 型　1 件。敛口，鼓腹，带把，高圈足。

标本 M82：23，泥质硬陶，灰色。施青黄釉。敛口，鼓腹，覆盆形圈足。肩部有环耳。腹饰弦纹。口径 7.5、足径 9.2、高 11.7 厘米（图三〇五，1；彩版七二，4）。

E 型　1 件。直身，平底，三足。

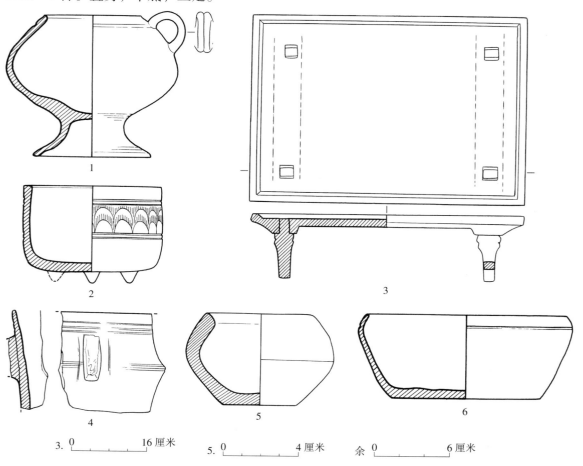

图三〇五　第五期墓葬出土陶杯、案、钵

1. D 型杯（M82：23）　2. E 型杯（M017：8）　3. 案（M1：2）　4. F 型杯（M39：1）　5、6. 钵（M132：4、M30：2）

标本 M017：8，泥质硬陶，灰色。施青黄釉。微敛口，直腹，平底，底有三小锥形足。腹饰弦纹、羽纹。口径 10.8、高 8 厘米（图三〇五，2）。

F 型　1 件。直身，深腹。

标本 M39：1，泥质硬陶，灰色。施青黄釉。侈口，微反弧腹，平底。侧有耳，已残缺。上腹与中腹均饰弦纹。残高 8 厘米（图三〇五，4）。

案　5 件。其中有 4 件极残。

标本 M1：2，泥质软陶，灰白色。长方形浅盘，内平底，有四只上凸鼓下四方柱足。长 58.5、宽 41、高 14 厘米（图三〇五，3）。

钵　3 件。其中有 1 件极残。

标本 M132：4，泥质软陶，棕红色。敛口，凸腹，收腹，平底。素面。口径 5.5、底径 3.9、高 5 厘米（图三〇五，5）。

标本 M30：2，泥质硬陶，灰色。敛口，收腹，平底。素面。口径 16.5、底径 11.9、高 6.8 厘米（图三〇五，6）。

盂　8 件。以腹部特征分型。

C 型　2 件。尖凸腹。

标本 M80：3，泥质硬陶，灰色。施青黄釉，局部脱落。侈口，圆唇，小平底。素面。口径 4.4、底径 3.7、高 3.3 厘米（图三〇六，1）。

标本 M137：31，泥质硬陶，灰色。施青黄釉，局部脱落。侈口，圆唇，平底微凹。素面。口径 5.3、底径 4.4、高 4 厘米（图三〇六，2）。

E 型　6 件。扁腹，腹下垂。

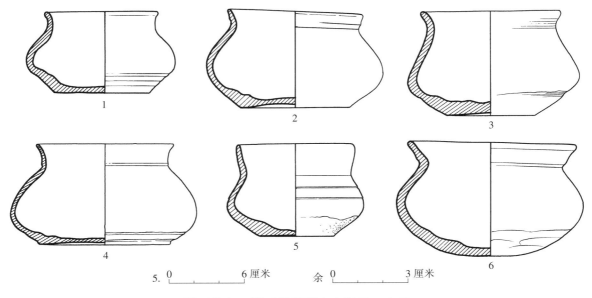

5.　0　　　　　6 厘米　　　余　0　　　　3 厘米

图三〇六　第五期墓葬出土陶盂、小釜
1、2. C 型盂（M80：3、M137：31）　　3～5. E 型盂（M112：1、M010B：60、M25：5）　　6. 小釜（M80：2）

标本 M112：1，泥质硬陶，灰色。施青黄釉，局部脱落。侈口，圆唇，平底微凹。素面。口径5.4、底径3.5、高4.2厘米（图三〇六，3；彩版七二，5）。

标本 M010B：60，泥质硬陶，灰色。施青黄釉，局部脱落。侈口，圆唇，矮台足。素面。口径5.4、底径5.2、高4.1厘米（图三〇六，4）。

标本 M25：5，泥质硬陶，灰色。施青黄釉。微敛口，圆唇，平底微凹。肩、腹处各饰弦纹。口径9.2、底径5.8、高7.5厘米（图三〇六，5）。

小釜 1件。

标本 M80：2，泥质硬陶，灰色。圆唇，鼓腹，圜底。口径6.7、高4.7厘米（图三〇六，6）。

鼎 3件。以腹部特征分型。

H 型 1件。扁尖凸腹。

标本 M010B：43，泥质硬陶，灰色。施青釉，釉薄无光，多已脱落。子母口，扁凸腹，平底，底附三只蹄足。肩附两长方形立耳，立耳中有圆头长方穿孔。腹中部有凹槽一周。有隆起圆盖，盖面有等距三圆钮。盖面饰弦纹和四叶纹。口径19.5、通高22.4厘米（图三〇七，1；彩版七二，6）。

I 型 1件。宽扁腹。

标本 M80：9，泥质软陶，橙色。器表有灰陶衣。敛口，凹沿内斜，弧腹，平底，底三足外撇。肩附两长方形立耳，立耳中有长方形穿孔。有隆起圆盖，盖中有小圆钮。口径21、通高20.3厘米

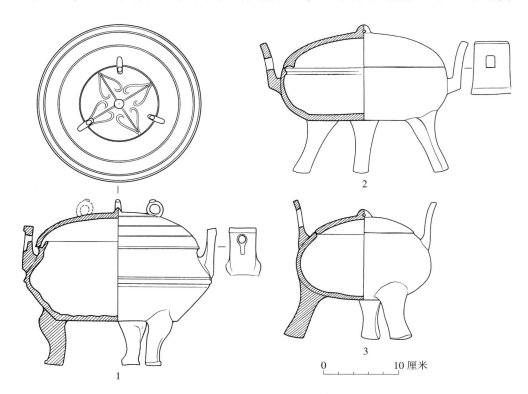

图三〇七　第五期墓葬出土陶鼎
1. H 型（M010B：43）　2. I 型（M80：9）　3. J 型（M138：18）

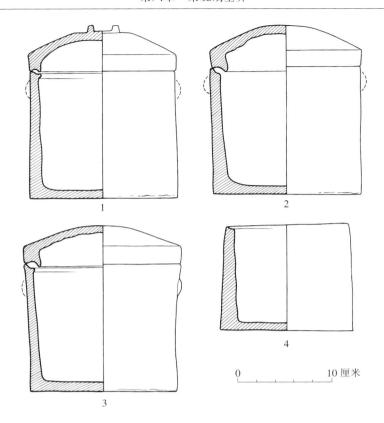

图三〇八　第五期墓葬出土 A 型 Ⅲ 式陶筒
1. M80：13　2. M80：6　3. M80：5　4. M132：6

（图三〇七，2；彩版七三，1）。

J 型　1 件。扁圆腹。

标本 M138：18，泥质软陶，棕胎。器表有灰陶衣。敛口，圆弧腹，圜底，底三足外撇。肩附两长方形立耳，立耳中有长方形穿孔。有隆起圆盖，盖中有小圆纽。口径 13、通高 17.5 厘米（图三〇七，3；彩版七三，2）。

筒　6 件。以足、底部特征分型。

A 型　6 件。平底。以口沿或近口沿处变化分式。

A 型 Ⅲ 式　6 件。侈口，沿内凹。

标本 M80：13，泥质软陶，灰黄色。口沿内有凹槽，筒形直腹，平底。上腹近口部两侧有凸把。素面。有圆盖，盖顶有凹形纽。口径 15.5、底径 15.5、通高 19.2 厘米（图三〇八，1；彩版七三，3）。

标本 M80：6，泥质软陶，灰黄色。口沿内有凹槽，筒形直腹，平底。上腹近口部两侧有凸把。素面。有圆盖，盖顶有凹形纽。口径 16、底径 15.5、通高 18.7 厘米（图三〇八，2）。

标本 M80：5，泥质软陶，灰黄色。口沿内有凹槽，筒形直腹，平底。上腹近口部两侧有凸把。素面。有圆盖，盖顶有凹形纽。口径 16.8、底径 15.2、通高 18.3 厘米（图三〇八，3）。

标本 M132：6，泥质软陶，棕红色。口沿内有凹槽，筒形直腹，平底。素面。口径 12.8、底径 14、高 11.7 厘米（图三〇八，4）。

提筒　4 件。以器物形态特征分型。

F 型　4 件。

标本 M187B：3，泥质软陶，青灰色。口沿内有凹槽，筒形直腹，较粗短，底微大于腹，平底。上腹近口部两侧有穿孔半圆纽。素面。有圆盖，盖顶有凹形纽。口径 16.2、底径 16.2、通高 18.6 厘米（图三〇九，1）。

标本 M187B：4，泥质软陶，青灰色。口沿内有凹槽，筒形直腹，较粗短，底微大于腹，平底。上腹近口部两侧有穿孔半圆纽。素面。有圆盖，盖顶有凹形纽。口径 16.2、底径 16.2、通高 17.7 厘米（图三〇九，2；彩版七三，4）。

标本 M187B：1，泥质软陶，青灰色。口沿内有凹槽，筒形直腹，较粗短，底微大于腹，平底微凹。上腹近口部两侧有穿孔半圆纽。素面。有圆盖，盖顶有凹形纽。口径 16.5、底径 16.2、通高 17.8 厘米（图三〇九，3）。

标本 M187B：18，泥质软陶，青灰色。口沿内有凹槽，筒形直腹，较粗短，底微大于腹，平底微凹。上腹近口部两侧有穿孔半圆纽。素面。有圆盖，盖顶有凹形纽。口径 15.6、底径 15.6、通

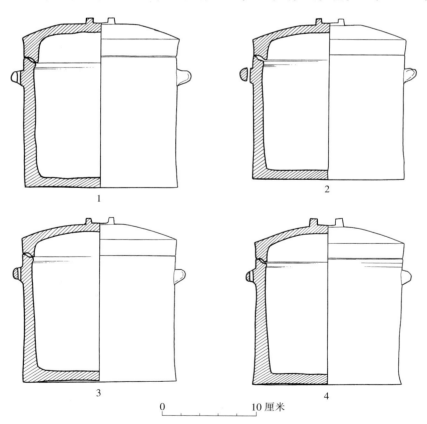

图三〇九　第五期墓葬出土 F 型陶提筒
1. M187B：3　2. M187B：4　3. M187B：1　4. M187B：18

高 18 厘米（图三〇九，4）。

簋　1 件。

标本 M010B：40，泥质硬陶，灰色。器表偶见青黄釉残存。广口，高领，收腹，圈足。腹有铺首衔环。领部以长条形或圆头长条形相间镂孔，并饰以细线叶脉纹；腹部饰方格网纹。有圆盖，盖顶有四叶纹座小圆组纽。盖面饰多组细弦纹。口径 28.8、足径 19、通高 21.8 厘米（图三一〇，1；彩版七三，5）。

魁　1 件。

标本 M010B：20，泥质硬陶，灰色。施青黄釉，多已脱落。广口，圆唇，收腹，圈足。有龙首长把。上腹饰一道弦纹。口径 21.5、底径 14.2、高 11.2 厘米（图三一〇，2）。

图三一〇　第五期墓葬出土陶簋、魁、灯

1. 簋（M010B：40）　2. 魁（M010B：20）　3～5. A 型Ⅲ式灯（M016B：1、M138：6、M102：1）

灯　3件。以足特征分型。

A 型　3件。覆盆形高足。以灯盏特征分式。

A 型Ⅲ式　3件。灯盘较宽，较浅。

标本 M016B：1，泥质软陶，灰色。灯盘为敞口，收腹，圆柱形灯柄，宽喇叭形圈足。口径13.6、足径15、高15.4厘米（图三一〇，3；彩版七三，6）。

标本 M138：6，泥质软陶，青灰色。灯盘为敞口，收腹，圆柱形灯柄，宽喇叭形圈足。口径11.6、足径13.7、高14.5厘米（图三一〇，4）。

标本 M102：1，泥质软陶，青灰色。较残，柄部已缺失。灯盘为直口方唇，收腹，圆柱形灯柄，宽喇叭形圈足。口径11.9、足径14.1厘米（图三一〇，5）。

熏炉　4件。以熏炉形态或托盏的肩腹部特征分型（其中有1件仅余炉盖而不分型）。

C 型　1件。托盏为上腹内弧，下腹斜收，台足。

标本 M010B：55，泥质硬陶，灰白色。施青黄釉。子母口合盖，敛口，外斜腹灯盘，下有高柄连托盘。灯盘腹饰方格网纹。炉盖为圆锥形，以三角形凸块和细线纹分层装饰，有三排圆形镂孔，顶端有尖突和立体卷云纹。口径10、足径10.8、通高24.5厘米（图三一一，1；彩版七四，1）。

D 型　1件。子母口，凸腹，无托盏。

标本 M017：19，泥质硬陶，灰色。施青黄釉。敛口，鼓腹，覆盆形圈足。圆盖。素面。口径

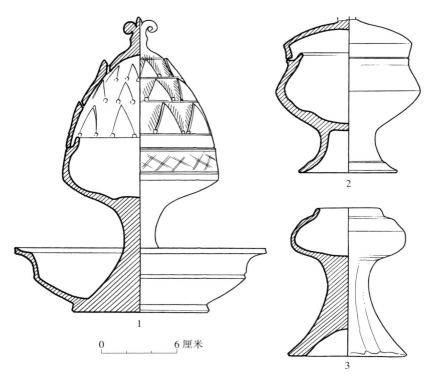

0　　　　　　6厘米

图三一一　第五期墓葬出土陶熏炉

1. C 型（M010B：55）　2. D 型（M017：19）　3. E 型（M187A：14）

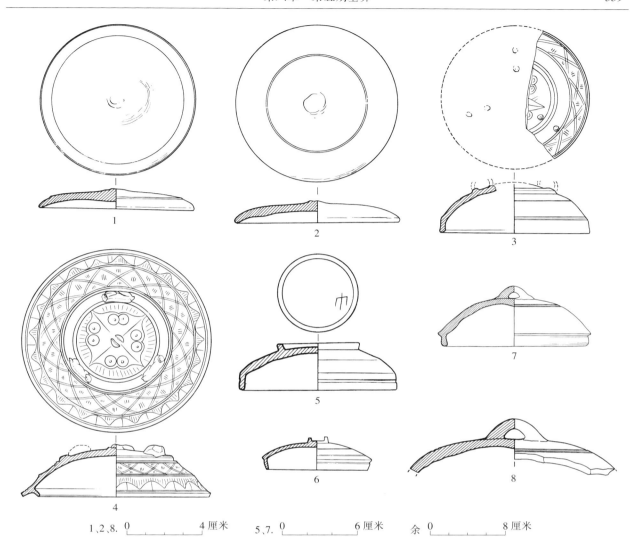

图三一二 第五期墓葬出土陶器盖

1. M135：2 2. M135：3 3. M017：2 4. M017：6 5. M112：2 6. M71：17 7. M110：4 8. M110：6

7.6、足径7.8、残高12.6厘米（图三一一，2）。

E型 1件。小口，凸腹，高足。

标本M187A：14，泥质软陶，青灰色。敛口，圆柱形多棱灯柄，宽足外撇。口径4.8、足径9.8、高12.3厘米（图三一一，3；彩版七四，2）。

器盖 9件。其中1件极残。

标本M135：2，泥质软陶，褐红色。微隆凸，扁平无盖纽。素面。口径8.2、高1.1厘米（图三一二，1）。

标本M135：3，泥质软陶，褐红色。微隆凸，扁平无盖纽。素面。口径8.8、高1.2厘米（图三一二，2）。

标本M112：2，泥质硬陶，灰白色。施青黄釉。直口，隆起，盖顶有矮圆环形捉手。盖顶上有

"巾"的刻划符号。口径12.6、高4厘米（图三一二，5）。

标本 M110:4，泥质硬陶，灰白色。施青黄釉。近口部有凹槽。盖顶有半环纽，其外饰一圈弦纹。口径11.7、高5厘米（图三一二，7）。

标本 M71:17，泥质硬陶，灰白色。施青黄釉，多已脱落。盖顶有凹形纽。盖面饰弦纹。口径10.8、高3.6厘米（图三一二，6）。

标本 M110:6，泥质硬陶，灰白色。残高2.8厘米（图三一二，8）。

标本 M017:2，泥质硬陶，灰白色。已残。盖顶有双环纽。盖面饰弦纹、菱形网纹。口径16、残高6厘米（图三一二，3）。

标本 M017:6，泥质硬陶，灰色。施青黄釉。盖顶纽已残，其外以卷云纹为饰，外圈有三只侧卧动物雕像，亦残。盖面饰菱形网纹、大水波纹等。口径18、高6厘米（图三一二，4）。

纺轮　1件（组）。共5件器物，大小不一，均为 M010B 出土。

标本 M010B:7－1，泥质软陶，青灰。算珠形，中有圆孔。最大径2.9、高2厘米（图三一三，1）。

标本 M010B:7－2，泥质软陶，青灰。算珠形，中有圆孔。最大径3.1、高2.5厘米（图三一三，2）。

标本 M010B:7－3，泥质软陶，青灰。算珠形，中有圆孔。最大径2.4、高3.4厘米（图三一三，3）。

标本 M010B:7－4，泥质软陶，青灰。算珠形，中有圆孔。最大径2.6、高2.1厘米（图三一三，4）。

标本 M010B:7－5，泥质软陶，青灰。算珠形，中有圆孔。最大径2.3、高1.6厘米（图三一三，5）。

屋　17件。以房屋结构特点分型（其中有7件极残不分型）。

A 型　7件。双层结构，上层屋体平面为长方形。以侧面墙体有、无木构架图案分式。

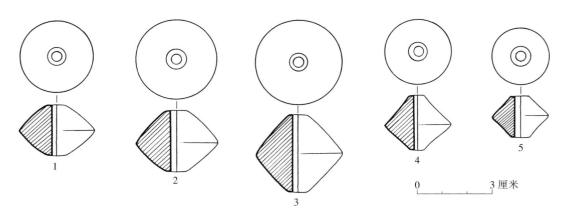

图三一三　第五期墓葬出土陶纺轮

1. M010B:7－1　2. M010B:7－2　3. M010B:7－3　4. M010B:7－4　5. M010B:7－5

A 型 I 式　5 件。侧墙有木构架图案。

标本 M80：1，泥质软陶，灰白色。属上下两层干栏式建筑。上层屋为横长方形，正面右侧有一门，门呈半开状，门下有阶梯。上层四面墙体以及下层围栏墙体都有用线条表示的木构架、承柱等。里屋左侧边上有长方形厕坑，坑边有蹲步，后墙左侧有直棂窗。屋顶为悬山式，一横脊四纵脊，有圆凸和线条组成的瓦面。下层为长方形围栏，后栏墙上覆有瓦顶，其左侧开一小门。面宽 21.2、通高 25 厘米（图三一四，1；彩版七四，3）。

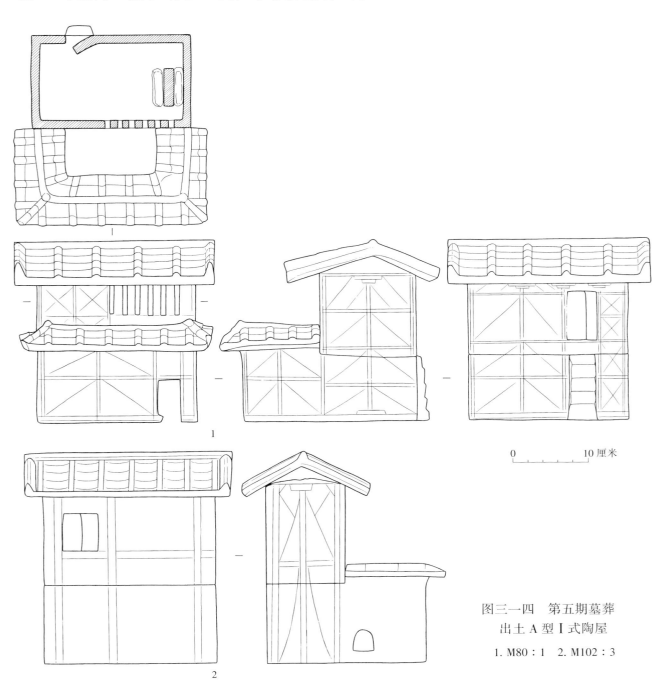

0　　　　　　　10 厘米

图三一四　第五期墓葬
出土 A 型 I 式陶屋
1. M80：1　2. M102：3

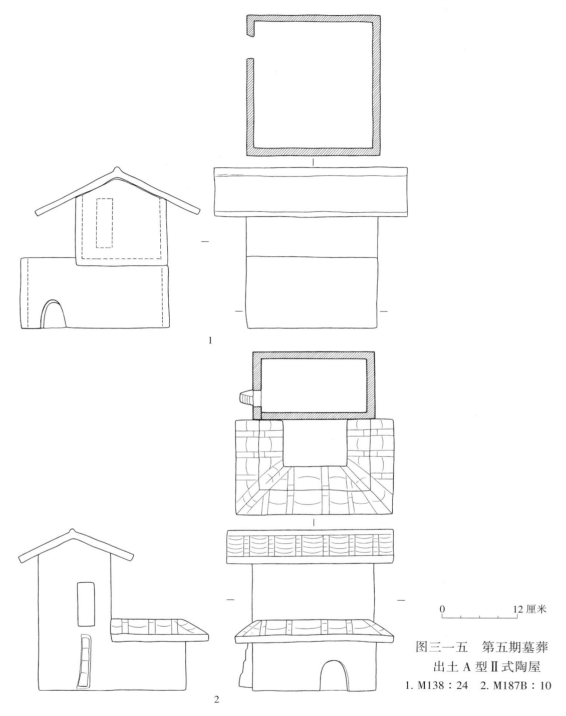

0   12 厘米

图三一五　第五期墓葬
出土 A 型 Ⅱ 式陶屋
1. M138：24　2. M187B：10

　　标本 M102：3，泥质软陶，灰黑色。属上下两层干栏式建筑。上层屋为横长方形，正面左侧有一门，门呈半开状。上层四面墙体都有用线条表示的木构架图案。里屋右侧有长方形厕坑，后墙右侧有直棂窗。屋顶为悬山式，一横脊四纵脊。用纵线和横弧线表示瓦面。下层为长方形围栏，后栏墙上覆有瓦顶，右面围栏下部有一半圆拱形畜洞。围栏的正、左、右面与上屋重叠部分墙面均有木构架线图。面宽23、通高29.2厘米（图三一四，2）。

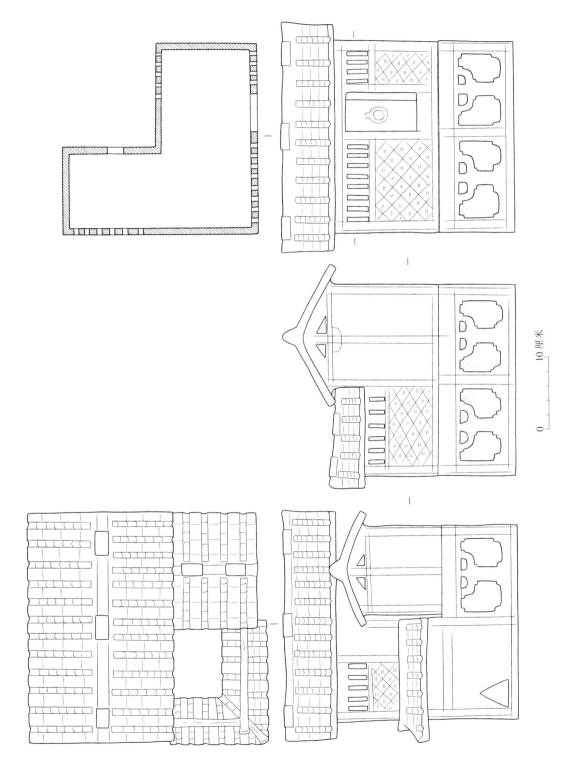

图三一六 第五期墓葬出土 B 型陶屋（M010B∶17）

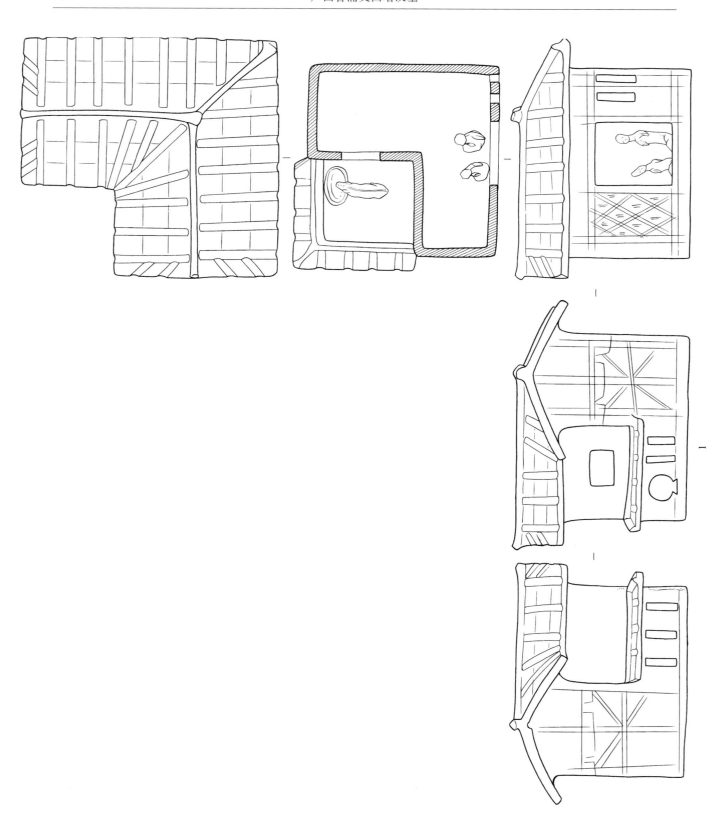

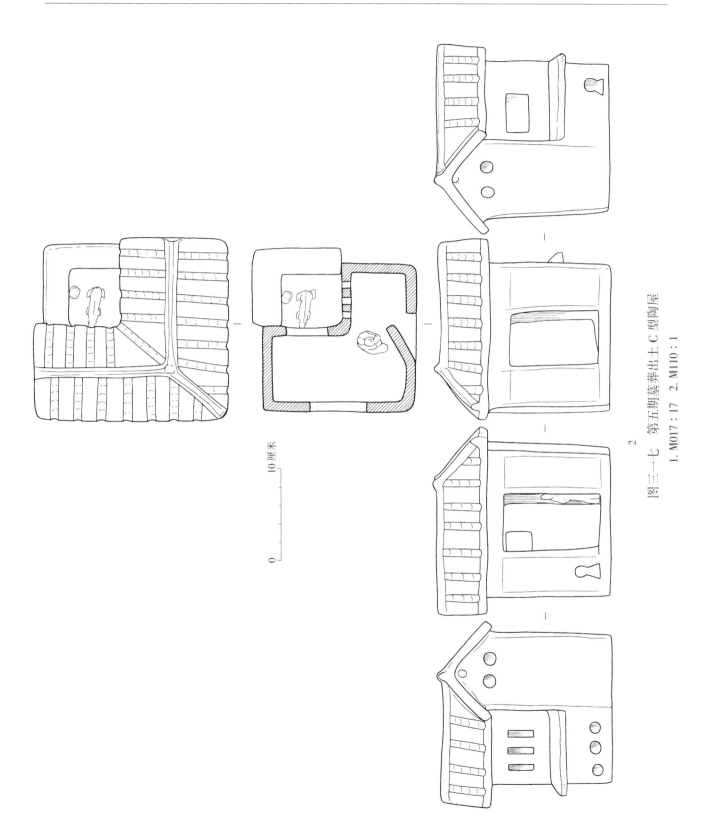

0　　10厘米

图三一七　第五期墓葬出土 C 型陶屋

1. M017：17　2. M110：1

A 型 II 式　2 件。侧墙无木构架图案。

标本 M138：24，泥质硬陶，褐胎，器表有灰黑泥衣。属上下两层干栏式建筑。上层屋为横长方形，屋顶为悬山式。下层为长方形围栏，后栏墙下开一小拱门。面宽 20.8、通高 26.4 厘米（图三一五，1；彩版七四，4）。

标本 M187B：10，泥质硬陶，褐胎，器表有灰黑泥衣。属上下两层干栏式建筑。上层屋为横长方形，右侧墙有一门，门下有阶梯相连。屋顶为悬山式，用纵线和横弧线表示瓦面。下层为长方形围栏，后栏墙上覆有瓦顶。后栏墙下开一小拱门。面宽 19.4、通高 26.4 厘米（图三一五，2；彩版七四，5）。

B 型　1 件。双层结构，上层屋体平面为曲尺形。

标本 M010B：17，泥质硬陶，灰色。属上下两层干栏式建筑。上层屋平面为曲尺形，是由一间横屋与一间纵屋组成。正面中有一门，门呈半开状，门中饰一圆纽衔环。门左右墙均有直棂窗，窗下饰方格网线纹。左侧纵屋墙面有镂空直棂窗，窗下饰有方格网线纹。左侧横屋墙面有用线条表示的木构架图案。横屋后墙面亦有镂空直棂窗和方格网线纹。屋顶为悬山式，横屋屋脊较高，而纵列的屋脊较底。横屋正脊上有凸起饰物。均用凹槽和直线条、弧线表示瓦面、瓦垄。下层为长方形围栏，后栏墙上覆有瓦顶。与上层屋体重叠的围栏均有镂空木构架图案。后墙右下角有一个三角形畜洞。面宽 26.4、通高 31 厘米（图三一六；彩版七五，1）。

C 型　2 件。单层结构，由平面为曲尺形房屋和直角低围栏组成。

标本 M110：1，泥质较陶，红褐色。屋体平面为曲尺形，正面有一长方形门，门呈半开状。左侧墙亦有一长方形门，从门外可见其内有一立俑，门的左边墙下方有一畜洞。右侧墙上部有两个圆形气孔，靠瓦顶处亦有一圆形气孔。纵屋右墙开有一方窗，横屋后墙有直棂窗。屋顶为悬山式，由横列和纵列的屋脊等高相交而成，有凹槽和线条组成的瓦垄。右下角由直角形低围栏构成，围栏一面墙角有一畜洞和另一面下部有三个圆孔。围栏墙上覆有瓦顶。围栏内有一猪，呈伏地状。面宽 16.6、通高 18.6 厘米（图三一七，2；彩版七五，2）。

标本 M017：17，泥质硬陶，灰色。器表施青黄釉，多脱落。屋体平面为曲尺形，正面有一长方形门，右边墙有直棂窗，左边墙饰以方格网纹。屋墙上有用线条表示的木构架图案。纵屋左墙开有一长方窗。屋内门口处有两坐俑。屋顶为悬山式，由横列和纵列的屋脊等高相交而成，用凹槽和线条组成的瓦垄。左下角由直角形低围栏构成，围栏一面有一畜洞和直棂窗，另一面亦有直棂窗。围栏墙上覆有瓦顶，栏内有一猪和椭圆形猪槽，猪作进食状。面宽 20.7、通高 19 厘米（图三一七，1）。

仓　8 件。由建筑特征分型。

A 型　1 件。仓底无柱或无柱孔。以前廊特征分式。

A 型 II 式　1 件。前廊无短护栏。

标本 M016B：6，泥质软陶，红褐色。平面为长方形，由一房一前廊构成。正面中开一近方形门，有门板呈关闭状，门板两侧有凸条，中部有圆凸穿孔门栓，有一细凹槽横穿门栓孔。短前廊

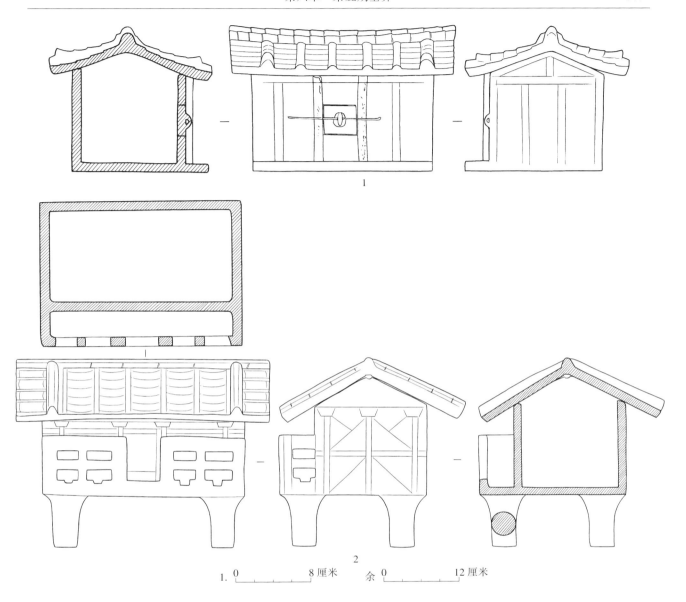

1. 0 _____ 8厘米　余 0 _____ 12厘米

图三一八　第五期墓葬出土陶仓
1. A 型Ⅱ式（M016B∶6）　2. B 型Ⅱ式（M1∶11）

前伸，无护栏。正面及两侧墙面均有用线条表示的木构架图案。悬山顶，一脊两坡，脊两端微上翘，用凸条和横短线表示瓦面。面宽19.2、通高16厘米（图三一八，1；彩版七五，3）。

　　B 型　7件。仓底有柱或柱孔。以前廊特征分式。

　　B 型Ⅱ式　6件。前廊有矮护栏。

　　标本 M1∶11，泥质软陶，灰色。干栏式建筑。平面为长方形，由一房一前廊构成。正中以线条表示开一长方形门。仓体正面、左、右墙均有用线条表示木构架图案，底用四根上大下小圆柱支撑。前廊有矮护栏，两边及两端均有横长条、丁字形镂孔以通气。悬山顶，一正横脊四垂脊，用长线条和短弧线表示瓦面。面宽32.2、通高31厘米（图三一八，2；彩版七五，4）。

图三一九　第五期墓葬出土 B 型陶仓

1、2. Ⅱ式（M80：8、M138：25）　3. Ⅲ式（M017：15）

　　标本 M80：8，泥质硬陶，灰色。干栏式建筑。平面为长方形，由一房一前廊构成。正面中开一长方形门，门上有门板塞填。门板、门左右侧各有一长条形门栓。左、右墙均有用线条表示木构架图案。底用四根上大下小圆柱支撑。前廊有矮护栏，两边及两端护栏均有横长方透气孔。悬山顶，一脊两坡，用直线和短弧线表示瓦面。面宽 25.8、通高 28.2 厘米（图三一九，1）。

　　标本 M138：25，泥质硬陶，灰色，器表饰灰黑陶衣。干栏式建筑。平面为长方形，由一房一前廊构成。正面中开一长方形门，门上有门板塞填。门板、门左右侧各有一长条形门栓。底用四根短圆柱支撑。前廊有矮护栏。悬山顶，一脊两坡。面宽 24、通高 20 厘米（图三一九，2）。

　　B 型Ⅲ式　1 件。无前廊。

　　标本 M017：15，泥质硬陶，灰色，施青黄釉。干栏式建筑。平面为长方形，正面中开一长方形门，门上下端四角均有凹圆窝。门两侧为直棂窗。左、右墙均有用线条表示木构架图案。底部

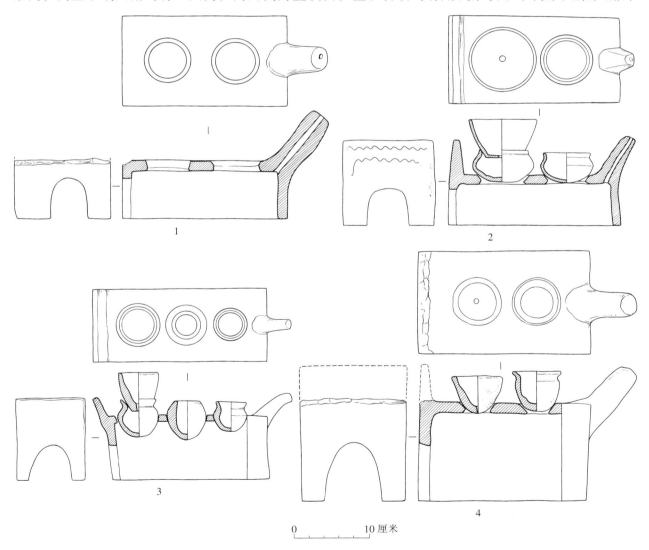

图三二〇　第五期墓葬出土 B 型陶灶
1. Ⅰ式（M135：4）　2. Ⅲ式（M71：10）　3. Ⅳ式（M138：31）　4. Ⅴ式（M25：2）

有四个圆形柱孔。悬山顶，一脊两坡，用直凹槽和短横线表示瓦面。面宽23、通高19.6厘米（图三一九，3；彩版七五，5）。

灶　14件。以灶台之烟道特征分型（其中有4件较残不分型）。

B型　7件。圆柱形烟突。以灶门挡板特征分式。

B型Ⅰ式　1件。无挡板。

标本M135：4，泥质软陶，灰色。已残。灶体呈长方体，圆柱形烟突，有拱形灶门。开圆形灶眼两个。灶台长21.8、宽12.4、高8厘米（图三二〇，1）。

B型Ⅲ式　1件。微内斜高挡板。

标本M71：10，泥质软陶，灰色。灶体呈长方体，圆柱形烟突，有拱形灶门，灶门挡板较高，微内斜。开圆形灶眼两个，上置两釜一甑。灶台长22.6、宽12、高7厘米（图三二〇，2；彩版七六，1）。

B型Ⅳ式　1件。外斜高挡板。

标本M138：31，泥质软陶，青灰色。灶体呈长方体，圆柱形烟突，有拱形灶门，灶门挡板外斜。开圆形灶眼三个，上置三釜一甑。灶台长23、宽10、高8.8厘米（图三二〇，3；彩版七六，2）。

B型Ⅴ式　4件。直立高挡板。

标本M25：2，泥质软陶，灰色。灶体呈长方体，圆柱形烟突，有拱形灶门，灶门挡板直立且较高。开圆形灶眼两个，上置釜、甑。灶台长23、宽14、高13.6厘米（图三二〇，4；彩版七六，3）。

标本M1：9，泥质软陶，灰色。灶体呈长方体，圆柱形烟突，有拱形灶门，灶门挡板直立且较高。开圆形灶眼两个，上置釜。灶台长25、宽13.4、高9.6厘米（图三二一，1）。

标本M80：18，泥质软陶，灰色。灶体呈长方体，圆柱形烟突，有拱形灶门，灶门挡板直立且较高。开圆形灶眼三个，上置三釜一甑。灶台长31.6、宽14.4、高10厘米（图三二一，2）。

标本M81：6，泥质软陶，灰色。灶体呈长方体，圆柱形烟突，有拱形灶门，灶门挡板较高、直立。开圆形灶眼两个。灶台长25.4、宽12.6、高7.6厘米（图三二二，1）。

C型　3件。龙首或兽首烟突。以灶门挡板特征分式。

C型Ⅲ式　2件。直立高挡板。

标本M187A：9，泥质软陶，灰色。灶体呈长方体，龙首形烟突，有拱形灶门，灶门挡板直立且较高。开圆形灶眼两个，上置一釜。灶台长28、宽15.2、高9.8厘米（图三二二，2）。

标本M010B：16，泥质硬陶，灰色。灶体呈长方体，龙首形烟突，有拱形灶门，灶门挡板直立且较高，挡板前有延伸地台。开圆形灶眼三个，上置三釜一甑。灶台面、灶门挡板、灶台两侧均饰方格网线纹，每方格均有一小圆圈。灶台长34、宽15.6、高11.4厘米（图三二三，1；彩版七六，4）。

C型Ⅳ式　1件。外斜高挡板。

标本M187B：28，泥质软陶，灰色。灶体呈长方体，龙首形烟突，有拱形灶门，灶门挡板外

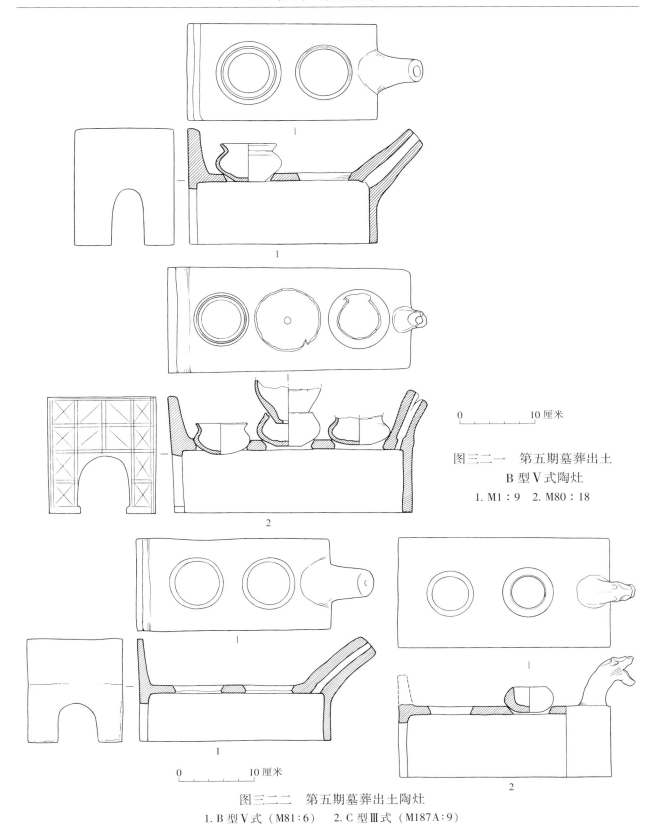

图三二一 第五期墓葬出土
B型V式陶灶
1. M1：9 2. M80：18

图三二二 第五期墓葬出土陶灶
1. B型V式（M81：6） 2. C型Ⅲ式（M187A：9）

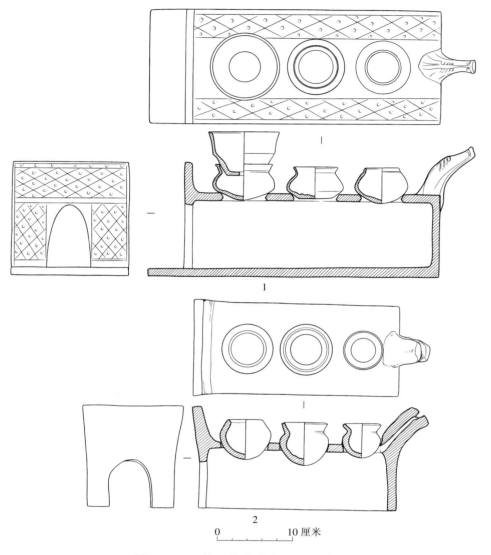

图三二三　第五期墓葬出土 C 型陶灶
1. Ⅲ式（M010B：16）　　2. Ⅳ式（M187B：28）

斜、直立且较高。开圆形灶眼三个，上置三釜。灶台长 26.2、最宽 13.2、高 9 厘米（图三二三，2；彩版七六，5）。

井　13 件。以井栏整体特征分型（其中 2 件极残不分型）。

E 型　2 件。井栏为溜肩，微鼓腹，下腹微收。肩腹转折处大约居中且有凸棱或凹槽。

标本 M137：10，泥质硬陶，灰色。施青黄釉，局部脱落。圆筒形井栏，敞口，下折沿。器身上腹饰复线三角形纹一周，肩腹处有凸棱。八边形井台，周有四个方形柱础。方形四阿顶井亭盖。井口径 15、井台长 21.7、通高 20.4 厘米（图三二四，1；彩版七六，6）。

标本 M010B：15，泥质硬陶，灰色。圆筒形井栏，敞口，折沿，沿面内斜有凹槽。肩腹处有凸棱。方形井台，周有四个方形柱础。方形四阿顶井亭盖，上刻瓦垄，顶中心饰以立体鸟形。井口

图三二四 第五期墓葬出土陶井

1、2. E 型（M137：10、M010B：15） 3、4. F 型 I 式（M132：2、M187A：1） 5. F 型 II 式（M71：6）

径 17、井台边长 23、通高 28 厘米（图三二四，2）。

　　F 型　9 件。井栏为反弧形肩。以井栏口沿特征分式。

　　F 型 I 式　2 件。领外斜。

标本 M187A：1，泥质软陶，灰色。圆筒形井栏，斜领，颈部有凹凸，直腹。圆形井台，周有三个方形柱础。井口径 11、井台径 17.5、高 11.8 厘米（图三二四，4）。

标本 M132：2，泥质软陶，灰色。圆筒形井栏，敞口，方唇，直腹。圆形井台，周有三个方形柱础。井口径 10.5、井台径 19.5、高 14.8 厘米（图三二四，3）。

F 型Ⅱ式　1 件。领微斜。

标本 M71：6，泥质软陶，灰色。圆筒形井栏，敞口，沿面微凹，直腹。圆形井台，周有三个方形柱础。井口径 14、井台径 21.5、高 17.2 厘米（图三二四，5）。

F 型Ⅲ式　4 件。直领。

标本 M016B：5，泥质软陶，灰白色。口残。圆筒形井栏，直口，圆唇，直腹。圆形井台，周有三个柱础。井口径 11、井台径 21、高 12.8 厘米（图三二五，1；彩版七七，1）。

标本 M1：8，泥质软陶，灰白色。口残。圆筒形井栏，直口，圆唇，直腹。圆形井台，周有三个柱础。井口径 10.5、井台径 22、高 13.6 厘米（图三二五，2）。

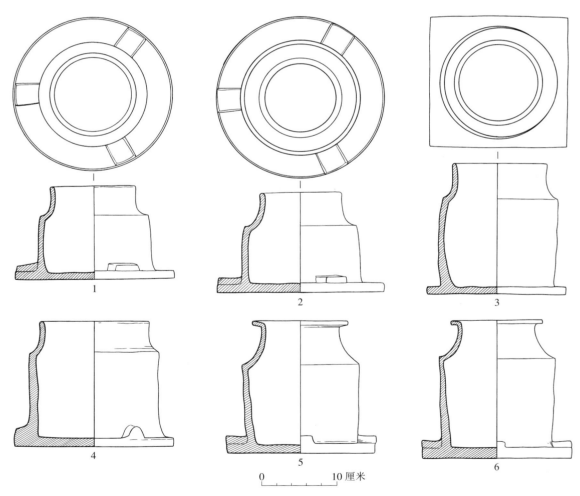

图三二五　第五期墓葬出土 F 型陶井

1～4.Ⅲ式（M016B：5、M1：8、M138：14、M81：5）　5、6.Ⅳ式（M187B：7、M80：10）

标本 M81：5，泥质软陶，灰白色。口残。圆筒形井栏，直口，圆唇，直腹。圆形井台，周有三个柱础。井口径 14.5、井台径 21、高 13.6 厘米（图三二五，4）。

标本 M138：14，泥质软陶，灰色。圆筒形井栏，直口，圆唇，直腹。方形井台。井口径 12.5、井台边长 18、高 18 厘米（图三二五，3）。

F 型Ⅳ式　2 件。宽沿外折，沿面内斜。

标本 M187B：7，泥质软陶，灰色。圆筒形井栏，直腹。圆形井台，周有四个方形柱础。井口径 12.5、井台径 19.5、高 17.9 厘米（图三二五，5；彩版七七，2）。

标本 M80：10，泥质软陶，灰色。圆筒形井栏，直腹。圆形井台，周有四个方形柱础。井口径 12.5、井台径 20、高 18.7 厘米（图三二五，6）。

二　铜器

51 件（号），占本期出土器物总数的 14%。绝大多数铜器均锈蚀残缺，有许多器物仅能辨认器类无法分型式。出土的铜器器形计有鼎、镳壶、盆、奁、灯、熏炉、碗、勺、三足罐、杯、壶、环首刀、带钩、饰件、镜、铜钱等（其中有 4 件因残缺而不能辨别器类）。

鼎　1 件。以腹部特征分型。本期属 C 型。

C 型　1 件。浅圆腹。以足部特征分式。

C 型Ⅰ式　1 件。高蹄足。

标本 M82：3，敛口，平唇，圆弧腹，平底，三蹄足外撇。肩部有附耳，附耳上环下方，有穿孔。有隆起圆盖，盖顶中有半圆纽衔环。口径 13.2、通高 17.2 厘米（图三二六，1）。

镳壶　4 件。以腹或底部特征分型（其中有 2 件较残不分型）。

B 型　2 件。腹较扁，底平或微显弧形。

标本 M82：2，盘口，粗颈，扁鼓腹，平底，底有外撇三蹄形足，足横截面略呈扁三角形。腹侧有中空多棱柄。有隆起圆盖，盖顶有半圆纽衔环。口径 6、通高 15.7 厘米（图三二六，3；彩版七七，3）。

标本 M137：25，盘口，粗颈，扁鼓腹，平底，底有外撇三足，足横截面略呈扁三角形。腹侧有中空多棱柄。有隆起圆盖，顶已残。口径 15 厘米（图三二六，2）。

盆　6 件。以腹部特征分型（其中有 4 件较残不分型）。

C 型　1 件。下折腹，折腹位置较高。

标本 M82：32，侈口，宽沿，斜腹下折，台足。口径 23.3、底径 11、高 4.8 厘米（图三二六，4；彩版七七，4）。

E 型　1 件。弧腹斜收。以口沿分式。

E 型Ⅱ式　1 件。厚宽沿。

标本 M82：29，侈口，宽沿，下收腹，台足。口径 12.5、底径 7.5、高 3.3 厘米（图三二六，5；彩版七七，5）。

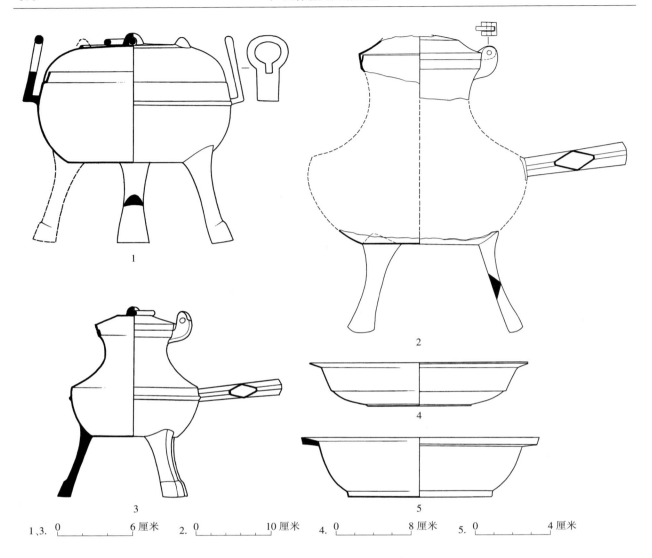

1、3. 0 ____ 6厘米　　2. 0 ____ 10厘米　　4. 0 ____ 8厘米　　5. 0 ____ 4厘米

图三二六　第五期墓葬出土铜鼎、鐎壶、盆

1. C型Ⅰ式鼎（M82:3）　　2、3. B型鐎壶（M137:25、M82:2）　　4. C型盆（M82:32）　　5. E型Ⅱ式盆（M82:29）

奁 6件。以足形态分型（其中有3件较残不分型）。

A型　1件。蹄足。

标本M187B:25，上腹已残，平底，底附三蹄足。腹两侧有对称铺首衔环。有隆起圆盖，盖中有带环圆纽（图三二七，1）。

B型　2件。人形或兽形足。

标本M187A:15，子母口，深直腹，平底，底附三只呈蹲踞状人形足。腹两侧有对称铺首衔环。有隆起圆盖，盖中有带环圆纽，周边竖立三只羊。口径17.6、通高19厘米（图三二七，2）。

标本M82:35，子母口，深直腹，平底，底附三只呈蹲踞状兽形足。腹两侧有对称铺首衔环。有隆起圆盖，盖中有带环圆纽，柿蒂纹纽座，其外周边竖立有三羊。口径22.4、通高20.2厘米（图三二七，3）。

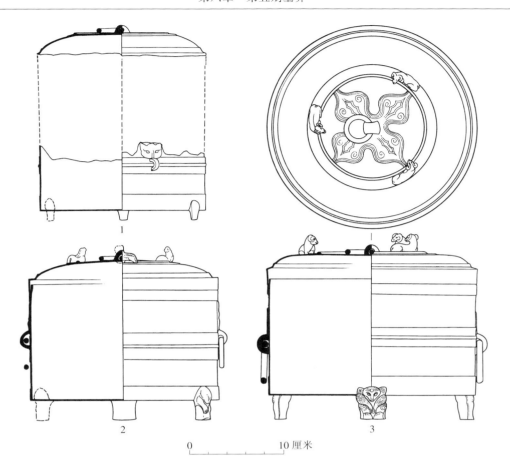

图三二七 第五期墓葬出土铜奁
1. A 型（M187B∶25） 2、3. B 型（M187A∶15、M82∶35）

灯 1 件。以灯盏或底座形态分型。

D 型 1 件。覆盘形底座，圆形直壁灯盏。

标本 M82∶28，直口，平唇，浅腹，微弧底，有双节圆柱状高柄与灯盘底相连，覆盘口底座底。灯盘中心有灯柱。灯盘口径 8.8、高 14 厘米（图三二八，1）。

熏炉 2 件。以器物形态分型（其中有 1 件较残不分型）。

C 型 1 件。炉体为深圆腹，足下有托盘。

标本 M82∶33，炉盖是圆锥体，饰宽花瓣纹。炉体为深圆腹，子母敛口，鼓腹，圜底。圆柄高座足，座足连一托盘。通高 12 厘米（图三二八，2）。

碗 5 件。以足或底部特征分型（其中有 2 件较残不分型）。

D 型 3 件。底较平。

标本 M138∶28，敞口，斜腹下收，平底。口径 16.5、高 6.8 厘米（图三二八，5）。

标本 M82∶34，敞口，斜腹下收，平底。器身饰多道弦纹。口径 12.1、高 5.4 厘米（图三二八，3）。

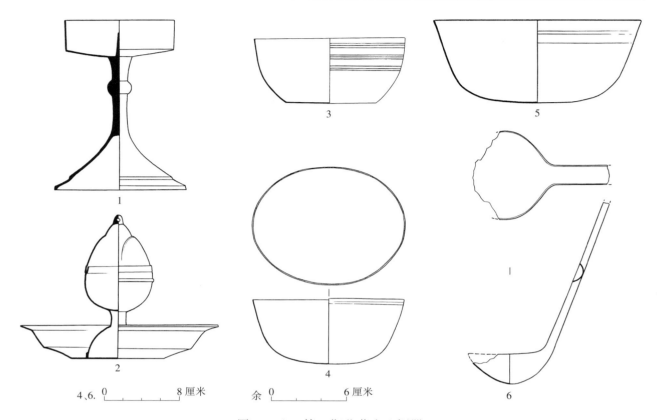

图三二八　第五期墓葬出土铜器

1. D 型灯（M82：28）　2. C 型熏炉（M82：33）　3～5. D 型碗（M82：34、M1：7、M138：28）　6. C 型勺（M82：37）

标本 M1：7，敞口，斜腹下收，平底。口沿处饰弦纹。口径 16、高 7 厘米（图三二八，4）。

勺　1 件。以柄及勺面分型。

C 型　1 件。扁长柄，勺面宽。

标本 M82：37，勺头部已残。残高 20 厘米（图三二八，6）。

三足罐　1 件。

标本 M137：28，口微敛，鼓腹，平底，底附锥形足。器腹有环耳，已残。器体饰方形网格纹、复线三角纹、羽纹等。有圆盖，盖顶有半环纽。纽座为柿蒂纹，盖边饰多重回纹。口径 4.5、通高 7.5 厘米（图三二九，1；彩版七七，6）。

杯　3 件。以足特征分型（其中有 1 件较残不分型）。

A 型　1 件。矮台足。以口沿有无凸棱分式。

A 型 Ⅱ 式　1 件。近口沿处无凸棱。

标本 M82：30，敞口，弧腹下收，台足。腹部有凸棱一周。口径 8.4、底径 5、高 4.7 厘米（图三二九，2）。

B 型　1 件。平底或微圜底。以近口沿处有无凸棱分式。

B 型 Ⅱ 式　1 件。近口沿处无凸棱。

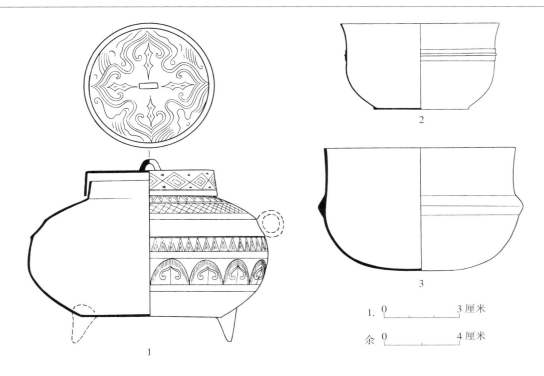

图三二九 第五期墓葬出土铜三足罐、杯

1. 三足罐（M137:28） 2. A 型 II 式杯（M82:30） 3. B 型 II 式杯（M187A:19）

标本 M187A:19，敞口，弧腹下收，圜底。腹部有凸棱一周。口径 10.2、高 6.7 厘米（图三二九，3）。

壶 1 件。

标本 M71:7，极残。

环首刀 1 件。

标本 M138:26，极残，碎块（图三三○，2）。

带钩 2 件。

标本 M187A:25，形体呈"S"形，圆扣，蛇形钩首，一端已残。残长 9.6 厘米（图三三○，1）。

标本 M138:3，钩首已残。圆扣。残长 5 厘米（图三三○，3）。

饰件 2 件。此类器物应属漆器的装饰物。

标本 M123:5，柿蒂状四叶片饰。残长 10 厘米。

标本 M123:18，柿蒂状四叶片饰。残长 6.5 厘米（图三三○，7）。

铜镜 5 件。分别出土于 5 座墓中，每座墓出土一面。铜镜多残破。除 1 件极残，纹饰不清外（M137:27），其余可分为乳钉纹镜、规矩纹镜、连弧纹镜三类。

乳钉纹镜 2 件

标本 M138:27，四乳龙虎纹镜。圆形，圆纽。纽座稍残。由两圈短斜线纹相夹的主纹是由四乳分别相间龙、虎、凤鸟等纹样。外区有双线锯齿纹构成的纹带。素宽平缘。直径 11.6、缘厚

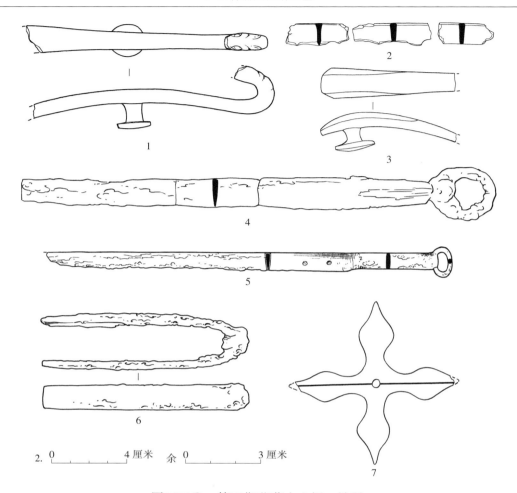

图三三〇　第五期墓葬出土铜、铁器

1、3. 铜带钩（M187A：25、M138：3）　2. 铜环首刀（M138：26）　4、5. 铁环首刀
（M010B：58、M187A：20）　6. 铁镊子（M137：33）　7. 铜饰件（M123：18）

0.4 厘米（图三三一，1）。

标本 M187A：22，四乳四虺镜。圆形，圆纽，圆纽座。座外有一圈由八组短线构成的纹饰，每组由三条短线和一条稍长斜线构成。凸圈纹之外有以两组短斜线纹相间的主纹。主纹是由四乳钉相间的四虺形纹，每虺纹之两侧均有一鸟。素宽平缘。直径 10.5、缘厚 0.4 厘米（图三三一，3；彩版七八，1）。

规矩纹镜　1件

标本 M82：36，规矩四灵镜。圆形，圆纽，四叶纹纽座。座外有方框一匝。方框外每边均连一"T"形纹，其中又以"V"、"L"纹相间饰四乳钉及各种灵兽，灵兽图案已被腐蚀不清。其外有一圈短斜线纹。素宽平缘。直径 11.6、缘厚 0.4 厘米（图三三一，2）。

连弧纹镜　1件。

标本 M010B：53，连弧纹镜（残为几块，缺失）。圆形，四叶纹纽座。纽座外有短斜线纹、内向八连弧纹等纹带。其外的两周短斜线纹之间有镜铭一周，铭文为"……而明，以之为镜宜文章，

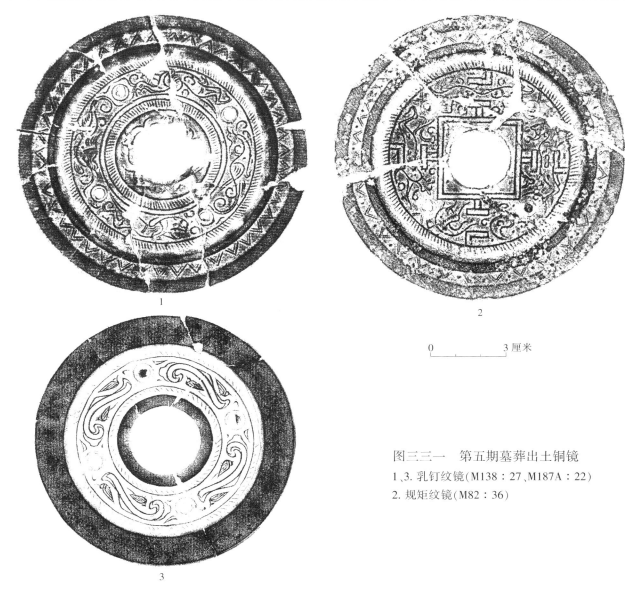

0   3 厘米

图三三一 第五期墓葬出土铜镜
1、3. 乳钉纹镜（M138∶27、M187A∶22）
2. 规矩纹镜（M82∶36）

延年……"。素宽平缘。直径12、缘厚0.4厘米（彩版七八，2）。

铜钱 6件（号），分别出于6座墓中。铜钱应为五铢钱，但大多锈蚀较严重且黏结，字迹模糊，与泥土混合成一团。

标本 M187A∶24，五铢钱，约6枚。锈蚀严重。五铢钱纹依稀可辨。直径2.5、孔径0.8厘米。

三 铁器

7件（其中为残块而不辨器形的有3件），约占本期出土器物总数的2%。种类有环首刀、镊子。

环首刀 3件。其中1件极残。

标本 M010B∶58，已残，锈蚀严重。扁刃，有扁长柄与环首相接，环首呈椭圆形。残长18.6

厘米（图三三○，4）。

标本 M187A：20，已残，锈蚀严重。扁刃，有剖面为扁长方体柄与环首相接，环首呈扁椭圆形。残长约 16 厘米（图三三○，5）。

镊子　1 件。

标本 M137：33，已残。锈蚀严重。残长 8 厘米（图三三○，6）。

四　滑石器及其他

23 件（号）。其中滑石炉 5 件、滑石璧 1 件、石砚 5 件、串饰 11 件、玉器 1 件。

滑石炉　5 件。以炉之平面形态分型。

B 型　3 件。平面为长方形。以足特征分式。

B 型 I 式　3 件。矮足。

标本 M187A：18，灰白色。平口，斜直腹，平底，底有四个方形足。口长 14.8、宽 11.2、高 5.4 厘米（图三三二，1；彩版七八，3）。

标本 M138：5，灰白色。平口，斜直腹，平底，底有四个方形足。口长 15.6、宽 12、高 4.8 厘米（图三三二，2）。

标本 M137：34，灰白色。平口，斜直腹，平底，底有四个方形足。口长 15.6、宽 12.4、高 6.2 厘米（图三三二，3）。

C 型　1 件。长方形，两端有柄。

标本 M82：24，灰白色。平口，斜直腹，平底。长 27.6、宽 11.2、高 5 厘米（图三三二，4；彩版七八，4）。

D 型　1 件。平面近圆形，两端有柄。

标本 M187B：27，灰白色。平口，弧腹下收，平底。最大径 17.5、高 6.2 厘米（图三三二，5；彩版七八，5）。

滑石璧　1 件。

标本 M010B：62，仅余残块。

石砚　5 件（组）。

标本 M017：9 - 2，细砂岩，深灰色。已残断。扁平，一面磨制，一面较粗糙。残长 5.4、宽 3.9 厘米（图三三二，6）。

标本 M017：9 - 1，细砂岩，深灰色。已残断。扁平，一面磨制，一面较粗糙。残长 6.4、宽 5.6 厘米（图三三二，7）。

标本 M138：4，石质，灰色。一套。已残。由扁平长方形的砚石和一上圆下方的研子组成。长 8.2、宽 4.3、厚 1.4 厘米（图三三二，8；彩版七八，6）。

标本 M187A：21，石质，深灰色。扁长方形，一面磨光，另一面较粗糙。长 12.8、宽 5.3、厚 0.8 厘米（图三三二，9）。

图三三二 第五期墓葬出土滑石炉、石砚

1~3. B 型 I 式滑石炉（M187A：18、M138：5、M137：34） 4. C 型滑石炉（M82：24） 5. D 型滑石炉（M187B：27） 6~11. 石砚（M017：9－2、M017：9－1、M138：4、M187A：21、M1：5、M71：18）

标本 M1：5，石质，深灰色。一套。已残。由扁平长方形的砚石和一圆形研子组成。长10.8、宽4.2、厚0.8厘米（图三三二，10）。

标本 M71：18，石质，深灰色。仅余研子。已残。扁平，上圆下方。长3、宽2.7、厚1厘米

（图三三二，11）。

串饰 11 件（号）。分别出于 9 座墓中，共约 1798 粒，按质类计有：玻璃 1782 粒，玛瑙 13 粒，玉石 1 粒，琥珀 2 粒。串珠形态多样，玻璃串珠主要是圆珠形，大小不一，蓝色、深蓝、绿色为常见颜色，也有棕、褐、黄等色。玛瑙串珠有圆柱形、鼓腹棒形等，以棕红为常见颜色。绝大多数中有圆孔。各墓所出串饰，位置已散乱，原串配方式不明。

标本 M81：8，约 87 粒。为深蓝色圆珠形玻璃串珠，中穿圆孔。大小不均匀，直径约 0.3~0.6 厘米（彩版七九，1）。

标本 M82：26、39，约 601 粒。其中有 600 粒为玻璃串珠，主要为天蓝色圆珠形，少数为褐色，另有 3 粒为淡蓝色呈扁长体和圆柱形。圆珠径 0.4~0.6 厘米，圆柱形长约 1.2 厘米；有一颗玛瑙耳珰，淡紫色，长约 1.3 厘米（彩版七九，2）。

标本 M187B：29，约 72 粒。为蓝色圆珠形玻璃串珠，中穿圆孔。大小不均匀，直径约 0.4~0.6 厘米。

标本 M187A：23，约 800 粒。为蓝色、深蓝圆珠形玻璃串珠，中穿圆孔。大小不均匀，直径约 0.5~1 厘米（彩版七九，3）。

标本 M010B：39、57，约 224 粒。其中有玻璃串珠约 212 粒，绝大多数的圆珠形玻璃串珠颗粒极小，中穿圆孔，直径约 0.08~0.1 厘米，颜色有棕、褐、黄色。有部分圆珠形玻璃串珠颗粒较大，颜色多为天蓝色，直径约 0.5 厘米，个别较大者径可达 1.2 厘米。有玛瑙串珠 10 粒，为鼓腹棒形和圆柱形，中穿圆孔，颜色以橙红色多见。大小不一，小者长约 1.2 厘米，较长者约 4.5 厘米；有琥珀串珠 2 粒，柱形，褐色，长约 1.2~1.5 厘米。

玉器 1 件。

标本 M112：4，残块。

第七章 分期与年代

现根据墓葬形制、随葬品种类和组合形式、典型器物等不同的变化，可把这批墓葬划分为五期。这五期墓葬的分期特征及演变规律都是相互衔接，且自成序列（见表）。

这批墓葬均没有出现相互叠压和打破关系，也没有纪年墓的发现。因此，这批墓葬的断代主要依靠各期墓葬分期特征的纵向比较而确认其早、晚关系，同时通过与岭南地区及周边地区已发表的考古材料进行横向对比来推断其相对年代。

第一节 第一期墓葬的分期特征与年代

第一期墓共 64 座。墓葬形制主要为没有墓道的长方窄坑和长方宽坑墓，以窄坑墓略多。有墓道的墓仅 1 座。有一些墓葬有生土或熟土二层台结构，以生土二层台为多数。

根据已发表的资料来看，广西地区长方土坑窄坑墓在春秋、战国开始流行并一直延续到西汉时期较早阶段，而长方宽坑墓大约在战国时代略偏晚阶段出现并流行。如广西武鸣马头元龙坡春秋墓葬均为长方窄坑墓，长宽比高达 4∶1，墓室宽约 0.6 ~ 0.8 米[①]。

平乐银山岭战国墓的 I 型墓为长方窄坑墓，长宽比约为 3∶1，墓室宽 0.7 ~ 1.2 米。II 型墓为长方宽坑墓，长宽比为 2∶1，墓室宽 0.8 ~ 2 米[②]。广西贺县发现的西汉早期墓几乎均为长方宽坑墓，墓室宽度均为 2 米以上[③]。本报告的第一期墓葬分为长方窄坑墓、长方宽坑墓，而且长方宽坑墓数量已占墓葬总数的 40% 以上，窄坑墓墓室宽 0.75 ~ 2.3 米，宽坑墓墓室宽 1.32 ~ 2.8 米。由此可见，这期墓葬的年代上限应不会早于战国晚期，基本应属西汉早期墓葬。

随葬品主要有陶器、铜器及少量铁器，以陶器占绝大多数。每座墓的随葬品均较少，M168 随葬品最多，出土 16 件。一般墓葬约 2 ~ 5 件，也有只出 1 件陶器的墓，有部分墓葬甚至没有发现任何随葬品。

出土的陶器绝大多数为生活用具，铜器大致可分为生活用具和兵器两类，铁器亦大致可分为

---

① 广西壮族自治区文物工作队等：《广西武鸣马头元龙坡墓葬发掘简报》，《文物》1988 年第 12 期。

② 广西壮族自治区文物工作队：《平乐银山岭汉墓》，《考古学报》1978 年第 4 期。

③ 广西壮族自治区文物工作队：《广西贺县河东高寨西汉墓》，《文物资料丛刊》第 4 期，文物出版社，1981 年。

五期典型陶器发展演变关系表

类别	型式	分期 一	二	三	四	五
瓮 A型	AI	━━	━━			
	AII	━━	┄┄	━━		
	AIII		━━			
	AIV			━━		
瓮 B型			━━	━━	━━	
瓮 C型			━━	━━	━━	━━
瓮 D型						━━
罐 A型	AI	━━	━━			
	AIIa	━━				
	AIIb	━━	━━			
	AIII	━━	━━	━━		
	AIV	━━				
	AV		━━			
罐 B型	BI	━━				
	BII	━━				
罐 C型	CI	━━	━━	━━	━━	
	CII	━━	━━	━━		
	CIII	━━	━━	━━	━━	
	CIV	━━	━━			
	CV		━━	━━	━━	
	CVI		━━			

续表

分期＼型式	罐																		
类别	C 型		D 型			E 型							F 型						
型式	CⅦ	CⅧ	DⅠ	DⅡ	DⅢ	EⅠ	EⅡ	EⅢ	EⅣ	EⅤ	EⅥ	EⅦ	FaⅠ	FaⅡ	FaⅢ	FaⅣ	FaⅤ	FaⅥ	FaⅦ
一			━━	━━															
二	━━	━━	━━			━━	━━	━━	━━	━━	━━	━━	━━	━━	━━	━━			
三					━━	━━	━━						━━			━━			
四					━━		━━									━━	━━	━━	
五																━━			━━

续表

类别	型	式	一	二	三	四	五
罐	F型	Fb I			━━━	━━━	━━━
罐	F型	Fb II			━━━	━━━	
罐	F型	Fb III			━━━	━━━	
罐	G型	G I			━━━	━━━	
罐	G型	G II				━━━	
罐	H型	Ha I a			━━━	━━━	━━━
罐	H型	Ha I b				━━━	━━━
罐	H型	Ha I c				━━━	━━━
罐	H型	Ha II			━━━	━━━	━━━
罐	H型	Hb I a				━━━	
罐	H型	Hb I b				━━━	━━━
罐	H型	Hb I c					━━━
罐	H型	Hb II				━━━	
罐	I型	I I				━━━	━━━
罐	I型	I II				━━━	
罐	I型	I III				━━━	
罐	I型	IV				━━━	
罐		IV					━━━

续表

类别	罐				折肩罐										双耳罐			
型式	J 型				A 型	B 型				C 型		D 型	E 型	F 型	A 型			
分期	J I	J II	J III	J IV		B I	B II	B III	B IV	C I	C II				Aa	Ab I	Ab II	Ab III
一					—	—	—			—	—	—	—		—			
二						—	—	—	—	—	—			—		—	—	—
三											----							
四											----							
五	—	—	—	—							—							

续表

类别	型式		分期一	分期二	分期三	分期四	分期五
五联罐	E型			▬▬▬	▬▬▬	▬▬▬	▬▬▬
	D型			▬▬▬	▬▬▬		
	C型	CⅡ		▬▬▬			
		CⅠ		▬▬▬	▬▬▬		
	B型		▬▬▬				
	A型	Ab		▬▬▬			
		Aa	▬▬▬	▬▬▬			
四耳瓮	B型			▬▬▬			
	A型			▬▬▬			
四耳罐	E型						▬▬▬
	D型						▬▬▬
	C型					▬▬▬	
	B型			▬▬▬	▬▬▬	▬▬▬	▬▬▬
	A型			▬▬▬	▬▬▬	▬▬▬	
双耳罐	E型						▬▬▬
	D型						▬▬▬
	C型			▬▬▬			
	B型	BⅡ		▬▬▬			
		BⅠ		▬▬▬	- - -	▬▬▬	▬▬▬

续表

类别	型式	分期一	分期二	分期三	分期四	分期五
盒	A型	────	╌╌╌╌	╌╌╌╌	────	
盒	B型	────				
盒	C型	────				
盒	D型		────			
三足盒	A型	────				
三足盒	B型	────────				
瓿	A型	────				
瓿	B型	────────				
瓿	C型	────────				
瓿	D型		────			
瓿	E型			────		
瓿	F型			────		
盂	A型 AⅠ		────			
盂	A型 AⅡ		────────			
盂	A型 AⅢ		────			
盂	B型 BⅠ		────			
盂	B型 BⅡ		────────────			

续表

类别	型式		一	二	三	四	五
筒	C型					▬	
	B型					▬	
	A型	AⅢ					▬
		AⅡ				▬	
		AⅠ		▬	┈	▬	
提筒	F型						▬
	E型				▬		
	D型	DⅡ			▬		
		DⅠ			▬		
	C型			▬			
	B型		▬				
	A型		▬				
盂	G型					▬	
	F型					▬	
	E型				▬▬▬▬▬▬		
	D型				▬▬▬▬		
	C型				▬▬▬▬▬▬		

续表

类别	小杯						壶										
型式	A型		B型			C型	A型	B型	C型	D型	E型	F型	G型		H型		
分期	AⅠ	AⅡ	BⅠ	BⅡ	BⅢ	C型	A型	B型	C型	D型	E型	F型	GⅠ	GⅡ	HⅠ	HⅡ	
一	━	━	━	━	━	━	━	━	━	━	━						
二	━	━	━	━								━	━		━	━	
三			━											━		━	
四																	
五																	

续表

类别	型	式	一	二	三	四	五
鼎	E型	EⅡ			▬▬▬		
	E型	EⅠ		▬▬▬			
	D型		▬▬▬				
	C型		▬▬▬▬▬▬▬▬				
	B型		▬▬▬				
	A型		▬▬▬				
壶	L型					▬▬▬	
	K型	KⅢ					▬▬▬
	K型	KⅡ				▬▬▬▬▬▬▬▬	
	K型	KⅠ				▬▬▬▬▬▬▬▬	
	J型	JⅡb				▬▬▬	
	J型	JⅡa		▬▬▬▬▬▬▬▬▬▬▬▬			
	J型	JⅠb		▬▬▬			
	J型	JⅠa		▬▬▬▬▬▬▬			
	I型	Ⅲ		▬▬▬▬▬▬▬▬▬▬▬▬			
	I型	Ⅱb		▬▬▬			
	I型	Ⅱa		▬▬▬▬▬▬▬▬▬▬▬▬			

续表

分期 \ 类别·型·式	鼎 F型 FI	鼎 F型 FII	鼎 G型	鼎 H型	鼎 I型	鼎 J型	盆 A型 AI	盆 A型 AII	盆 B型 BI	盆 B型 BII	盆 C型	盘口罐 A型 AI	盘口罐 A型 AII	盘口罐 B型 BI	盘口罐 B型 BII	盘口罐 C型 CI	盘口罐 C型 CII
一																	
二																	
三	——						——		——								
四		——	——	——			——	——	——	——		——	——	——	——		
五					——	——	——	——	——	——	——	——	——	——	——	——	——

续表

类别	盘口罐		仓					屋				灶					
型	D型	E型	A型		B型			A型		B型	C型	A型	B型				
式\分期			AⅠ	AⅡ	BⅠ	BⅡ	BⅢ	AⅠ	AⅡ				BⅠ	BⅡ	BⅢ	BⅣ	BⅤ
一																	
二			━									━	━				
三			┈	━	━			━					━	━	━		
四			━	┈		━		━	━	━			┈		┈	━	━
五	━	━		━		━	━	━	━	━	━		━		━	━	━

续表

分期＼型式	灶 C型				井					F型			
类别／型式	C I	C II	C III	C IV	A型	B型	C型	D型	E型	F I	F II	F III	F IV
一													
二	—				—	—							
三	—	—					—	—	—	—			
四			—				—		—	—	—	—	
五			—	—					—	—	—	—	—

生活用具、兵器、生产工具三类①。除 3 座墓出土的铜器、铁器不能辨识器类外，其余墓葬的随葬品组合可分为五种：

（1）陶生活用具。

（2）陶生活用具 + 金属生活用具。

（3）陶生活用具 + 金属兵器。

（4）陶生活用具 + 金属生活用具 + 金属兵器。

（5）陶生活用具 + 金属生活用器 + 铁生产工具。

从上述分类可知，第（1）～（5）的组合中都有陶生活用器的存在，因此陶生活用器应为当时最主要的随葬品。第（4）种组合应为最完整的组合形态，而第（2）、（3）种组合则可认为是第（4）种的不完整形态。第（5）种比第（2）种多了一类铁生产工具，但在这期墓葬中仅是唯一的特例。以上的随葬品组合似没有反映出时间早晚的不同，随葬品数量、种类的多寡，更多应与墓主人的身份、地位、财富等差异有一定关系。

本期较典型的陶器有以下类型：

瓮　有 A 型（A 型Ⅰ式、A 型Ⅱ式）。数量较少，完整器仅 2 件。其主要特征为鼓肩，腹最大径位置偏上或略偏上。其中 A 型Ⅰ式束颈，底部较小，而 A 型Ⅱ式短颈，腹最大径位置已略下移，形体略胖，具有较明显的汉代早期特征。

罐　有 A（A 型Ⅰ式～Ⅳ式）、B（B 型Ⅰ式、Ⅱ式）、C（C 型Ⅰ～Ⅳ式）、D 型（D 型Ⅰ、Ⅱ式）。

双耳罐　有 A 型（Aa 型）。

折肩罐　有 A、B（B 型Ⅰ、Ⅱ式）、C（C 型Ⅰ、Ⅱ式）、D、E 型。

三足罐　有 A（A 型Ⅰ、Ⅱ式）、B（B 型Ⅰ、Ⅱ式）、C 型。

四联罐　有 A、B（B 型Ⅰ、Ⅱ式）、C 型。

五联罐　有 A（Aa 型）、B 型。

盒　有 A、B、C 型。

三足盒　有 A、B 型。

瓿　有 A、B、C 型。

壶　有 A、B、C、D、E 型。

匏壶　有 A、B 型。

提筒　有 A、B 型。

小杯　有 A（A 型Ⅰ、Ⅱ式）、B（B 型Ⅰ～Ⅲ式）、C 型。

鼎　有 A、B、C、D 型。

釜　有 A（A 型Ⅰ～Ⅲ式）、B（B 型Ⅰ～Ⅲ式）、C 型（C 型Ⅰ～Ⅲ式）。

---

① 为分类方便，下文中所称的金属器包含有铜器和铁器。

　　从陶器的胎质看，本报告第一期墓出土的陶器基本可分夹砂陶和泥质陶，其中一些呈青灰色或灰褐色泥质硬陶器，火候较高，在器表上可看到一些细砂粒，与广西战国墓所出陶器相似。但有一些灰色或灰白色泥质硬陶和泥质软陶，胎质较细腻，基本不见于广西战国墓。

　　从陶器的纹饰看，广西战国墓的陶器流行方格纹、米字纹、水波纹、弦纹、绚纹等。本报告第一期墓葬陶器虽然也有以上纹饰，但以方格纹为地，其上加上圆形、方形或其他形态的戳印纹已普遍存在，这是广西早期汉墓才开始出现并流行的新纹饰。

　　从陶器的类型看，本报告第一期墓葬除已出现了联罐、折肩罐、壶等广西战国墓所没有新器形外，许多陶器的器物形态特征也发生新变化。诸如：A 型陶瓮，其与广西战国墓出土的瓮相比，瓮颈部已变高，器形体也变胖，鼓肩的位置较战国瓮略偏下，肩部隆凸变缓，形态已不如战国墓的瓮廋长；陶罐的变化也较明显，基本是罐的肩部由较隆凸向缓变化，器物最大径位置逐渐下移，多数有短颈，颈部普遍增高。除 A 型罐尚保留有一些战国遗风外，B、C、D 型罐已与广西战国墓所出有较大差别，尤其 C、D 型罐，已变为鼓腹，腹最大径位置不再是靠上，而是位于中部。陶小杯基本形态与战国的杯相似，但普遍由深腹、小底、折腹位置较高向直腹、浅腹、折腹位置变低、器形扁平而变化。

　　本报告第一期墓葬出土的许多陶器都具有广西、广东西汉早期墓葬出土陶器的风格、特征，现比较如下：

　　（1）A 型陶瓮与贵县罗泊湾 2 号墓出土的瓮（M2：96）相似[1]，也与《广州汉墓》西汉前期墓的 Ⅲ 型瓮相似[2]。

　　（2）A 型陶罐与贵罗泊湾一号墓出土的罐（M1：347）相似[3]，也与《广州汉墓》西汉前期墓 B 类罐相似。

　　（3）A 型陶三足罐与《广州汉墓》西汉前期墓 Ⅰ 型三足罐相似。

　　（4）A 型陶四联罐与《广州汉墓》西汉前期墓 Ⅰ 型四联罐相似。

　　（5）A 型陶盒与《广州汉墓》西汉前期墓 Ⅰ 型陶盒相似。

　　（6）B 型盒与《广州汉墓》西汉前期墓 Ⅰ 型②式小盒相似。

　　（7）B 型三足盒与《广州汉墓》西汉前期墓 Ⅰ 型三足盒相似。

　　（8）A 型陶小杯与《广州汉墓》西汉前期墓 Ⅱ 型①式碗相似；B 型陶小杯与《广州汉墓》西汉前期墓 Ⅰ 型①式碗相似。

　　综上所述，本报告第一期墓葬的墓葬形制、随葬品种类和组合形式以及不少的出土器物都与两广地区西汉早期汉墓出土器物相似或相同，出土器物中也有较多的典型"汉式"器物。同时，

[1]　广西壮族自治区博物馆：《广西贵县罗泊湾汉墓》，文物出版社，1988 年。

[2]　广州市文物管理委员会、广州市博物馆：《广州汉墓》第 93 页，文物出版社，1981 年（文中凡有论及《广州汉墓》的，出处均与此相同，不再重复注释）。

[3]　广西壮族自治区博物馆：《广西贵县罗泊湾汉墓》，文物出版社，1988 年。

器物中也没有晚至西汉中期的典型器物。因此，这期墓的年代应属西汉早期墓，其绝对年代应与《广州汉墓》的西汉早期墓相当。

但是，《广州汉墓》西汉前期墓的绝对年代上限为公元前219年（秦始皇二十八年），下限为公元前111年（汉武帝元鼎六年），其上限已超出汉代之开始，而把秦代包含进去。由于本报告的第一期墓葬没有发现能确认的秦代墓葬，所以第一期墓葬年代上限应为公元前206年（西汉始年），下限则为公元前111年（汉武帝元鼎六年）。

第二节　第二期墓葬的分期特征与年代

第二期墓共36座。墓葬形制主要仍为长方窄坑和长方宽坑土坑墓，但有墓道的墓已普遍增多，长方窄坑土坑墓渐趋消失，宽坑土坑墓已占所有墓葬的大多数。已不见生土二层台结构。

随葬品主要有陶器、铜器、铁、滑石器等，以陶器占绝大多数。与第一期墓葬相比，墓葬的随葬品已普遍增多。M126随葬品最多，出土42件，多数墓葬的随葬品为10件以上。

陶器和金属器的随葬品组合仍可分五种，组合形式基本与第一期相同。但是单纯只用陶生活用具（第［1］种）随葬的墓葬数量已明显减少，而以陶生活用具＋金属生活用具（第［2］种）的随葬组合形式则成为多数。另外，随葬的陶器除生活用具外，还开始出现了仓、灶、井等明器。

本期出土的陶器中有不少与第一期墓葬相同，但是已有不少新的陶器种类出现，有些陶器的形态也有了新的变化。本期出土的泥质灰白硬陶所占出土陶器的比例已提高，陶器的质量也有较大的提高。如一些泥质灰白硬陶，其胎质更细致，普遍施青黄、黄褐釉，而且釉色明亮、光泽和胎釉结合度等已普遍较第一期好，但器表釉面仍大面积脱落。

新出现的陶器种类主要有四耳罐、四耳瓮、仿双耳罐、钫、盂、筒、仓、灶、井等；新出现的陶器类型主要有B型瓮、C型瓮、C型V式罐、E型罐、F型罐、C型五联罐、D型盒、H型壶、I型壶、J型壶等。与第一期相比，本期的陶瓮、陶罐、陶壶等都属形态变化都较为明显的典型器物。如A型陶瓮是肩部隆凸，而B型则是腹部隆凸，由A型器腹最大径靠上向B型的中部下移。瓮口沿下折较斜也是本期的新变化。第一期的陶罐口沿大多为平沿或平沿微外斜，不见口沿下折的罐，而第二期C型V式罐的口沿已下折。H、I、J型壶都是本期才有的器型，陶壶的总体变化系由早期形态不太规范向规范化演变，壶的腹部略有收束，圈足开始增高。

综上所述，本期的墓葬形制和出土器物既保留有较多第一期的种类和特点，同时又有新的变化和新的器物种类出现，表明这两期在时间上的相互衔接和早晚关系。

由于历史及一些客观因素，长期以来，广西地区已发掘的西汉墓葬主要分为早、晚两期，两期的分界点是公元前111年。虽然偶有人在一些发掘报告中把一些墓断代为西汉中期，但资料却较为零星、欠缺。从广西已公布西汉墓葬资料看，本期墓葬大约应处于晚于西汉早期，早于西汉晚期的阶段。

据比较，本期的许多出土器物与《广州汉墓》西汉中期的器物相似或相同，如B、C型陶瓮与《广州汉墓》西汉中期普遍出现的Ⅳ型瓮相似；E型陶罐与《广州汉墓》西汉中期普遍出现的B类Ⅳ型①式罐相似；D型陶盒与《广州汉墓》西汉中期普遍出现的Ⅱ型盒相同；H、I、J陶壶与《广州汉墓》西汉中期才出现Ⅵ型壶相似。同时，也未发现两广地区西汉晚期的典型器物，因此，这期墓的年代应属西汉中期，其绝对年代应与《广州汉墓》的西汉中期墓相当。

第三节　第三期墓葬的分期特征与年代

第三期墓共16座。墓葬形制为长方窄坑（Aa、Ac型）和长方宽坑土坑墓（Ba、Bc型），其中有墓道的长方宽坑土坑墓（Bc型）为绝大多数。

随葬品仍为陶器、铜器、铁、滑石器等，以陶器占绝大多数。与第二期墓葬相比，每座墓葬的随葬品也普遍增多，其中M70随葬品最多，出土63件。多数墓葬的随葬品都在20件以上。

出土陶器有不少与第二期墓葬的陶器相同，但有些陶器的形态有了新的变化，也出现不少新的陶器种类。同时，第一期常见的小杯、三足盒、三足罐、A型罐等器物和器形在本期已几乎绝迹。据观察，本期陶器的器形规整、器壁均匀、釉色光泽、烧造火候都比第二期有了提高。除明器外，泥质软陶器所占的比例很小。新出现的陶器种类主要有盆、奁、细颈瓶、杯、卮、熏炉、屋等，而典型陶器中的罐、瓿、提筒、盂、井等都有新的类型出现。诸如本期C、E、Fa型罐依然流行，但已出现D型Ⅲ式罐、Fb型罐、G型罐、H型罐新的形态。其中Fb型陶罐的主要特征为器形较扁且腹最大径位置偏下，口沿绝大多数为下折沿，口沿之后端与罐口之夹角已较尖锐。G型罐腹部近似圆球，泥质硬陶，素面。第一、二期硬陶罐器表多饰方格纹，素面或仅饰一、两道弦纹的陶罐始见于本期，但数量较少，到第四期后，素面陶罐的数量有较大增长；Ha型罐的特征为腹部向外较为尖凸，上腹与下腹长度大约相同；本期仍有A、B型盂，但已出现C、D、E型盂，D、E型盂均已垂腹，其中E型盂为扁垂腹，数量也较多；F型瓿、D型提筒、F型鼎及C、D、E、F型井等都属本期新见类型。

第三期墓葬随葬品中的一些陶器、铜器、滑石器与广西、广东西汉晚期墓出土的同类器物相似或相同，现比较如下：

（1）Fb型陶罐与合浦凸鬼岭西汉晚期墓出土的Ⅱ式陶罐（M201A∶8）相似、Ha型罐与合浦凸鬼岭西汉晚期墓出土的Ⅲ式陶罐（M202A∶15）相似①。

（2）F型Ⅰ式陶鼎与合浦凸鬼岭西汉晚期墓出土的陶鼎（M202A∶17）相似。

（3）A型Ⅰ式陶盆（M01∶9）与合浦堂排西汉晚期墓出土的盆（M2A∶13）较相似，两者均为凸腹、平底②。

---

① 广西壮族自治区博物馆、合浦县博物馆：《广西合浦县凸鬼岭清理两座汉墓》，《考古》1986年第6期（文中凡有引述"合浦凸鬼岭西汉晚期墓"者，出处均与此相同，不再重复注释）。

② 广西壮族自治区文物工作队：《广西合浦县堂排汉墓发掘简报》，《文物资料丛刊》4，1981年（文中凡有引述"合浦堂排西汉晚期墓"者，出处均与此相同，不再重复注释）。

（4）D 型提筒与合浦堂排西汉晚期墓出土的提筒（M4：13）、合浦望牛岭西汉晚期木椁墓出土的提筒相似①。E 型提筒与《广州汉墓》西汉晚期墓开始流行的 V③式提筒相似。

（5）D、E 型盂与《广州汉墓》Ⅳ 型盂相似，《广州汉墓》的 Ⅳ 型盂始见西汉中期（仅 1件），西汉晚期开始流行。

（6）A 型细颈瓶与《广州汉墓》西汉晚期墓开始出现的细颈瓶相似。

（7）A、B 型熏炉与《广州汉墓》西汉中、晚期的 Ⅱ 型熏炉相似。

（8）陶卮为本期新出现的器类，分 A、B 两型，A 型为圈足，B 型为台足。《广州汉墓》的陶卮西汉早期已有发现，西汉中期有三足陶卮，直到西汉晚期才出现台足与圈足陶卮。文昌塔出土的 A 型卮与《广州汉墓》西汉晚期异形卮较相似。

（9）A 型杯（M05A：32）与《广州汉墓》西汉晚期 Ⅱ 型①式碗相似；B 型杯（M70：55）与《广州汉墓》西汉晚期 Ⅱ 型杯相似。

（10）A 型铜锅分别与合浦堂排西汉晚期墓出土的铜锅（M2B：16）、合浦望牛岭西汉晚期木椁墓出土铜锅相似或相同。

（11）A 型铜樵壶与合浦望牛岭西汉晚期木椁墓出土的相似。

（12）A 型铜壶、B 型 Ⅰ 式提梁铜壶与合浦望牛岭西汉晚期木椁墓出土的相似。

（13）C 型滑石鼎与合浦堂排西汉晚期墓出土的 M2A：6 相似。

（14）B 型 Ⅰ 式滑石炉与合浦堂排西汉晚期墓出土的 M2A：9 滑石炉相似。

综上所述，第三期墓葬的墓葬形制及随葬品都具有较明显的岭南西汉晚期特征，同时均没有发现东汉早期的典型器物，因此，可以推断第三期墓葬的年代应属西汉晚期，其年代的上、下限也应与《广州汉墓》西汉后期墓的上、下限大致相当。

第四节　第四期墓葬的分期特征与年代

第四期墓共 36 座。墓葬形制有长方窄坑（Aa、Ac 型）、长方宽坑土坑墓（Bc 型）、砖木合构墓（C 型）、单室砖墓（Da、Db 型）、双室砖墓（Ea、Eb 型）。砖木合构墓、单室砖墓、双室砖墓是这期新见的墓型，占本期墓葬的绝大多数。

随葬品仍为陶器、铜器、铁器等，以陶器占绝大多数。土坑墓随葬品尚保存较为完好，数量亦较多，但砖室墓大多早年被盗，墓内的随葬品已所剩不多。

出土陶器有不少与第三期墓葬的陶器相同，但有些陶器的型式已有了新的变化。诸如陶罐依然有 C、D、E、F、G、Ha、Hb 型，但以 Ha、Hb 型陶罐数量较多，Ⅰ 型陶罐为本期始见；四耳罐依然有 A、B 型，但器表曾流行的方格纹已被素面和一、两道弦纹所取代，同时出现了器腹微垂的 C 型罐（各种类型的陶器都出现一些或较多的素面器，或仅饰以弦纹）；陶鼎 F 型仍见，但出

---

① 广西壮族自治区文物考古写作小组：《广西合浦西汉木椁墓》，《考古》1972 年第 5 期（文中凡引述"合浦望牛岭西汉晚期木椁墓"者，出处均与此相同，不再重复注释）。

现了微垂腹的 G 型和尖凸腹的 H 型鼎；陶屋上层平面为长方体、双层干栏式结构的 A 型依然存在，但上层平面为曲尺形、双层干栏式结构的 B 型已经出现。此外，这期新出现的陶器种类则有盘口罐、筒、陶猪和陶狗等。

第四期墓葬随葬品中的一些陶器、铜器与广西、广东东汉早期墓出土的同类器物相似或相同，现比较如下：

（1）H 型鼎（M015∶33）与广州大宝岗东汉早期墓所出鼎（M2∶27）相似①。也与《广州汉墓》东汉早期Ⅴ式鼎（M4006∶3）相似。

（2）A 型四耳罐（M13∶5）与肇庆康乐中路东汉早期墓出土的四耳罐（M7∶18）较相似②；B 型四耳罐（M06∶14）则与广州大宝岗东汉早期墓所出的四耳罐（M2∶39）③ 以及广西兴安石马坪东汉墓 M2、M10 出土的四耳罐相同④。

（3）A、B 型盘口罐与《广州汉墓》D 类罐相同。据《广州汉墓》的类型划分，D 类罐始见于西汉中期，但极少，西汉晚期有 8 件，东汉早期有 5 件。而广西地区的汉墓葬资料表明，盘口罐应是从东汉早期墓才开始出现及流行的器类。从口沿特征而言，A 型Ⅰ式、B 型Ⅰ式与《广州汉墓》西汉晚期的 M3027∶59 相似，而 A 型Ⅱ式、B 型Ⅱ式则与《广州汉墓》东汉早期的 M4007∶49 相似。从腹部特征而言，A、B 型盘口罐大约介于《广州汉墓》的 M3027∶59 与 M4007∶49 两者之间。另外，B 型Ⅰ式盘口罐与柳州市郊一座东汉早期墓的Ⅱ式罐相似⑤；B 型Ⅱ式盘口罐（M131∶13）与肇庆康乐中路东汉早期 M7 墓的 C 型陶罐（M7∶76、M7∶52）则基本相同⑥。

（4）B 型Ⅲ式陶碗（M185∶6）与肇庆康乐中路东汉早期墓 M7 的 A 型豆（M7∶30）较相似⑦。

（5）陶耳杯（M192∶2）与肇庆康乐中路东汉早期墓 M7 的陶耳杯（M7∶4）相同⑧。

（6）B 型Ⅱ式陶灯（M139∶2）与肇庆康乐中路东汉早期墓 M7 陶灯（M7∶17）相似⑨。

（7）B 型Ⅱ式陶盆（M75∶7）与肇庆康乐中路东汉早期墓 M7 陶盆（M7∶8）相似⑩。

（8）B 型陶细颈瓶（M75∶1）腹部比第三期的 A 型要扁凸，与《广州汉墓》东汉早期Ⅱ型瓶

① 广州市文物考古研究所：《广州市先烈路大宝岗汉墓发掘简报》，《广州文物考古集》第 250 页，文物出版社，1998 年。

② 广东省文物考古研究所：《肇庆古墓》，科学出版社，2008 年。

③ 广州市文物考古研究所：《广州市先烈路大宝岗汉墓发掘简报》，《广州文物考古集》第 250 页，文物出版社，1998 年。

④ 广西壮族自治区文物工作队：《广西考古文集》，文物出版社，2004 年。

⑤ 柳州市博物馆：《柳州市郊东汉墓》，《考古》1985 年第 9 期。

⑥ 广东省文物考古研究所：《肇庆古墓》，科学出版社，2008 年。

⑦ 广东省文物考古研究所：《肇庆古墓》，科学出版社，2008 年。

⑧ 广东省文物考古研究所：《肇庆古墓》，科学出版社，2008 年。

⑨ 广东省文物考古研究所：《肇庆古墓》，科学出版社，2008 年。

⑩ 广东省文物考古研究所：《肇庆古墓》，科学出版社，2008 年。

（M4005∶32）较相似，也与广州大宝岗东汉早期墓所出的瓶（M2∶35）相似①。

（9）A 型铜碗（M100∶1）与《广州汉墓》东汉早期Ⅱ型碗（M4029∶1）相似；B 型铜碗（M016A∶1）与《广州汉墓》东汉早期Ⅰ型碗（M4013∶丙1）相似。

综上所述，第四期墓葬的墓葬形制及随葬品都具有较明显的岭南东汉早期特征，同时均没有发现东汉晚期的典型器物，因此，可以推断第四期墓葬的年代应属东汉早期，其年代的上、下限也应与《广州汉墓》东汉早期墓的上、下限大致相当。

第五节　第五期墓葬的分期特征与年代

第五期墓共 23 座。墓葬形制有长方窄坑土坑墓 2 座（Ac 型）、长方宽坑土坑墓 1 座（Bc型）、砖木合构墓 3 座（C 型）、单室砖墓 8 座（Da、Db 型）、双室砖墓 8 座（Eb 型）、多室砖墓 1 座（F 型）。砖室墓占绝大多数。

随葬品仍为陶器、铜器、铁器、滑石器等，以陶器占绝大多数。土坑墓随葬品尚保存较为完好，随葬品数量亦较多，但砖室墓大多早年被盗，墓内的随葬品已所剩较少。

出土陶器有很多与第四期墓葬的陶器相同，但一些陶器的型式已有了新的变化。诸如陶瓮有 C、D 型，以瘦椭圆腹的 C 型为绝大多数，丰肩、长腹、口沿下折角度较陡的 D 型是新见的类型；陶罐有 F、Ha、Hb、I、J 等型，其中器形较扁且腹部最大径位置靠下的 Hb 型 Ic 式和 J 型等是新见的类型；陶四耳罐以 B 型为多数，而 D、E 型是新见类型。陶盘口罐扁圆腹的 A 型和长圆腹 B 型依然流行，但已出现 C 型凸腹、D 型扁垂腹、E 型长折腹等新型；陶盆有 A、B、C 型，其中 C 型为新型；陶杯有 D、E、F 型，其中 D、E、F 均为新型。陶鼎有 H、I、J 型，其中 I、J 为新型。陶筒有 A 型，但已不见第四期的圆唇直口的 A 型Ⅰ式和子母口内敛的 A 型Ⅱ式，只有口沿内凹的 A 型Ⅲ式。直腹、器形较矮、口沿内凹的 F 型提筒为新见类型。陶屋有 A、B、C 型，其中单层结构、由曲尺形房屋与直角低围栏的 C 型为新型。此外，这期新出现的陶器种类只有直身罐。

据观察，有些陶器的胎质坚致，器形匀称，釉面光泽较好且较少脱落，除了常见的青黄釉外，还出现了青白釉。有些釉陶器的胎质、釉质及釉色（诸如 M25∶4 的碗和 M25∶5 盂等）已接近原始青瓷的水平。但这个时期却有较多的随葬陶器质地粗糙，火候较低，制作的工艺水平较差，有些陶器的质量甚至不如前期。

第五期墓葬随葬品中的一些陶器与广西、广东东汉晚期墓出土的同类器物相似或相同，现比较如下：

（1）E 型四耳罐（M106∶2）与《广州汉墓》的东汉晚期Ⅳ型四耳罐（M5080∶32）相似。

（2）C 型陶盆（M010B∶59）与《广州汉墓》的东汉晚期Ⅳ型盆（M5060∶22）相似。

---

① 广州市文物考古研究所：《广州市先烈路大宝岗汉墓发掘简报》，《广州文物考古集》第 250 页，文物出版社，1998年。

（3）A 型 I 式陶盆（M71：13）与《番禺汉墓》的 Ac 型陶盆（M6：1）相似①。

（4）C 型盘口罐与合浦九只岭东汉晚期墓出土的 B 型 III 式罐（M6b：22）相似②。

（5）C 型直身罐（M102：5）与合浦风门岭东汉晚期墓出土的直身罐（M24A：22）相似③。

（6）D 型陶熏炉（M017：19）与《番禺汉墓》的 Ab 型陶熏炉（M7：14）较相似、C 型熏炉（M010B：55）则与《番禺汉墓》的 Bb 型 II 式熏炉形态大致相近。

（7）E 型双耳罐（M135：1）与《番禺汉墓》的 Aa 型双耳罐（M28：13）相似。

（8）C 型陶盆（M010B：59）与《番禺汉墓》的 Bb 型陶盆相似（M8：17）。

（9）A 型直身罐（M25：3）与合浦九只岭东汉晚期墓出土的直身罐（M3：6）相似。

（10）B 型细颈瓶（M017：11）与《番禺汉墓》的 C 型细颈瓶（M7：5）相似。

综上所述，第五期墓葬的墓葬形制及随葬品都具有较明显的岭南东汉晚期特征，同时均没有发现晚于东汉晚期的典型器物，因此，可以推断第五期墓葬的年代应属东汉晚期，其年代的上、下限也应与《广州汉墓》东汉晚期墓的上、下限大致相当。

① 广州市文物考古研究所、广州市番禺区文管会办公室：《番禺汉墓》，科学出版社，2006 年（文中凡引述《番禺汉墓》的材料，出处均与此同，不再重复注释）。

② 广西壮族自治区文物工作队、合浦县博物馆：《广西合浦县九只岭东汉墓》，《考古》2003 年第 10 期（文中凡引述"合浦九只岭东汉晚期墓"的材料，出处均与此同，不再重复注释）。

③ 广西壮族自治区文物工作队、合浦县博物馆：《合浦风门岭汉墓》，科学出版社，2006 年。

第八章 结语

1987～1988 年合浦文昌塔汉墓是为了配合当时南宁至北海高速公路的建设用地需要而进行的发掘。这批汉墓是合浦乃至广西地区比较系统且比较有代表性的考古资料，墓葬的年代涵盖了西汉早期至东汉晚期的各个时期，具有较重要的学术价值。我们在整理资料、分析及分期断代的基础上，对与这批墓葬资料相关的一些问题进行探讨。

第一节 文昌塔汉墓与合浦汉墓及广西汉墓的关系

文昌塔这批汉墓大约在今合浦县城西南郊，条状分布于合浦汉墓群四方岭保护区边缘的丘陵坡地。墓葬的形制及随葬品的总体风格特征都与其他墓区发掘的汉墓有较多共同之处。它是合浦汉墓群的组成部分，同时又具有一些自身特点。

这批墓葬可分为西汉早期、中期、晚期和东汉早、晚等五期。迄今为止，除文昌塔汉墓外，合浦汉墓群尚未发现有五期均同区域存在的墓区。据相关资料，合浦其他区域汉墓的年代多为西汉晚期或东汉早、晚期，如凸鬼岭为西汉后期至东汉，堂排为西汉后期，而距今合浦县城距离更远的九只岭、盘子岭、禁山等区域均为东汉墓。风门岭墓区虽为西汉中至东汉，但能初步推断为西汉中期墓仅为一座。较多的西汉早、中期墓葬发现，丰富了合浦汉墓的内容，为研究合浦汉墓及相关学术问题的研究提供了新的资料。同时，也推翻了合浦汉墓没有早期汉墓的说法。

自秦以来，随着中原文化广泛输入，广西地区的社会、经济、文化都有了高速发展，当时主要的交通枢纽及经济发达区域都有大量汉墓分布。广西汉墓主要分布在桂北地区的兴安、全州，桂东北地区的贺州、钟山、昭平，桂东和桂东南地区梧州、苍梧、桂平、贵港，桂中地区的柳州、柳江、象州，桂南沿海地区的合浦等。合浦汉墓群分布地域较广，墓葬数量较大，属广西汉墓群中最大规模的墓区之一。

广西汉墓的断代最初主要是通过与中原地区或周边地区的汉墓资料比较而确认，到 1981 年后，《广州汉墓》通过对大量汉墓的系统整理、归纳、研究，确立了广州汉墓的西汉早、中、晚期和东汉早、晚期的分期标准。此后，广州汉墓的分期标准也成为广西汉墓分期断代的重要标尺。长期以来，广西汉墓只能划分为西汉早、西汉晚、东汉早、东汉晚四期。直到 1991 年贵港深钉岭汉墓的发掘，其第一期墓葬才开始被推断为西汉中期。2004 年合浦风岭 M27 和 2006 年发掘的桂平大塘城 M1001、M1002 墓也被推断为西汉中期墓。但是由于上述中期墓葬不仅数量很少，而且分布在远距离的不同地区，没有足够的材料支持归纳出西汉中期墓葬及典型器物特征。另外，由于广西汉墓研究中，还没有形成更适合于本区域的分期断代的标尺，所以有些墓葬的断代会出现歧义。如合浦风门岭 10 号汉墓，原发掘报告断代为东汉早期，后来有人认为该墓年代应为东汉晚期。文昌塔这批汉墓中共有西汉中期墓 36 座，这是已发掘的广西西汉中期墓葬数量最多的一处墓地，丰富了广西地区西汉中期墓资料，使西汉中期墓的分期特征与典型器物有了更明晰的概念。

文昌塔这批汉墓的五期墓葬各期相互衔接，自成序列，墓葬形制及各期器物类型的演变都比较清晰，它不仅完善了合浦汉墓分期断代的标准，而且为广西汉墓的分期断代研究、汉墓编年系列的构建和广西汉墓区域特征、发展关系提供了新的资料。

第二节　关于汉代合浦郡治、海上丝绸之路等问题的探讨

汉武帝元鼎六年（公元前 111 年）冬平定南越，在原三郡地分设南海、苍梧、郁林、合浦、交趾、九真、日南、儋耳、朱崖九郡。合浦郡下辖五县，即徐闻、高凉、合浦、临允、朱卢。由于《汉书·地理志》把徐闻列为首县，故有人据此认为合浦郡治先设在徐闻，到东汉时才迁移到合浦，如阮元《广东通志·郡县沿革表二》：合浦郡下记作元鼎六年置，治徐闻县，后汉徙合浦县。《汉书·地理志》虽把徐闻列为首县，但却未注明徐闻为郡治所在。《后汉书·郡国志》重载合浦郡县，则把合浦列为首县，并说明"凡县名先书者，郡所治也"，确认合浦县为合浦郡治所。据学者雷坚编著的《广西建置沿革考录》的考订：郦道元《水经注》"郁水"条下载，郁水又东径高要县，牢水注之，牢水南出交州合浦郡治合浦县，汉武元鼎六年平南越所置也。杜佑《通典》"廉州"下载，秦象郡地，汉置合浦郡，后汉同；"雷州"下载，秦象郡地，二汉以后并属合浦郡地。唐雷州位于今雷州半岛，徐闻县属之。从《通典》的记载看，徐闻县在西汉不曾为合浦郡治。王象之《舆地纪胜》在"廉州"条下则写明汉平南越置合浦郡，今州即合浦郡理也；在"合浦"县下又载，倚郭，本汉合浦郡。《太平寰宇记》、《二十五史补编·汉书地理志补注》均与上同。因此，从文献记载看，汉武帝平南越所置的合浦郡郡治就在今合浦，徐闻县在西汉不曾为合浦郡治，没有徙郡治之可能。

从文物考古资料看，汉代合浦郡治应设在今合浦县。合浦县城廉州镇附近遍布汉墓，墓群的分布范围南北长 13、东西宽 6 千米，地面可见封土的墓葬达 1000 多座，如考虑那些封土早已湮没而地下墓室尚存的墓葬，其总数估计约有 5000 座。汉墓年代从西汉早期延至东汉末年。数目如此巨大的墓群，说明该区域应是当时政治、经济、文化的中心。而徐闻县四周没有大量的汉墓分布，只发现有少量的东汉时期平民墓，没有发现西汉墓葬。因此，徐闻不存在西汉设郡的可能。

文昌塔发现的这批西汉早、中期墓葬，反映南越国时期合浦已成为经济、文化的发达地区，具备设立郡、县治所的条件。合浦临海，是适宜海上商贸的港口。据《汉书·地理志》载："自日南障塞、徐闻、合浦船行可五月，有都元国；又船行可四月，有邑卢没国；又船行可二十余日，有谌离国；步行可十余日，有夫甘都卢国。自夫甘都卢国船行可二月余，有黄支国，民俗约与珠

崖相类。其州广大，户口多，多异物，自武帝以来皆献见。有译长，属黄门，与应募者俱入海市明珠、璧流离、奇石异物，赍黄金杂缯而往。所至国皆禀食为耦，蛮夷贾船，转送致之。亦利交易，剽杀人。又苦逢风波溺死，不者数年来还。大珠至围二寸已下。平帝元始中，王莽辅政，欲耀威德，厚遗黄支王，令遣使献生犀牛。自黄支船行可八月，到皮宗；船行可二月。到日南、象林界云。黄支之南，有已程不国，汉之译使自此还矣"。从文献记载看，合浦于汉武帝设郡之后，又成为中国官方商船前往东南亚各国进行商贸活动的重要港口之一。在合浦汉墓中出土的一些玻璃、水晶、玛瑙、琥珀制品和香料、金花球等物品应是从东南亚诸国海路输入。合浦文昌塔西汉早、中期墓有一些各种质地的串珠出土，它们也有可能是从海外输入。它反映了在汉武帝派遣官方商船于合浦出海以前，当地民间应有过或许是小规模的、短程的海上贸易活动。其实践经验的积累，才使汉代官方的商船大规模的、远程的海外贸易成为可能。

汉代合浦郡城址和合浦港口的具体位置在哪里？至今还是一个谜。2008 年间始，广西文物工作队在合浦县城西廉州草鞋村遗址的发掘，为寻找汉代合浦郡城址带来希望。该遗址是文物普查时发现，开始曾被认为是汉代窑址，后来在遗址的继续发掘中，发现了汉代水井及与房屋建筑有关的板瓦、筒瓦，故有人认为草鞋村遗址有可能为汉合浦郡治城址。但该遗址的准确年代和性质，尚有待深入研究及发掘资料的正式发表。至于汉代合浦港的出海港口，虽然较多学者认为应在今廉州镇西南附近的地域，但是，具体的位置尚待新的考古材料来证明。

附表　文昌塔汉代墓葬登记表

墓号	墓型	墓向	墓葬概述	随葬品	期别
M01	Ac	60°	长方窄坑墓，有斜坡墓道。墓坑长 5、宽 2.2、深 0.99 米。墓内填土为灰黑色沙黏土	共 46 件（号），其中陶器 30 件、铜器 10 件、铁器 1 件、滑石器 2 件、串饰 3 件。陶器有瓮 B2，罐 CⅡ、CV、EⅡ、FbⅠ4、FaⅣ4、异形罐、瓿 E、壶ⅠⅡ2、JⅡa2、盆 AⅠ、小碗、钵、纺轮、仓、灶、井 F、盂 AⅡ、C2、E。铜器有鼎、壶、镳壶、盆、杯、奁、灯、熏炉、釜、镜。铁器有环首刀。滑石器有鼎 C，炉 A。串饰 3	三
M02	Bc	304°	长方宽坑墓。有斜坡式墓道。墓室长 4.84、宽 2.92、深 2.45 米。墓内填土为黄褐色沙黏土。墓底有两条纵列垫木沟	共 29 件（号），其中陶器 23 件、铜器 1 件、滑石器 4 件、串饰 1 件。陶器有瓮 B，罐 CⅡ、CⅣ、EⅠ10、EⅣ，罐（无法分型），五联罐 CⅠ、D，壶 HⅠ、HⅡ，温壶 B，盂 AⅠ3。铜器有奁。滑石器有璧 4。串饰 1	二
M03	Bc	290°	长方宽坑墓。有斜坡式墓道。墓坑长 5、宽 3.15、深 2.3 米。墓内填土为黄褐色沙黏土	共 21 件，其中陶器 14 件、铜器 5 件、铁器 1 件、滑石器 1 件。陶器有瓮 AⅠ，瓮（无法分型）2，罐 CⅠ、EⅠ、EⅡ3，五联罐 CⅠ，壶ⅠⅡ、JⅡa，壶（无法分型），盂 AⅢ，瓿。铜器有壶、盆、奁、镜 2。铁器有残器。滑石器有鼎	二
M04	Bc	300°	长方宽坑墓。有斜坡墓道。墓坑长 6.2、宽 3.7、深 2.2 米。墓内填土为灰褐色沙黏土。墓底两侧各有一条垫木沟	共 28 件（号），其中陶器 16 件、铜器 6 件、铁器 3 件、石器 1 件、串饰 2 件。陶器有瓮 B，罐 EⅠ3、EⅡ3、FaⅠ、FaⅣ，罐（无法分型），壶 HⅡ、ⅠⅡ、JⅡa，盂 AⅠ，灶 CⅠ，井 B。铜器有镳壶、盆、鍪、环首刀、饰件 2。石器为砺石。串饰 2	二

墓号	墓型	墓向	墓葬概述	随葬品	期别
M05A	Bc	137°	长方宽坑墓。有斜坡墓道。墓坑长4.6、宽2.5、深2.5米。墓内填土为灰黑色沙黏土。墓底两侧各有一条垫木沟	共56件（号），其中陶器36件、铜器10件、铁器4件、滑石器1件、串饰4件、漆器1件。 陶器有瓮C，鼎EⅡ2，罐CⅡ、CⅤ、EⅡ2，FbⅠ，罐（无法分型），四耳罐A2，五联罐D，壶ⅡⅠa、JⅡa，提筒DⅠ、DⅡ2、E2，奁A，碗AⅡ4，杯A，盂AⅡ、C、D、E，小釜，熏炉B2，屋AⅠ，仓AⅡ，灶CⅡ，井E。 铜器有壶2，镵壶，盆，锅2，杯，奁，饰件，镜。 铁器有环首刀3，臿A。 滑石器有炉BⅠ。 漆器有残器1件。 串饰4	三
M05B	Bc	135°	长方宽坑墓。有斜坡墓道。墓坑长5.25、宽3.4、深1.8米。墓内填土为灰黑色，较松软。墓底有两条纵列垫木沟	共24件，其中陶器14件、铜器8件、铁器2件。 陶器有瓮C，罐CⅢc，罐（无法分型）7，五联罐CⅠ，仿三耳罐，壶ⅢⅠ2，JⅡa。 铜器有盆，杯，灯，奁，釜，熏炉，钫，镜。 铁器有臿，残器	二
M06A	Bc	130°	长方宽坑墓。有斜坡墓道。墓坑长5、宽2.78、深1.6米。墓内填土为黄褐色沙黏土。墓底有两条纵列垫木沟	共33件，其中陶器26件、铜器6件、滑石器1件。 陶器有瓮C，罐FaⅣ、HbⅠa2、HbⅠb3、HbⅡ2、GⅠ2，盘口罐AⅠ3、AⅡ、BⅡ，四耳罐A、B，异形双耳罐，壶KⅠ2，盂BⅡ、D、E，盂（无法分型）2。 铜器有镵壶，盆2，灯，碗A，碗（无法分型）。 滑石器有炉BⅠ	四
M06B	Bc	130°	长方宽坑墓。有斜坡含阶梯墓道。墓坑长4.36、宽3、深1.6米。墓内填土为灰黑色沙黏土。墓底两侧各有一条垫木沟	共9件，其中陶器6件、铜器1件、铁器2件。 陶器有罐AⅢ2，罐（无法分型）2，壶ⅠⅡ，壶（无法分型）。 铜器有奁。 铁器有环首刀，剑	三

墓号	墓型	墓向	墓葬概述	随葬品	期别
M07	Bc	308°	长方宽坑墓。有斜坡含阶梯墓道。墓坑长4.9、宽2.86、深1.9米，墓内填土为灰色沙黏土，曾于其中发现朽木一段。墓底两侧各有一条垫木沟	共31件（号），其中陶器19件、铜器8件、铁器1件、滑石器2件、串饰1件。陶器有瓮C，罐CⅢ、CV3、EⅡ、FaⅠ、FaⅣ、FbⅠ，罐（无法分型），仿双耳罐AⅠ，五联罐CⅠ，三联罐A，瓿F，壶JⅡa，壶（无法分型），器盖，灶CⅠ，井D。铜器有壶2，镳壶，盆，釜，奁，残器，镜。铁器有钩。滑石器有炉BⅡ，璧。串饰1	三
M09	Bc	300°	长方宽坑墓。有斜坡式含阶梯墓道。墓坑长5.75、宽4.6、深3.2米。墓内填土为沙黏土。墓底有两条纵列垫木沟	共40件（号），其中陶器24件、铜器12件、铁器1件、石器3件。陶器有瓮B2、C，四耳瓮A、B，CV5，四耳罐A4，双耳罐BⅠ2，五联罐CⅠ，壶ⅠⅠa2、ⅠⅡ2，小盆，灶A，井A。铜器有壶A1，壶（无法分型），镳壶B，盆B，盆（无法分型），勺B，剑D，弩机，环首刀A，奁，釜，鼎。铁器有环首刀。石器有研石3	二
M010A	Ba	285°	长方宽坑墓。无墓道。原有封土，残高2.8、底径30米。墓室四壁较直，墓坑长4.12、宽3、深0.76米。墓内填土为黄褐色沙黏土，中间略黑	共8件，全为陶器。计有罐AⅡb，罐（无法分型），折肩罐BⅢ2、CⅠ、CⅡ，五联罐CⅠ，瓿C	二
M010B	C	285°	砖木合构墓。原有封土，残高2.8、底径30米。墓坑长5.12、2.58米。仅四周有砖壁，两端为单隔砖平铺错缝叠砌，两侧为双隔砖平铺错缝叠砌，似用木板盖顶，但均极残	共62件（号），其中陶器47件、铜器9件、铁器3件、滑石器1件、串饰2件。陶器有瓮C，罐FaⅣ、HaⅠb2，罐（无法分型），折肩罐CⅡ，四耳罐B10、D2，盘口罐AⅠ、AⅡ2、BⅡ、CⅠ、CⅡ2，直身罐B5，壶KⅠ、KⅡ3，盆C，奁B，盂E2、鼎H，魁，簋，熏炉C，纺轮，屋B，仓BⅡ，灶CⅢ，井E。铜器有盆2，奁，熏炉，镳壶，镜，钱币，残器2。铁器有环首刀2，残器。滑石器有璧。串饰2	五

墓号	墓型	墓向	墓葬概述	随葬品	期别
M011	Bc	278°	长方宽坑墓。墓室长 4.4、宽 2.75、残深 1.9 米，斜坡式墓道。墓内填土为黄褐色沙黏土，杂有碎石。墓底有两条纵列垫木沟	共 14 件，其中陶器 12 件、滑石器 2 件。陶器有瓮，罐 A Ⅲ 4、C Ⅲ 2，罐（无法分型），折肩罐 C Ⅰ，壶 A，壶（无法分型），残器。滑石器有盘，璧	一
M015	Bc	120°	长方宽坑墓。有斜坡含阶梯墓道。墓坑长 5.8、宽 3.02、深 2.3 米。墓坑填土为灰黑与黄褐色混合的沙黏土	共 47 件（号），其中陶器 22 件、铜器 19 件、铁器 1 件、滑石器 1 件、石器 2 件、串饰 2 件。陶器有瓮 C，筒 A Ⅰ 5，屋 A Ⅰ，罐 D Ⅲ 3、G Ⅰ、G Ⅱ，四耳罐 A2，五联罐 E，井 F Ⅱ，壶 L2，盆 A Ⅰ，奁 B，鼎 H，仓 B Ⅱ。铜器有鼎 C Ⅰ，壶 B Ⅱ，壶（无法分型），扁壶，镰壶 B，盆 E Ⅰ，盆（无法分型），锅 B，杯 B Ⅱ 2，奁 B，灯 D，碗，案 B，灶 B，牌，衔镳，车辖，镜。铁器有镊子。滑石器有炉 A。石器有石块 2。串珠 2	四
M016A	Eb	200°	双室砖墓。前室宽于后室。券顶。斜坡墓道。砖室总外长 4.6 米。墓葬有墓道、甬道、前室、后室等结构。甬道很短，长 0.38、宽 0.88 米。墓壁为单隅砖结构，以二层错缝平铺相间一层侧竖砖方式叠砌。前室长 1.32、宽 1.4 米。前室地面前半部比后半部低约 0.2 米，后半部地面与后室地面等高。后室平面为长方形，长 2.8、宽 0.9 米。墓底砖以人字形平铺	共 14 件（号），其中陶器 1 件、铜器 9 件、铁器 2 件、银器 1 件、串饰 1 件。陶器有盂 C。铜器有盆 D，碗 A、B2，镜 2，铜钱 3。铁器有残器 2。银器有戒指。串饰 1	四
M016B	Eb	205°	双室砖墓。前室宽于后室。券顶。砖室总外长 5.2 米。有斜坡墓道。甬道长 0.3、宽 1.04 米。前室长 1.82、宽 1.58 米。前室地面前半部比后半部低约 0.2 米，后半部地面与后室地面等高。后室长 2.8、宽 1.04 米。后室有一壁龛。墓壁、封门均为双隅砖，以错缝平铺、二顺一丁叠砌。墓底砖以人字形平铺	共 6 件，全为陶器。计有罐 J Ⅲ，灯 A Ⅲ，屋 A Ⅰ，仓 A Ⅱ，灶，井 F Ⅲ	五

墓号	墓型	墓向	墓葬概述	随葬品	期别
M017	F	120°	多室砖墓。砖室总外长 6.18 米。墓葬有墓道、甬道、前室、左右耳室、后室等结构。有斜坡墓道。甬道长 0.26、宽 1.6 米。前室长 2.18、宽 2.02 米。前室地面前半部比后半部低约 0.16 米。左右耳室对称，长 1.16、宽 0.78 米。后室长 3.08、宽 1.46 米。墓壁为双隅砖结构，以二层错缝平铺相间一层侧竖砖方式叠砌。墓底砖以人字形平铺	共 19 件，其中陶器 18 件、石器 1 件。陶器有瓮 D，瓮（无法分型），罐，四耳罐 B，双耳罐 B I，壶，盆 A II，细颈瓶 B，杯 E，熏炉 D，器盖 2，屋 C，仓 B III，井，残器 3。石器为研石	五
M019	Eb	70°	双室砖墓。前室宽于后室。券顶，斜坡墓道。砖室总外长 5.06 米。墓葬有墓道、甬道、前室、后室等结构。前室长 1.8、宽 1.34 米。前室地面前半部比后半部低约 0.12 米，后半部地面与后室地面等高。后室长 2.42、宽 0.88 米。墓壁均为双隅砖结构，应为错缝平铺叠砌，墓底砖以人字形平铺	共 7 件（号），其中陶器 1 件、铜器 4 件、串饰 2 件。陶器有盘口罐 A II。铜器有饰件，镜 2，钱币。串饰 2	四
M030	Ba	307°	长方宽坑墓。墓室长 4、宽 2、深 1.25 米。无墓道。墓室填土为黄褐色原坑土及表土回填。墓底有两条横列垫木沟	共 9 件，其中陶器 8 件、铜器 1 件。陶器有罐 A I 3，五联罐 Aa，瓶 B，小杯 A I、A II 2。铜器为残器	一
M1	Eb	218°	双室砖墓。前室宽于后室。券顶。砖室总外长 7.54 米。甬道残长 1.36、宽 1.72 米。前室长 2.26、宽 1.98 米。后室长 3.64、宽 1.72 米。墓壁为双隅砖结构，以二层错缝平铺相间一层侧竖砖方式叠砌。墓底以方砖错缝平铺	共 15 件（号），其中陶器 11 件、铜器 2 件、石器 1 件、串饰 1 件。陶器有罐 J I，双耳罐 D，盘口罐 A II、C II，盆 A I，案，屋 A I，仓 B II，灶 B V，井 F III。铜器有碗 D，铜钱。石器有研石。串饰 1	五
M4	Ba	295°	长方宽坑墓。无墓道。墓坑长 4.5、宽 1.9、残深 0.5 米。墓内填土为原坑土回填，应为黄褐色沙黏土	共 23 件（号），其中陶器 17 件、铜器 5 件、串饰 1 件。陶器有瓮 C，罐 C II、C V 3、Fa IV 2，壶 H II、J II a2，盂 A II、B II 2、E，灯 A，灶 B，井 C。铜器有镳壶，盆，盒，勺，碗。串饰 1	三

墓号	墓型	墓向	墓葬概述	随葬品	期别
M5	Ba	300°	长方宽坑墓。无墓道。墓坑长4.06、宽2.36、深1.4米。墓内填土为灰褐色沙黏土。墓底有两条横列沟槽	共14件（号），其中陶器11件、铜器2件、串饰1件。 陶器有罐EⅡ、EⅢ，双耳罐BⅠ，五联罐CⅡ，壶Ⅲ、JⅡa，小杯BⅠ2，盂BⅠ、BⅡ2。 铜器有鼎，镜。 串饰1	二
M7	Aa	36°	长方窄坑墓。无墓道。墓坑长2.98、宽1.2、深1.1米。墓内填土为灰黄色，含灰黑色小土块	共4件，其中陶器2件、铁器1件、石器1件。 陶器有壶HⅡ、JⅡa。 铁器有残器。 石器有铲	二
M10	Bc	120°	长方宽坑墓。有斜坡墓道。墓坑长5、宽2.98、深0.3米。墓内填土为原坑土夹地表土回填，为黄褐色沙黏土	共11件，其中陶器9件、铜器2件。 陶器有瓮B，罐CV5，壶HⅡ，壶（无法分型）2。 铜器有环首刀A，带钩	二
M12	Ba	288°	长方宽坑墓。无墓道。墓坑残长3、宽2.05、深0.2米。墓内填土为黄褐色沙黏土	共8件，全为陶器。 计有罐4，瓮，折肩罐BⅠ、CⅠ2	二
M13	Bc	333°	长方宽坑墓。有斜坡墓道。墓坑长4.5、宽2.5、深2.2米。墓坑填土为灰黄色沙黏土	共20件（号），其中陶器19件、串饰1件。 陶器有瓮C，罐CV2、GⅠ，四耳罐A2，五联罐E，壶JⅡb2，灯BⅢ，筒C4，屋AⅡ，仓BⅡ，灶，井C，残器。 串饰1	四
M14	Ac	45°	长方窄坑墓。有斜坡墓道。墓坑长5.05、宽2.3、深2.1米。墓内填土为灰黑色，墓底有枕木沟	共12件，其中陶器9件、铜器3件。 陶器有瓮C，罐EⅠ、FaⅠ、FaⅣ，罐（无法分型），双耳罐，壶JⅠb3。 铜器有灯A，奁，甑	二
M15	Bc	285°	长方宽坑墓。有斜坡墓道。墓坑长4.75、宽3.1、残深0.52米。墓内填土为黄褐色沙黏土。墓底两侧各有一条垫木沟	共21件（号），其中陶器16件、铜器5件。 陶器有瓮C，罐CⅡ、EⅠ、EⅡ、FbⅡ，罐（无法分型）6，四耳罐，壶Ⅲ，壶（无法分型），细颈瓶A，灶。 铜器有镳壶B，奁A，灯，钱币，残器	三

续表

墓号	墓型	墓向	墓葬概述	随葬品	期别
M16	Ba	126°	长方宽坑墓。墓室长 3.6、宽 2.3、残深 1.25 米。无墓道。墓底开挖两道横向垫木沟	共 6 件，全为陶器。计有罐 A I 2、C I 2、罐（无法分型），五联罐 Aa	一
M17	Ba	120°	长方宽坑墓。无墓道。墓坑长 3.9、宽 2.7、深 1.2 米。墓内填土为杂乱五花土	共 4 件，全为陶器。计有罐 E I、罐（无法分型）2，异形罐	二
M18	Bc	114°	长方宽坑墓。斜坡墓道。墓坑长 5、宽 2.8、深 1.54 米。墓内填土上层为灰褐色，下层为灰黑色。墓底两侧各有一道垫木沟	共 23 件，其中陶器 16 件、铜器 6 件、滑石器 1 件。陶器有瓮 B、罐 C II、C III、E I 2、Fa I、Fa IV、罐（无法分型）6、壶 H I、钫 B、残器。铜器有壶、镊壶 A I、盆、高足杯 A、灯 B、奁。滑石器有炉 A	二
M20	Bc	316°	长方宽坑墓。有斜坡墓道。墓坑长 5.5、宽 3.7～3.9、深 1.36 米。墓内填土为黄褐色沙黏土。墓底两侧各有一条垫木沟	共 41 件（号），其中陶器 24 件、铜器 13 件、铁器 1 件、串饰 3 件。陶器有瓮 C、罐 C V、E II 2、Fb I、仿双耳罐 A IV、五联罐 E、壶 I II 2、J II a2、碗 A I 3、A II 4、B I 3、B II、灶 B III、井 C。铜器有镊壶 A II、盆、鍪 D、环首刀 A、镜、杯 2、奁 A、灯、饰件 2、钱币、残器。铁器有残器。串饰有 3	三
M21	Db	315°	单室砖墓。无墓道。砖室总外长 4.28 米。墓室长 4、宽 1.14 米。墓壁残高约 0.2～0.6 米，均为单隅砖结构，以错缝平铺方式叠砌，墓底砖以人字形平铺	共 8 件，全为陶器。陶器有罐 Fa IV、Fb I、罐（无法分型），盆 B I、鼎、器盖、屋、猪	四
M22	Bc	130°	长方宽坑墓。有斜坡墓道。墓坑长 4.9、宽 2.6、残深 1.5 米	共 29 件（号），其中陶器 22 件、铜器 5 件、滑石器 1 件、串饰 1 件。陶器有瓮 C、罐 Hb I a、四耳罐 A2、B2、C、双耳罐 B I、异形双耳罐、盘口罐 A II 3、B II 2，壶 J II a2、K II 2、杯 D、盒 A、盂 B II、G。铜器有镊壶 B、盆、奁 A、碗、镜。滑石器有炉 B I。串饰 1	四

墓号	墓型	墓向	墓葬概述	随葬品	期别
M23	Aa	313°	长方窄坑墓。无墓道。墓室长2.7、宽1、残深1.6米。墓内填土为黄褐色沙黏土，夹有卵石	共12件，其中陶器6件、铜器3件、铁器3件。 陶器有罐（无法分型）3，双耳罐，折肩罐，小杯AⅠ。 铜器有剑，矛A，钺。 铁器有剑，带钩，残器	一
M24	Aa	310°	长方窄坑墓。无墓道。墓坑长3.6、宽1.7、深0.8米。墓内填土为黄褐色沙黏土。墓底有两道纵向垫木沟	共8件，其中陶器7件、滑石器1件。 陶器有罐AⅢ、CⅤ，罐（无法分型）4，仿双耳罐AⅠ。 滑石器为璧	二
M25	Eb	110°	双室砖墓。前室宽于后室。斜坡墓道。砖室总外长6.84米。甬道残长1.04、宽1.58米。前室长2.1、宽2.1米。后室长3.26、宽1.9米。墓壁为双隅砖错缝平铺叠砌。墓底以方砖错缝平铺	共11件，全为陶器。 计有直身罐A，案2，碗BⅢ，盂E，器盖，屋2，灶BⅤ，残器2	五
M26	Eb	90°	双室砖墓。前室宽于后室。斜坡墓道。砖室总外长7米。甬道残长0.26、宽1.1米。前室长1.8、宽2.1米。前室地面比后室低约0.16米。后室平面为长方形，长4.44、宽1.38米。墓壁为双隅砖，错缝平铺、二顺一丁叠砌。墓底以方砖错缝平铺	共4件，全为陶器。 计有案，屋，灶BⅣ，井C	四
M27	Ba	290°	长方宽坑墓。无墓道。墓坑长4.8、宽2.8、深1.2米。墓内填土为灰色沙黏土。墓坑周有一圈熟土二层台，土质为红褐色，较硬，似夯筑	共8件（号），其中陶器6件、铜器1件、串饰1件。 陶器有罐CⅡ，折肩罐F2，壶ⅠⅢ，盒D，瓿C。 铜器有镜。 串饰1	二
M29	Ba	115°	长方宽坑墓。墓室长3.4、宽2.18、残深0.51米。无墓道。墓室填土为棕褐色。墓壁四周筑有熟土二层台	共4件，其中陶器3件、铁器1件。 陶器有罐DⅡ，罐（无法分型），温壶。 铁器为残器	一

墓号	墓型	墓向	墓葬概述	随葬品	期别
M30	Eb	164°	双室砖墓。前室宽于后室。砖室总外长 6.14 米。斜坡墓道。前室长 1.7、宽 1.82 米。前室之前段墓底比后段低约 0.16 米，后段与后室等高。后室长 2.92、宽 1.3 米。墓壁残高约 0.8～1.08 米，均为双隅砖结构，以二层错缝平铺相间一层侧竖砖方式叠砌。封土墙为单隅砖错缝平铺叠砌。墓底以方砖错缝平铺	共 4 件，全为陶器。计有罐 Fa Ⅶ、Ⅳ，钵，碗 B Ⅲ	五
M31	Bc	26°	长方宽坑墓。有斜坡墓道。墓坑长 4、宽 2.6、深 1.3 米。墓内填土为黄褐色沙黏土。墓底两侧各有一条垫木沟	共 14 件，其中陶器 12 件、铜器 1 件、铁器 1 件。陶器有瓮 C，罐（无法分型），壶 Ⅰ Ⅱ、J Ⅱ a，钵 3，盅，灯 2，灶 B Ⅰ，井 E。铜器有镜。铁器有残器	三
M33	Ba	56°	长方宽坑墓。无墓道。墓室长 3.3、宽 1.6、残深 2.1 米。无墓道。墓室填土为灰黑色。墓圹四周筑有熟土二层台，墓底有两条横列垫木沟	共 5 件，其中陶器 3 件、铜器 2 件。陶器有罐 C Ⅲ，釜 A Ⅲ，残器。铜器有剑 B，带钩	一
M34	Aa	301°	长方窄坑墓。无墓道。墓室长 2.3、宽 1.1、残深 0.7 米。墓室填土为黄褐色	共 5 件，全为陶器。计有罐 C Ⅱ，罐（无法分型），折肩罐 B Ⅱ、C Ⅱ，小杯 C	一
M35	Aa	307°	长方窄坑墓。无墓道。墓室长 3、宽 1.1、残深 0.6 米。墓室填土为黑褐色	共 2 件，全为陶器。计有罐 C Ⅳ，四联罐 C	一
M36	Bc	310°	长方宽坑墓。有斜坡式含阶梯墓道。墓坑长 3.9、宽 2.3、深 2.3 米。墓内填土为原坑土和表土回填，原坑土为黄褐色沙黏土。墓底有纵、横各两道垫木沟	共 13 件，其中陶器 11 件、铜器 2 件。陶器有罐 C Ⅱ、C Ⅳ、E Ⅱ、Fa Ⅰ 2，仿双耳罐 A Ⅰ、B，双耳罐 Ab Ⅲ，小釜，甑，仓 A Ⅰ。铜器有矛 D，环首刀 B	二

墓号	墓型	墓向	墓葬概述	随葬品	期别
M38	Ab	290°	长方窄坑墓。无墓道。墓口长3.5、宽1.4米，墓底长3.1、宽1米，残深1.3米。墓室填土黄褐色沙黏土，杂有细石。墓圹设有一圈生土二层台	共3件，全为陶器。计有釜BⅠ2，小釜	一
M39	Da	155°	单室砖墓。有斜坡墓道。券顶。砖室总外长4.05米。墓室长3.67、宽0.73、残高0.16米。墓两侧壁和封门均为单隅砖结构，以错缝平铺方式叠砌，后壁为双隅砖结构，以错缝平铺方式叠砌。墓底砖为人字形平铺	共4件，全为陶器。计有罐2，杯F，钵	五
M40	Aa	86°	长方窄坑墓。无墓道。墓室长3.6、宽1.6、残深2.2米。墓圹四周筑有熟土二层台	共2件，全为陶器。计有罐，瓶B	一
M42	Aa	95°	长方窄坑墓。无墓道。墓室长3.4、宽1.2、残深1米。墓室填土为黄褐色沙黏土，杂有细石	共2件，全为陶器。计有鼎，釜	一
M43	Ba	90°	长方宽坑墓。无墓道。墓室长2.9、宽1.9、残深2.1米。墓室填土为黄褐色沙黏土，杂有细石	共8件，其中陶器4件、铜器4件。陶器有罐，折肩罐BⅠ、E，折肩罐（无法分型）。铜器有鼎CⅠ，盆A，勺A，镜	一
M44	Aa	280°	长方窄坑墓。无墓道。墓室长2.88、宽0.75、残深0.5米。墓室填土为黄褐色沙黏土，杂有细石	共2件，全为陶器。计有罐AⅡb，小杯BⅡ	一
M45	Ba	290°	长方宽坑墓。无墓道。墓坑长4.75、宽2.6、深0.8米。墓室四周有熟土二层台。墓内填土为黄色沙黏土和黑色沙黏土	共6件，全为陶器。陶器有双耳罐AbⅢ，三耳罐，仿双耳罐AⅢ，折肩罐CⅡ，折肩罐（无法分型），壶IⅢ	二

续表

墓号	墓型	墓向	墓葬概述	随葬品	期别
M46	Bc	125°	长方宽坑墓。有斜坡墓道。封土不详。墓坑长4、宽2.3、深1.65米。墓内填土为黄褐色沙黏土。墓底两侧各有一条垫木沟	共29件（号），其中陶器15件、铜器11件、铁器2件、串饰1件。 陶器有瓮B，罐CV3、EⅡ2、FaⅣ、FbⅢ，壶IⅢ、JⅠa2、JⅡa，灯BⅠ，仓BⅠ，灶。铜器有镳壶，盆C，盆（无法分型），镯，碗2，杯BⅠ，杯（无法分型），奁B，饰件，镜。 铁器有镊子，圈。 串饰1	三
M47	Ba	120°	长方宽坑墓。无墓道。墓室长4、宽2、残深0.95米。墓室填土为灰黑色。墓圹四周筑有熟土二层台。墓底有两条横列垫木沟	共1件，陶釜AⅡ	一
M48	Ba	280°	长方宽坑墓。无墓道。墓室长4、宽2.45、残深0.6米。墓室填土为黄褐色沙黏土	共9件（号），其中陶器8件、串饰1件。 陶器有罐FaⅠ，罐（无法分型）4，折肩罐BⅣ，壶JⅡa，壶（无法分型）。 串饰1	二
M49	Bb	128°	长方宽坑墓。无墓道。墓室上口长3.6、宽1.7米，墓底长3.46、宽1.7米，残深1.4米。墓室填土为黄褐色沙黏土。墓圹东端局部有平面为曲尺形生土二层台	共4件，全为陶器。 计有罐CⅢ，罐（无法分型），盒B2	一
M50	Ba	110°	长方宽坑墓。无墓道。墓室长2.9、宽1.44、残深1米。墓室填土为黄褐色沙黏土	共3件，其中陶器1件、铜器2件。 陶器有鼎B。 铜器有环首刀，镜	一
M51	Bc	30°	长方宽坑墓。有斜坡含阶梯墓道。墓坑长4.4、宽2.3、深2.2米。墓内填土为黄褐色沙黏土。墓底两侧各有一条垫木沟	共23件（号），其中陶器14件、铜器8件、串饰1件。 陶器有罐DⅢ、EⅡ3、FbⅠ、GⅠ3、GⅡ，四耳罐B，壶KⅠ、JⅡa，盂E2。铜器有镳壶，盆，杯AⅠ，锅，杯，奁，灯，镜。 串饰1	四

墓号	墓型	墓向	墓葬概述	随葬品	期别
M53	Bc	103°	长方宽坑墓。有斜坡墓道。墓坑长4、宽2、深1.37米。墓内填土为黄褐色沙黏土。墓底两侧各有一条垫木沟	共25件（号），其中陶器17件、铜器4件、铁器1件、滑石器2件、串饰1件。陶器有瓮C，罐EⅡ3、FaⅠ、FaⅣ、GⅠ4，罐（无法分型），壶HⅡ、JⅡa，盂BⅡ、E3。铜器有盆，杯BⅠ，锅A，灯B。铁器有环首刀。滑石器有炉BⅢ，璧。串饰1	三
M54	Bc	303°	长方墓道宽坑墓。有斜坡墓道。墓坑长5、宽2.8、残深1米。墓内填土为黄褐色沙黏土。墓底有两条纵列垫木沟	共34件（号），其中陶器24件、铜器8件、铁器1件、滑石器1件。陶器有瓮C，罐HaⅠa3、HbⅠb2，盘口罐BⅡ2，壶ⅡⅠa2，筒C2、筒3，鼎FⅡ，小釜2（与灶BV为一套），灯AⅡ，三足灯，屋AⅡ，仓BⅡ，灶BV，井C。铜器有镳壶B，盆，钵2，鐎D，镜，钱币，残器。铁器有环首刀。滑石器有鼎D	四
M55	Bc	320°	长方宽坑墓。有斜坡式墓道。墓室长4.7、宽2.7、深1.6米。墓内填土为棕红色沙黏土。墓底有两条纵列垫木沟	共13件（号），其中陶器8件、铜器4件、滑石器1件。陶器有瓮C，罐2，壶JⅠa、JⅡa、ⅠⅡ，盂，筒AⅠ。铜器有高足杯A，环首刀A，带钩，钱币。滑石器有鼎A	二
M57	Ba	280°	长方宽坑墓。无墓道。墓室长2.8、宽1.45、残深1.7米。墓室填土上面为灰黑色表土，下面则为黄褐色原坑沙黏土回填。在东端距墓底有一壁龛	共2件，全为陶器。计有折肩罐AⅠ，鼎A	一
M58	Ba	40°	长方宽坑墓。无墓道。墓室长3.6、宽1.8、残深0.1~0.7米。墓室填土为灰黑色土	共2件，其中陶器1件、铜器1件。陶器有罐AⅡb。铜器有带钩	一

墓号	墓型	墓向	墓葬概述	随葬品	期别
M59	Db	90°	单室砖墓。无墓道。砖室总外长4.76米。墓室长4.52、宽0.76米。墓壁残高约0.2米。墓壁均为单隅砖结构，以错缝平铺方式叠砌，墓底砖近西壁处有两排错缝平铺，其余均以人字形平铺	共1件，为陶盘口罐AⅡ	四
M61	Ba	124°	长方宽坑墓。无墓道。墓室长3、宽1.9、残深0.46米。墓室填土有黄褐色。墓底有两条横列垫木沟	共4件，其中陶器1件、铜器3件。陶器有瓿C。铜器有勺A，釜，饰件	一
M62	Ab	288°	长方窄坑墓。无墓道。墓室上口长3.4、宽1.8米，墓底长2.6、宽0.98米，深1.7米。墓室填土为黄黑色五花土。墓坑有生土二层台	共3件，全为陶器。计有罐A2，三足罐AⅡ	一
M63	Ba	288°	长方宽坑墓。无墓道。墓室长3.4、宽1.9、残深0.72米。墓室填土为黄黑色五花土	共7件，全为陶器。计有三足罐AⅠ、BⅠ，三足盒B2，小杯BⅡ，纺轮，残器	一
M66	Bc	300°	长方宽坑墓。有斜坡式带阶梯墓道。墓坑长4.4、宽2.4、深3米。墓内填土为黑灰色。墓室两侧有熟土二层台，墓底有纵列两道垫木沟	共17件（号），其中陶器8件、铜器6件、铁器1件、玉器1件、串饰1件。陶器有罐EⅡ、罐（无法分型），双耳罐AbⅠ，五联罐Ab，壶ⅡⅠb、ⅠⅡ、JⅡa，盂AⅡ。铜器有盆、灯、镜、奁、钱币、残器。铁器有环首刀。玉器有残器。串饰1	二
M69	Bc	287°	长方宽坑墓。有斜坡含阶梯墓道。墓坑长4.7、宽2.64、残深1.5米。墓内填土为黑色五花土。墓底有两条纵列垫木沟	共46件（号），其中陶器24件、铜器21件、滑石器1件。陶器有罐DⅢ、FaⅣ、FbⅠ2、GⅠ、HaⅠa2、HbⅠb、ⅠⅢ、四耳罐A、B，五联罐E，壶KⅠ2，盂D6、E3，屋B。铜器有鼎BⅠ，壶BⅡ，镳壶B，盆4，锅A，杯，高足杯C，奁A，灯D，案A，熏炉B，仓，灶A，井，环首刀，碗，镜，钱币。滑石器为炉BⅠ	四

墓号	墓型	墓向	墓葬概述	随葬品	期别
M70	Bc	305°	长方宽坑墓。有斜坡墓道。墓坑长 5.4、宽 3、深 2.2 米。墓内填土为灰褐色沙黏土。墓底两侧各有一条垫木沟	共 63 件（号），其中陶器 33 件、铜器 18 件、铁器 2 件、滑石器 7 件、串饰 3 件。陶器有罐 DⅢ9、HaⅡ，四耳罐 A、B2，五联罐 E，小杯，瓮 C，匏壶 C，壶Ⅱa、JⅠa，鼎 FⅠ2，盆 BⅠ，卮 A7、B，井 E，杯 B，小杯 BⅠ。铜器有镳壶 AⅡ，熏炉 A，鼎 CⅡ2，壶 BⅠ，壶（无法分型），甑 A，鍪 B，镜，盆 2，锅 A，杯 AⅡ，杯（无法分型），盒，钵，残器 2。铁器有钉，镊子。滑石器有镜 2，炉 BⅠ，案，杯，耳杯，盆。串饰 3	三
M71	Ac	128°	长方窄坑墓。有斜坡墓道。墓室长 5.3、宽 2.5、深 1.6 米。墓内填土为黄褐色沙黏土。墓底有两条纵列垫木沟	共 18 件（号），其中陶器 16 件、铜器 1 件、石器 1 件。陶器有瓮 C，罐 HbⅠc，四耳罐 B4，盘口罐 AⅡ2、BⅡ，盆 AⅠ、AⅡ，器盖，井 FⅡ，屋 2，灶 BⅢ。铜器有壶。石器有研石	五
M74	Bc	120°	长方宽坑墓。有斜坡含阶梯墓道。墓室长 4.8、宽 2.8、深 2.2 米。墓内填土为黄褐色沙黏土。墓底有两条纵列垫木沟	共 19 件（号），其中陶器 7 件、铜器 9 件、滑石器 1 件、玉器 1 件、串饰 1 件。陶器有罐 CⅢ，仿双耳罐 AⅠ、B2，壶 JⅡa、IⅢ，釜。铜器有壶 2，盆，剑 D，环首刀 A，带钩，奁，镜，器盖。滑石器有炉 BⅠ。玉器有璲。串饰 1	二
M75	Db	320°	单室砖墓。无墓道。砖室总外长 3.8 米。墓室长 3.54、宽 0.96 米。墓壁残高约 0.84 米。墓壁均为单隅砖结构，以错缝平铺方式叠砌，墓底砖均以人字形平铺	共 14 件（号），其中陶器 8 件、铜器 5 件、铁器 1 件。陶器有罐 FaⅤ、FbⅡ、HbⅠa，盘口罐 BⅡ，壶 KⅠ，盆 BⅡ，细颈瓶 B，盂 BⅡ。铜器有杯 AⅠ，带钩，镜，钱币 2。铁器有剑	四
M76	Ba	130°	长方宽坑墓。无墓道。墓坑长 4.1、宽 2.3、深 1.1~1.6 米。墓内填土为黄褐色沙黏土。墓底两侧各有一条垫木沟	共 18 件，全为陶器。计有罐 AⅢ2、FbⅠ，罐（无法分型）3，仿双耳罐 AⅠ3、C，盒 2，钵 3，盂 BⅡ、E，残器	三

墓号	墓型	墓向	墓葬概述	随葬品	期别
M78	Bb	29°	长方宽坑墓。无墓道。墓室上口长 3、宽 1.8 米，墓底长 2.6、宽 1.4 米，残深 1.8 米。墓室填土为灰黄色沙黏土。墓圹四周有生土二层台	共 6 件，其中陶器 4 件、铜器 1 件、铁器 1 件。 陶器有罐 A I、A II a，异形罐，瓿 B。 铜器有镜。 铁器有臿 A	一
M79	Aa	270°	长方窄坑墓。无墓道。墓室长 2.5、宽 1、残深 1.2 米。墓室填土为灰黄色沙黏土，含小石子	共 5 件，其中陶器 2 件、铜器 3 件。 陶器有罐，三足瓿。 铜器有鍪 A，剑 A，戈	一
M80	Da	105°	长方单室砖墓。有斜坡墓道。券顶。砖室总外长 4.8 米。墓室长 4.16、宽 0.84、残高 1.1 米。墓壁和封门均为单隅砖结构，以错缝平铺方式叠砌。墓底砖为人字形平铺	共 20 件（号），其中陶器 19 件、串饰 1 件。 陶器有罐 II 3，壶 K III 2，镌壶 B，盆 B I、B II，盉 C，鼎 I，小釜，筒 A III 4，屋 A I，仓 B II，灶 B V，井 F IV。 串饰 1	五
M81	Eb	30°	双室砖墓。前室宽于后室。无墓道。墓前室长 1.94、宽 1.56、残高 1.21 米。前室地面比后室低约 0.2 米。后室长 3.3、宽 1.04、残高 1 米。两侧墓壁为双隅砖结构，以二层错缝平铺相间一层侧竖砖方式叠砌，后壁为单隅砖错缝平铺。墓底砖以人字形平铺	共 8 件（号），其中陶器 7 件、串饰 1 件。 陶器有罐 Ha I b、Hb I c，罐（无法分型），屋 A I，屋（无法分型），灶 B V，井 F III。 串饰 1	五
M82	C	120°	砖木合构墓。墓室长 3.74、宽 1.74、残高 1.3 米。墓壁为双隅砖结构，以二层错缝平铺相间一层侧竖砖方式叠砌。墓底砖以人字形平铺。无砖顶，应是木板盖顶	共 37 件（号），其中陶器 20 件、铜器 13 件、铁器 1 件、滑石器 1 件、串饰 2 件。 陶器有瓮 C，罐 Fa IV 2、Fb I、Ha I a、Ha I b、Ha I c、Hb I b、J I，盘口罐 A II、C II、D4，小盘口罐 B，壶 K I 2，盆 A II，杯 D。 铜器有鼎 C I，镌壶 B，盆 C、E II，奁 B，灯 D，熏炉 C，碗 D，勺 C，杯 A II，杯（无法分型），镜，铜钱。 铁器有残器。 滑石器有炉 C。 串饰 2	五

墓号	墓型	墓向	墓葬概述	随葬品	期别
M83	Ba	117°	长方宽坑墓。无墓道。墓室长2.4、宽1.9、残深1.5米。墓室填土为棕灰色沙黏土，含较多小石子。墓圹四周筑有熟土二层台。墓底有两条横列垫木沟	共5件，其中陶器2件、铜器2件、串饰1件。 陶器有瓿A，釜CⅢ。 铜器有鍪A，勺A。 串饰1	一
M84	Ba	135°	长方宽坑墓。无墓道。墓室残长3.4、宽0.85、残深0.2米。墓室填土为棕灰色	共3件，全为陶器。 计有罐，小杯AⅡ、BⅡ	一
M86	Aa	300°	长方窄坑墓。无墓道。墓室长3.4、宽1.2、残深0.8米。墓室填土为灰褐色黏土。墓圹两侧筑有熟土二层台	共4件，全为陶器。 计有罐AⅢ，小瓿A2、B	一
M88	Db	226°	单室砖墓。无墓道。砖室总外长3.6米。墓室长3.2、宽0.9、残高约1.25米。墓两壁均为单隔砖结构，以错缝平铺方式叠砌；墓后壁则为双隔砖结构，以错缝平铺方式叠砌。墓底砖均以人字形平铺	共6件，全为陶器。 计有盘口罐AⅡ，壶KⅠ，屋AⅠ，仓AⅠ，灶，井FⅠ	四
M89	Ab	300°	长方窄坑墓。无墓道。墓室上口长3.5、宽1.08～1.24米，墓底长3.5、宽0.92～0.98米，残深0.6米。墓室填土上层为黑色沙黏土，下层为黄褐色沙黏土。墓圹两侧有生土二层台	共5件，全为陶器。 计有罐BⅡ，罐（无法分型）2，小杯AⅡ、BⅠ	一
M90	Ba	300°	长方宽坑墓。无墓道。墓室长4.4、宽2.8、残深1.6米。墓室填土为灰色沙黏土。墓圹四周筑有熟土二层台。墓底有两条横列垫木沟	共12件，其中陶器10件、铜器1件、铁器1件。 陶器有罐AⅡb，四联罐A，瓿B，小瓿B2，小杯BⅠ3，釜，纺轮。 铜器有勺。 铁器有刮刀	一
M91	Ba	110°	长方宽坑墓。无墓道。墓室长3.1、宽1.7～1.75、残深0.45米。墓室填土为灰色沙黏土。墓底有两条横列垫木沟	共5件，其中陶器2件、铜器2件、铁器1件。 陶器有瓿B，残器。 铜器有矛B，镞。 铁器有剑	一

墓号	墓型	墓向	墓葬概述	随葬品	期别
M92	Ac	110°	长方窄坑墓。有斜坡墓道。墓室长 4、宽 1.6、残深 1.4 米。墓室填土为黄褐色沙黏土	共 6 件，全为陶器。计有瓮 A I、罐 A I、A II b，匏壶 A，小瓶 B，釜 A I	一
M93	Ab	120°	长方窄坑墓。无墓道。墓室上口长 4.5、宽 1.6 米，墓底长 3.9、宽 1 米，残深 1.6 米。墓室填土为灰黄褐色沙黏土。墓圹四周有生土二层台，二层台之侧壁各有两道浅槽	共 6 件，全为陶器。计有罐 A I、C I、C II、罐（无法分型）2，双耳罐 Aa	一
M94	Ab	225°	长方宽坑墓。无墓道。墓室口长 3.6、宽 2 米，墓底长 3、宽 1.4 米，残深 1.4 米。墓室填土为灰褐色沙黏土。墓圹四周有生土二层台	共 2 件，全为陶器。计有罐 A II b，釜	一
M96	Ab	200°	长方窄坑墓。无墓道。墓室口长 3.6、宽 2 米，墓底长 2.8、宽 1.2 米，残深 2.1 米。墓室填土为灰褐色沙黏土。墓圹四周有生土二层台	共 5 件，全为陶器。计有盒 A，壶 C，小杯 A II，鼎 C2	一
M98	Ba	30°	长方宽坑墓。无墓道。墓室长 2.5、宽 1.5、残深 1.3 米。墓室填土为灰褐色沙黏土	共 2 件，全为陶器。计有罐 A I，罐（无法分型）	一
M99	Ba	110°	长方宽坑墓。无墓道。墓室长 3.8、宽 2.4、残深 2.8 米。墓室填土为黄褐色沙土	共 7 件，其中陶器 5 件、铜器 2 件。陶器有罐 A IV，异形罐，壶 B，釜 B III、C I。铜器有鼎 B，镜	一
M100	Bc	290°	长方宽坑墓。有斜坡墓道。墓坑长 3.8、宽 2.1、残深 2.2 米。墓内填土为黄褐色粗沙黏土	共 7 件（号），其中陶器 4 件、铜器 2 件、铁器 1 件。陶器有罐，纺轮，屋 A II，灶。铜器有碗 A2。铁器有环首刀	四
M101	Ac	290°	长方窄坑墓。有斜坡墓道。墓坑长 5、宽 2.3、残深 1.6 米。墓内填土为黄褐色粗沙黏土	共 7 件，全为陶器。计有瓮 C，罐 Fa IV，Ha I a，器盖 2，灶 C III，井 F II	四

墓号	墓型	墓向	墓葬概述	随葬品	期别
M102	Db	210°	单室砖墓。无墓道。券顶，砖室总外长4.86米。墓室长4.6、宽1.1、残高1.2米。墓顶外高约1.5米。墓壁两侧为双隅砖结构，以二层错缝平铺相间一层侧竖砖方式叠砌，至0.92米高处起券。两端则为单隅砖铺缝平铺叠砌。墓底砖均以人字形平铺	共6件，全为陶器。计有直身罐C，灯AⅢ，屋AⅠ，灶，仓BⅡ，残器	五
M103	Ba	110°	长方宽坑墓。无墓道。墓室长3.5、宽1.9、残深1.7米。墓室填土为灰黑色黏土	共4件，全为陶器。计有罐AⅠ2、BⅠ，异形罐	一
M105	Bc	120°	长方宽坑墓。有斜坡含阶梯墓道。墓室长4.5、宽3、深1.6米。墓内填土为黄褐色沙黏土。墓底有两条纵列垫木沟	共12件，其中陶器9件、铜器3件。陶器有瓮B，双耳罐AbⅠ2，五联罐，壶ⅠⅡ2、JⅡa，瓿，灶BⅠ。铜器有镜2，镳壶	二
M106	Db	280°	单室砖墓。无墓道。券顶。砖室总外长4.88米。墓室长4.32、宽0.76、残高0.45米。墓壁两侧为单隅砖结构，以错缝平铺方式叠砌。后壁和封门均为双隅砖结构，以错缝平铺方式叠砌。墓底砖为人字形平铺	共2件，全为陶器。计有盘口罐CⅡ，四耳罐E	五
M108	Db	236°	单室砖墓。无墓道。砖室总外长4.22米。墓室长4.1、宽0.82、残高约0.33米。墓壁两侧为双隅砖错缝平铺、三顺一丁叠砌，两端为单隅砖错缝平铺叠砌。墓底砖均以人字形平铺	共3件，全为陶器。计有罐2，小罐B	四
M110	Eb	43°	双室砖墓。前室宽于后室。砖室总外长5.9米。甬道长0.26、宽0.98米。前室长1.5、宽1.54米。前室墓底比后室低约0.16米。后室长3.68、宽1米。墓壁残高约0.56米，为双隅砖结构，以错缝平铺方式叠砌。封土墙亦为双隅砖结构，以错缝平铺方式叠砌。墓底以方砖错缝平铺	共8件，全为陶器。计有罐JⅣ，罐（无法分型），熏炉，器盖2，屋C，井，残器	五

墓号	墓型	墓向	墓葬概述	随葬品	期别
M111	Ba	115°	长方宽坑墓。无墓道。墓坑长4.3、宽2.35、深1.35 米。墓内填土为黑色沙黏土	共11 件（号），其中陶器9 件、滑石器1 件、串饰1 件。 陶器有罐 EⅡ6、罐（无法分型）、壶 IⅢ、壶（无法分型）。 滑石器有璧。 串饰1	二
M112	Da	96°	单室砖墓。有斜坡墓道。券顶。砖室总外长5.16 米。墓室长4.44、宽1.74、残高1.57 米。墓壁均为双隅砖结构，以二层错缝平铺相间一层侧竖砖方式叠砌。墓底砖近封门处的一段为人字形平铺，其他则为横砖错缝平铺	共6 件，其中陶器4 件、玉器1 件、串饰1 件。 陶器有罐 JⅣ、壶、盂 E、器盖。 玉器为残器。 串饰为残片	五
M113	Bc	120°	长方宽坑墓。斜坡墓道。墓室长4、宽2.1、残深1.3 米。墓室填土为黑色沙黏土及五花土。墓底有两条纵列垫木沟	共12 件，其中陶器9 件、铜器1 件、铁器1 件、石器1 件。 陶器有瓮 AⅡ、罐 AⅠ、罐（无法分型）2、折肩罐 CⅡ、瓿、壶 D2、小杯 BⅢ。 铜器有环首刀 A。 铁器有臿 B。 石器有扁圆石	一
M114	Aa	106°	长方窄坑墓。无墓道。墓室长2.85、宽0.85、残深0.26 米。墓室填土为灰黄色沙黏土。墓室南、北壁各有三道沟槽	共2 件，全为陶器。 计有罐 AⅠ、小杯 AⅠ	一
M115	Bc	94°	长方宽坑墓。有斜坡墓道。墓室长3.9、宽2.1、深0.91 米。墓内填土为黄褐色沙黏土	共9 件，其中陶器8 件、滑石器1 件。 陶器有罐 CⅥ、罐（无法分型）、双耳罐 BⅡ、四联罐 F、瓿 D、壶 JⅠa、壶（无法分型）、小杯。 滑石器有璧	二
M117	Bc	110°	长方宽坑墓。有斜坡墓道。墓坑长4.15、宽2.65、深1 米。墓内填土为黄褐色沙黏土	共38 件（号），其中陶器21 件、铜器11 件、铁器4 件、骨器1 件、串饰1 件。 陶器有瓮、罐 DⅢ2、EⅠ、EⅡ2、FaⅠ、HaⅠa、熏炉 A、壶 GⅡ、IⅡ2、JⅡa、灶 BⅡ、小釜、盂 BⅡ、E2、小碗、五联罐 E、残器。 铜器有奁 A、盆 C、盆（无法分型）、镜、杯 AⅡ2、高足杯 B、锅 A、镳壶 AⅡ、鍪 D、残器。 铁器有臿 B3、残器。 骨器有骨管。 串饰1	三

墓号	墓型	墓向	墓葬概述	随葬品	期别
M119	Bc	120°	长方宽坑墓。有斜坡墓道。墓坑长4.3、宽2.1、深1.4米。墓内填土为灰黑色沙黏土。墓底两侧各有一条垫木沟	共26件（号），其中陶器16件、铜器6件、铁器3件、串饰1件。 陶器有瓮C，罐CV2、FaⅣ、FbⅠ、壶ⅠⅠa2、盂AⅡ3、C、D、E3，器盖。 铜器有灯B，鼎，壶A2，奁A，盆。 铁器有环首刀，残器2。 串饰1	三
M121	Aa	190°	长方窄坑墓。无墓道。墓坑长3.06、宽1.26、残深0.6米。墓内填土为灰黄褐色杂沙黏土	共5件，全为陶器。 计有瓮AⅣ，罐CV，罐（无法分型），壶JⅡa2	三
M122	C	203°	砖木合构墓。墓室平面呈长方形，长3.65、宽1.52、残深0.64米。填土为黄褐色沙黏土。四壁较直，无砖。墓底以砖错缝平铺	共3件，全为陶器。 计有罐ⅠⅢ、ⅠⅣ，罐（无法分型）	四
M123	Da	125	长方单室砖墓。有斜坡墓道。砖室总外长3.78米。墓室平面为长方形，长3.44、宽1米。墓壁残高约1.12米。墓壁两侧及后端墓壁、封门均为单隅砖结构，以错缝平铺方式叠砌。墓底砖为错缝平铺	共20件（号），其中陶器9件、铜器7件、铁器1件、滑石器1件、串饰2件。 陶器有罐HaⅠa3、HbⅠb、HaⅡ，罐（无法分型），盘口罐BⅡ，盂C、E。 铜器有镜，钱币，饰件5。 滑石器有炉。 铁器有残器。 串饰2	四
M124	C	40°	砖木合构墓。墓室平面为长方形，墓室长3.9、宽1.72米，在墓坑深约1.1米时始见砖壁。估计该墓可能是用木板盖顶。砖砌的墓壁高约1.02米，墓壁均为双隅砖结构，以二层或一层错缝平铺相间一层侧竖砖方式叠砌。墓底砖均错缝平铺。墓室一端有斜坡墓道	共19件（号），其中陶器13件、铜器5件、串饰1件。 陶器有瓮C，罐HaⅠa2、HaⅠb、HbⅠa、HbⅡ3，灯BⅣ，屋AⅠ，仓BⅡ，灶，井FⅡ。 铜器有镳壶，盆，杯BⅠ，碗，钱币。 串饰1	四
M125	Ba	97°	长方宽坑墓。无墓道。墓坑长3.7、宽2.1、深0.3米。墓内填土为黄色沙黏土	共15件（号），其中陶器10件、铜器3件、铁器2件。 陶器有罐CⅢ，罐（无法分型）4，仿双耳罐AⅡ，壶HⅡ，钫，灶，残器。 铜器有灯B，钱币，碗。 铁器有环首刀2	二

墓号	墓型	墓向	墓葬概述	随葬品	期别
M126	Ba	110°	长方宽坑墓。无墓道。墓坑长3.34、宽1.7、深2.6米。墓室四周有熟土二层台。墓内填土为灰黑色。墓底有垫木沟	共42件，其中陶器40件、铜器1件、滑石器1件。 陶器有瓮AⅢ3，罐AⅠ3、AⅡb4、AⅢ2、CⅠ、CⅡ、DⅠ、EⅠ、EⅡ、罐（无法分型）6，折肩罐BⅡ、F，五联罐Aa，三足盒B2，瓴B，提筒C，小杯AⅠ2、AⅡ3，釜BⅠ、BⅡ、BⅣ、釜（无法分型）2。 铜器为残器。 滑石器有鼎B	二
M128	Ba	110°	长方宽坑墓。无墓道。墓坑长3.6、宽1.9、深2.3米。墓内填土红褐色沙黏土。墓底有两条纵向垫木沟	共9件，其中陶器8件、铜器1件。 陶器有罐CV2、EⅡ、FaⅢ、FaⅣ、四耳罐B2，壶ⅡⅠa。 铜器有镜	二
M129	Bc	120	长方宽坑墓。有斜坡墓道。墓室长5.2、宽3.56、深1.3米。墓内填土为杂乱五花土。墓底有两条纵向垫木沟	共16件，其中陶器14件、铜器1件、铁器1件。 陶器有瓮B，罐CⅡ、FaⅡ、FaⅢ、FaⅣ、罐（无法分型），双耳罐AbⅠ2、AbⅡ，壶JⅡa、ⅡⅠb2，鼎EⅠ、残器。 铜器有灯B。 铁器为残器	二
M130	Ba	115°	长方宽坑墓。无墓道。墓坑长2.9、宽2、深2.3米。墓内填土红褐色沙黏土。墓底有两条横向垫木沟	共2件，全为陶器。 计有鼎C，盂BⅡ	二
M131	C	45°	砖木合构墓。斜坡式墓道。墓室平面呈长方形，长4.76、宽2.5、深2.1米。墓室左侧有一道砖壁，砖壁为双隅砖结构，以二层错缝平铺和一层侧竖砖方式叠砌，余皆系土坑结构。墓右侧和后端底部有熟土二层台。墓底有两条纵列垫木沟	共37件（号），其中陶器24件、铜器11件、串饰1件、滑石器1件。 陶器有瓮C，罐CV、DⅢ、GⅠ、HaⅠa5、HaⅠc、盘口罐BⅠ、BⅡ2、四耳罐A，壶KⅠ2，盂E4，灯BⅣ，器盖，灶，井FⅡ。 铜器有镲壶B，盆，钱币，饰件8。 滑石器有炉BⅠ。 串饰1	四
M132	Da	80°	单室砖墓。有斜坡墓道。砖室总外残长4.6米。墓室残长4.6、宽1.1、高1.36米。墓壁两侧为双隅砖，错缝平铺、二顺一丁叠砌，封门为单隅砖错缝平铺叠砌。墓底砖为人字形平铺	共7件，全为陶器。 计有瓮，井FⅠ，屋，钵，筒AⅢ2，灶	五

墓号	墓型	墓向	墓葬概述	随葬品	期别
M133	Db	310°	单室砖墓。无墓道。砖室总外残长 4.32 米。墓室残长 4.2、宽 1.16、残高 0.7 米。墓壁两侧为双隅砖，错缝平铺、二顺一丁叠砌。墓底砖为人字形平铺	共 1 件，为陶罐 Hb Ⅰ c	五
M134	Aa	20°	长方窄坑墓。无墓道。墓室长 2.7、宽 0.9、残深 0.4 米。墓室填土为灰黑色沙黏土	共 2 件，全为陶器。计有罐 A Ⅰ、C Ⅰ	一
M135	Eb	64°	双室砖墓。前室宽于后室。砖室总外长 4.82 米。前室平长 2、宽 1.3 米。前室墓底比后室低约 0.16 米。后室长 2.6、宽 0.68 米。墓壁局部残高约 1 米，墓两壁为双隅砖，错缝平铺、二顺一丁叠砌，前后端则为单隅砖错缝平铺叠砌。前室墓底以砖错缝横向平铺，后室无铺地砖	共 9 件，其中陶器 7 件、铜器 1 件、铁器 1 件。陶器有双耳罐 E，器盖 2，案 2，屋，灶 B Ⅰ。铜器为残器。铁器为残器	五
M136	Ba	120°	长方宽坑墓。无墓道。墓室长 2.76、宽 2、残深 1.4 米。墓室填土为黄褐色沙黏土，含较多小卵石	共 2 件，全为陶器。计有折肩罐 D，鼎 C	一
M137	Ac	130°	长方窄坑墓。有斜坡墓道。墓坑长 4.7、宽 2.2、深 3 米。墓内填土为黄褐色沙黏土。墓底有两条纵列垫木沟	共 34 件（号），其中陶器 27 件、铜器 5 件、铁器 1 件、滑石器 1 件。陶器有瓮 C，罐 Ha Ⅰ a、Ha Ⅰ b、Hb Ⅰ b2、Hb Ⅰ c2、盘口罐 A Ⅰ、B Ⅰ、B Ⅱ 4、C Ⅱ、小盘口罐 B2、C、五联罐 E，壶 K Ⅰ 4，盆 A Ⅱ，镳壶 A，盂 C，灶，井 E。铜器有镳壶 B，三足罐，镜，钱币，残器。铁器有镊子。滑石器有炉 B Ⅰ	五
M138	C	127°	砖木合构墓。墓坑填土表层中有朽木灰，应为墓顶木盖板所遗痕。墓室长 4.82、宽 2.26、深 1.04 米。两壁和封门为砖墙，后端无砖墙，墓坑壁与所砌砖壁约有 0.1 米空隙。两壁与封门均为双隅砖结构，错缝平铺叠砌。斜坡墓道	共 31 件（号），其中陶器 21 件、铜器 7 件、滑石器 1 件、石器 1 件、串饰 1 件。陶器有瓮 C，罐 Hb Ⅰ b，四耳罐 B，盘口罐 A Ⅱ、B Ⅱ 3、D5，壶 K Ⅰ，鼎 J，镳壶 B，盆 A Ⅰ，灯 A Ⅲ，屋 A Ⅱ，仓 B Ⅱ，灶 B Ⅳ，井 F Ⅲ。铜器有奁，碗 D，盆，环首刀，带钩，镜，钱币。滑石器有炉 B Ⅰ。石器为研石。串饰 1	五

墓号	墓型	墓向	墓葬概述	随葬品	期别
M139	Da	21°	单室砖墓。有斜坡墓道。砖室总外长 3.58 米。墓室长 3.3、宽 0.9、残高约 0.8 米。墓壁单隅砖结构，以错缝平铺方式叠砌。墓底砖以人字形平铺。墓道口与墓室连接处有单隅砖错缝平铺叠砌封门墙	共 3 件，全为陶器。 计有钵，灯 B Ⅱ，屋 A Ⅱ	四
M141	Ea	165°	双室砖墓。双室等宽。有斜坡墓道。砖室总外长 4.5 米。墓室长 4、宽 1.54 米，分前后两室（段），前室（段）低于后室（段）约 0.1 米。墓壁残高约 1.46 米，应为券顶。墓壁均为单隅砖结构，以错缝平铺方式叠砌。墓底砖以人字形平铺。墓道口与墓室连接处有单隅砖错缝平铺叠砌封门墙	共 3 件，其中陶器 2 件、石器 1 件。 陶器有罐 Hb Ⅰ b、罐（残片）。 石器有研石	四
M142	Eb	300°	双室砖墓。前室宽于后室。砖室总外长 5.7 米。甬道长 0.8、宽 0.9 米。前室长 2、宽 1.3 米。前室墓底比后室低约 0.16 米。后室长 2.98、宽 0.9 米。墓壁局部残高约 1.14 米，墓两壁为双隅砖，错缝平铺、二顺一丁叠砌，后端和封门则为单隅砖错缝平铺叠砌。墓底砖为人字形平铺	共 2 件，全为陶器。 计有罐 J Ⅱ，盘口罐 E	五
M143	Ba	110°	长方宽坑墓。无墓道。墓坑长 3.6、宽 2.68、深 1.3 米。墓内填土为五花土	共 7 件，其中陶器 5 件、铜器 1 件、滑石器 1 件。 陶器有罐 A Ⅴ，罐（无法分型）2，壶 J Ⅱ a、Ⅰ Ⅱ。 铜器有镜。 滑石器有璧	二

墓号	墓型	墓向	墓葬概述	随葬品	期别
M144	Ac	295°	长方窄坑墓。有斜坡式墓道。墓坑长 4.96、宽 3.2、深 2.3 米。墓内填土为灰色沙黏土	共 36 件（号），其中陶器 31 件、铜器 1 件、滑石器 2 件、石器 1 件、串饰 1 件。 陶器有瓮 B，罐 A Ⅴ、C Ⅲ、C Ⅷ、E Ⅰ 3、E Ⅱ、E Ⅴ 2、E Ⅵ、Fa Ⅰ 2、Fa Ⅱ，罐（无法分型）5，四联罐 D，双耳罐 C2，折肩罐 B Ⅲ，灶，壶 F、G Ⅰ 3，温壶 C，瓿 D，小杯 B Ⅱ。 铜器有矛。 滑石器有璧，炉 B Ⅰ。 石器为残件。 串饰 1	二
M145	C	100°	砖木合构墓。仅有砖壁，似以木板盖顶。墓室残长 2.36、宽 0.92 米。墓壁为单隅砖错缝平铺叠砌。墓底砖纵向错缝平铺	共 6 件，全为陶器。 计有罐 G Ⅱ、Ha Ⅰ a，罐（无法分型），壶 J Ⅱ a，灶 B Ⅳ，仿双耳罐 D	四
M146	C	10°	砖木合构墓。墓室仅见四面砖壁，似以木板盖顶。墓室长 2.74、宽 0.8 米。砖室总外长 3 米。墓壁残高约 0.6 米。墓壁两端均为单隅砖错缝平铺叠砌，两侧墓壁从底部起以单砖竖贴壁。墓底砖纵向平铺	共 8 件，全为陶器。 计有罐 Hb Ⅰ b2，罐（无法分型）2，壶 J Ⅱ a2，盂 E，钵	四
M147	Ba	290°	长方宽坑墓。无墓道。墓室长 3.6、宽 2、残深 1.4 米。填土为黄褐色沙黏土	共 5 件，全为陶器。 计有罐 C Ⅰ、C Ⅳ，四联罐 B Ⅰ，壶 E，小杯	一
M149	Bc	291°	长方宽坑墓。有斜坡墓道。墓室长 4.4、宽 2.3、深 1.4 米。填土为黄褐色沙黏土。墓底有两条纵向垫木沟	共 26 件，其中陶器 17 件、铜器 6 件、铁器 1 件、滑石器 2 件。 陶器有四耳瓮 B，罐 A Ⅴ、C Ⅲ 4、Fa Ⅱ 3、Fa Ⅲ，罐（无法分型）2，五联罐 E，壶 Ⅰ Ⅱ 2、J Ⅰ a，匏壶 C。 铜器有錾 B，勺，剑 D，环首刀 A，叉，镦。 铁器有剑。 滑石器有鼎 A，俑	二
M150	Aa	190°	长方窄坑墓。无墓道。墓坑长 6、宽 2.9、深 3 米。墓内填土为灰褐色沙黏土	共 12 件，其中陶器 11 件、铜器 1 件。 陶器有瓮 C，罐 C Ⅲ、C Ⅴ、E Ⅱ、Ha Ⅰ b、Ha Ⅰ c，壶 K Ⅰ、Ⅰ Ⅱ，井，灶 C Ⅲ，灯 B Ⅰ。 铜器有杯	四

墓号	墓型	墓向	墓葬概述	随葬品	期别
M151	Bc	290°	长方宽坑墓。有斜坡含一级阶梯墓道。墓室长 4.6、宽 3.6、深 3 米。填土为黄褐色沙黏土。墓底有两条纵向垫木沟	共 19 件（号），其中陶器 15 件、铜器 2 件、串饰 2 件。 陶器有罐 A Ⅱ b、A Ⅲ、C Ⅳ、C Ⅶ、E Ⅰ、E Ⅶ、罐（无法分型）、双耳罐 Ab Ⅲ 3、折肩罐 C Ⅱ、四联罐 E、壶 J Ⅱ a、小杯 A Ⅰ、钫 A。 铜器有盆，镜。 串饰 2	二
M152	Bc	280°	长方宽坑墓。有斜坡墓道。墓室长 4.8、宽 2.9、深 2.8 米。填土为灰褐色沙黏土	共 10 件，其中陶器 8 件、铜器 2 件。 陶器有瓮，罐 C Ⅲ、C Ⅵ、Fa Ⅲ、六联罐，壶 2，匏壶 C。 铜器有管，镜	二
M153	Db	288°	单室砖墓。无墓道。墓壁、顶部均残。砖室总外长 2.78 米。墓室长 2.52、宽 0.62、残高 0.3 米。墓壁均为单隔砖错缝平铺叠砌。墓底砖纵向错缝平铺	共 6 件，全为陶器。 计有小罐 A Ⅰ、A Ⅱ，筒 A Ⅱ 2，井 C，灶	四
M154	Ba	290°	长方宽坑墓，无墓道。墓室长 3.2、宽 1.9、残深 1.04 米。填土为黄褐色沙黏土	共 13 件，其中陶器 11 件、铜器 2 件。 陶器计有罐 A Ⅱ a2、A Ⅱ b3、C Ⅲ、瓿 B、小杯 A Ⅰ、A Ⅱ、B Ⅰ、鼎 D。 铜器有扁钟，勺 A	一
M155	Aa	20°	长方窄坑墓。无墓道。墓室长 2.45、宽 0.07 ~ 0.8、残深 0.4 ~ 0.6 米	共 4 件，全为陶器。 计有罐 3，瓿	一
M156	Da	285°	单室砖墓。有斜坡墓道。砖室总外长 4.06 米。墓室长 3.5、宽 1.3、残高约 1.2 米，为双隔砖结构，以二层错缝平铺相间一层侧竖砖方式叠砌。墓底砖以人字形平铺	共 24 件（号），其中陶器 20 件、铜器 3 件、铁器 1 件。 陶器有瓮 C，罐 C Ⅴ、E Ⅱ、Fa Ⅵ、G Ⅰ、Hb Ⅱ、狗、屋、井 C、筒 B5、猪、灶 C Ⅲ、鼎 G2、壶 I Ⅲ 2。 铜器有镦壶，镜，钱币。 铁器有环首刀。	四
M157	Bc	285°	长方宽坑墓。有斜坡墓道。墓坑长 5.3 ~ 5.5、宽 4.2 ~ 4.9、深 3.1 米。墓内填土为灰黑色沙黏土。墓底两侧各有一条垫木沟	共 26 件，其中陶器 16 件、铜器 10 件。 陶器有瓮 A Ⅱ、B、C，罐 C Ⅴ 3、Fb Ⅰ 6，壶 Ⅰ Ⅱ a、J Ⅰ a、J Ⅱ a，残器。 铜器有鍪 C，镦壶 B，熏炉，灯，盆 2，杯 A Ⅰ 2，残器，镜	三

墓号	墓型	墓向	墓葬概述	随葬品	期别
M158	Bc	290°	长方宽坑墓。有斜坡含阶梯墓道。墓室上口长 5、宽 3.9 米，下底长 4.76、宽 3.5 米，深 3.1 米。墓内填土为黑灰色沙黏土。墓底有两条纵列垫木沟	共 14 件（号），其中陶器 10 件、铜器 2 件、滑石器 1 件、石器 1 件。陶器有罐 AⅢ、EⅠ、FaⅣ，罐（无法分型），仿双耳罐 C，折肩罐 CⅠ，壶 IⅡ、JⅡa，壶（无法分型），盂 AⅢ。铜器有盆 A，夋 A。石器有研石。滑石器有璧	二
M159	Eb	126°	双室砖墓，前室宽于后室。券顶。斜坡墓道。砖室总外长 5.66 米。前室长 2、宽 2.2、残高 0.7~1 米。前室地面比后室低约 0.14 米。后室长 2.9、宽 1.64、残高 1.1~1.24 米。墓两壁和封门均为双隅砖结构，以二层错缝平铺相间一层侧竖砖方式叠砌，后壁为单隅砖结构，错缝平铺叠砌。墓底砖以人字形平铺	共 8 件，其中陶器 6 件、铜器 2 件。陶器有罐 HbⅠb，盘口罐 AⅡ，小盘口罐 B，仓 BⅡ，盂 BⅡ、F。铜器有碗 A，饰件	四
M161	Db	260°	单室砖墓。无墓道。砖室总外长 3.82 米。墓室长 3.58、宽 0.8、残高约 0.8 米。墓壁两侧为双隅砖，错缝平铺、二顺一丁叠砌，墓两端则为单隅砖，错缝平铺叠砌。墓底砖以人字形平铺	共 1 件，为陶井 FⅢ	四
M162	Ab	200°	长方窄坑墓。无墓道。墓室上口长 2.6、宽 1.3~1.36 米，墓底长 2.4、宽 0.76~0.86 米，残深 1.24 米。填土为灰黄色黏土。墓圹两侧及南端有二层台。墓北端有一壁龛	共 3 件，其中陶器 2 件、铜器 1 件。陶器有提筒 A，釜 CⅠ。铜器有残器	一
M163	Aa	280°	长方窄坑墓。无墓道。墓室长 3.6、宽 0.9、残深 0.46 米。填土为灰褐色沙黏土	无物	一
M164	Ba	280°	长方宽坑墓。无墓道。墓室长 2.4、宽 1.32~1.48（东端略宽于西端）、残深 1 米。墓南北壁底部各有两个柱洞，估计为放置横列枕木所用。填土为灰褐色沙黏土	共 3 件，其中陶器 2 件、铜器 1 件。陶器有盒 C，釜 BⅡ。铜器为镜	一

墓号	墓型	墓向	墓葬概述	随葬品	期别
M165	Ba	270°	长方宽坑墓。无墓道。墓室长3.1、宽2.06、残深2.1米。填土为灰黄色沙黏土。墓底有两条横列垫木沟	共2件，全为陶器。计有瓿，釜CⅡ	一
M166	Aa	295°	长方窄坑墓。无墓道。墓室长3.2、宽0.8、残深0.8米。填土为灰褐色沙黏土	无物	一
M167	Aa	205°	长方窄坑墓。无墓道。墓室长3.3、宽0.86、残深0.82米。填土为灰褐色沙黏土	无物	一
M168	Ba	280°	长方宽坑墓。无墓道。墓室长4、宽2.9、残深3.5米。填土为灰褐色沙黏土。墓底有两条横列垫木沟。垫木沟没有与两侧墓壁相接	共16件（号），其中陶器5件、铜器11件。陶器有瓿B，提筒B，小杯AⅡ，釜CⅡ，球。铜器有鼎A，双耳钵，勺，剑C，剑，钺，矛C，环首刀A，镜，钱币，残器	一
M169	Aa	110°	长方窄坑墓。无墓道。墓室长3.2、宽0.9、残深0.7米。填土为黄褐色沙黏土	无物	一
M170	Ba	190°	长方宽坑墓。无墓道。墓室长3.06、宽2.4、残深3.1米。墓室填土为灰黄色沙黏土	共3件，其中陶器2件、玉器1件。陶器有瓿C，尊。玉器为璧	一
M171	Aa	120°	长方窄坑墓。无墓道。墓室长3、宽0.9、残深1米。填土为黄褐色沙黏土	无物	一
M172	Aa	120°	长方窄坑墓。无墓道。墓室长3、宽0.8、残深1.2米。填土为黄褐色沙黏土	无物	一
M173	Aa	290°	长方窄坑墓。无墓道。墓室长2.8、宽1、残深0.8米。填土为黄褐色沙黏土	共1件，为陶罐AⅠ	一
M174	Aa	110	长方窄坑墓。无墓道。墓室长3.1、宽0.71、残深0.8米。填土为黄褐色沙黏土	无物	一

墓号	墓型	墓向	墓葬概述	随葬品	期别
M175	Db	295°	单室砖墓。无墓道。砖室总外长3.08米。墓室长2.84、宽0.64、残高约0.3米。墓壁为单隅砖错缝平铺叠砌。墓底砖纵向错缝平铺	共2件,其中陶器1件、铜器1件。 陶器有罐FbⅠ。 铜器有钱币	四
M176	Aa	280°	长方窄坑墓。无墓道。墓室长3.6、宽0.9、残深1.3米。填土为灰褐色沙黏土	无物	一
M177	Aa	220°	长方窄坑墓。无墓道。墓室长2.8、宽0.8、残深0.5米。填土为黄褐色沙黏土	有器物,仅为残屑	一
M178	Aa	120°	长方窄坑墓。无墓道。墓室长2.9、宽0.8、残深0.6米。填土为黄褐色沙黏土	无物	一
M184	Eb	290°	双室砖墓。前室宽于后室,券顶。斜坡墓道。砖室总外长5.78米。前室长1.8、宽1.6、高1.3米。后室平面为长方形,长3.04、宽1.1、1.2米。墓底至顶高约1.2米。前室墓壁为单隅砖错缝平铺叠砌,后室为双隅砖错缝平铺叠砌。墓底砖以人字形平铺	共32件(号),其中陶器20件、铜器7件、铁器2件、银器1件、滑石器1件、串饰1件 陶器有瓮,罐FaⅣ、FbⅠ、FbⅢ、HaⅠa2、HaⅠc3、盘口罐BⅡ、异形双耳罐、壶KⅠ、盆AⅡ、盂BⅡ3、仓BⅡ、灶CⅢ、井FⅢ、屋AⅡ。 铜器有镜,镳壶,碗C,篮,盆,钱币2。 铁器有残器,灯。 银器有环。 滑石器有炉BⅠ。 串饰1	四
M185	Ea	280°	双室砖墓。双室等宽。砖室总外长4.06米。墓室长3.8、宽1.4、残高约0.14米。前室长1.2米,后室长2.6米,但前室地面较后室地面低约4厘米。墓壁为单隅砖错缝平铺叠砌。墓底砖为人字形平铺	共7件(号),其中陶器4件、铜器1件、铁器1件、串饰1件。 陶器有罐,小罐B2,碗BⅢ。 铜器有镜。 铁器有环首刀。 串饰1	四
M186	Ba	300°	长方宽坑墓。无墓道。墓室长3.3、宽1.7、残深0.8米。填土为黄褐色沙黏土	共9件,全为陶器。 计有罐AⅠ3、CⅠ、CⅡ、罐(无法分型)2,四联罐BⅡ,小瓿B	一

续表

墓号	墓型	墓向	墓葬概述	随葬品	期别
M187A	Bc	135°	长方宽坑墓。有斜坡墓道。墓室长4.8、宽2.44、深2.2米	共28件（号），其中陶器15件、铜器9件、铁器1件、滑石器1件、石器1件、串饰1件。 陶器有瓮C，罐HaⅠa4、HaⅠb、HaⅠc，盘口罐BⅡ，壶KⅠ2，盆AⅡ，熏炉E，盂E，灶CⅢ，井FⅠ。 铜器有镂壶，盆，奁B，奁（无法分型），碗，杯BⅡ，带钩，镜，钱币。 铁器有环首刀。 滑石器为炉BⅠ。 石器有研石。 串饰1	五
M187B	Da	135°	单室砖墓。券顶。有斜坡墓道。砖室总外长4.4米。墓室长4、宽1.1、残高约1.4米。墓壁为单隅砖，错缝平铺叠砌。墓底砖为人字形平铺	共29件（号），其中陶器25件、铜器2件、滑石器1件、串饰1件。 陶器有瓮C，罐FbⅠ、HaⅠa、HaⅠc2、HaⅡ、HbⅠc，盘口罐AⅡ、BⅡ、小盘口罐A、C3，壶KⅠ2，盆BⅠ，盂E，提筒F4，屋AⅡ，仓BⅡ，灶CⅣ，井FⅣ。 铜器有碗，奁A。 滑石器为炉D。 串饰1	五
M189	Bc	115	长方宽坑墓。有斜坡墓道。墓坑长4.9、宽2.8、深2.7米。墓内填土为黄褐色沙黏土。墓底有两条纵列垫木沟	共55件（号），其中陶器35件、铜器15件、铁器1件、滑石器2件、串饰2件。 陶器有瓮C2，罐CV3、DⅢ3、FaⅣ、FbⅠ2、GⅠ、HaⅠa、HaⅠb2、HbⅠa、HbⅠb3、HbⅡ、五联罐E，壶Ⅲ、KⅠ4，仓BⅡ，井C、E，屋AⅡ，灶CⅢ，鼎H，奁B，二联盂，三联盂。 铜器有镂壶，鼎，盆，扁壶，杯B，高足杯C，奁3，灯B，灯（无法分型），镜，钱币2，饰件。 铁器有镊子。 滑石器有鼎C，炉BⅠ。 串饰2	四
M190	Ab	36°	长方窄坑墓。无墓道。墓室上口长3.88、底长3.26、宽1.64、残深1.05米。填土为黑褐色沙黏土。墓室两端各有宽约0.3米的生土二层台。墓室四壁不够平整	共12件，全为陶器。 计有瓮，三足罐AⅠ、C，四联罐BⅠ，三足盒A2，瓿C，小杯BⅠ5	一

墓号	墓型	墓向	墓葬概述	随葬品	期别
M191	Aa	120°	长方窄坑墓。墓坑长 3.6、宽 1.4、深 0.8 米。墓内填土为黄褐色沙黏土	共 5 件，全为陶器。计有罐 AⅠ2、CⅠ2、EⅡ	二
M192	Ea	76°	双室砖墓。双室等宽。券顶，斜坡墓道。砖室总外长 4.86 米。前室长 1.76、宽 1 米，低于后室约 0.17 米。后室长 2.7、宽 1 米。两侧墓壁为单隅砖结构，以错缝平铺方式叠砌，后室一端的墓壁为双隅砖结构，以错缝平铺方式叠砌。墓底砖以人字形平铺	共 4 件，全为陶器。计有瓮 B、C，耳杯，异形罐	四
M194	C	135°	砖木合构墓。墓坑深 1.32 米，墓室的砖壁高 0.8 米，其上约 0.5 米无砖壁，亦无砖封顶。砖室总外长 3.74 米。墓室长 3.4、宽 0.86 米。墓四壁均为单隅砖，错缝平铺叠砌。墓底砖为人字形平铺	共 12 件，其中陶器 10 件、铜器 2 件。陶器有罐ⅠⅠ2、罐（无法分型），小罐 AⅡ3，盘口罐 AⅡ，小盘口罐 A、B，纺轮。铜器有杯 AⅠ，残器	四
M195	Aa	300°	长方窄坑墓。无墓道。墓室长 3.7、宽 1.55、残深 0.92 米。墓室填土为灰褐色沙黏土	共 7 件，全为陶器。计有罐 AⅡb、CⅡ，三足罐 AⅠ、BⅡ，五联罐 B，三足盒 B，匏壶 B	一
M196	Ab	100°	长方窄坑墓。无墓道。墓室上口长 3、宽 1.4 米，墓底长 2.42、宽 0.65 米，残深 0.76 米。墓室填土上部为黑灰色沙黏土，下部为砖红色。墓室四周有生土二层台	共 1 件，为陶罐 DⅠ	一
M197	Aa	235°	长方窄坑墓。无墓道。墓室长 2.85、宽 0.98、残深 0.63 米。填土为黄褐色沙黏土。墓室两侧有熟土二层台	共 1 件，为陶罐 AⅡb	一

说明："随葬品"栏中未注明件数者为 1 件。

后　记

本报告的整理和编写是在广西文物保护与考古研究所的领导下进行的，由梁旭达负责全面工作。具体分工如下：

报告全部章节的撰写，由梁旭达执笔。

器物的修复和原始资料登记，由杨智毅、任岁芳负责完成。

器物的拓片和卡片登记，由蒋新荣、蒋发娇负责完成。

器物的绘图，由寇小石、汪蓉负责完成；墓葬平、剖面图由张进兰负责完成。

器物的照相，由梁旭达负责完成。

英文提要由北京大学考古文博学院 2015 级博士研究生王音翻译。

本报告的编撰工作还得到象州县博物馆的大力支持，赖明宗、银玉惠、梁国庆、黄艳华、廖江永等也参加了文物开箱及清洗器物工作。

值此报告出版之际，向所有关心、支持、帮助本报告的单位、领导和专家表示诚挚的感谢。向所有参加过墓葬发掘、整理编写工作的同仁表示诚挚的感谢。

编者

Abstract

Han Dynasty tombs of Hepu in Guangxi constitute a cemetery of relatively large scale, which are mainly distributed on the hills and slopes in the northern, eastern and southern part of Lianzhou Town, Hepu County. As one of the densely-distributed tomb region, the tomb area of Wenchangta is located in the south – west suburb of Hepu county.

This report covers 175 Han Dynasty tombs excavated in the area of Wenchangta during the period from 1987 to 1988. The book includes eight chapters. First, it introduces the geographical location, history and excavation situation of the tomb area of Wenchangta. Then, it describes tomb structure and unearthed artifacts in detail. According to changes in tomb structure, classification and combination of burial objects, as well as typical artifacts, these tombs can be divided into five stages, dating from the early Western Han Dynasty to the late Eastern Han Dynasty. In order to achieve uniformity and for the convenience of readers, both the tombs and the objects are uniformly classified, while the material of each stage is introduced chapter by chapter.

The Han Dynasty tombs of Wenchangta provide rich material for the study of the history and culture of Hepu in the Han Dynasty. For example, tombs in the early and middle Western Han Dynasty are of a relatively large number, which means that Hepu had developed into a prosperous area long before Emperor Wu of Han annexed Lingnan area. It was based on this important condition that Emperor Wu could set up a prefecture in Hepu and Hepu could become the port for overseas trade between southern China and coastal countries of Southeast Asia.

These tombs are relatively systematic and representative archaeological material in Hepu and even Guangxi area. In this report, the five stages are in succession, and the evolution of tombs and objects is relatively clear. This report not only helps to improve the periodization standard of Han Dynasty tombs in Hepu, but also provides new material for the research of periodization, chronology, as well as regional characteristics and development of Han Dynasty tombs in Guangxi.

1.A型Ⅰ式瓮（M92：1）

2．A型Ⅱ式瓮（M113：11）

3．A型Ⅰ式罐（M030：5）

4．A型Ⅱa式罐（M154：10）

第一期墓葬出土陶器

1. A型Ⅱb式（M195：6）

2. A型Ⅲ式（M86：2）

3. A型Ⅳ式（M99：2）

4. B型Ⅰ式（M103：4）

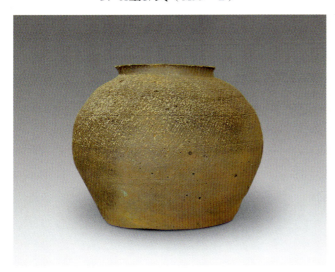

5. B型Ⅱ式（M89：2）

第一期墓葬出土陶罐

1. C型Ⅰ式（M93：2）

2. C型Ⅱ式（M93：3）

3. C型Ⅲ式（M011：13）

4. C型Ⅳ式（M35：1）

5. D型Ⅰ式（M196：1）

第一期墓葬出土陶罐

1. 异形罐（M78：3）

2. 异形罐（M103：3）

3. Aa型双耳罐（M93：6）

4. A型折肩罐（M57：1）

5. B型Ⅰ式折肩罐（M43：1）

第一期墓葬出土陶器

1. B型Ⅱ式折肩罐（M34：4）

2. E型折肩罐（M43：3）

3. A型Ⅰ式三足罐（M195：5）

4. C型三足罐（M190：8）

5. A型四联罐（M90：11）

6. A型盒（M96：4）

第一期墓葬出土陶器

1. B型Ⅰ式四联罐（M190：11）

2. Aa型五联罐（M16：6）

3. B型五联罐（M195：4）

4. B型三足盒（M195：7）

第一期墓葬出土陶器

1. A型瓿（M83：2）

2. B型瓿（M78：1）

3. C型瓿（M170：1）

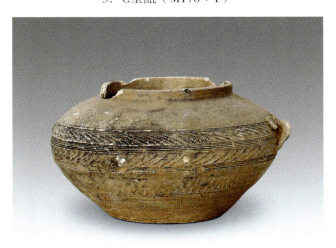

4. A型小瓿（M86：1）

5. B型小瓿（M90：7）

第一期墓葬出土陶器

1．B型壶（M99：3）

2．C型壶（M96：3）

3．A型提筒（M162：1）

4．B型提筒（M168：4）

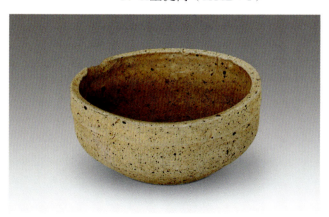

5．A型Ⅰ式小杯（M114：1）

第一期墓葬出土陶器

1. A型Ⅱ式小杯（M89：4）

2. B型Ⅰ式小杯（M89：1）

3. B型Ⅱ式小杯（M84：2）

4. B型Ⅲ式小杯（M113：10）

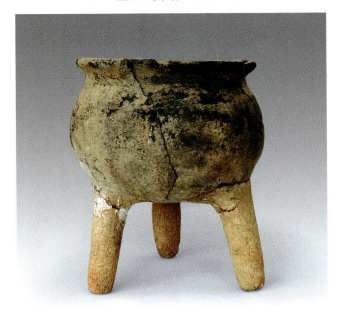

5. A型鼎（M57：2）

6. B型鼎（M50：1）

第一期墓葬出土陶器

1. C型鼎（M96：5）

2. D型鼎（M154：1）

3. A型Ⅲ式釜（M33：3）

4. B型Ⅰ式釜（M38：2）

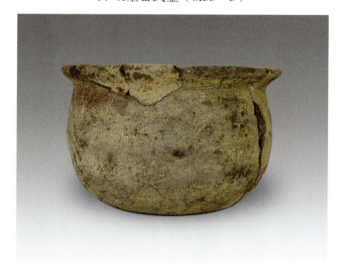

5. B型Ⅱ式釜（M164：1）

6. C型Ⅰ式釜（M99：5）

第一期墓葬出土陶鼎、釜

1. C型Ⅱ式陶釜（M168：1）

2. 陶球（M168：16）

3. B型铜鼎（M99：6）

4. C型Ⅰ式铜鼎（M43：5）

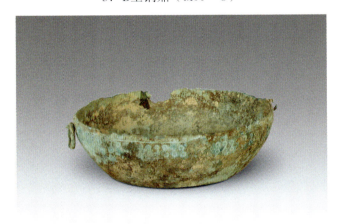

5. 铜双耳钵（M168：7）

6. A型铜勺（M43：8）

第一期墓葬出土器物

1. B型剑（M33：1）　　　　2. C型剑（M168：6）　　　　3. 钺（M168：15）

4. A型矛（M23：10）　　　　5. B型矛（M91：4）　　　　6. C型矛（M168：14）

第一期墓葬出土铜器

1. 铜扁钟（M154：9）

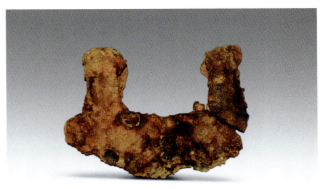

2. B型铁舌（M113：12）

3. 铜半两（M168：11）

4. 滑石盘（M011：2）

5. 滑石璧（M011：1）

第一期墓葬出土器物

1．A型Ⅰ式（M03：9）

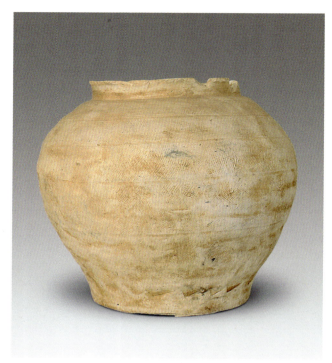

2．A型Ⅲ式（M126：5）

3．B型（M09：1）

4．C型（M55：1）

第二期墓葬出土陶瓮

1. A型四耳瓮（M09：36）

2. B型四耳瓮（M149：1）

3. A型Ⅱb式罐（M010A：6）

4. C型Ⅰ式罐（M191：4）

第二期墓葬出土陶四耳瓮、罐

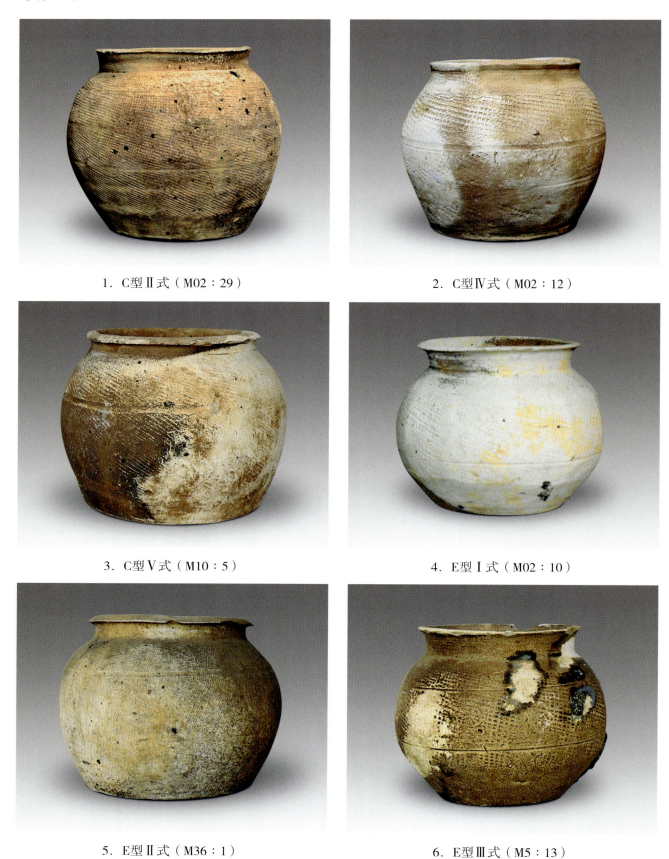

1. C型Ⅱ式（M02：29）

2. C型Ⅳ式（M02：12）

3. C型Ⅴ式（M10：5）

4. E型Ⅰ式（M02：10）

5. E型Ⅱ式（M36：1）

6. E型Ⅲ式（M5：13）

第二期墓葬出土陶罐

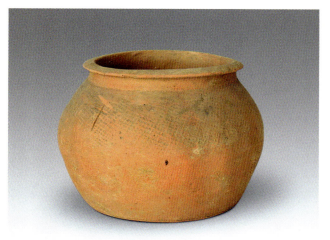

1．Fa型Ⅰ式罐（M36：4）

2．Fa型Ⅱ式罐（M149：13）

3．Fa型Ⅳ式罐（M158：5）

4．B型四耳罐（M128：2）

5．A型四耳罐（M09：17）

第二期墓葬出土陶罐、四耳罐

1. Ab型Ⅲ式双耳罐（M151：7）

2. B型Ⅰ式双耳罐（M5：12）

3. C型双耳罐（M144：34）

4. C型仿双耳罐（M158：1）

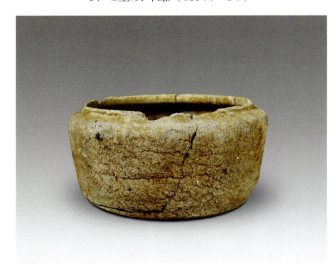

5. B型Ⅲ式折肩罐（M010A：3）

6. Aa型五联罐（M126：32）

第二期墓葬出土陶器

2. D型五联罐（M02：8）

4. E型五联罐（M149：9）

1. C型Ⅰ式五联罐（M05B：10）

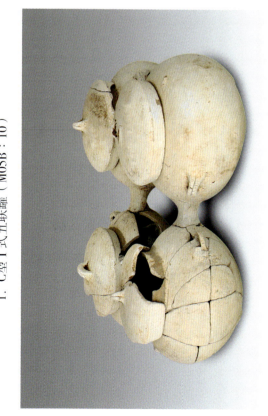

3. D型四联罐（M144：3）

第二期墓葬出土陶五联罐、四联罐

1. F型四联罐（M115：5）

2. B型三足盒（M126：30）

3. D型盒（M27：5）

4. C型瓿（M010A：7）

5. D型瓿（M115：4）

第二期墓葬出土陶器

1. G型Ⅰ式（M144：28）

2. H型Ⅰ式（M02：16）

3. H型Ⅱ式（M125：10）

4. Ⅰ型Ⅰa式（M09：4）

第二期墓葬出土陶壶

1. Ⅰ型Ⅰb式（M129：10）

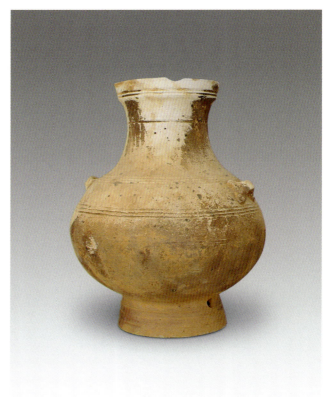

2. Ⅰ型Ⅱ式（M149：5）

3. J型Ⅰa式（M55：2）

4. J型Ⅰb式（M14：7）

第二期墓葬出土陶壶

1．J型Ⅱa式壶（M74：7）

2．C型匏壶（M149：22）

3．B型温壶（M02：15）

4．C型温壶（M144：19）

5．C型提筒（M126：22）

第二期墓葬出土陶器

1. A型Ⅰ式小杯（M126：8）

2. A型Ⅱ式小杯（M126：39）

3. B型Ⅰ式小杯（M5：6）

4. B型Ⅱ式小杯（M144：36）

5. B型钫（M18：3）

6. A型Ⅰ式盂（M02：7）

第二期墓葬出土陶器

1．A型Ⅱ式盂（M66：12）

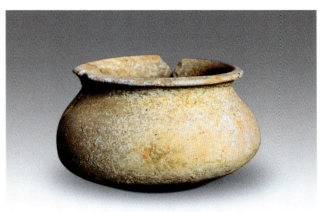

2．A型Ⅲ式盂（M03：1）

3．B型Ⅰ式盂（M5：2）

4．E型Ⅰ式鼎（M129：11）

5．A型Ⅰ式筒（M55：6）

第二期墓葬出土陶器

1. A型陶灶（M09：15）

2. B型Ⅰ式陶灶（M105：9）

3. C型Ⅰ式陶灶（M04：17）

4. A型陶井（M09：14）

5. B型陶井（M04：18）

6. B型铜灯（M125：2）

第二期墓葬出土器物

1. 乳钉连珠纹镜（M105：2）

2. 日光镜（M27：3）

3. 蟠螭纹镜（M105：1）

4. 昭明镜（M152：9）

5. A型环首刀（M09：27）

第二期墓葬出土铜器

1. A型鼎（M55：5）

2. A型鼎（M149：8）

3. B型鼎（M126：9）

4. B型鼎（M03：6）

5. B型炉（M144：20）

第二期墓葬出土滑石器

1. 滑石璧（M02：1）

2. 滑石璧（M111：10）

3. 滑石俑（M149：26）

4. 串饰（M48：6）

5. 串饰（M144：35）

第二期墓葬出土器物

1. 串饰（M27：4）

2. 串饰（M74：12）

3. 串饰（M02：17）

4. 石砚（M09：11）

5. 石铲（M7：4）

第二期墓葬出土器物

1．A型Ⅱ式（M157：1）

2．A型Ⅳ式（M121：5）

3．B型（M46：23）

4．C型（M07：23）

第三期墓葬出土陶瓮

1. C型Ⅱ式（M4∶13）

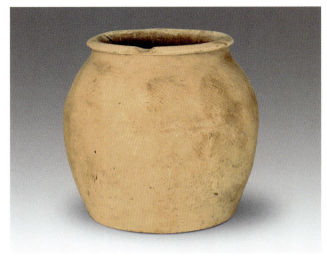

2. D型Ⅲ式（M117∶3）

3. E型Ⅱ式（M117∶6）

4. Fa型Ⅰ式（M53∶21）

5. Fa型Ⅳ式（M01∶18）

第三期墓葬出土陶罐

1. Fb型Ⅰ式罐（M119：1）

2. Fb型Ⅲ式罐（M46：22）

3. G型Ⅰ式罐（M53：17）

4. Ha型Ⅰa式罐（M117：4）

5. Ha型Ⅱ式罐（M70：62）

6. A型四耳罐（M05A：35）

第三期墓葬出土陶罐、四耳罐

1．B型四耳罐（M70：15）

2．C型Ⅰ式五联罐（M07：21）

3．D型五联罐（M05A：34）

4．E型五联罐（M70：43）

5．E型陶瓿（M01：21）

第三期墓葬出土陶器

1. F型瓿（M07：10）

2. H型Ⅱ式壶（M53：13）

3. I型Ⅰa式壶（M05a：15）

4. I型Ⅱ式壶（M20：6）

第三期墓葬出土陶器

1. J型Ⅰa式壶（M70：18）

2. J型Ⅱa式壶（M157：12）

3. C型匏壶（M70：17）

4. D型Ⅰ式提筒（M05A：23）

第三期墓葬出土陶器

1．D型Ⅱ式提筒（M05A：24）

2．E型提筒（M05A：21）

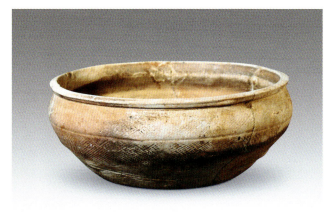

3．A型Ⅰ式盆（M01：9）

4．B型Ⅰ式盆（M70：21）

5．A型奁（M05A：1）

第三期墓葬出土陶器

1. A型细颈瓶（M15：17）

2. A型Ⅰ式碗（M20：30）

3. A型Ⅱ式碗（M05A：31）

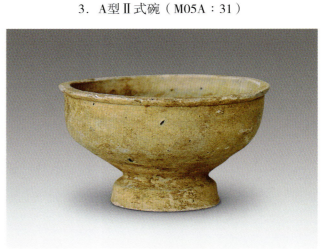

4. B型Ⅰ式碗（M20：31）

5. B型Ⅱ式碗（M20：40）

第三期墓葬出土陶器

1. B型杯（M70：55）　　　　　　2. A型卮（M70：44）

3. B型卮（M70：33）　　　　　　4. A型Ⅱ式盂（M01：8）

5. B型Ⅱ式盂（M117：16）　　　　6. C型盂（M01：17）

7. D型盂（M119：16）　　　　　　8. E型盂（M53：9）

第三期墓葬出土陶器

1. E型Ⅱ式鼎（M05A：3）

3. A型Ⅰ式灯（M4：20）

2. F型Ⅰ式鼎（M70：19）

4. B型Ⅰ式灯（M46：1）

5. B型熏炉（M05A：5）

第三期墓葬出土陶器

1. A型Ⅰ式屋（M05A：39）

2. A型Ⅱ式仓（M05A：38）

3. B型Ⅰ式仓（M46：27）

4. B型Ⅰ式灶（M31：1）

5. B型Ⅲ式灶（M20：10）

第三期墓葬出土陶器

1. C型 I 式灶（M07：5）

2. C型 II 式灶（M05A：28）

3. D型井（M07：1）

5. F型 I 式井（M01：3）

4. E型井（M05A：26）

第三期墓葬出土陶灶、井

1. C型Ⅱ式鼎（M70：24）

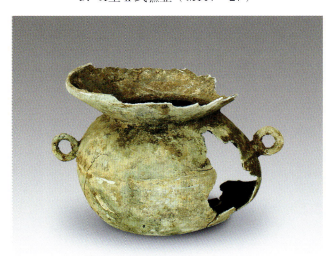

3. A型Ⅱ式鐎壶（M117：27）

2. A型壶（M119：13）

4. B型Ⅰ式壶（M70：26）

5. B型鍪（M70：37）

第三期墓葬出土铜器

1．D型铜鍪（M20：12）

2．B型铜灯（M53：6）

3．A型铜熏炉（M70：23）

4．滑石盆（M70：41）

5．滑石杯（M70：34）

第三期墓葬出土器物

1. 案（M70：30）

2. 耳杯（M70：35-3）

3. A型炉（M01：36）

4. B型 I 式炉（M70：29）

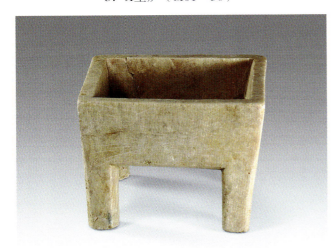

5. B型 II 式炉（M07：2）

6. B型 III 式炉（M53：1）

第三期墓葬出土滑石器

1. 滑石璧（M07：26）

2. 串饰（M05A：51）

4. 串饰（M4：10）

3. 串饰（M46：12）

第三期墓葬出土器物

1. B型瓮（M192：4）

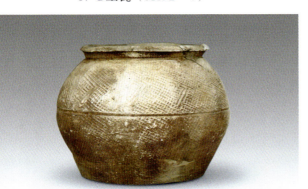

2. C型瓮（M189：2）

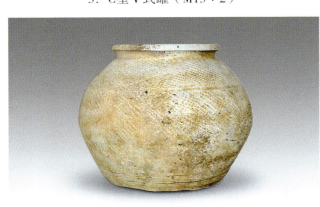

3. C型Ⅴ式罐（M13：2）

4. D型Ⅲ式罐（M69：44）

5. E型Ⅱ式罐（M156：18）

第四期墓葬出土陶瓮、罐

1. Hb型Ⅱ式罐（M189：27）

2. I型Ⅰ式罐（M194：5）

3. I型Ⅱ式罐（M69：27）

4. A型四耳罐（M13：5）

5. B型四耳罐（M06A：14）

第四期墓葬出土陶罐、四耳罐

1. C型四耳罐（M22∶5）

2. 异形双耳罐（M22∶25）

3. E型五联罐（M015∶15）

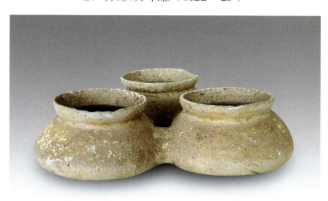

4. 三联盉（M189∶55）

5. A型Ⅰ式盘口罐（M06A∶20）

6. A型Ⅱ式盘口罐（M06A∶24）

第四期墓葬出土陶器

1. B型Ⅰ式盘口罐（M131：2）

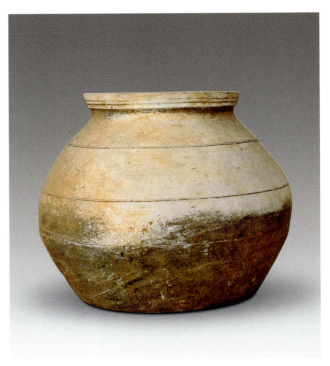

2. B型Ⅱ式盘口罐（M131：13）

3. Ⅰ型Ⅰa式壶（M54：9）

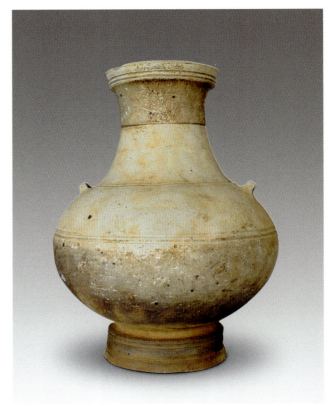

4. Ⅰ型Ⅱ式壶（M156：16）

第四期墓葬出土陶盘口罐、壶

1. J型Ⅱa式（M145：2）

2. J型Ⅱb式（M13：14）

3. K型Ⅰ式（M69：11）

4. K型Ⅱ式（M22：10）

第四期墓葬出土陶壶

1．L型壶（M015：9）

2．A型Ⅰ式盆（M015：37）

4．A型Ⅱ式盆（M184：28）

3．B型奁（M189：41）

5．B型Ⅱ式盆（M75：7）

第四期墓葬出土陶器

1．B型细颈瓶（M75：1）

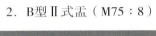

2．B型Ⅱ式盂（M75：8）

3．C型盂（M016A：9）

4．D型盂（M69：14）

5．E型盂（M69：17）

6．F型盂（M159：5）

第四期墓葬出土陶细颈瓶、盂

1. F型Ⅱ式鼎（M54：10）

2. G型鼎（M156：13）

3. H型鼎（M189：22）

4. A型Ⅱ式灯（M54：3）

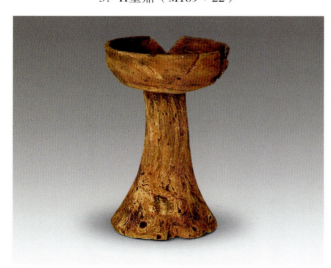

5. B型Ⅰ式灯（M150：11）

第四期墓葬出土陶鼎、灯

1．A型Ⅰ式筒（M015：4）

2．A型Ⅱ式筒（M153：1）

3．C型筒（M13：9）

4．A型Ⅰ式屋（M124：18）

第四期墓葬出土陶筒、屋

1. A型Ⅱ式屋（M184：1）

2. B型屋（M69：1）

3. A型Ⅰ式仓（M88：6）

4. B型Ⅱ式仓（M159：2）

第四期墓葬出土陶屋、仓

1．B型Ⅳ式灶（M145：1）

2．B型Ⅴ式灶（M54：27＋28＋29）

3．C型Ⅲ式灶（M189：15）

4．C型井（M13：16）

5．E型井（M189：5）

6．F型Ⅰ式井（M88：4）

第四期墓葬出土陶灶、井

1. F型Ⅱ式井（M131：20）

2. F型Ⅲ式井（M184：26）

3. 猪（M21：5）

4. 猪（M156：7）

5. 狗（M156：1）

第四期墓葬出土陶器

1. C型Ⅰ式鼎（M69：25）

2. B型Ⅱ式壶（M015：16）

3. B型镳壶（M184：19）

4. A型锅（M69：29）

5. B型锅（M015：35）

第四期墓葬出土铜器

1. A型Ⅰ式杯（M75：6）

2. B型Ⅰ式杯（M124：19）

3. B型Ⅱ式杯（M015：34）

4. A型奁（M69：36）

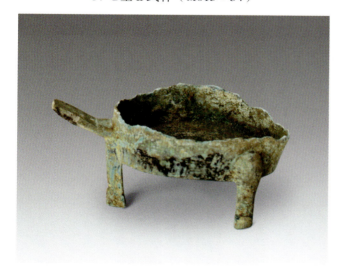

5. C型灯（M51：22）

6. D型灯（M015：25）

第四期墓葬出土铜器

1．A型碗（M100：2）　　　　　　　　2．簋（M184：27）

3．A型灶（M69：23）　　　　　　　　4．B型灶（M015：36）

5．井（M69：24）　　　　　　　　6．日光镜（M189：46）

第四期墓葬出土铜器

1. C型瓮（M138：8）

2. Fa型Ⅳ式罐（M82：10）

3. Fb型Ⅰ式罐（M187B：23）

4. Ha型Ⅰa式罐（M187A：6）

5. Ha型Ⅰb式罐（M010B：11）

6. Ha型Ⅰc式罐（M187B：21）

第五期墓葬出土陶器

1. Ha型Ⅱ式（M187B：20）

2. Hb型Ⅰb式（M137：15）

3. Hb型Ⅰc式（M82：9）

4. Ⅰ型Ⅰ式（M80：15）

5. J型Ⅰ式（M82：14）

6. J型Ⅲ式（M016B：3）

第五期墓葬出土陶罐

1．B型四耳罐（M010B：32）

2．D型四耳罐（M010B：36）

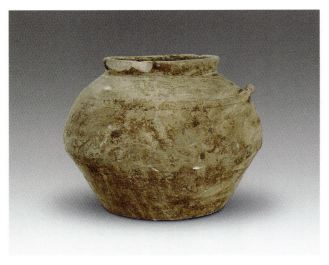

3．D型双耳罐（M1：13）

4．E型五联罐（M137：24）

5．A型Ⅰ式盘口罐（M010B：23）

6．A型Ⅱ式盘口罐（M138：20）

第五期墓葬出土陶器

1. B型Ⅰ式盘口罐（M137：13）

2. B型Ⅱ式盘口罐（M71：12）

3. C型Ⅰ式盘口罐（M010B：6）

4. C型Ⅱ式盘口罐（M1：4）

5. D型盘口罐（M82：13）

6. C型小盘口罐（M137：29）

第五期墓葬出土陶盘口罐、小盘口罐

1. B型直身罐（M010B：30）

2. K型Ⅰ式壶（M138：7）

3. K型Ⅱ式壶（M010B：48）

4. K型Ⅲ式壶（M80：17）

第五期墓葬出土陶直身罐、壶

1．B型镶壶（M138：23）

2．A型Ⅰ式盆（M1：1）

3．A型Ⅱ式盆（M71：16）

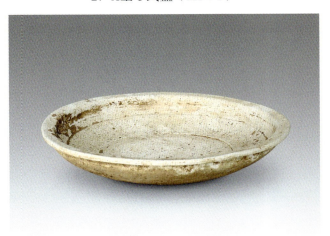

4．B型Ⅰ式盆（M80：12）

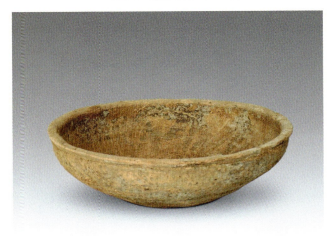

5．B型Ⅱ式盆（M80：7）

6．C型盆（M010B：59）

第五期墓葬出土陶镶壶、盆

1．B型夋（M010B：50）

2．B型细颈瓶（M017：11）

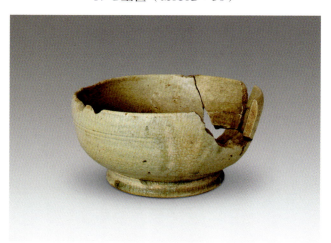

3．B型Ⅲ式碗（M25：4）

4．D型杯（M82：23）

5．E型盂（M112：1）

6．H型鼎（M010B：43）

第五期墓葬出土陶器

1．I型鼎（M80：9）

2．J型鼎（M138：18）

3．A型Ⅲ式筒（M80：13）

4．F型提筒（M187B：4）

5．簋（M010B：40）

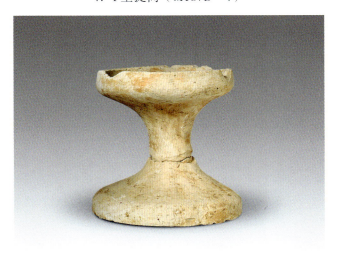

6．A型Ⅲ式灯（M016B：1）

第五期墓葬出土陶器

1. C型熏炉（M010B：55）

2. E型熏炉（M187A：14）

3. A型Ⅰ式屋（M80：1）

4. A型Ⅱ式屋（M138：24）

5. A型Ⅱ式屋（M187B：10）

第五期墓葬出土陶熏炉、屋

1. B型屋（M010B：17）

2. C型屋（M110：1）

3. A型Ⅱ式仓（M016B：6）

4. B型Ⅱ式仓（M1：11）

5. B型Ⅲ式仓（M017：15）

第五期墓葬出土陶屋、仓

1. B型Ⅲ式灶（M71：10）

2. B型Ⅳ式灶（M138：31）

3. B型Ⅴ式灶（M25：2）

4. C型Ⅲ式灶（M010B：16）

5. C型Ⅳ式灶（M187B：28）

6. E型井（M137：10）

第五期墓葬出土陶灶、井

1. F型Ⅲ式陶井（M016B：5）

2. F型Ⅳ式陶井（M187B：7）

3. B型铜鐎壶（M82：2）

4. C型铜盆（M82：32）

5. E型Ⅱ式铜盆（M82：29）

6. 铜三足罐（M137：28）

第五期墓葬出土器物

1. 乳钉纹铜镜（M187A：22）

2. 连弧纹铜镜（M010B：53）

3. B型Ⅰ式滑石炉（M187A：18）

4. C型滑石炉（M82：24）

5. D型滑石炉（M187B：27）

6. 石砚（M138：4）

第五期墓葬出土器物

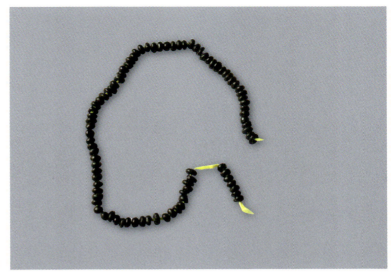

1. M81：8

2. M82：26

3. M187A：23

第五期墓葬出土串饰